"十四五"普通高等教育规划教材　　国家精品在线课程配套教材

企业纳税筹划

林松池　主编

图书在版编目(CIP)数据

企业纳税筹划 / 林松池主编. —上海：立信会计出版社，2023.6
ISBN 978-7-5429-7346-7

Ⅰ.①企… Ⅱ.①林… Ⅲ.①企业管理－税收筹划－教材 Ⅳ.①F810.423

中国国家版本馆CIP数据核字(2023)第111154号

策划编辑　　王秀宇
责任编辑　　王斯龙
助理编辑　　王秀宇
美术编辑　　吴博闻

企业纳税筹划
QIYE NASHUI CHOUHUA

出版发行	立信会计出版社			
地　　址	上海市中山西路2230号	邮政编码	200235	
电　　话	(021)64411389	传　　真	(021)64411325	
网　　址	www.lixinaph.com	电子邮箱	lixinaph2019@126.com	
网上书店	http://lixin.jd.com	http://lxkjcbs.tmall.com		
经　　销	各地新华书店			
印　　刷	常熟市人民印刷有限公司			
开　　本	787毫米×1092毫米　1/16			
印　　张	17.25			
字　　数	430千字			
版　　次	2023年6月第1版			
印　　次	2023年6月第1次			
书　　号	ISBN 978-7-5429-7346-7/F			
定　　价	49.80元			

如有印订差错，请与本社联系调换

前言

我国正在不断深化税制改革,持续推进减税降费,加快落实税收法定原则。开展纳税筹划是对税收立法宗旨的有效贯彻,是纳税人对税法合理而正确的理解。如何使读者真正学会运用纳税筹划方法解决学习和实践中遇到的各种问题,是纳税筹划教学中值得深入思考的问题。根据党的二十大精神,依据2023年5月31日前发布(修订)的现行财税法规、政策、会计准则,编者结合20多年的会计、税收教学研究和实务经验,编写了本书。

与市面上已出版的同类书相比,本书具有以下特点。

1. 理实结合,突出实践

全书坚持理论以够用为度,兼顾学生后续发展为原则,在介绍纳税筹划理论的基础上,更加注重纳税筹划实务的操作性。全书安排了200多个纳税筹划案例,力求通过大量具体案例的分析、评价,帮助读者理解税收的筹划理论和实务;嵌入60多个二维码,拓展了数字资源,增加了延伸性知识点。本书致力于突出重点、分析透彻难点,让读者能迅速地把握纳税筹划的精髓。

2. 体例独特,内容全面

本书打破了按税种设计章节的惯例,基于企业全生命周期,先介绍了纳税筹划概述,再分别按章节设置了企业设立业务、企业投融资业务、企业采购业务、企业生产研发业务、企业销售业务、企业财务成果分配、企业房屋和土地涉税业务、个人所得涉税业务、企业重组业务的纳税筹划。需要说明的是,个人所得多数涉税业务跟企业紧密相关,从源头看,企业也是个人所得税的实际承担者,但该税种自成一体,为此,本书单独设置了第九章。全书基于企业业务流程,以政策依据、筹划思路与案例分析为主线展开叙述,通俗易懂,实用性强。此外,每章章末还配备了适量的职业能力训练题,供读者更好地巩固所学知识。

3. 德技并修,课证融通

本书全面融入思政元素,根据诚实守信、客观公正等职业道德要求,在书中设计了显性与隐性相结合的全方位、多渠道的德育点,在多处知识点后安排了思政素养内容,使知识和技能的获得与思想品德的形成相得益彰、互相促进。全书以完成纳税筹划岗位工作任务为导向编排内容，涵盖的知识和技能点完全对接会计实务技能比赛和业财税融合大数据应用技能比赛标准体系，紧密结合1+X财税证书制度，书证相互衔接融通，体现了知识内容与职业岗位标准的有效对接。

本书由林松池担任主编，负责全书的提纲拟定、总撰及定稿；项康丽、叶建海、杨洪、杨骄祥、徐仪童、彭永翠、谈礼彦等参与了部分内容的编写以及后期的文字校对。

本书在撰写过程中，使用了厦门网中网软件有限公司、浙江爱信诺航天信息技术有限公司提供的素材，同时借鉴了大量相关著作、教材与论文，在此向各单位及作者表示衷心的感谢。

本书适合作为应用型院校的财政、税务、会计、审计、法律等相关专业的教学用书，也适合作为企业经营管理人员、财务会计人员、税务人员学习和工作的参考用书。

由于编者水平有限，本书若存在不当之处，竭诚欢迎广大读者批评指正。

为方便教师教学，本书另配有教学资源，若您在使用本书教学中遇到疑问，欢迎与我们进行交流（联系方式：469754399@qq.com）。

编者

2023年5月

目录 Contents

第一章 纳税筹划概述 … 1
- 第一节 纳税筹划的基本概念 … 2
- 第二节 纳税筹划的基本原理和方法 … 10
- 第三节 纳税筹划风险及其防范 … 22
- 职业能力训练 … 28

第二章 企业设立业务纳税筹划 … 30
- 第一节 设立业务增值税筹划 … 31
- 第二节 设立业务企业所得税筹划 … 37
- 职业能力训练 … 48

第三章 企业投融资业务纳税筹划 … 50
- 第一节 投资决策纳税筹划 … 51
- 第二节 融资决策纳税筹划 … 70
- 职业能力训练 … 80

第四章 企业采购业务纳税筹划 … 82
- 第一节 采购业务增值税筹划 … 83
- 第二节 采购业务企业所得税筹划 … 92
- 第三节 采购业务其他筹划 … 96
- 职业能力训练 … 102

第五章 企业生产研发业务纳税筹划 … 104
- 第一节 资产计价与会计核算方法的纳税筹划 … 105
- 第二节 人工成本纳税筹划 … 114
- 第三节 连续生产应税消费品纳税筹划 … 119

第四节　技术研发纳税筹划 …………………………………………… 125
　　职业能力训练 ………………………………………………………………… 130

第六章　企业销售业务纳税筹划 ………………………………………… 133
　　第一节　销售业务增值税纳税筹划 ………………………………………… 134
　　第二节　销售业务消费税纳税筹划 ………………………………………… 158
　　第三节　销售业务企业所得税纳税筹划 …………………………………… 165
　　第四节　促销行为纳税筹划 ………………………………………………… 173
　　职业能力训练 ………………………………………………………………… 180

第七章　企业财务成果分配纳税筹划 …………………………………… 183
　　第一节　利润分配纳税筹划 ………………………………………………… 183
　　第二节　企业所得税应纳税额纳税筹划 …………………………………… 188
　　职业能力训练 ………………………………………………………………… 193

第八章　企业房屋和土地涉税业务纳税筹划 …………………………… 195
　　第一节　土地增值税纳税筹划 ……………………………………………… 196
　　第二节　房产税纳税筹划 …………………………………………………… 204
　　第三节　契税纳税筹划 ……………………………………………………… 210
　　第四节　城镇土地使用税纳税筹划 ………………………………………… 213
　　职业能力训练 ………………………………………………………………… 218

第九章　个人所得涉税业务纳税筹划 …………………………………… 220
　　第一节　综合所得纳税筹划 ………………………………………………… 221
　　第二节　资本投资利得纳税筹划 …………………………………………… 232
　　第三节　财产处置所得纳税筹划 …………………………………………… 237
　　第四节　经营所得纳税筹划 ………………………………………………… 246
　　职业能力训练 ………………………………………………………………… 251

第十章　企业重组业务纳税筹划 ………………………………………… 254
　　第一节　企业并购纳税筹划 ………………………………………………… 255
　　第二节　企业分立、清算纳税筹划 ………………………………………… 262
　　职业能力训练 ………………………………………………………………… 268

第一章　纳税筹划概述

 **职业能力目标**

1. 能够领会纳税筹划的内涵
2. 能够辨析逃税、避税、纳税筹划等概念
3. 能够知晓纳税筹划的目标
4. 能够领会纳税筹划的基本原理和筹划技术方法
5. 能够合理规避纳税筹划风险

 知识目标

1. 了解纳税筹划的特点和作用
2. 熟悉逃税、避税、纳税筹划等概念及异同
3. 熟悉纳税筹划目标
4. 掌握纳税筹划基本原理和方法
5. 熟悉纳税筹划风险，并加以有效防范

 知识导图

```
                    ┌ 纳税筹划的基本概念 ┬ 纳税筹划的定义
                    │                  ├ 相关概念的界定与比较
                    │                  ├ 纳税筹划的特征
                    │                  ├ 纳税筹划的成本与收益
                    │                  ├ 纳税筹划的成本收益分析
                    │                  └ 纳税筹划的目标
纳税筹划概述 ───────┤
                    │ 纳税筹划的基本原理和方法 ┬ 纳税筹划的基本原理
                    │                        └ 纳税筹划的方法
                    │
                    └ 纳税筹划风险及其防范 ┬ 纳税筹划风险的类型
                                         ├ 纳税筹划风险产生的原因
                                         └ 纳税筹划风险的防范
```

第一节 纳税筹划的基本概念

 **开篇设问**

在"纳税筹划"课程的第一节课上,有同学认为,税收是法定的,纳税成本是无法控制的,税款的缴纳与企业经营是无关的,所谓的纳税筹划就是想方设法少缴税,是纳税人的一种私利行为,于国于民是不利的。你认同以上观点吗?

知识积累与能力培养

一、纳税筹划的定义

在现代经济社会,企业和个人作为"理性经济人"越来越关心自身成本的高低,越来越重视税收支出和纳税成本,于是纳税筹划应运而生。

纳税筹划是根据英文"tax planning"翻译过来的,又称税收筹划或税务筹划,本书中统一选用"纳税筹划"一词表述。纳税筹划在我国发展时间较短,对应的定义也有不同的表述。

本书将纳税筹划的定义表述为:纳税筹划是指纳税人在税收法律制度支持和税务机关认可的前提下,运用科学合理的技术手段,通过对经营、投资、理财等事项的安排和策划,对多种纳税方案进行优化选择,实现企业价值最大化或股东权益最大化的一种财务管理活动。

二、相关概念的界定与比较

古今中外,每个纳税人都会试图尽量少纳税。而少纳税的手段、方式、渠道有很多,除了纳税筹划,还有避税、逃税等。一些纳税人对纳税筹划与避税等概念的理解模糊、界限掌握不清楚,使其在纳税筹划时造成筹划不当而构成逃税,导致被税务机关按规定调整其应纳税额。此时,纳税人不仅不能达到节税的目的,可能还会被要求缴纳滞纳金,甚至会受到行政处罚,情节严重者还将被追究刑事责任。因此,我们很有必要熟悉与纳税筹划相关的概念,减少筹划不当给纳税人带来的风险。

(一) 相关概念的界定

1. 逃避追缴欠税

逃避追缴欠税是指纳税人在税务机关限定的相关追缴期内,为不按规定缴纳所欠的税款,采取隐匿和转移资产、资金、财产或私自暗地变卖大宗资产等手段,逃避税务机关追缴期内所欠税款的行为。这是一种违反税法的行为。逃避追缴欠税虽可以实现晚纳税或少纳税,甚至不纳税,给纳税人带来一定的收益,但其行为属于主观故意违法行为,不可取。

【例1-1】

某公司将计划于明年开展的涉及金额为40万元的维修活动在今年年终结算之前提前开展,使今年的有关费用增加了40万元,应纳税所得额减少了40万元,降低了今年的企业所得税10万元(40×25%),这样今年的所得税税负转移到明年发生,实现了递延纳税10万元的纳税筹划效果。

但是，倘若该公司并未进行以上筹划，而是今年直接少缴 10 万元税款，并长期不按税务机关限期补缴，最后又将公司的资产全部转移到不同的地方或者干脆全变卖掉，从而使税务机关难以追缴该纳税人所欠的 10 万元应纳税款及滞纳金，就构成了逃避追缴欠税。因此，逃避追缴欠税与纳税筹划有本质的区别。

逃避追缴欠税法律责任

逃税法律责任

2. 逃税

逃税是指纳税人为了少缴或者不缴税款，采取各种不公开的手段，隐瞒自身的真实情况，欺骗税务机关逃避缴纳税款的行为。逃税与纳税筹划有明显的差别，逃税是采取伪造、隐匿、变造、擅自销毁记账凭证、账簿，在账簿上增加支出或减少收入，或税务机关要求申报而拒不申报或者虚假申报的行为，最终形成纳税人可以少缴或不缴应纳税款的结果。逃税也是一种违法犯罪行为。

【例 1-2】

范某涉税案，罚款补缴 8.8 亿元①。2018 年 6 月初，群众举报范某"阴阳合同"涉税问题，后经江苏等地税务机关依法调查核实，范某在某电影剧组拍摄过程中实际取得片酬 3 000 万元，其中 1 000 万元已经申报纳税，其余 2 000 万元以拆分合同方式偷逃个人所得税 618 万元，少缴营业税及附加 112 万元，合计 730 万元。此外，还查出范某及其担任法定代表人的企业少缴税款 2.48 亿元，其中偷逃税款 1.34 亿元。

对于上述违法行为，依据《中华人民共和国税收征收管理法》（以下简称《税收征收管理法》）的相关规定，对范某及其担任法定代表人的企业追缴税款 2.55 亿元，加收滞纳金 0.33 亿元；对范某采取拆分合同手段隐瞒真实收入偷逃税款处 4 倍罚款计 2.4 亿元，对其利用工作室账户隐匿个人报酬的真实性质偷逃税款处 3 倍罚款计 2.39 亿元；对其担任法定代表人的企业少计收入偷逃税款处 1 倍罚款计 94.6 万元；对其担任法定代表人的两户企业未代扣代缴个人所得税和非法提供便利协助少缴税款各处 0.5 倍罚款，分别计 0.51 亿元、0.65 亿元。

寓德于技

税法面前从没有侥幸可言，依法诚信纳税才是正道，逃税会受到严厉的处罚。随着纳税信用体系建设不断推进，日益增强的纳税信用的社会价值和社会影响力成为纳税人参与市场竞争的重要资产。依法纳税，既不违法又能提升信誉，何乐而不为呢？

3. 避税

避税即税收规避，是指纳税人利用税法制度规定的未详尽部分，以及不同国家、地区的税收制度差异等，通过对自身的经营、投资等活动进行刻意安排，以达到纳税义务最小化的一种经济行为。因此，避税有"投机取巧"的特征。由此可见，避税行为是在法律允许的范围内进行的税负减轻和少纳税，是在遵守税法、拥护税法前提下的一种经济实践活动。尽管这种避税是出自纳税人的主观意图，但形式上它是遵守税法的，并不违反税法的相关规定，具有非违法性。国家和政府通常会通过不断修改和完善税法来填补可能被纳税人所利用的漏

---

① 国家税务总局新闻发布. 范冰冰案教育警示文艺影视从业者遵纪守法[EB/OL]. (2018-10-03)[2023-03-20]. http://www.chinatax.gov.cn/chinatax/n810219/n810780/c3789781/content.html.

世界各地避税天堂

洞。我国学者对于避税是不是一种纳税筹划手段有不同的看法。本质上,纳税筹划是纳税人在尚未发生一系列实际纳税义务之前对纳税税种的选择,而避税则是纳税人已经处在有实际纳税义务时,对纳税税种的选择。在我国,避税行为是税法结构或法律上仍有不完善所产生的;在国际上,各国的税收原则不一致、所立的税法有差别、存在一些避税地等也是产生避税行为的重要因素。

【例1-3】

王某是一家公司的股东,为了规避股利分红缴纳的个人所得税,王某每年年初都是以借款名义从公司拿走分红,到年末再归还。根据税法规定,纳税年度内个人投资者从其投资的企业(个人独资企业、合伙企业除外)借款,在该纳税年度终了后既不归还,又未用于企业生产经营的,其未归还的借款可视为企业对个人投资者的红利分配,依照"利息、股息、红利所得"项目计征个人所得税。王某充分利用了税法的这项规定,采用年初借款,年末归还,几乎常年占用公司资金,而不用交个人所得税。这种行为看似不违法,但却不是税法所支持的,也会给公司的资金管理造成困扰,不值得提倡。

4. 纳税筹划

纳税筹划通常包括节税与税负转嫁两种形式。

节税是指纳税人在不违背税法立法精神的前提下,在存在多种纳税方案的选择时,通过充分地利用税法中固有的起征点、减免税等一系列优惠政策,对纳税人投资、筹资等经营活动进行安排,选择使税收负担最低的方式来处理财务、经营、交易事项,以达到减少税负或不缴税的目的的一种经济行为。节税是在合法的条件下进行的,需要纳税人进行筹划,对政府制定的税法进行比较分析后进行的最优化选择。这是税法在纳税人的经济活动中起到引导作用的体现。

税负转嫁举例

税负转嫁是指纳税人为了减轻税负,在商品交换过程中,通过调整销售价格的方法,将税负转嫁给购买者或供应者来承担的一种经济行为。它是通过价格的变动来实现的,因此,不会影响税收的总体收入,没有涉及法律问题和法律责任。税负转嫁大致具有三个特征:①与价格升降紧密联系,通过价格调整来实现;②是税收负担的再分配,通过对各经济主体之间税负的再分配使纳税人与负税人分离,其经济实质是每个人所占有的国民收入的再分配;③是一种客观的经济活动过程,是纳税人的主动行为和一般的行为倾向。

(二)相关概念的比较

逃避追缴欠税、逃税、避税、纳税筹划的比较如表1-1所示。

表1-1 逃避追缴欠税、逃税、避税、纳税筹划的比较

对比点	类别				
	逃避追缴欠税	逃税	避税	纳税筹划	
				节税	税负转嫁
性质	违法行为	违法行为	不违法行为	合法行为	一种经济活动
手段	转移或隐匿财产	虚假纳税申报或不申报	主要是利用税法的漏洞	主要是利用税法上的税收优惠政策等	主要通过调整产品的价格来减少税负
风险程度	风险高	风险高	风险较高	风险低	

由表1-1可知：逃避追缴欠税、逃税是违法的，都是纳税人在纳税义务已经发生的情况下，采取隐匿财产、伪造或者在账簿上多记支出、不记或少记收入等不合法、不正当的手段逃避、减少税款的行为，具有故意性和欺诈性。避税虽不违法，但利用税法的未尽善之处进行少缴税的操作，是税法所不提倡的，同时风险较高。节税、税负转嫁都属于纳税筹划的范畴，它们是紧密相连的，但也有所区别。节税符合税法的规定，而税负转嫁是一种经济活动，只要不违反税法，纳税人就都愿意去做，以减轻税负。

三、纳税筹划的特征

纳税筹划具有以下几种特征。

（一）非违法性

非违法性是指纳税筹划不能违反法律规定，这主要是针对广义的纳税筹划而言的。非违法性是纳税筹划最基本的特点，不违反法律规定是纳税筹划的前提条件和底线要求，纳税筹划运用的手段必须是合法的，与逃税、抗税、骗税有本质的不同。纳税人进行纳税筹划必须是不违法的。

（二）事先性

事先性是指纳税人在进行经营或投资活动之前，应该将税收作为影响自身最终经营成果的一个非常重要的因素进行设计和安排。一方面，纳税义务本身是纳税人在交易行为发生之后才有的义务，具有滞后性的特征，这就决定了纳税人可以对自身应税经营行为进行事前的筹划安排；另一方面，纳税筹划应当在应税行为发生之前进行，一旦业务已经发生，事实已经存在，纳税义务就已经形成，此时再筹划也无济于事了。

（三）政策导向性

政策导向性是指纳税人进行的纳税筹划必须符合国家税收相关政策的规定。国家采取一些税收优惠政策，是为了引导纳税人采取符合政策导向的行为，来服从国家对经济的宏观调控。

（四）目的性

目的性是指纳税人进行纳税筹划是有明确目的的，即追求纳税人价值最大化，纳税筹划手段的选择和安排都是围绕着纳税人这一目的来进行的。也就是说，纳税筹划本身就是一种理财活动和筹划活动，它以减轻税负为初级目的，其最终目的是实现纳税人价值最大化。当然，一般情况下，如果初级目的与最终目的发生矛盾，则纳税人选择的纳税筹划方案应当是能实现纳税人价值最大化的方案。

（五）专业性

纳税筹划本身是一项非常专业、技术性很强的筹划活动，需要纳税人及相关人员对税法了如指掌、灵活运用。一方面，纳税筹划要求筹划者了解税收学、管理学、会计学、财务学、法学等多学科知识，需要跨学科的专业人才来从事这项工作；另一方面，凭借个人的努力就想短时间内设计一项相对复杂的纳税筹划方案，将越来越难。

随着经济飞速发展，世界市场逐渐扩大，各国税制日益复杂化，而且各国的税收法律法规也在不断更新和变化。纳税筹划人员需要时刻清楚在既定的纳税环境下，如何制订筹划方案才能达到财务管理目标，这将要求纳税筹划人员在纳税筹划方面越来越专业。

（六）适时调整性

随着时间的推移，国家的税收法律会发生一些变化；同时，随着向国际化发展，从一个国家到另一个国家，纳税人所面临的具体法律及其确定的法律关系是不同的，纳税人纳税筹划的行为性质也会发生变化。所以，纳税筹划的方案不能一成不变，而要有针对性和时效性，应能根据所处纳税环境的不同及时作出调整，避免妨碍纳税人财务管理目标实现的情况出现，保护纳税人的权益。

（七）经济性

经济性是指纳税筹划在减轻纳税人税收负担时必须符合成本效益的原则，进而实现纳税人税后利润最大化。纳税筹划应在严格遵守国家税收法规前提下，最大限度地实现纳税人的综合经济利益。纳税人制定纳税筹划的方案时，必然要为其方案的实施付出额外的费用，导致相关成本的增加，并因放弃其他方案而产生机会成本。由此可见，纳税筹划必须遵循成本效益原则，要与纳税人的其他管理决策保持一致。

（八）全面协作性

纳税筹划涉及的内容关系到纳税人的生产、经营、投资、理财、营销等所有活动，这就要求纳税人应当全面、总体地加以把握，用发展的眼光看问题。纳税人需要着眼于各种税种的筹划，考虑长远的发展目标，让财务部门和其他部门密切配合、充分协作，使纳税筹划工作顺利进行。

（九）风险性

税收法律、法规的不断调整和变化，还有外部环境因素、内部员工因素及其他因素的影响，都使得纳税筹划的结果存在着不确定性。而且，有的纳税筹划立足于长期规划，这会增加很多不确定性，蕴含更大的风险，加之纳税筹划的预期收益通常也只是一个估算值，因此，纳税筹划具有显著的风险性。

四、纳税筹划的成本与收益

（一）纳税筹划的成本

纳税筹划的成本是指筹划方案的制订、选择、实施所付出的成本，主要包括为整个纳税筹划过程花费或失去的人力、物力和财力。例如，纳税筹划需要专业性的人才，那么就需要支付专家相应的费用，这一部分就属于纳税筹划的成本。纳税筹划的成本主要包括以下几个方面。

1. 货币成本

货币成本是指纳税人为进行纳税筹划而发生的一系列货币支出。在纳税筹划中，货币成本是必不可少的，一系列的活动都需要货币。货币成本主要包括对税务顾问的报酬支付或约见、拜访税务顾问所发生的交通费用等。我国很少有企业有能力独立进行纳税筹划，大多数企业要想进行纳税筹划，都需要求助诸如税务师、注册会计师等专业机构的专业人员。由此可见，货币成本的大小一般与纳税筹划的复杂程度成正比，纳税筹划项目越复杂、越大，纳税人进行纳税筹划就越需要聘请知名税务顾问，那么需要的货币成本也会越大。

2. 机会成本

机会成本是指纳税人由于采用选定的纳税筹划方案而不得不放弃的其他潜在利益。同时，机会成本是隐性的。纳税筹划本身就是一个综合决策的过程，需要在众多的方案中选择一个最优方案，选定一个方案的同时就会放弃其他方案。在实务中，纳税筹划的机会成本常常会被纳税人忽视，从而给纳税人造成一些损失。

3. 心理成本

心理成本是指纳税人由于担心筹划失败而在心里产生的焦虑等不良情绪。心理成本很难衡量，很少有人对此进行深入研究，但这并不意味着心理成本就不存在或不重要。很多人在处理纳税筹划相关事项时会因担心筹划不当而产生焦虑或挫折等心理,这样将会影响他们的工作效率;同时,对于心理承受能力弱的纳税人而言,不良心理产生的负面情绪甚至会影响他们的身体健康,这将使他们付出更大的代价。一般来说,心理成本的高低取决于纳税人的心理承受力、纳税筹划的复杂程度、税务机关对纳税人筹划的态度、政府对纳税违法行为施以处罚的严厉程度等。

4. 风险成本

风险成本是指纳税人由于纳税筹划存在风险使纳税人自身价值减少,或是需要对该风险进行管理而付出的代价。纳税筹划的风险成本包括纳税筹划过程中选择方案失误造成风险带来的损失,以及纳税人针对纳税筹划风险进行管理的过程中发生的耗费,而这些风险成本都是不易被量化和察觉的。因此,纳税人必须树立纳税筹划的风险意识,正视该风险的存在,在生产经营过程和涉税事务中始终保持对纳税筹划风险的警惕性,才能尽量降低风险成本。

5. 实施成本

实施成本是指纳税人选择纳税筹划方案后,方案实现的过程需要的一定支出。它主要有以下两类:①固定税收成本,主要是纳税人在选择了最优纳税筹划方案后需要向国家缴纳的税款数额;②变化成本,所选择方案的实现如果是对已经在生产经营过程中的纳税人进行纳税筹划,那么该方案会对现有经营模式、财务管理造成影响甚至改变,这时需要一定的成本。

以上对纳税筹划成本的分类不是非常严格。有的成本可能会涵盖另一个或几个其他成本。例如,在实施成本中,可能涉及货币的支付,那就是货币成本;又如,纳税人本身所做的纳税筹划被认定为逃税等违法行为时需要缴纳的罚款和滞纳金,既属于新增的一种货币成本,又属于纳税人纳税筹划带来的风险成本。

(二)纳税筹划的收益

纳税筹划的收益是指纳税人由于进行纳税筹划而获得的各种收益,这些收益是专门针对纳税筹划付出的所有成本而言的,主要包括以下内容。

1. 由于纳税筹划而新增的收益

新增的收益是指纳税人从纳税筹划中直接或间接获取的收益,包括新增的收入和减少的成本。从收入角度看,它一般等于纳税筹划后的收入减去纳税筹划前的收入,不包括纳税人当年新增的与纳税筹划无关的收益。与新增的收入相对应的是因纳税筹划而减少的成本。纳税筹划成本的减少额大致包括纳税筹划方案较原方案带来的税负的减少额、办税费用的节约额、行政处罚的减少额等。一般情况下,税负的减少额是主要部分,是原纳税方案全部税负高于纳税筹划方案全部税负的部分。

2. 涉税零风险可以建立纳税人良好的信誉

涉税零风险的纳税筹划一般不能为纳税人带来直接经济利益的增加,但能够为纳税人创造出一定的间接经济利益。依法纳税既能减少纳税人的各种罚款类支出,又能够树立良好的纳税人形象,为纳税人形成良好的纳税信誉,从而给纳税人带来经营上的优势,并由此创造其他收益。

涉税零风险

在当今市场经济高度发达的环境下,消费者的品牌意识越来越强,而且,在消费者的心中,好的品牌意味着好的经济效益和社会地位。纳税人拥有良好的信誉就可以给税务机关留下好印象,就可能享受一些税收优惠政策的宽松待遇等。这些都是为纳税人带来的收益。

3. 纳税人整体管理水平和核算水平的提高给纳税人带来的收益

纳税人要进行纳税筹划，一般会聘用或培养高素质、高技术的财税人才进行高水平的筹划，帮助规范纳税人的财务会计处理。这样有利于促进纳税人提高自身的管理水平和核算水平，为自身带来收益。

纳税筹划收益的分类也不是非常严格，与上述的成本类似，一类收益可能包括另一类或其他多类收益。

五、纳税筹划的成本收益分析

纳税人进行纳税筹划是为了实现股东财富最大化或企业价值最大化。纳税筹划可以降低成本、增加收益，从而实现纳税人的最终目的。但是，不是所有的纳税筹划方案都可以达到此目的，需要辩证地看待纳税筹划带来的成本与收益。在投资决策过程中，当收益大于成本时，该方案可取；当收益小于成本时，该方案不可取。倘若有多个备选方案的收益大于成本，那么就选择收益与成本的差额最大的那个方案。这就体现了成本收益原则。

【例1-4】

20×2年，A企业资产总额为5 000万元，职工人数为302人，应纳税所得额为100万元，则A企业应纳企业所得税为25万元(100×25%)。

为使A企业符合小微企业条件，A企业拟解雇2名会计，使职工人数变为300人，则A企业应纳企业所得税为5万元(100×25%×20%)。

通过纳税筹划(解雇员工，使职工人数符合小微企业的要求)而减少的纳税成本支出为20万元(25-5)。

但根据劳动合同法的规定，经计算，解雇2名会计，需支付经济补偿金25万元。根据成本收益原则，A企业的这个纳税筹划方案显然不可行。

> **寓德于技**
>
> 解雇员工可以带来税收支出的减少，但并不利于社会和谐稳定；开除无过错的员工，会让其他员工心寒，不利于企业的长久发展。

总之，纳税筹划和纳税人的其他管理决策一样，最基本的要求是遵循成本收益原则，只有当方案的收益大于支出时，该方案才可能是成功的纳税筹划方案。对纳税筹划的成本与收益进行分析也是为了体现纳税筹划的目标，实现纳税筹划的预期目的，进而实现纳税人的最终目的。

六、纳税筹划的目标

进行纳税筹划必须要有明确的目标，这个目标既是进行纳税筹划的前提，也是纳税筹划结果的体现。纳税筹划的目标主要包括实现风险最小化和实现纳税人财富最大化。

(一)实现风险最小化

纳税筹划的影响并不局限于财务指标，而是全局性的，是具有长远影响性的经济行为。纳税人进行纳税筹划的目的是节约税负成本，虽然有时不能直接体现为减少税负，但可以表现为降低纳税人风险，使纳税人进行纳税筹划时不至于承受税务机关的罚款，尽量避免不必要的经济损失；而且纳税筹划可以避免纳税人发生不必要的名誉损失，保证纳税人的产品品牌信誉，有利于纳税人开展正常合理的生产经营活动。

(二)实现纳税人财富最大化

纳税筹划是纳税人进行财务管理的一个重要环节,因此,纳税筹划的目标应与纳税人财务管理的目标一致,即实现纳税人财富的最大化。而纳税人的财富应该是纳税人未来可以创造的净现金流量。为了同时实现财富最大化与风险最小化,纳税人应综合考虑纳税筹划的成本收益及其风险因素,这也是纳税人财务管理中价值理念的体现。但是由于纳税筹划是在经济行为发生前进行的筹划、选择,而创造的未来现金流的贴现率在现在的财务管理决策分析中常选择当前的贴现率,这将带来很多的不确定性,也是一种风险。这是当今财务会计领域中很难处理的问题,也是纳税人追求财富最大化的实现方法并在实践中选择与运用时需考虑的因素。

在实践中,不同的纳税筹划项目有不同的纳税筹划的目标,但可以明确的是,纳税人想要长期发展,财富最大化的目标是不可改变的。纳税筹划的方案可能还会存在其他目标或者联合多个目标,但是,风险最小化通常是其中最基础的目标。纳税人财富最大化的长期目标在实际运用中很难被量化,因此,常常会体现为其他目标,特别是风险最小化目标。

开篇释疑

本杰明·富兰克林曾说:人有两件事情是无法避免的,一个是死亡,另一个就是纳税。纳税是现代公民的义务。纳税人应在遵守税法的前提下,通过对涉税活动的事先安排达到减轻税负的目的。纳税筹划对我国纳税人及经济发展都具有积极的现实意义。

1. 纳税筹划有利于激励纳税人增强纳税意识

随着我国市场经济不断发展,税法体系也不断完善。日益完善的税法体系也意味着它将越来越复杂,其覆盖面也越来越广。纳税人如果没有深入理解税法体系,就可能无意识地漏缴税款,也可能多缴一些本可不缴的"冤枉税"。为了进一步提高纳税筹划的效果,纳税人应该对财税政策、法规多一些钻研,这样既可以提高对政策的落实水平,也可以增强纳税人的纳税意识,做到不逃税、不漏税,也不缴"冤枉税"。只有整体国民纳税意识增强才能确保国家税收体制和国家经济的健康发展。

2. 纳税筹划可以提高人民生活质量

通过纳税筹划对税收方案作一些比较,纳税人可以选择一些适合自己的方案,尽可能减少现金流出或减少本期现金的流出,增加可支配资金。可支配资金的增加,一方面可以改善人民生活质量、拉动内需,另一方面有利于刺激国家经济的进一步发展。国家税收取之于民、用之于民,税收是国家调控的一种手段,其目的是谋求国家和人民的共同发展。

3. 纳税筹划可以改变错误的纳税观念

国家税收制度的进一步完善,使得以往的偷逃税款的错误理念被合理进行纳税筹划的观点所取代,这是国家经济发展的可喜变化。"明明白白纳税,做智慧的纳税人"这种正确的纳税观念是社会进步的表现,也是国民素质整体提高的表现。

税收取之于民、用之于民、造福于民

第二节 纳税筹划的基本原理和方法

 **开篇设问**

> 一家空调制造公司主要生产大型空调机,销售价格相对较高,每台售价为100万元,该售价中包含5年的保养费,占售价的20%。由于保养费包含在售价中,税法规定其一律作为销售额计算缴纳增值税。请问:有何筹划方案能合理减少该项业务的增值税税额?

知识积累与能力培养

一、纳税筹划的基本原理

纳税筹划最重要的原理是节税原理。节税原理又可细分为绝对节税原理、相对节税原理、风险节税原理三个主要部分。

(一)绝对节税原理

绝对节税原理是指选择能直接使纳税绝对总额减少的方案,即在多个可供选择的纳税方案中,选择缴纳税款额最少的方案。这种节税可以是直接减少纳税人当期的纳税总额,也可以是直接减少其在一定时期内的纳税总额。一般情况下,企业可采用减少税基、适用较低税率的方式来减少纳税总额。

【例1-5】

某公司将旗下一家商务宾馆及旁边的露天停车场,还有一处空地一并对外出租,合同约定年租金为300万元。

(1)若在签订租赁合同时,该公司没有将露天停车场及空地的租金分别列明,而是统一以300万元的价格签订租赁合同,则:

应纳房产税=300×12%=36(万元)

(2)若合同分别列明宾馆、露天停车场和空地的租金,即列明宾馆租金为200万元,露天停车场和空地的租金分别为50万元,此时该公司仅需就宾馆的租金收入计算房产税,则:

应纳房产税=200×12%=24(万元)

本例中,通过筹划,合同分别列明宾馆、露天停车场和空地的租金可以实现节税,绝对节税额为12万元(36-24)。

(二)相对节税原理

相对节税原理是指一定时期内的纳税总额并没有减少,但由于考虑货币的时间价值因素,选择某种方案能推迟税款的缴纳,实际上相当于获得了一笔无息贷款,从而使纳税总额相对减少,或者说是使纳税款的价值减少。例如,企业可以充分利用税收制度中规定的纳税期限,或者是根据《中华人民共和国企业所得税法》(以下简称《企业所得税法》)的规定:企业的固定资产由于技术进步等原因,确需加速折旧的,可以缩短折旧年限或者采取加速折旧的方法在前期多计提折旧,延迟缴纳企业所得税,获取税款货币时间价值。

【例1-6】

某机械制造厂购进一台大型机器设备,原值为400 000元,预计净残值率为3%,该设备的折旧年限为5年。该厂适用的企业所得税税率为25%。请比较各种不同折旧方法下第1年折旧额对企业所得税的影响。

(1) 直线法。

年折旧率＝(1－3%)÷5＝19.4%

第1年年折旧额＝400 000×19.4%＝77 600(元)

折旧抵税＝77 600×25%＝19 400(元)

(2) 双倍余额递减法。

第1年折旧率＝2÷5×100%＝40%

第1年年折旧额＝400 000×40%＝160 000(元)

折旧抵税＝160 000×25%＝40 000(元)

(3) 年数总和法。

第1年年折旧额＝5÷15×400 000×(1－3%)＝129 333(元)

折旧抵税＝129 333×25%＝32 333.25(元)

通过比较可知,在第1年,采用双倍余额递减法计提的折旧额最大,使得当年的应纳企业所得税税额最少,所获得的税收利益最大。

纵观计提折旧的5年,在双倍余额递减法下,以后年度计提的折旧额会逐渐变小,对应的应纳企业所得税税额会逐渐变大;在三种方法下,虽然5年的纳税总额是一样的,但考虑货币的时间价值,企业应采用双倍余额递减法计提折旧。

(三) 风险节税原理

风险节税原理是指一定条件下,纳税人选择的方案能把风险降低到最低水平,从而获得的超过一般节税所减少的税额。 其主要考虑了节税的风险价值,一般情况下,风险越大,风险价值就越大。也就是说,企业在进行纳税筹划时,既要考虑货币的时间价值,又要考虑风险因素,从而客观地选择税收成本最低的方案,达到少缴或不缴税款的目的。

【例1-7】

在同时考虑货币时间价值和风险因素的情况下,A企业现有以下两种节税方案:

方案1:

第1年要缴纳企业所得税100万元的概率为30%,缴纳企业所得税120万元的概率为50%,缴纳企业所得税150万元的概率为20%;第2年要缴纳企业所得税120万元的概率为20%,缴纳企业所得税150万元的概率为40%,缴纳企业所得税180万元的概率为40%;第3年要缴纳企业所得税150万元的概率为20%,缴纳企业所得税180万元的概率为60%,缴纳企业所得税200万元的概率为20%。

方案2:

第1年要缴纳企业所得税60万元的概率为40%,缴纳企业所得税80万元的概率为40%,缴纳企业所得税100万元的概率为20%;第2年要缴纳企业所得税80万元的概率为20%,缴纳企业所得税100万元的概率为50%,缴纳企业所得税120万元的概率为30%;第3年要缴纳企业所得税180万元的概率为30%,缴纳企业所得税200万元的概率为60%,缴纳企业所得税220万元的概率为10%。

假设A企业的年目标投资收益率为10%,纳税人采用不同方案在一定时期所取得的税前所得相同。

现对两种节税方案的分析如下:

(1) 计算采用节税方案后1～3年的税收期望值。

方案1:

第1年的税收期望值=100×30%+120×50%+150×20%=120(万元)

第2年的税收期望值=120×20%+150×40%+180×40%=156(万元)

第3年的税收期望值=150×20%+180×60%+200×20%=178(万元)

方案2:

第1年的税收期望值=60×40%+80×40%+100×20%=76(万元)

第2年的税收期望值=80×20%+100×50%+120×30%=102(万元)

第3年的税收期望值=180×30%+200×60%+220×10%=196(万元)

(2) 折算税收期望值的现值。

方案1的税收期望现值=[120÷(1+10%)]+[156÷(1+10%)^2]+[178÷(1+10%)^3]=371.75(万元)

方案2的税收期望现值=[76÷(1+10%)]+[102÷(1+10%)^2]+[196÷(1+10%)^3]=300.65(万元)

(3) 经比较,方案2比方案1多节约的税额现值为71.1万元(371.75−300.65)。

本例中,A企业应该选择方案2,因为它能比方案1节省更多的企业所得税。

二、纳税筹划的方法

纳税人在进行纳税筹划时,不论是什么样的项目,都离不开一些专业方法作为筹划支持。本书将筹划方法主要分为以下10类。

(一) 纳税人筹划法

纳税人筹划法是指进行纳税人身份的合理界定和转化,使纳税人承担的税负尽量降到最低程度或直接避免成为某类纳税人的筹划方法。

1. 纳税人的类型选择

创业者在注册纳税主体组织形式时,可以有不同类型的选择,如个体工商户、独资企业、合伙企业、法人企业等。不同类型的主体,适用的税率也是不同的。

根据规定,个体工商户、独资企业和合伙企业的经营所得,以每一纳税年度的收入总额减除成本、费用以及损失后的余额为应纳税所得额,计算缴纳个人所得税而不需要缴纳企业所得税。

法人企业按照税法要求需要就其经营利润缴纳企业所得税,若法人企业对自然人股东实施利润分配,自然人股东还需要就利润分配所得缴纳20%的个人所得税。

2. 增值税纳税人的身份选择

增值税的纳税人分为一般纳税人和小规模纳税人。这两种类型的纳税人在征收增值税时,相应的计算方法和征管要求不同。一般纳税人实行进项抵扣制,而小规模纳税人必须按照使用的简易计税方法计算增值税且不实行进项抵扣制。

企业在选择增值税纳税人身份时,要考虑可抵扣的进项税额的多少,通过比较两类纳税人的增值率与税负平衡点的关系,来合理合法选择税负较轻的纳税人身份。

3. 避免成为法定纳税人

纳税人可以通过灵活操作,使得自身不符合成为某税种的纳税人条件,从而彻底规避该税种。例如,税法规定,房产税的征税范围是城市、县城、建制镇和工矿区的房产,而房产可被界定为房屋,即有屋面和围护结构,可供人们在其中生产、学习、居住或储藏物资等场所。独立于房屋之外的建筑物,如停车场、室外游泳池、喷泉等,不属于房产。若企业拥有以上建筑物,则针对这些建筑物企业不必成为房产税的纳税人,不需要缴纳房产税。

因此,企业在进行纳税筹划时,可考虑将停车场、游泳池等建筑建成露天的,并且把这些建筑物的造价和厂房、办公用房等分开,在会计中单独核算,从而减少缴纳房产税。

(二)税基筹划法

税基筹划法是指纳税人采用缩小税基的方式来减轻纳税的筹划方法。应纳税额是由计税依据乘以税率得出来的,所以想要降低纳税额,主要方法之一就是减少税基。在税率不变的情况下,税基越小,纳税人实际缴纳税款越少。

1. 控制或安排税基的实现时间

1)税基推迟实现

推迟税基实现时间可以获得递延纳税的效果,即获取货币的时间价值,等于获得了一笔无息贷款的资助。在通货膨胀的环境下,税基推迟实现的效果更为明显,实际上是降低了纳税人未来支付税款的购买力。

2)税基均衡实现

税基均衡实现即税基总量不变,并在各个纳税期间均衡实现。在适用累进税率的情况下,税基均衡还可实现边际税率的最小化,从而大幅降低税负。

【例1-8】

A科技公司(以下简称A公司)拟将一项炼油专利技术转让给B海洋石油公司(以下简称B公司),可获取所得1 500万元。现有以下两种方案可供选择:

方案1:与B公司约定一次性转让并获取1 500万元所得。

方案2:与B公司约定分三次获取该所得,即每年获取500万元所得。

根据税法规定,一个纳税年度内居民企业的技术转让所得不超过500万元的部分,免征企业所得税,超过500万元的部分减半征收企业所得税。

在方案1中,一次性转让并收取1 500万元所得,其应纳企业所得税为:$(1\,500-500)\times 25\% \times 50\% = 125$(万元)。

在方案2中,每年收取500万元所得,其应纳企业所得税为:$(500-500)\times 12.5\% + (500-500)\times 12.5\% + (500-500)\times 12.5\% = 0$。

综合分析以上两个方案,应该选择方案2。

3)税基提前实现

税基提前实现即税基总量不变,但税基合法提前实现。在减免税期间,税基提前实现可以使纳税人享受更多的税收减免额。

2. 合理分解税基

合理分解税基是指纳税人对税基进行合理分解,实现税基从税负较重的形式向税负较轻的形式转化。

3. 税基最小化

税基最小化即通过合法手段,降低税基总量,减少应纳税额或者避免多缴税。这种方法经常在增值税、消费税、企业所得税的纳税筹划中使用。

【例 1-9】

某日用化妆品厂,将生产的高档化妆品、护肤护发品、小工艺品等组成成套消费品销售。每套消费品由下列产品组成:一瓶香水 1 200 元、一瓶指甲油 400 元、一支口红 600 元、两瓶护肤浴液 500 元、化妆工具及小工艺品 100 元。高档化妆品消费税税率为 15％,上述价格均不含增值税。

从纳税筹划的角度思考,该化妆品厂采用成套销售是否有利?

成套销售时的应纳消费税＝(1 200＋400＋600＋500＋100)×15％＝420(元)

先销售后包装时的应纳消费税＝(1 200＋400＋600)×15％＝330(元)

由此可见,如果改成"先销售后包装"方式,每套高档化妆品消费税税负能降低 90 元(420－330),而且增值税税负仍然保持不变。

> **提示**
>
> 税基筹划法主要有三项关键点:一是要关注税率的跳跃点;二是要充分了解新颁布的税收政策;三是要运用好税法中的临界点。

(三) 税率筹划法

税率是决定纳税人税负高低的主要因素之一。一般情况下税率低,应纳税额少,税后利益就多;税率高,应纳税额多,税后利益就少。但是税率低不代表税后利益最大,所以**纳税人对税率进行筹划,可以寻求税后利益最大化的最低税负点或者最佳税负点**。税率筹划一般分为以下三类。

1. 比例税率的筹划

比例税率是指对应同一征收对象,不分数额大小,规定相同的征收比例。我国的增值税、企业所得税等采用的都是比例税率。

一种税种会有不同的比例税率,如我国的增值税有 6％、9％、13％的税率。纳税人可以对比例税率进行筹划,从而选择适用较低的税率。

【例 1-10】

某远洋运输企业(一般纳税人)可以提供两种船舶租赁服务方式:一是将船舶在约定的时间内出租给他人使用,不配备操作人员,不承担运输过程中发生的各种费用,只收取固定租赁费的业务。二是将配备有操作人员的船舶承租给他人使用一定期限,承租期内听候承租方调遣,不论是否经营均按天向承租方收取租赁费。

针对上述两种方式,第一种方式只租赁船舶不配备操作人员,属于光租(有形动产租赁),适用的增值税税率为 13％;第二种方式既租赁船舶又配备操作人员,属于期租(交通运输服务),适用的增值税税率为 9％。

两种方式对比,在税基相同的情况下,第二种方式比第一种方式应缴纳的增值税就能减少 4％。

2. 累进税率的筹划

累进税率是随税基增加而按其级距提高的税率,分为超额累进税率、全额累进税率、超率累进税率。我国现行的是超额累进税率、超率累进税率。

超额累进税率是指把征收对象按照数额的大小分成若干等级,每一等级分别对应一个税率,税率依次提高;纳税人的征收对象则以所属等级同时使用几个税率分别计算,将计算结果相加得出应纳税额。我国的个人所得税综合所得和经营所得的征收均采用超额累进税率。综合所得适用七级超额累进税率,税率为3%~45%,具体内容可参见本书表9-1。

超率累进税率是指按照征税对象数额的相对率划分为若干级差,分别对应一个税率,相对率每超过一个级差,对超出部分按照高一级的税率计算征税。我国对土地增值税的征收就是采用超率累进税率。

各种形式的累进税率都存在一定的筹划空间,筹划累进税率的主要目标是防止税率攀升。

【例1-11】

某外籍教师,属于中国的非居民个人,因工作需要,20×2年需要在中国某高校工作4个月。根据考核预计,该教师4个月的工资分别为3 000元、6 000元、4 000元和20 000元,总额为33 000元。

根据上述资料,分析如下:

该教师20×2年度在中国应纳个人所得税为:(6 000－5 000)×3%＋(20 000－5 000)×20%－1 410＝1 620(元)。

筹划分析:该教师20×2年预计总共工资为33 000元,前3个月可以先按平均数8 000元发放,最后一个月发放9 000元。

则,该教师20×2年度在中国应纳个人所得税为:(8 000－5 000)×3%×3＋(9 000－5 000)×10%－210＝460(元)。

通过筹划,该教师可实现节税1 160元(1 620－460)。

3. 定额税率的筹划

定额税率亦称固定税额,是按征税对象的数量单位,直接规定的征税数额。它是税率的一种特殊形式,一般适用于从量征收的税种。例如,每吨啤酒出厂价在3 000元(不含增值税)以上的,单位税额为每吨250元;每吨啤酒出厂价在3 000元以下的,单位税额为每吨220元。若能有效控制啤酒的出厂价格,就能降低定额税率的适用标准。

(四) 税收优惠筹划法

1. 免税条款

免税条款是指在法律允许的范围内,使纳税人成为免税人,或使征税对象成为免税对象从而免于纳税的有关条款。**免税一般可以分为法定免税、特定免税和临时免税三种。法定免税**是指在税法中列举的免税条款。**特定免税**是指根据政治、经济情况发生变化和贯彻税收政策的需要,对个别、特殊的情况专案规定的免税条款。**临时免税**是指对个别纳税人因遭受特殊困难而无力履行纳税义务,或因特殊原因要求减除纳税义务的,对其应履行的纳税义务给予豁免的特定的免税条款。三种免税条款规定中,**法定免税是主要方式**,特定免税和临时免税是辅助方式,是对法定免税的补充。为了保证国家各项改革措施和方针政策贯彻落实,我国在现有法定免税政策的基础上,及时调整和补充大量特定免税和临时免税条款,不仅是不可避免的,也是十分必要的。例如,《财政部 税务总局关于明确增值税小规模纳税人减免增值税等政策的公告》(以下统称财政部、国家税务总局2023年第1号公告)规定,自2023年1月1日至2023年12月31日,对月销售额10万元以下(含本数)的增值税小规模纳税人,免征增值税。

免税条款运用过程中,应注意做到以下两点:

(1)尽量使免税期最长化。在合理合法的情况下,纳税人应尽量使免税期最长化,免税期越长,能节减的税就越多。

(2)尽量争取更多的免税待遇。在合法合理的情况下,纳税人应尽量争取免税待遇,免税越多,节减的税额也就越多,可以支配的税后利润也就越多。

2. 减税条款

减税是在合理、合法的情况下,国家或有关机构对某些企业进行扶持、照顾或鼓励,减除纳税人一部分应纳税款,减轻税收负担。它与免税一样,也是有机结合税收灵活性与严肃性的运用。财政部、国家税务总局2023年第1号公告规定,自2023年1月1日至2023年12月31日,增值税小规模纳税人适用3%征收率的应税销售收入,减按1%征收率征收增值税;适用3%预征率的预缴增值税项目,减按1%预征率预缴增值税。

减税条款是指在法律允许的范围内,使纳税人减少应纳税额而直接节税的条款。纳税人运用减税条款时应把握两点:

(1)尽量使减税期最长化。减税时间越长,节减的税务越多,纳税人的税后利润也就越多。

起征点与免征额的不同

(2)尽量使减税项目最多化。减税项目越多,纳税人的收益越大。

3. 免征额和起征点

免征额是指税法规定课税对象中免予征税的数额。无论课税对象的数额大小,免征额的部分都不征税,仅就其余部分征税。起征点是指对征税对象未达到起征点数额的部分不征税,达到和超过起征点数额的则按全额征税。

4. 退税条款

退税条款是指纳税人在合法、合理的情况下,所选的能使可退的税款最大化,争取退税优惠待遇的有关条款。退税就是税务机关退还纳税人本已缴纳的税款。例如,一些改造进口软件或销售自行开发软件的企业对外销售产品要按13%的税率征收增值税,当其增值税实际税负超过3%的部分按即征即退的政策实行退税,体现国家减轻软件生产企业的税收负担,积极鼓励软件开发企业发展。

5. 优惠税率

为鼓励支持某类行业、产业发展,吸引外部投资,税收有关法律法规往往会针对这类行业、产业制定较低的税率。例如,我国企业所得税实行比例税率,基本税率为25%,小型微利企业减按20%的税率征收企业所得税,国家需要重点扶持的高新技术企业、经认定的技术先进型服务企业(服务贸易类)减按15%的税率征收企业所得税。

6. 税收抵免

税收抵免是指准许纳税人将其某些合乎规定的特殊支出,按规定比例或全部从其应纳税额中扣除,以减轻其税负。常见的税收抵免一般有投资抵免和国外税收抵免两类。

投资抵免是指允许纳税人将一定比例的设备购置费从其当年应纳企业所得税税额中扣除。例如,《中华人民共和国企业所得税法实施条例》(以下简称《企业所得税法实施条例》)规定:企业购置并实际使用《环境保护专用设备企业所得税优惠目录》《节能节水专用设备企业所得税优惠目录》和《安全生产专用设备企业所得税优惠目录》规定的环境保护、节能节水、安全生产等专用设备的,该专用设备的投资额的10%可以从企业当年的应纳税额中抵免;当年不足抵免的,可以在以后5个纳税年度结转抵免。

国外税收抵免常见于国际税收业务中,即纳税人在居住国汇总计算国外的收入所得税时,准予扣除其在国外的已纳税款。我国现行税法对所得避免双重征税,按国际惯例做出了相应规定。纳税人来源于中国境外的所得,已在中国境外缴纳的企业所得税和个人所得税税款,准予其在应纳税额中扣除。但其扣除额不得超过该纳税人境外所得按我国税法规定计算的应纳税额。

税收抵免额越大,冲抵应纳税额的数额就越大,应纳税额则越小,从而节税额就越大。因此,纳税人应尽量使可以抵免的税额最大化。

(五) 会计政策筹划法

会计政策的选择可以帮助企业进行纳税筹划,降低企业的税负压力,为企业的发展提供更多的助力。当企业存在多种可供选择的会计政策时,选择有利于税后收益最大化的会计政策,也是纳税筹划的基本方法。会计政策筹划法具体有分摊筹划法和会计估计筹划法两类。

1. 分摊筹划法

对于一项资产或费用的摊销,会直接影响企业收益计量和资产计价,进而影响企业的实际税负。分摊筹划法涉及的主要会计事项有存货发出计价、固定资产计提折旧、无形资产摊销、长期待摊销费用摊销、间接费用分配等。例如:当市场物价连续下降时,企业可以通过先进先出的方式来进行存货计价,进而降低税负。

2. 会计估计筹划法

由于企业生产经营中存在诸多不确定因素,一些项目不能精准计算,而只能加以估计。在会计核算中,对尚在延续中、其结果未确定的交易或事项需要估计入账。这种会计估计会影响计入特定时期的收益或费用的数额,进而影响企业的税收负担。

例如:固定资产的折旧年限直接取决于固定资产的使用年限,固定资产的使用年限一般都是估计值,这里会涉及人员的主观因素。盈利企业应该尽量缩短折旧年限,使后期的成本费用前移、利润后移。

(六) 税负转嫁筹划法

税负转嫁是一种纳税技巧,可以"不动声色"地降低税负,被视为市场主体之间的一种博弈行为。其实税负转嫁的实质就是税负的实际承担人不是直接纳税人,而是背后的隐藏者或替代者。税款的直接纳税人通过转嫁税负给他人,使直接纳税人自己并不承担纳税义务,仅仅是充当了税务部门与实际纳税人之间的中介和桥梁。税负转嫁一般有市场调节法、商品成本转嫁法和税基转嫁法三种方法。

1. 市场调节法

市场调节法是根据市场变化进行税负转嫁筹划的方法。市场价格受供求规律的支配,需求的变动影响供给,供给的变动反作用于需求。商品的价格随着供给与需求的变动上下波动。因此,税负能否转嫁,主要看纳税者怎么利用市场供求变化,并根据市场情况进行筹划。

2. 商品成本转嫁法

商品成本转嫁法是根据商品成本状况进行税负转嫁的方法。成本是生产经营者从事生产经营活动而预先支付和投入的费用总和。它一般有固定成本、递增成本和递减成本三种形态。固定成本是在生产经营过程中不随产品产量变化而变化的费用和损失。递增成本是随产品产量增加和经营范围的扩大而增加的费用和损失。递减成本则与递增成本相反,它是单位产品随着经营扩大和服务范围的扩展而减少的费用和损耗。从税负转嫁筹划来看,不同成本种类产生的税负转嫁筹划方式及转嫁程度不同。

【例1-12】

某白酒厂将生产的白酒直接销售给消费者,为了提高税后利润,该厂准备提高白酒出厂价。试分析通过提高售价来提高税后利润的做法是否合适?

白酒厂提高售价,一方面会影响市场销量;另一方面白酒需要缴纳消费税和增值税,也会导致从价定率消费税与增值税的攀升。

建议该厂设立独立的销售公司,即由白酒厂设立独立的销售公司,利用增加流通环节的方法转移税负。酒类产品的消费税仅在出厂环节计征,即按产品的出厂价计征消费税,后续的分销、零售环节不再缴纳。

这种情况下,白酒厂设立独立的销售公司,便可以采取商品成本转嫁的方法,先以相对较低的价格卖给自己的销售公司,然后再由销售公司以合规合理的较高价进行层层分销。通过这种方式,白酒厂可以在保证利润的前提下实现消费税税负的降低。

3. 税基转嫁法

税基转嫁法是根据课税范围的大小、宽窄实行的不同税负转嫁的方法。一般来说,在课税范围比较广的情况下,正面、直接的税负转移要容易些,这时的税收转移为积极性的税负转嫁;在课税范围比较窄的时候,直接地进行税负转移便会遇到强有力的阻碍,纳税人不得不寻找间接转嫁的方法,这时的税收转嫁为消极的税负转嫁。

 开篇释疑

> 这家空调制造公司可以采用税基转嫁的方法,把售价和保养费拆分,使两者分别适用不同的税率纳税。当前销售货物适用13%的增值税税率,保养费可以作为服务费适用6%的增值税税率。拆分之后该公司可以从整体上降低企业的增值税税收负担。

提示

税负转嫁筹划法其实就是纳税人不实际负担所纳税费,而通过购入或销出商品价格的变动或通过其他手段,将全部或部分税负转移给他人负担的筹划方法。

(七)递延纳税筹划法

递延纳税筹划法是指通过一系列的方法,实现延期缴纳税款的筹划方法。如果企业能够合理推迟纳税,那"节省"下来的税款相当于一笔无息贷款,如再用于投资则可以获得更多的收益,相对提高了企业的资金利用率。递延纳税可以从推迟纳税义务发生时间和积极申请办理延期缴纳税款出发开展筹划。

1. 推迟纳税义务发生时间

任何纳税人只要发生了应税行为,取得了应税的收入,就必须依法申报纳税。但由于各个税种的征收制度、纳税人的货款结算方式、生产经营特点等不同,难以按同一标准一致划分纳税日期,也不可能都以行为发生日确定纳税义务发生时间。企业在进行纳税筹划时,应根据应税行为性质选择有利的结算方式来推迟纳税义务发生时间,使企业合理实现晚缴税。采用不同销售方式的企业的计税时间是不同的,选择有利的结算方式来推迟纳税义务发生时间至关重要。推迟纳税义务发生时间的筹划应从订立合同的环节开始。

【例 1-13】

某造纸厂 7 月向汇文文具店销售白纸板 113 万元（含税价格），增值税税率为 13%，货款结算采用销售后付款的方式，汇文文具店 10 月仅汇来货款 33.9 万元。对此类销售业务，该造纸厂该如何进行纳税筹划呢？

根据上述资料，分析如下：

此笔业务中，购货方是商业企业，并且货款结算采用销售后付款的方式，因此可以选择委托代销模式，即按委托代销结算方式进行税务处理：该造纸厂 7 月可以先不计算销项税额，待 10 月按收到代销单位的销货清单后确认销售额，并计算销项税额为 3.9 万元[33.9÷(1+13%)×13%]。

该厂对尚未收到销货清单的货款 79.1 万元可以暂缓申报、计算销项税额。如果不按委托代销结算方式处理，则该造纸厂 7 月应计提销项税额为 13 万元[113÷(1+13%)×13%]。

因此，对此类业务，选择委托代销结算方式可以实现递延纳税。

2. 积极申请办理延期缴纳税款

延期纳税是指对纳税人应纳税款的部分或全部税款的缴纳期限适当延长的一种特殊规定。为了照顾某些纳税人由于缺乏资金或其他特殊原因造成的缴税困难，我国在税法中规定了有关延期缴纳的税收条款。例如：企业在纳税期内因有特殊困难不能按期缴纳税款的，可以向税务机关提出要求延期缴纳税款的书面申请，经报请省级税务机关批准，可以最多延期 3 个月缴纳税款，而且在批准的延期缴纳期限内不加收滞纳金。也就是说，只要企业存在特殊规定中的特殊困难，就可以提出申请。

（八）临界点筹划法

所谓税收临界点，就是税法中规定的一些标准，包括一定的比例和数额，当销售额或应纳税所得额或费用支出超过这些标准时，就应该依法纳税或按更高的税率纳税，从而使纳税人的税负大幅度上升；有时却相反，可以使纳税人享受优惠，降低税负。由此产生了纳税筹划的特定方法——临界点筹划法。其基本含义是纳税人在某些事项达到税收临界点时，增减收入或支出，从而避免承担较重的税负。

例如：根据土地增值税有关法律的规定，纳税人建造普通标准住宅进行销售的，增值率未超过 20% 的部分，免征土地增值税；增值率超过 20% 时，应对全部增值额进行征税。因此，当纳税人建造的住宅为普通标准住宅时，就要比较税收优惠和提高销售价格带来的收益，避免增值率稍大于 20% 时，价格提高而收益减少的现象。也就是说，当普通住宅增值率略高于 20% 时，可以通过适当减少销售收入或加大扣除项目金额的方式将增值率控制在 20% 以内。

> **提示**
> 临界点筹划法的核心主要是寻找关键点税基，关键点税基主要有起征点、扣除限额、税率跳跃临界点。例如，小规模纳税人增值税的起征点、个人所得税综合所得的税率跳跃临界点、企业所得税的税前扣除限额等，都是典型的临界点，对其进行合理筹划可以降低税负。

（九）资产重组筹划法

资产重组筹划法主要有合并筹划法和分立筹划法两种。

1. 合并筹划法

合并筹划法是指企业利用并购及资产重组手段，改变其组织形式及股权关系，实现税负

降低的筹划方法。企业采用合并筹划法进行筹划的目的主要有以下几点:

(1) 进入新的领域、行业,享受新领域、新行业的税收优惠政策。

(2) 并购大量亏损的企业,有利于盈亏补抵,实现成本扩张。

(3) 减少关联性企业或上下游企业的流通环节,合理规避流转税和印花税。

(4) 利用免税重组优惠政策,规避资产转移过程中的税收负担。

2. 分立筹划法

分立是指一家企业将部分或全部资产分离转让给现存或新设立的企业,被分离企业股东换取分立企业的股权,实现企业的依法拆分。分立筹划法利用拆分手段,可以有效地改变企业规模和组织形式,降低企业整体税负。企业采用分立筹划法进行筹划的目的主要有以下几点:

(1) 分立为多个纳税主体,形成有关联关系的企业群,便于实施集团化管理和系统化筹划。

(2) 将兼营或混合销售中的低税率或零税率业务独立出来,单独计税,有利于降低税负。

(3) 使适用累进税率的纳税主体分化成两个或多个适用低税率的纳税主体,自然降低税负。

(4) 增加流通环节,有利于流转税抵扣及转让定价策略的运用。

例如,根据财政部、国家税务总局公布的《关于进一步实施小微企业所得税优惠政策的公告》(财政部、税务总局 2022 年第 13 号),自 2022 年 1 月 1 日至 2024 年 12 月 31 日,对小型微利企业年应纳税所得额超过 100 万元但不超过 300 万元的部分,减按 25% 计入应纳税所得额,按 20% 的税率缴纳企业所得税。假设 AB 公司应纳税所得额为 400 万元,则应纳企业所得税为 100 万元(400×25%)。如将 AB 公司分拆为两家独立的小微企业 A 公司和 B 公司,两者的应纳税所得额都是 200 万元,则 A 公司和 B 公司应纳企业所得税合计为 20 万元(200×25%×20%×2),经过分立,可实现节税 80 万元(100-20)。

(十) 业务转化筹划法

业务转化筹划法的方式灵活多变,例如,购买、销售、运输、建房等业务,可以合理转换为代购、代销、代运、代建等业务,无形资产转让可以合理转化为投资或合营业务,工程招标中介可以合理转化为转包人,甚至还有企业雇员与非雇员之间的相互转化,等等。企业通过业务转换筹划法可以寻找更大的节税空间。

【例 1-14】

科研人员林某发明了一种新技术,该技术申请了国家技术专利。由于该专利实用性强,甲公司拟用 100 万元高价购买。请问:从纳税筹划角度看,林某是否应该转让其技术专利?

根据上述资料,分析如下:

根据《关于全面推开营业税改征增值税试点的通知》(财税〔2016〕36 号)相关规定,转让专利技术属于销售无形资产,免征增值税。这里所说的"技术"包括专利技术和非专利技术。企业申请免征增值税合同须经所在地省级科技主管部门认定并出具审核意见证明文件,报主管税务机关备查。

根据个人所得税的相关规定,转让专利使用权属于特许权使用费收入,应计入综合所得,参与年终汇算清缴。林某取得该笔收入时应预交个人所得税为 16 万元[100×(1-20%)×20%]。

如果采用业务转化筹划法,林某可以不转让该技术专利使用权,而是将技术专利进一步开发,以技术服务的形式将专利技术应用于甲公司生产经营中。按甲公司的经营状况测算,林某每年预计可从甲公司获取 10 万元技术服务收入。

若林某愿意采取技术服务形式,则其所负担的个人所得税将实现递延缴纳,有关规定如下:

(1) 纳税人提供技术开发和与之相关的技术服务免征增值税。

(2) 按照个人所得税有关规定,个人取得的技术咨询、技术服务所得,应于取得所得的当月按照 20% 的比例税率预缴个人所得税,同时并入综合所得于年终汇算清缴。林某每年应预缴个人所得税 2 万元($10 \times 20\%$)。这种筹划法的主要优点在于可以递延纳税。

若采用技术投资入股形式。技术投资入股的实质是转让技术成果和投资同时发生。转让专利技术是销售无形资产,免征增值税,同时根据《关于完善股权激励和技术入股有关所得税政策的通知》(财税〔2016〕101 号)规定,个人技术投资入股,被投资企业支付的对价全部作为股票(权)的,企业或个人可选择适用递延纳税优惠政策。经主管税务机关备案,投资入股当期可暂不纳税,允许递延至转让股权时,按股权转让收入减去技术成果原值和合理税费后的差额计算缴纳个人所得税。

课堂笔记

第三节　纳税筹划风险及其防范

 **开篇设问**

> A化妆品生产企业属于增值税一般纳税人,具有良好的纳税记录。20×2年年初,该企业因涉嫌虚开增值税专用发票,涉及逃税65万元,被当地税务管理部门以"取得虚开增值税专用发票"的逃税行为,处以补缴税款65万元、罚款130万元的处罚决定。经查,该企业取得虚开增值税专用发票的经过如下:20×1年年底,A化妆品生产企业从B化学公司购进一批价值总计500万元的原材料,双方按照合同约定,如期发货并交付全部货款。A化妆品生产企业派遣一位新业务员向对方索取发票,所取得的发票为对方开具的虚假增值税专用发票,由于业务员经验不足,未能鉴别发票真假,同时由于年终业务繁忙,财务部门入账时未认真辨别发票真伪,直接根据虚假发票入账,从而导致了"取得虚开增值税专用发票"行为的发生。请问:企业应如何规避这种风险?

知识积累与能力培养

一、纳税筹划风险的类型

纳税筹划风险是指纳税人在进行纳税筹划时,因各种不确定因素的存在使筹划收益偏离纳税人预期结果的可能性。企业纳税筹划风险主要表现在以下几个方面。

(一)法律风险

纳税筹划业务在我国还非常不成熟,它经常在税收法律规定的边缘操作。纳税筹划方案的合法性必须经过税务部门的确认,有时企业对税法的理解与税务部门的具体执法会存在差异,这种差异的存在加大了企业纳税筹划的风险。另外,企业在纳税筹划过程中可能发生对法律理解的偏差,使纳税筹划演变成逃税行为,进而导致纳税筹划的违法风险。也就是说,即使自认为是合法的纳税筹划行为,也有可能因为对税收政策理解偏差导致纳税筹划方案在实际执行过程中根本行不通,从而使纳税筹划方案成了"一纸空文",或者导致纳税筹划行为被税务机关认定为逃税、逃避追缴欠税行为而对企业加以查处。这样不但得不到税收利益,反而会增加企业的税收成本,使企业白白浪费精力、财力,得不偿失。

【例1-15】

A房地产公司(以下简称A公司)成立于20×1年2月,股东由某投资有限公司、某集团公司构成。随后A公司购得一处土地的使用权进行房地产项目的开发,开发的楼盘有甲、乙、丙、丁4栋高层楼房。

某税务稽查局于20×2年3月对A公司进行稽查,按照惯例,稽查人员先是检查了该公司的"预收账款"账户,从账面看,20×1—20×2年该公司预售商品房收取的预收款有1亿元,基本都按照房地产企业缴纳增值税的期限缴纳了增值税等税费,仅有少数预收售房款以及将"他项权利登记费""抵押手续费"等代收款项列入"其他应付款"账户而少缴了20余万元的税金及附加,另外还少缴了城镇土地使用税和部分印花税。A公司"其他应付款"账户中反映了从某机电设备销售公司(以下简称B公司)借款4 320万元,没有按借款合同税目缴纳印花税,A公司财务人员解释是因公司开发资金不足,就找老板朋友的公司分几次借了4 320万元。

为了彻底查清借款4 320万元的情况,稽查局对B公司与A公司的资金往来情况等进行检查。通过检查发现,B公司的确分几次将累计4 320万元资金"借"给了A公司,但奇怪的是,B公司几年来居然没有一分钱的销售收入,那么,它借出去的几千万元资金又是怎么来的呢?稽查局再对"其他应付款"账户进行检查,发现其资金是来自几十个自然人。随后在对公司的注册情况进行检查时又发现,B公司的大股东与A公司的大股东都是C矿业集团公司。

经过几番周折终于查明,B公司与A公司都是C矿业集团公司的下属控股公司,在A公司开发的楼盘中有一部分是定向销售给某集团公司的职工,职工们的购房款先由B公司出面向职工收取并开具收款收据,20×1—20×2年,B公司共收取售房款4 320万元,再由B公司以往来借款的名义汇给A公司。A公司在收到上述4 320万元售房款后也列在往来款中,而没有作为预收售房款申报纳税,导致少缴增值税等税款240余万元。

稽查局根据查证的情况经过研究和集体审理认定,A公司采取将收取的售房款挂列往来款、进行虚假纳税申报的手段,少缴税款,已构成逃税,决定责令其限期补缴少缴的增值税等税款并加收滞纳金,同时依照《税收征收管理法》第63条的规定,对A公司逃税行为处以少缴税款一倍的罚款。

在接到稽查局的处理、处罚决定书后,A公司按期缴纳了税款、滞纳金和罚款,随后,负责人道出了事情的原委:当初他们曾就此事咨询了某税务师事务所,为了少付咨询代理费就没有与事务所签订正式代理合同。在收取了几千元劳务费后,事务所就以私人帮忙的形式帮助公司对向集团内部职工出售房屋的纳税事项进行了筹划。A公司根据这个筹划方案进行了如上操作,本以为占了大便宜,没想到因此违反了税法规定,不但要补缴税款、加收滞纳金,还被处以了罚款,真的是"偷鸡不成蚀把米"。不合规的纳税筹划将造成公司"被逃税"的结果。

(二)政策风险

政策风险是由纳税筹划对政策的依赖性所引起的,具体又包括以下几种。

1. 政策选择风险

政策选择风险的产生主要是由于纳税筹划人员对政策精神的认识不足、理解不透、把握不准所致。对税收政策的理解要严格按照税法条文的字面含义去理解,既不能扩大,也不能缩小,同时筹划人必须注意立法机关、行政机关所作出的有效力的解释。

2. 政策调整风险

我国市场经济在蓬勃发展,为了适应不同发展时期的需要,作为国家宏观经济调控工具的税收政策必然要随市场环境的变化进行调整。从这个意义上讲,政府的税收政策总是具有不定期或相对较短的时效性。这不仅增加了企业进行纳税筹划的难度,甚至可能使企业纳税筹划的目标无法实现。

3. 政策模糊风险

我国现有的税收法律法规层次较多,除了全国人大及其常委会制定的税收法律和国务院制定的税收法规,还有大量的由有关税收管理职能部门制定的税收行政规章。在这种情况下,企业如依据这些行政规章开展纳税筹划,就有可能因为对这些行政规章体现的税法精神理解错误而导致纳税筹划的失败。

【例 1-16】

2015 年 8 月,福建省国税局稽查局根据上级工作安排,部署漳州市国税局稽查局对港口码头业"营改增"企业 DF 公司实施税收检查。经查,DF 公司存在违规未计提增值税销项税额 417 万元、非增值税应税项目多抵进项税额等多项问题,共少缴增值税 542 万元。检查组发现,由于 DF 公司财务人员对"营改增"税收政策理解不到位,导致 DF 公司在涉税业务处理时,出现了不少问题,具体如下。

(1) 未按规定计提销项税额并申报纳税。经检查,DF 公司提供装卸、堆存、港务管理等服务后,取得预结收入,并已取得索取销售款项凭据。DF 公司对该项业务在会计处理上已确认收入,但由于尚未开具增值税发票,公司未计提增值税销项税额并申报纳税。

检查人员认为,根据纳税人业务类型,税法对增值税纳税义务发生时间有不同规定,开票时间并非唯一判定标准。《中华人民共和国增值税暂行条例》(以下简称《增值税暂行条例》)第 19 条明确规定,销售货物或者应税劳务,为收讫销售款项或者取得索取销售款项凭据的当天;先开具发票的,为开具发票的当天。DF 公司财务人员在会计处理上已确认收入,但错误认为取得的装卸、堆存、港务管理等业务的预结收入尚未开具增值税发票,无需申报纳税,导致未按规定计提增值税销项税额,少缴增值税 417 万元。

(2) 价外费用未申报纳税。《增值税暂行条例》第 6 条规定,销售额为纳税人销售货物或者应税劳务向购买方收取的全部价款和价外费用。经查,DF 公司在提供应税劳务的同时向客户收取改单费、水费等价外费用后,并未将其并入销售额计提增值税销项税额,共少缴增值税 5 万元。

(3) 非抵扣项目抵扣销项税额。按照税法规定,企业用于非增值税应税项目、免征增值税项目、集体福利或者个人消费的购进货物或者应税劳务,其进项税额不得从销项税额中抵扣。DF 公司将外购用于集体福利的职工食堂厨具,电力以及以建筑物、构筑物为载体的高杆灯、道闸等项目进项税额全部在销项税额中予以抵扣,导致多抵扣进项税额 107 万元,应补缴增值税 107 万元。

(4) 未严格区分"营改增"前后进项抵扣业务。福建省自 2012 年 11 月 1 日起正式纳入"营改增"试点改革范围。在检查所属期间时,检查人员发现,DF 公司还存在将"营改增"试点开始前补付某公司 2012 年 10 月劳务费、支付 2012 年度审计费等进项税额 13 万元抵扣销项税额的问题。该业务应作进项税额转出处理,并补缴增值税 13 万元。

降低风险,吃透政策是关键。"营改增"后,试点企业面对以往不甚了解的增值税,要实现准确纳税、降低涉税风险,就应当认真学习掌握政策细节,正确运用法规。《财政部 国家税务总局关于全面推开营业税改征增值税试点的通知》(财税〔2016〕36 号)文件作为"营改增"试点中重要的、具有指导性意义的文件,其中很多类似增值税纳税义务发生时间、进项税额抵扣等政策细节需要企业加以学习和关注。

(三) 财务风险

现在很多企业对资金有很大的需求,若某一个环节的资金出现问题,将引起整个项目的瘫痪,因此,企业必须保证资金供应的充足。若企业大部分资金都是通过举债获得的,借入的资本额越大,纳税筹划的空间就越大,获取可能的纳税筹划利益的机会也越大,但由此带来的财务风险也相应增大。

如何理解纳税筹划中的财务风险

例如：若企业利用财务杠杆效应确定利息费用实施节税筹划，可能会因为利率或企业资金面临的情况变化，导致企业背上沉重的财务负担，从而形成对企业利润的侵蚀。财务风险对纳税筹划方案的影响是重大的、也是根本性的。

二、纳税筹划风险产生的原因

纳税筹划的预先筹划性与项目执行过程存在不确定性之间的矛盾是纳税筹划风险产生的主要原因，具体可追溯到以下几个方面。

纳税筹划的风险

（一）由税收立法、执法导致的风险

在我国的税收法律中，税务部门与企业之间的权责关系并不完全对等，企业处于一种相对劣势的地位。税务部门相对于企业而言容易掌握更多的税法信息，企业对于新颁布法律法规的了解或获得也滞后于税务部门。税收征纳双方关系权力责任的不对称性及在法律中赋予税务部门过多的自由裁量权，使得税收征纳双方对于同一事件有不同的理解，当出现分歧时，税务部门认为自己的理解是正确的，从而纳税筹划人员的理解便是非法的。纳税筹划人员即使具有较为充分的理由，也很难在一定时间内说服税务部门人员对此认同，从而使企业的纳税筹划风险大大增加。

（二）注重"税负最低"，忽视企业整体利益

有的企业认为追求"税负最低"是纳税筹划的目的，这是一种不完全正确的认识，混淆和颠倒了纳税筹划目标和最终目的的关系。例如，企业误以为用借入资金投资比用自有资金投资划算（少缴税），但很多事例表明，借入资金的利息可在计算所得税前扣除，但未必增加企业的净利润，相反却可能减少了净利润，另外还有可能引发巨大的财务风险。事实上，税负最低只是纳税筹划的阶段性目的，而实现企业价值最大化才是纳税筹划的最终目的。

（三）片面夸大企业纳税筹划的作用

很多企业认为纳税筹划无所不能，事实上纳税筹划只是企业理财活动的一部分，其作用是有限的，并受一定的条件制约。纳税筹划往往需要与相关的生产经营决策配合使用才能相得益彰，产生较大的总体效益。另外，应当理解纳税筹划的开展与企业的涉税税种、应纳税额以及财务核算水平等情况息息相关。

（四）由纳税筹划人员自身素质导致的风险

自身专业素质主要反映在纳税筹划人员对于税法的全面理解与运用方面。由于税收法规的庞杂和税收政策的频繁变更，纳税筹划人员受自身业务素质的限制，可能对有关税收法规的精神把握不准，虽然主观上没有偷逃税的意愿，但事实上由于筹划不利，违反了税法，从而产生了纳税筹划风险。

三、纳税筹划风险的防范

纳税筹划风险防范的目标是通过采取合理的措施对风险加以控制，规避和降低风险损失。针对风险的类型和产生原因，企业可以采取的风险防范方法有以下几个方向。

（一）树立依法纳税意识，完善会计核算工作

企业经营决策层必须树立依法纳税的理念，这是成功开展纳税筹划的前提。纳税筹划可以在一定程度上提高企业的经营利润，但它只是全面提高企业财务管理水平的一个环节，企业不能将企业利润的提高过多地寄希望于纳税筹划。依法设立完整规范的财务核算资料和正确进行会计核算是企业进行纳税筹划的基本前提。判断企业纳税筹划是否合法，首先必须通过税务检查，而检查的依据就是企业的财务核算资料。因此，企业应依法取得和保全

会计核算资料,规范会计基础工作,为提高纳税筹划效果提供可靠的依据。

(二)准确把握税法政策,密切关注税法变动

税法是处理国家与企业税收分配关系的主要法律规范,纳税筹划方案主要来自税法政策中对计税依据、税率等的不同规定。对相关税收规定的全面了解,是纳税筹划的基础环节。有了这种全面了解,企业才能制定出不同的纳税方案,并进行比较、优化选择,进而作出对企业最有利的纳税筹划决策。反之,如果对有关政策、法规不了解,企业就无法制定多种纳税方案,纳税筹划活动就无法进行。税法常常随经济情况的变化或为配合政策的需要,而不断修正和完善。因此,企业在进行纳税筹划时,必须密切关注并适时调整自己的筹划方案,以使有关经营行为符合法律规范。

(三)增强风险意识,提升自身素质

防范企业纳税筹划风险是一项具有高度科学性、综合性、技术性的经济活动,因此对具体操作人员有着较高的要求。企业的纳税筹划人员不仅要精通税收法律法规、财务会计、企业管理等方面的知识,而且还应具备经济前景预测能力、项目统筹谋划能力,以及与各部门合作配合的协作能力等素质,才能为企业出具防范纳税筹划风险的方案或建议。纳税筹划人员素质的提高一方面依赖于个人的发展,另一方面也依赖于整个行业素质的提高。整个行业素质提高了,才能更有利于充分进行企业纳税筹划。

(四)加强与税务部门联系,搞好税企关系

企业要想进行纳税筹划,必须取得当地税务机关的支持,以确保合法性。企业进行纳税筹划时,由于许多活动是在法律的边界运作,纳税筹划人员很难准确把握其确切的界限,有些问题在概念的界定上本来就很模糊,如纳税筹划与避税的区别等,况且各地区具体的税收征管方式有所不同,税收执法部门拥有较大的自由裁量权。这就要求纳税筹划人员在正确理解税收政策、正确应用财务知识的同时,随时关注当地税务机关税收征管的特点和具体方法。同时,经常与税务机关保持友好联系,使纳税筹划活动适应主管税务机关的管理特点,或者使企业纳税筹划方案得到当地主管税务部门的认可,避免纳税筹划风险,取得应有的收益。

(五)顾全企业整体利益,注重纳税筹划方案综合性

从根本上讲,纳税筹划归属于企业财务管理的范畴。它的目标是由企业财务管理的目标——企业价值最大化所决定的。纳税筹划必须围绕这一总体目标进行综合筹划,将企业价值最大化纳入企业的整体投资和经营战略,不能局限于个别税种,也不能仅仅着眼于节税。单纯地看,纳税筹划是分税种进行的,是对每个具体的税种进行的筹划,但企业纳税筹划是一项系统工程,企业的经济活动要涉及多种税,即便一项具体业务也可能要涉及若干种税。例如,一笔销售收入是否确认、何时确认,可能会影响增值税、所得税、增值税附加税等。针对众多的征税对象、税率、减免税等,纳税筹划不能仅盯住个别税种的税负高低,而要着眼于整体税负的轻重。另外,如果单纯追求最大的扣除项目、最小的计税收入,会掩盖企业真实的经营成果和获利能力,影响企业的筹资和投资能力,进而影响企业财务目标的实现。所以,不能以税负轻重作为选择筹划方案的唯一标准,而应确保以企业财务目标实现为前提的纳税筹划方案具有可操作性。

随着纳税筹划活动在企业经营活动中价值的体现,企业纳税筹划风险也应受到更多的关注。纳税筹划主要侧重于事前的筹划,因此不可能完全消除纳税筹划的风险,但尽量降低或分散涉税风险也是企业纳税筹划的重要内容之一。成功的纳税筹划方案应该是风险最

小、收益最大的方案。

 开篇释疑

> 发票是企业在购销商品、提供或接受劳务以及从事其他经营活动中,开具、收取的收付款凭证之一。它是纳税人经济活动的重要商事凭证,也是税收部门进行财务税收检查的重要依据。在企业中发票分为两部分:从外部取得的发票和内部开出的发票。
>
> 税务部门非常重视对发票的监管。因此,企业应该从税务监管的高度来加强发票管理。特别是对从外部取得的发票,尤其应该注意审查发票的真实性,建立取得和开出发票的规范审核程序,避免案例中类似问题的发生。

课堂笔记

职业能力训练

一、单项选择题

1. 纳税筹划的主体是( )。
   A. 纳税人　　　　B. 征税对象　　　　C. 计税依据　　　　D. 税务机关
2. 纳税筹划与逃税、抗税、骗税等行为的根本区别是具有( )。
   A. 违法性　　　　B. 可行性　　　　　C. 非违法性　　　　D. 合法性
3. 避税最大的特点是( )。
   A. 违法性　　　　B. 可行性　　　　　C. 非违法性　　　　D. 合法性
4. 纳税人利用税法有待完善之处,通过对经营及财务活动的精心安排,以期达到纳税负担最小的经济行为是( )。
   A. 逃税　　　　　B. 欠税　　　　　　C. 骗税　　　　　　D. 避税
5. 按( )进行分类,纳税筹划可以分为绝对节税、相对节税和风险节税。
   A. 不同税种　　　　　　　　　　　　B. 节税原理
   C. 不同性质企业　　　　　　　　　　D. 不同纳税主体
6. 相对节税主要考虑的是( )。
   A. 费用绝对值　　B. 利润总额　　　　C. 货币时间价值　　D. 税率
7. 纳税筹划最重要的原则是( )。
   A. 守法原则　　　　　　　　　　　　B. 财务利益最大化原则
   C. 时效性原则　　　　　　　　　　　D. 风险规避原则
8. 在经济行为已经发生,纳税项目、计税依据和税率已成定局后,再实施少缴税款的措施,无论是否合法,都不能认为是纳税筹划。该观点体现了纳税筹划的( )原则。
   A. 事先筹划　　　B. 守法性　　　　　C. 实效性　　　　　D. 保护性
9. 税负转嫁的筹划通常需要借助( )来实现。
   A. 价格　　　　　B. 税率　　　　　　C. 纳税人　　　　　D. 计税依据
10. 关于税收筹划的目标表述中,不正确的是( )。
    A. 税收筹划应立足于企业的整体利益
    B. 目标是实现纳税人整体利益的最大化
    C. 纳税人应进行成本—收益分析,综合考虑并制定出最佳的筹划方案
    D. 筹划时要着重考虑单个税种的税负变化,忽略不同税种的综合税负影响

二、多项选择题

1. 税率的基本形式有( )。
   A. 名义税率　　　B. 比例税率　　　　C. 定额税率　　　　D. 复合税率
2. 纳税筹划的特点包括( )。
   A. 不违法性　　　B. 事先性　　　　　C. 专业性　　　　　D. 全面协助性
3. 纳税筹划产生的原因有( )。
   A. 企业纳税人追求经济利益最大化　　B. 税收制度的复杂化、差异性

C. 税收管理体制日益完善 　　　　　D. 纳税人的纳税意识日益加强
4. 纳税筹划的合法性要求是与（　　）的根本区别。
   A. 逃税　　　　B. 欠税　　　　C. 骗税　　　　D. 避税
5. 纳税筹划风险主要有（　　）等形式。
   A. 意识形态风险　　　　　　　　B. 经营性风险
   C. 政策性风险　　　　　　　　　D. 操作性风险

三、判断题
1. 纳税筹划的最本质特征是非违法性。　　　　　　　　　　　　　　（　　）
2. 进行纳税筹划是没有风险的。　　　　　　　　　　　　　　　　　（　　）
3. 节税越多的方案往往也是风险越小的方案。　　　　　　　　　　　（　　）
4. 纳税筹划是纳税人应有的权利。　　　　　　　　　　　　　　　　（　　）
5. 纳税筹划的主体是税务机关。　　　　　　　　　　　　　　　　　（　　）
6. 纳税筹划是纳税人的一系列综合谋划活动。　　　　　　　　　　　（　　）
7. 在税率一定的情况下，应纳税额的大小与计税依据的大小成正比。　（　　）
8. 起征点和免征额都是税收优惠的形式。　　　　　　　　　　　　　（　　）
9. 纳税人和负税人是不一致的。　　　　　　　　　　　　　　　　　（　　）
10. 财务利益最大化是纳税筹划首先应遵循的最基本的原则。　　　　（　　）

四、案例分析题
某税务稽查局检查 A 企业时，发现该企业存在着巨额的劳务费用支出，虽然企业能提供合同、发票和转账记录等凭证，但企业财务部门和人力资源部门都不能很好地解释这些劳务费用项目的具体情况。稽查人员前往开具发票的人力资源公司进行外调取证，发现该人力资源公司除了为 A 企业提供真实的劳务，还将 A 企业汇来的部分款项直接汇给了 5 个私人银行账户，经过比对税务系统中 A 企业的个人所得税申报表，发现这 5 人均是该公司的在职员工。

税务机关认为 A 企业形式上利用劳务公司开具劳务费发票，实质上是发放在职员工奖金、补助，属于以合法形式掩盖偷逃税款目的的违法手段，最终对 A 企业的涉税违法行为作出了税务处理决定和处罚决定，决定 A 企业补扣缴个人所得税 1 600 多万元，并对其罚款 800 多万元。

请问：该案例给你带来哪些启示？

第二章　企业设立业务纳税筹划

职业能力目标

1. 能够合理规划增值税纳税人身份
2. 能够正确选择居民企业和非居民企业身份
3. 能够正确选择企业组织形式
4. 能够合理设计股权结构

知识目标

1. 熟悉企业设立业务所涉增值税、企业所得税
2. 掌握增值率判定法，合理筹划增值税纳税人身份
3. 熟悉增值税起征点纳税筹划
4. 掌握居民企业和非居民企业身份选择筹划
5. 掌握企业组织形式纳税筹划
6. 掌握股权结构设计筹划

知识导图

```
                          ┌ 设立业务增值税筹划 ┬ 利用纳税人身份进行纳税筹划
                          │                    └ 利用增值税起征点进行纳税筹划
企业设立业务纳税筹划 ┤
                          │                        ┌ 利用纳税人不同身份进行纳税筹划
                          └ 设立业务企业所得税筹划 ┤ 设立分支机构纳税筹划
                                                   │ 利用企业组织形式进行纳税筹划
                                                   └ 利用企业股权结构设计进行纳税筹划
```

第一节 设立业务增值税筹划

开篇设问

> A公司是一家年销售额在400万元左右(不含税)的生产型企业,公司每年购进的可按13%增值税税率进行抵扣的物品价值在180万元左右(不含税)。如果是一般纳税人,产品的增值税适用税率为13%;如果是小规模纳税人,则按3%的征收率。若A公司有条件认定为一般纳税人,试判别A公司应选择做何种纳税人。

知识积累与能力培养

一、利用纳税人身份进行纳税筹划

增值税是对在我国境内销售货物、服务、无形资产、不动产或者提供加工、修理修配劳务,以及进口货物的单位和个人,就其增值额为课税对象征收的一种流转税。增值税纳税人按其规模大小以及会计核算是否健全,可分为一般纳税人和小规模纳税人两种。两类纳税人在征管要求、适用税率和计税方法上的不同,给企业纳税筹划创造了条件。我们可以根据企业的实际情况,通过税负比较,在一般纳税人和小规模纳税人之间作出选择,即通过纳税人身份的选择进行纳税筹划,以利于降低企业税负,获得更大的节税效益。

(一)一般纳税人与小规模纳税人的主要区别

两类纳税人的主要区别体现在以下几个方面。

1. 适用税率(或征收率)不同

一般纳税人销售货物、提供有形动产租赁服务适用增值税税率为13%,部分货物适用9%的低税率;提供交通运输、邮政、基础电信、建筑、不动产租赁服务,销售不动产,转让土地使用权,适用税率为9%;其他应税服务适用的税率为6%。小规模纳税人适用3%或5%的征收率。

一般纳税人与小规模纳税人的划分依据

2. 计税方法不同

一般纳税人实行税款抵扣制,采用购进扣税法,允许抵扣进项税额,即"应纳增值税税额=当期销项税额-当期进项税额";小规模纳税人实行简易征收办法,不得抵扣进项税额,即"应纳增值税税额=不含税销售额×征收率"。两者的区别如表2-1所示。

小规模纳税人适用5%征收率的情形

表2-1 一般纳税人与小规模纳税人计税方法的区别

差别点	一般纳税人	小规模纳税人
税率(或征收率)	13%、9%、6%(税率)	3%或5%(征收率)
计税方法	购进扣税法	简易征收法,不得抵扣进项税额

(二)增值率与纳税人身份选择

根据两类纳税人的计税原理,一般纳税人增值税的计算以增值额为计税基础,小规模纳税人增值税的计算以销售额为计税基础。在增值税税率与征收率一定的情况下,会存在一个一般纳税人与小规模纳税人税收负担相等的数值,这个数值我们把它称为"税负无差别平衡点增值率"。税负无差别平衡点增值率在某一水平上,两类纳税人税负会相等。我们只要确定这一税负平衡点,即可利用它来选择纳税人身份。其具体计算如下:

假设 A 为不含增值税的销售额,B 为不含税购货额,当一般纳税人与小规模纳税人的增值税实际税负相等时(以一般纳税人13%税率与小规模纳税人3%征收率为例),则:

$$(A-B) \times 13\% = A \times 3\%$$

等式两端同时除以 $A \times 13\%$,得到:

$$\frac{A-B}{A} = \frac{3}{13}$$

等式左边 $\frac{A-B}{A}$ 是纳税人的增值率,即:

$$增值率 = \frac{不含税销售额 - 不含税购货额}{不含税销售额}$$

此例中,增值率为23.08%,或者企业的购货额占企业销售额的 $\frac{10}{13}$ 时是企业增值税税负无差别平衡点的增值率。通过类似计算,我们还可以得出不同情况下的税负无差别平衡点增值率,如表2-2所示。

表2-2 两类纳税人不同情况下的税负无差别平衡点增值率

一般纳税人		小规模纳税人征收率	增值率平衡点
销项税税率	进项税税率		
13%	13%	3%	23.08%
13%	9%		−11.11%
13%	6%		−66.67%
9%	13%		53.85%
9%	9%		33.33%
9%	6%		0
6%	13%		76.92%
6%	9%		66.67%
6%	6%		50.00%

在实际增值率低于平衡点的情况下,由于可以抵扣进项税额,选择成为一般纳税人比小规模纳税人更有优势;而随着增值率上升,一般纳税人的优势越来越小,当实际增值率高于税负平衡点时,选择小规模纳税人身份税负较轻。

> **小贴士**
>
> 　　这里论述的销售额和购进额都是不含税的,如果实务中销售额和购进额是含税的,采用类似的方法,也可以计算出含税的税负平衡点。结论和不含税是一致的,即:增值率越高,一般纳税人税负会越重,选择成为小规模纳税人身份更为有利;反之,选择成为一般纳税人身份更为有利。

【例 2-1】

某服装批发企业,全年预计不含税销售额为 600 万元,会计核算制度比较健全,符合作为一般纳税人的条件,适用税率为 13%。可抵扣购进货物的不含税金额为 400 万元,适用税率为 13%。企业管理层估计,在未来的一段时间,企业规模不会有太大增长,经营业务项目也不会有大的改变。该企业选择哪种增值税纳税人身份税负更轻?该如何进行纳税筹划?

〖筹划思考〗

该企业如果选择一般纳税人身份,则销售和购货适用的税率均为 13%,两类纳税人增值率的税负平衡点为 23.08%。由于实际增值率为 33.33%[(600−400)÷600×100%],大于 23.08%,因此,选择成为一般纳税人的增值税税负会重于小规模纳税人。

其验证计算如下:

一般纳税人的应纳增值税税额=600×13%−400×13%=26(万元)。

小规模纳税人的应纳增值税税额=600×3%=18(万元)。

〖筹划结果〗

若选择小规模纳税人身份,增值税税负将减少 8 万元(26−18)。

由于按现行税法规定,纳税人未在规定期限内申请一般纳税人资格认定的,主管税务机关应当在规定期限结束后 20 日内制作并送达"税务事项通知书"告知纳税人。税务事项通知书中需明确告知:其年应税销售额已超过小规模纳税人标准,应在收到税务事项通知书后 10 日内向主管税务机关报送增值税一般纳税人申请认定表或不认定增值税一般纳税人申请表;逾期未报送的,按《中华人民共和国增值税暂行条例实施细则》(以下简称《增值税暂行条例实施细则》)第 34 条规定,按销售额依照增值税税率计算应纳税额,不得抵扣进项税额,也不得使用增值税专用发票。

因此,为了维持小规模纳税人的身份,企业可以通过分拆机构、注销原企业设立新企业等方式降低销售额。如果该服装批发企业分设成两个独立核算的批发企业,销售额分别为 250 万元和 350 万元,就符合小规模纳税人条件,可适用 3% 的征收率。如果分立以后企业规模扩大,达到一般纳税人的标准,或者一些业务增值率高于平衡点,其他业务增值率低于平衡点,则可以将两个企业之间的业务分类重新安排。增值率高于平衡点的业务由小规模纳税人经营,增值率低于平衡点的业务由一般纳税人经营。

> **小贴士**
>
> 　　这里所考虑的仅仅是企业增值税税收负担,没有考虑其他因素。由于经营内外部环境的复杂性,企业在一般纳税人和小规模纳税人之间做选择时,不能仅仅以税负平衡点为标准,还应综合考虑各方面因素,才能作出最优的选择。另外,两类纳税人的税负平衡点除了可以按增值率计算,还可以按抵扣率、成本利润率等计算。

(三）创造条件改变增值税纳税人身份

1. 改变纳税人身份需考虑的因素

1) 增值率

对于一般纳税人而言，增值率越大，可抵扣的进项税额相对越少，税收负担越重；增值率越低，表明可抵扣的进项税额越多，税收负担越轻。而对于小规模纳税人，增值率越高税负越轻，原因是较低的征收率的优势逐步胜过不可抵扣进项税额的劣势。

2) 增值税的纳税成本

一般可以选择作为小规模纳税人的企业的销售额并不大，且申请认定为一般纳税人的企业，需要增加购买税控设备开支，需要健全会计核算制度，相比小规模纳税人可能会增加很大的成本。因此，如果企业选择成为一般纳税人，就需要对增值税的纳税工作进行管理和筹划，降低纳税成本，如果增加的纳税成本大于小规模纳税人转化成一般纳税人带来的好处，反而对企业不利。

3) 购货方增值税的转嫁

如果企业的产品主要是销售给一般纳税人，购货方会由于只取得3%征收率的增值税专用发票少抵扣进项税额，而要求企业在价格上给予折扣，否则会影响企业产品的销售。在这种情况下，企业选择成为一般纳税人更有利。如果企业产品主要销售给出口企业，若购货方从小规模纳税人处取得征税率为3%的增值税专用发票，那么退税率也为3%，不产生自负税款；而购货方从一般纳税人处进货，大部分商品的退税率都小于征税率，从而产生自负税款，增加成本。此时，企业选择成为小规模纳税人会更有利于销售。

企业应综合考虑各种因素，以企业整体的收益最大化为目标进行增值税纳税人身份认定的筹划，不能简单地以税负轻重为标准。

2. 改变纳税人身份的方法

1) 小规模纳税人向一般纳税人身份转化

如前所述，当企业实际增值率低于平衡点时，小规模纳税人应积极争取成为一般纳税人。对于会计核算不健全的企业，可以通过增设会计账簿、聘请会计人员等方式来达到认定一般纳税人的条件，同时将成为一般纳税人所带来的节税收益与健全会计核算制度所增加的成本进行比较，积极办理一般纳税人资格认定。

【例2-2】

现有甲、乙两个生产型企业，年不含税销售额分别为360万元和400万元。两个企业购进货物均可取得增值税专用发票，可抵扣购进金额分别为300万元和340万元，但会计核算不健全。由于不符合一般纳税人条件，两个企业均按小规模纳税人申报纳税。请思考这两个企业该如何进行增值税的纳税筹划。

[筹划思考]

(1) 筹划前：

甲企业应纳增值税税额＝360×3%＝10.8(万元)

乙企业应纳增值税税额＝400×3%＝12(万元)

(2) 筹划分析：

计算甲、乙两个企业的实际增值率：

甲企业增值率＝(360－300)÷360×100%＝16.67%

乙企业增值率＝(400－340)÷400×100%＝15%

由表2-2可知,两个企业的实际增值率均小于23.08%(销货、购货适用税率均为13%情况下的增值率税负平衡点),所以选择做一般纳税人的税负较轻。

此时,甲、乙两个企业应加强内部管理,健全会计核算,使之符合一般纳税人的认定资格。

(3) 筹划后:

甲企业应纳增值税税额=360×13%-300×13%=7.8(万元)

乙企业应纳增值税税额=400×13%-340×13%=7.8(万元)

【筹划结果】

与筹划前相比较,甲、乙两个企业一共可以取得节税收益7.2万元[10.8+12-(7.8+7.8)]。

2) 一般纳税人向小规模纳税人身份转化

按现行税法规定,除了国家税务总局另有规定,纳税人一经认定为一般纳税人,不得再转为小规模纳税人。因此,企业只能通过注销原企业、设立新企业或通过分立企业等方式使年应税销售额下降,达到小规模纳税人的标准,从而享受小规模纳税人的税收待遇,降低增值税税负。

二、利用增值税起征点进行纳税筹划

(一) 增值税起征点的规定

增值税起征点的规定实际也涉及征税范围的大小问题,即未达到起征点的不列入增值税的征税范围。根据《增值税暂行条例》规定,增值税起征点的适用范围限于个人,不包括认定为一般纳税人的个体工商户。增值税起征点的幅度规定如下:

(1) 按期纳税的,为月销售额5 000~20 000元。

(2) 按次纳税的,为每次(日)销售额300~500元。

起征点的调整由财政部和国家税务总局规定。省、自治区、直辖市财政厅(局)和国家税务局应当在规定的幅度内,根据实际情况确定本地区适用的起征点,并报财政部和国家税务总局备案。纳税人销售额未达到国务院财政、税务主管部门规定的增值税起征点的,免征增值税;达到起征点的,依照本条例规定全额计算缴纳增值税。

为支持小微企业发展,自2023年1月1日至2023年12月31日,增值税小规模纳税人发生增值税应税销售行为,合计月销售额未超过10万元(以1个季度为1个纳税期的,季度销售额未超过30万元)的,免征增值税。

小规模纳税人发生增值税应税销售行为,合计月销售额超过10万元,但扣除本期发生的销售不动产的销售额后未超过10万元的,其销售货物、劳务、服务、无形资产取得的销售额免征增值税。

其他个人,采取一次性收取租金形式出租不动产取得的租金收入,可在对应的租赁期内平均分摊,分摊后的月租金收入未超过10万元的,免征增值税。

寓德于技

2016—2021年,我国新增减税降费累计超8.6万亿元,宏观税负由2012年的18.7%预计降至2021年的15.2%左右。减税降费降低了企业税负,推动了经济转型升级。

(二)增值税起征点的纳税筹划

【例 2-3】

A 企业(小规模纳税人)按季度申报纳税,1 季度已实现销售额 28.5 万元,3 月 30 日采取预收款方式销售一批货物 2 万元。请问:该企业应选择在 3 月 31 日发货还是在 4 月 1 日发货?

{筹划思考}

(1)若在 3 月 31 日发货:根据税法规定,采取预收货款方式销售,纳税义务发生时间为发出货物的当天。1 季度销售额为 30.5 万元(28.5+2),超过 30 万元的起征点,需要全额纳税。应纳各项税费计算如下:

应纳增值税、城市维护建设税①和教育费附加 $= 30.5 \times 3\% \times (1 + 7\% + 3\% + 2\%) = 1.02$(万元)

(2)若在 4 月 1 日发货:1 季度销售额为 28.5 万元,未超过 30 万元的起征点,不需要纳税;应纳增值税及城建税和教育费附加为 0。

{筹划结果}

该企业应选择在 4 月 1 日发货。

小贴士

自 2023 年 1 月 1 日至 2023 年 12 月 31 日,增值税小规模纳税人适用 3% 征收率的应税销售收入,减按 1% 征收率征收增值税;[例 2-3]中业务如果发生在该期间,适用该政策。

开篇释疑

A 公司实际增值率为 55%[(400−180)÷400×100%],大于 23.08% 的增值税税负无差别平衡点(增值率),选择一般纳税人比小规模纳税人税负更重。一般纳税人应纳增值税税额为 28.6 万元,小规模纳税人应纳增值税税额为 12 万元。因此,建议 A 公司保持其小规模纳税人的身份。

课堂笔记

---

① 为便于表述,以下统称"城市维护建设税"为"城建税"。

第二节　设立业务企业所得税筹划

开篇设问

> 20×1年,3个股东出资成立甲公司,各股东的股权计税基础总额为50 000万元,其中A公司持股计税基础为30 000万元,占比60%;B合伙企业持股计税基础为15 000万元,占比30%;C香港公司持股计税基础5 000万元,占比10%。20×2年,乙公司以全部现金300 000万元收购甲公司各股东所有股权,此时甲公司账面有未分配利润8 000万元。请问:对此收购业务涉税情况应如何进行筹划?

知识积累与能力培养

一、利用纳税人不同身份进行纳税筹划

(一)企业所得税纳税义务人

企业所得税的纳税义务人是指在中国境内的企业和其他取得收入的组织。《企业所得税法》第1条规定,除了个人独资企业、合伙企业不适用企业所得税法,凡在中国境内,企业和其他取得收入的组织为企业所得税的纳税人,依照《企业所得税法》规定缴纳企业所得税。

基于不同企业承担的纳税义务不同,企业所得税的纳税人分为居民企业和非居民企业。

1. 居民企业

居民企业是指依法在中国境内成立,或者依照外国(地区)法律成立但实际管理机构在中国境内的企业。

(1)依法在中国境内成立的企业,包括国有企业、集体企业、私营企业、联营企业、股份制企业、外商投资企业、外国企业,以及有生产、经营所得和其他所得的其他组织。其中,有生产、经营所得和其他所得的其他组织,是指经国家有关部门批准,依法注册、登记的事业单位、社会团体等组织。

(2)依照外国(地区)法律成立但实际管理机构在中国境内的企业。实际管理机构是指对企业的生产经营、人员、账务、财产等实施实质性全面管理和控制的机构,是行使居民税收管辖权的国家判定法人居民身份的主要标准。实际管理机构所在地的认定,一般以召开股东大会的场所、董事会行使监督权力的场所、公布分红的场所、企业账簿保管场所等因素综合判断。

2. 非居民企业

非居民企业是指依照外国(地区)法律成立且实际管理机构不在中国境内,但在中国境内设立机构、场所的,或者在中国境内未设立机构、场所,但有来源于中国境内所得的企业。

上述所称机构、场所,是指在中国境内从事生产经营活动的机构、场所,包括以下几点:①管理机构、营业机构、办事机构;②工厂、农场、开采自然资源的场所;③提供劳务的场所;④从事建筑、安装、装配、修理、勘探等工程作业的场所;⑤其他从事生产经营活动的机构、场所。

非居民企业委托营业代理人在中国境内从事生产经营活动的,包括委托单位或者个人经常代其签订合同,或者储存、交付货物等,该营业代理人视为非居民企业在中国境内设立

的机构、场所。

(二)企业所得税征税对象

企业所得税的征税对象是指企业的生产经营所得、其他所得和清算所得。

1. 居民企业的征税对象

居民企业应将来源于中国境内、境外的所得作为征税对象,其中包括销售货物所得、提供劳务所得、转让财产所得、股息红利等权益性投资所得、利息所得、租金所得、特许权使用费所得、接受捐赠所得和其他所得。

2. 非居民企业的征税对象

(1)在中国境内设立机构、场所的,应当就其所设机构、场所取得的来源于中国境内的所得,以及发生在中国境外但与其所设机构、场所有实际联系的所得,缴纳企业所得税。

(2)非居民企业在中国境内未设立机构、场所的,或者虽设立机构、场所但取得的所得与其所设机构、场所没有实际联系的,应当就其来源于中国境内的所得缴纳企业所得税。

上述所称实际联系,是指非居民企业在中国境内设立的机构、场所拥有的据以取得所得的股权、债权,以及拥有、管理、控制据以取得所得的财产。

【例2-4】

在美国设立的丁银行,其实际管理机构设在美国,但丁银行在北京设立了分行从事生产经营活动,则丁银行属于我国的非居民企业。丁银行现有如下业务。

(1)北京分行为我国某公司提供理财咨询服务,有取得服务费收入。

(2)在我国设立的分行为位于日本的某电站提供流动资金贷款,有取得利息收入。

(3)丁银行直接将一项专利的使用权转让给了上海的B公司。

请问:以上业务是否应当在中国纳税?

【解析】

(1)北京分行取得的理财咨询服务费收入属于中国境内的所得,应当在中国纳税。

(2)日本流动资金贷款利息收入属于来源于境外但与北京分行有实际联系的所得,应当在中国纳税。

(3)丁公司的专利使用权收入虽与北京分行没有实际联系,但是来源于境内所得,仍应在中国纳税(境内B公司作为支付人是企业所得税的扣缴义务人,适用税率为10%)。

(三)利用非居民企业身份进行纳税筹划

《企业所得税法》规范了居民企业和非居民企业的概念,居民企业承担全面纳税义务,就其境内外全部所得纳税;非居民企业承担有限纳税义务,一般只就其来源于我国境内的所得纳税。居民企业与非居民企业不同纳税人身份的税收待遇如表2-3所示。

表2-3 不同纳税人身份的不同税收待遇

纳税人身份	境内所得		境外所得	
	有联系	无联系	有联系	无联系
居民企业	按25%的税率缴税			
非居民企业(设机构场所)	按25%的税率缴税	按10%的税率缴税	按25%的税率缴税	不缴税
非居民企业(未设机构场所)	按10%的税率缴税		不缴税	

10%的低税率主要是针对非居民企业,因此若条件允许,企业在纳税人身份的选择上应遵循以下思路:在居民企业与非居民企业之间应尽量选做非居民企业;非居民企业应尽量不在中国境内设立机构、场所;如果非居民企业需要设立机构、场所,应尽可能保证取得的所得与其所设机构、场所没有实际联系。

【例2-5】

某外国企业拟到中国开展劳务服务,预计每年可获得1 000万元人民币的收入(这里暂不考虑相关的成本、费用支出)。该企业面临以下三种选择:

(1) 在中国境内设立实际管理机构。

(2) 在中国境内不设立实际管理机构,但设立营业机构。

(3) 在中国境内既不设立实际管理机构,也不设立营业机构。

对于上述三种不同选择,该外国企业的收入面临不同的税率和纳税状况,具体分析如下:

(1) 如果该外国企业选择在中国境内设立实际管理机构,则一般被认定为居民企业,这种情况下适用的企业所得税税率为25%,企业应纳所得税税额为250万元(1 000×25%)。

(2) 如果外国企业选择在中国境内不设立实际管理机构,而设立营业机构并以此获取收入,则获取的所得适用的企业所得税税率为25%,企业应纳所得税税额为250万元(1 000×25%)。

(3) 如果该外国企业在中国境内不设立任何机构,则其来源于中国境内的所得适用10%的税率,企业应纳所得税税额为100万元(1 000×10%)。

> **小贴士**
>
> 企业在选择居民企业和非居民企业时,除了考虑当前税率,还应有长远思维。我国已建成世界第三大税收协定网络,纳税人如果被认定为我国居民企业,除了可以享受境内各项税收优惠政策,还可以适用我国与其他国家签订的税收协定,并按照有关规定享受税收协定优惠待遇。

二、设立分支机构纳税筹划

企业在发展到一定规模后需要设立分支机构,分支机构是否具有法人资格直接决定了企业所得税的缴纳方式。企业如果具有法人资格,则独立申报企业所得税;如果不具有法人资格,则需由总机构汇总计算并缴纳企业所得税。企业根据分支机构可能存在的盈亏不均、税率差别等因素来决定分支机构的设立形式,将会合理、合法地降低税收成本。

中国成为获得最多外来直接投资的国家

【例2-6】

CZ实业股份有限公司(以下简称CZ公司)为扩大产品销售,谋求市场竞争优势,打算在A地和B地设立销售代表处。根据公司财务预测:20×2年A地代表处将盈利100万元,而B地代表处由于竞争对手众多,20×2年将暂时亏损50万元,同年总部将盈利150万元。假设不考虑应纳税所得额的调整因素,企业所得税税率为25%。请帮助公司高层判断设立分公司形式还是子公司形式对公司发展更有利。

[筹划思考]

(1) 假设都采取分公司形式设立两地销售代表处,则均不具备独立纳税人条件,年企业所得额需要汇总到CZ公司总部集中纳税,20×2年CZ公司总部应交所得税为:

20×2年总部应交企业所得税＝(100－50＋150)×25％＝50(万元)

(2) 假设A地代表处采取分公司形式设立,B地代表处采取子公司形式设立,20×2年总部与A地代表处应交企业所得税为:

总部应交企业所得税＝(100＋150)×25％＝62.5(万元)

B地代表处当年亏损所以不需要缴纳企业所得税,其亏损额需留至下一年度税前弥补。

(3) 假设A地代表处采取子公司形式设立,B地代表处采取分公司形式设立,20×2年总部与B地代表处、A地代表处应交企业所得税为:

总部应交企业所得税＝(－50＋150)×25％＝25(万元)

A地代表处当年应交企业所得税＝100×25％＝25(万元)

(4) 假设都采取子公司形式设立两地销售代表处,则均为独立法人,具备独立纳税条件从而实行单独纳税,20×2年总部与两地代表处应交企业所得税为:

总部应交企业所得税＝150×25％＝37.5(万元)

A地代表处当年应交企业所得税＝100×25％＝25(万元)

B地代表处当年亏损所以不需要缴纳企业所得税,其亏损额需留至下一年度税前弥补。

|筹划结果|

通过上述分析比较,A地代表处设立为子公司还是分公司,对CZ公司没有影响;B地代表处设立为分公司形式对CZ公司更有利。

想一想

假设A地代表处适用的企业所得税税率为15％,CZ实业股份有限公司适用的企业所得税税率为25％,问:A地代表处设立分公司形式还是子公司形式对企业发展更有利?

三、利用企业组织形式进行纳税筹划

(一) 非公司制企业的税收优势

分公司怎么缴纳增值税

企业在投资时,应考虑企业的组织形式,因为企业的组织形式不同,税收待遇就有差别。现代企业的组织形式有公司制企业、合伙企业、独资企业等。公司制企业是一种重要形式,又分为有限责任公司和股份有限公司。公司制企业和非公司制企业承担的税负是有所区别的。大多数企业都是以公司制的组织形式进行经营的,目的是更广泛地筹集资本,分散经营风险,承担有限的债务责任。但是,从纳税的角度来说,特别是对小型企业来说,这并非是最好的选择。因为公司制企业的个人股东从企业得到的税后分红也要纳税,这就是典型的"重复纳税"问题。公司制企业的投资者,在税收缴纳环节,不只是缴纳企业所得税,将税后利润采用分红形式再分配时,投资者还将缴纳个人所得税。从企业盈利到个人股东从企业获取收益的过程中,共计需要被扣缴税率为40％[25％＋(1－25％)×20％]的所得税。

|知识链接|

根据《企业所得税法》第1条的规定,在中华人民共和国境内,企业和其他取得收入的组织(以下统称企业)为企业所得税的纳税人,依照《企业所得税法》的规定缴纳企业所得税。个人独资企业、合伙企业不适用《企业所得税法》。税法的规定很明确:个人独资企业或合伙企业不缴纳企业所得税,只按个人的实际收入缴纳个人所得税。或者说,独资企业及合伙企

业不存在"重复纳税"问题。

在涉及不同的组织形式时,企业所享受的优惠政策往往是不一致的。投资合伙制企业不交企业所得税,而只是在合伙人分得利润收益后,缴纳个人所得税。从节税角度看,后一组织形式更为有利。

根据《中华人民共和国合伙企业法》第6条的规定,合伙企业的生产经营所得和其他所得,按照国家有关税收规定,由合伙人分别缴纳所得税。

个体工商户、个人独资企业和合伙企业经营所得适用5%~35%的五级超额累进税率,具体如表2-4所示。

表2-4 经营所得适用税率表

级数	全年应纳税所得额	税率	速算扣除数
1	不超过30 000元的	5%	0
2	超过30 000元至90 000元的部分	10%	1 500
3	超过90 000元至300 000元的部分	20%	10 500
4	超过300 000元至500 000元的部分	30%	40 500
5	超过500 000元的部分	35%	65 500

注:表2-4中所称全年应纳税所得额是指以每一纳税年度的收入总额减除成本、费用及损失后的余额。

【例2-7】

有4个人共同以等额出资,拟组建一企业,预计年应纳税所得额为400 000元,该企业适用25%的所得税税率。请问:采用何种组织形式,能有效减轻整体的税收负担?

[筹划思考]

(1) 如果采用公司制形式:在企业所得税税率为25%的条件下,应交企业所得税为100 000元(400 000×25%),税后净利润为300 000元。4人平均分配,每人可分得75 000元。

按照税法规定,4名出资人要对分红按20%的税率缴纳个人所得税,共计60 000元,则企业所得税与个人所得税合计缴纳160 000元。

(2) 如果采用合伙企业形式:预计年所得额为400 000元,每人分得100 000元。

依据规定,4名出资人的分红个人所得适用20%的税率,每人应交个人所得税9 500元(100 000×20%-10 500),4人合计纳税38 000元。

[筹划结果]

采用合伙企业比公司制企业少纳税122 000元(160 000-38 000),税负降低76.25%。

 注意

> 在某些有税收优惠政策的省市或地区,设立个人独资企业并满足小规模纳税人标准时,还可以申请采用核定征收方式纳税。采用核定征收方式时,经营所得税负的计算公式为:营业收入×个人所得税(经营所得)累进税率×核定征收率。以现代服务业为例,税务局规定的核定征收率一般为10%左右,因此,对于采取核定征收方式的现代服务业企业,个人所得税综合税率仅为0.5%~3.5%。这也就是大多网红工作室采用个人独资企业的形式进行工商注册的原因。核定征收情形下的个人独资企业,相对于成立公司而言,大大减少了税收负担。

因此,规模不大、经营风险小的企业,以及特别要求承担无限责任的企业(如会计师事务所和律师事务所),应该选择独资或合伙的企业组织形式来从事经营活动。等这些企业规模提升到一定程度后,可以考虑再转变为公司制企业。

(二)公司制企业的税收优势

既然合伙企业在所得税方面的税负明显轻于公司制企业,那为什么还要成立公司呢?众所周知,合伙企业的合伙人对于合伙企业的债务一般需要承担无限连带责任;另外,合伙企业的业务开展范围也存在诸多限制。

个人股东从公司获得收益的过程中总计要扣缴40%的所得税,但是如果选择将这部分收益暂时不分红,还是留存在公司,则税负结果就完全不同了。根据《企业所得税法》第26条第2项规定:符合条件的居民企业之间的股息、红利等权益性投资收益,属于免税收入。这一项规定主要解决的是企业被重复征税的问题。

【例2-8】

个人甲设立A公司,A公司再对外投资设立B公司,企业间关系如图2-1所示。

$$甲 \xrightarrow{投资} A公司 \xrightarrow{投资} B公司$$

图2-1 企业间关系示意图

在年度结算时,B公司向其股东A公司进行分红,A公司获得的分红收入是免税收入,原因在于此部分分红在计算B公司经营收益时已经被扣缴了企业所得税。只有在A公司最终向甲分红时,才需要扣缴个人所得税,这也就意味着,只要A公司不向甲进行分红,这部分收益无论多少,都只承担企业所得税,而甲是可以将A公司作为一个"资金池",暂时将分红留在A公司的。

那为什么个人甲会愿意将分红所得留在A公司呢?原因在于,根据《企业所得税法》第18条的规定,纳税人发生年度亏损的,可以用下一纳税年度的所得弥补;下一纳税年度的所得不足弥补的,可以逐年延续弥补,但是延续弥补期最长不得超过5年(高新技术企业或科技型中小企业为10年)。也就是说,一方面如果企业因扩大规模、经营不善等原因存在亏损,以后相应纳税年度的盈利可以用来弥补亏损;另一方面,在股东同意的情况下,企业也可以暂不进行分红,可以利用盈余公积进一步扩大企业规模。

上述这两种情况下,都没有向个人股东进行分红,当然也就不存在个人所得税问题。相对于合伙企业无论盈利是否分配,只要有盈利便要缴纳所得税来说,公司税收的这一特点是十分具有优势的。

四、利用企业股权结构设计进行纳税筹划

企业所得税和个人所得税是受股权结构影响最大的两个税种,因此为减轻税收负担,企业需要将所得税纳税筹划融入股权架构设计。

(一)个人直接持股

特殊税务处理

个人直接持股是企业最初始的一种股权架构。一是运营阶段,个人取得分红后按20%的税率缴纳个人所得税。二是资本运作阶段,自然人股东开展并购重组等经济活动,这种情况下交易双方不属于税法规定的"特殊性税务处理"的主体范畴,因此都无法享受递延纳税政策。三是投资退出阶段,个人转让股权的应纳税所得额,还要按"财产转让所得"20%的税率缴纳个人所得税。

(二)个人间接持股

实践中,企业考虑到未来会开展新一轮融资、资金运作、IPO、投资退出等活动时,很多企业的实际控制人除了对实际开展业务的B公司直接持股,还会通过设立A合伙企业或A公司这样的中间平台对B公司进行间接持股。在未来资产变现时,这种间接的持股形式有利于企业利用拟上市公司股份满足信托、融资贷款需求。首先,这种持股形式在未来不存在法律问题;其次,当公司扩张面临自然人股东投资退出、新投资者进入问题时,有足够的节税空间,且不影响所投资公司股权结构。

自然人股东股票套现的增值税处理

1. 通过合伙企业间接持股

通过合伙企业间接持股本质上与直接持股是相同的。合伙企业与投资个体分别承担企业所得税和个人所得税的缴纳。对合伙企业来说,其分配给全体合伙人的所得与企业当年留存利润的总和,即为企业年度应纳税所得额,不包括合伙企业对外投资所得。对投资者个人来说,个人投资获得的收益,包括红利、利息、股息,按20%的税率缴纳个人所得税。与公司间接持股方式相比,通过合伙企业间接持股的方式,企业在投资退出时可以避免重复纳税问题,只需缴纳一次个人所得税,优势明显。

许多创业企业的实际控制人为了激励高管和员工,会设立员工持股平台,让员工享受企业经营的红利,但为了控制权不被摊薄,于是便设立合伙企业性质的持股平台,以实现此种目的。具体股权架构设计如图2-2所示。通过在税收洼地设立合伙企业,投资者作为GP(普通合伙人)享有决策经营权,员工作为LP(有限合伙人)仅享有分红权利,既避免了投资者的控制权受到影响,又激发了员工努力工作的动力,还在一定程度上合理避免了承担40%税率的税负。另外,设立员工持股平台,还可以在企业发展规模壮大时,突破有限责任公司50人的股东人数限制,如果员工出现离职退股或新入股时,也只需进行持股平台层面的变动。当B公司一旦进入到筹备上市阶段,就需要对其历史沿革进行核查,此种设置也避免了因企业自身股权结构多次变动带来的不必要的麻烦。

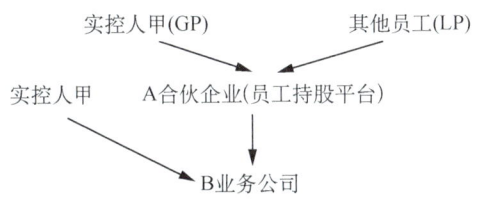

有限合伙人(LP)与普通合伙人(GP)的区别

图 2-2 合伙企业间接持股股权架构设计

2. 通过公司间接持股

通过公司间接持股,自然人不直接持有核心公司的股权,而是利用中间几层架构对目标公司或核心公司进行控制。

图2-3所示为控股公司股权架构图:自然人持有A公司51%股权,A公司持有AA公司51%股权,AA公司持有AA1股份有限公司51%股权,相当于自然人只持有AA1股份有限公司13.26%(51%×51%×51%)的股权就实现了对AA1股份有限公司的控制。通过中间几层架构,自然人可以利用股权杠杆提升对公司的控制力。

通过公司间接持股涉及的所得税,一是公司转让限售股时缴纳的企业所得税,二是自然人股东获得分红时需要交个人所得税。

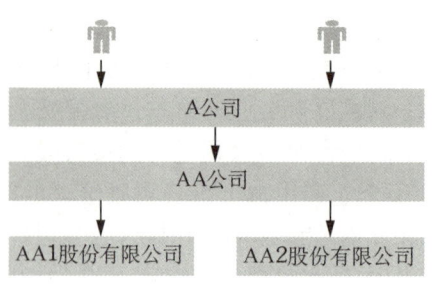

图 2-3　控股公司股权架构图

既然在分红情况下,公司总计要承担 40% 税率的税负,高于合伙企业,那为什么有的实际控制人会选择通过控股 A 公司再投资 B 公司和直接持股 B 公司,两条路径来同时控制 B 公司呢?这种控股方式的股权架构设计具体如图 2-4 所示。

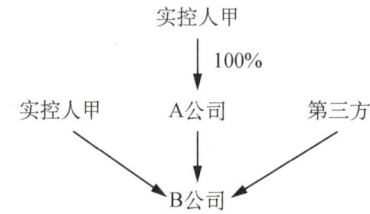

图 2-4　公司间接持股股权架构设计

这种控股方式一方面是为了规避个人股东分红的 20% 税率个人所得税,实控人 100% 控股 A 公司,可以决定 A 公司的分红事项,A 公司从 B 公司获得的收益是可以一直留存在 A 公司的,再通过设计 A 公司的制度,如提高报销范围和报销比例等,提高了 A 公司的费用,A 公司的利润也相应减少,实现 A 公司尽量少分红或不分红。另一方面,实控人同时直接持股 B 公司的一部分股权,作为 B 公司的直接股东,是为了特殊情形出现时便捷地行使股东权利。例如,当 B 公司高管出现损害公司利益的行为时,实控人可以直接作为股东来提起诉讼,而避免只有通过 A 公司才能行使权利的尴尬情况,也减少了繁琐的程序。还有一个原因是当实控人直接将 B 公司的股权对外转让时,也只需要承担 20% 税率的财产转让所得税;而实控人通过 A 公司转让 B 公司股份时,则需要承担 40% 税率的税负。

股权激励

(三) 股权激励

企业在利用股权结构设计进行纳税筹划时,必须考虑股权激励机制这一因素。此处将对股权激励的有关内容进行简单介绍。

股权激励的形式主要分三种:股票期权、限制性股票、股票增值权。三种形式股权激励的所得额有关规定如下。

1. 股票期权

与股票期权所得额有关的税收规定如下。

(1) 员工行权时,其从企业取得股票的实际购买价(施权价)低于购买日公平市场价(指该股票当日的收盘价)的差额。

(2) 员工在行权日之前将股票期权转让的,以股票期权的转让净收入,作为工资薪金所得征收个人所得税(股票期权转让收入扣除折价购入股票期权时实际支付的价款后的余额)。

注意

(1) 员工接受实施股票期权计划企业授予的股票期权时,除非另有规定,一般不作为应税所得征税。

(2) 员工将行权后的股票再转让时获得的高于购买日公平市场价的差额,是因个人在证券二级市场上转让股票等有价证券而获得的所得,应按照"财产转让所得"适用的征免规定计算缴纳个人所得税(个人将行权后的境内上市公司股票再行转让而取得的所得,暂不征收个人所得税;个人转让境外上市公司的股票而取得的所得,应按税法的规定计算应纳税所得额和应纳税额,依法缴纳税款)。

2. 限制性股票

上市公司实施限制性股票计划时,应以被激励对象限制性股票在中国证券登记结算公司(境外为证券登记托管机构)进行**股票登记日期的股票市价**(指当日收盘价)**和本批次解禁股票当日市价**(指当日收盘价)**的平均价格乘以本批次解禁股票份数**,减去被激励对象本批次解禁股份数所对应的为获取限制性股票实际支付资金数额,其差额为应纳税所得额。

3. 股票增值权

股票增值权被授权人获取的收益,是由上市公司根据**授权日与行权日股票差价乘以被授权股数**,直接向被授权人支付的现金。

居民个人取得股票期权、股票增值权、限制性股票等股权激励,在 2023 年 12 月 31 日前,不并入当年综合所得,而是全额单独适用综合所得税率表,计算纳税。计算公式为:

$$应纳税额 = 股权激励收入 \times 适用税率 - 速算扣除数$$

居民个人在一个纳税年度内取得两次以上(含两次)股权激励的,应合并计算纳税。

【例 2-9】

王某、张某同为 C 公司员工,20×1 年 1 月,C 公司实行股票期权计划,授予王某股票期权 20 000 股,授予价为 5 元/股,并约定自 20×1 年 6 月 1 日起王某可以行权。20×1 年 6 月 10 日,王某以授予价购买股票 20 000 股,当天股票收盘价为 10 元/股。20×1 年 1 月 1 日,C 公司经股东大会同意授予公司高管限制性股票,并于当天按每股 10 元的价格授予张某 20 000 股限制性股票,并收到股款 100 000 元,当天股票收盘价为 15 元/股。根据计划规定,自授予日起至 20×1 年 12 月 31 日为禁售期,禁售期后 3 年内分两批解锁,第一批为 20×2 年 6 月 1 日,解锁 40%,第二批为 20×3 年 6 月 1 日,解锁剩余的 60%。20×2 年 6 月 1 日,公司股票收盘价为 30 元/股,经考核符合解锁条件,对张某股票实行解禁。20×3 年 6 月 1 日,经考核不符合解禁条件,公司根据惩罚性措施,向张某回购该部分股票,并返还购股款 50 000 元。

根据上述资料,分析如下:

(1) 20×1 年 6 月 10 日,王某行权时应缴纳个人所得税:$20\,000 \times (10-5) \times 10\% - 2\,520 = 7\,480$(元)。

(2) 20×2 年 6 月 1 日,张某解禁第一批股票时应纳税所得额:$[(30+15) \div 2 - 10] \times 20\,000 \times 40\% = 100\,000$(元),应缴纳个人所得税:$100\,000 \times 10\% - 2\,520 = 7\,480$(元)。

(3) 20×3 年 6 月 1 日,张某经考核不符合解禁条件,股票被公司收回并返还了股款,不需缴纳个人所得税。

 **注意**

> 股票期权和限制性股票是股权激励的两种主要方式,都是在经营者实际获得股票时发生税负。因此,企业在进行股权激励时,首先,应该注重激励方式的选择,或者可以按一定比例结合两种激励方式,和"行权日"的选择,以降低股票期权的应纳税所得额。其次,在时点上要做好前期规划,如上市公司经多轮注资后市值高涨,后续同比的股权激励税负显然会高于同比股权注资前税负,上市公司可以选择注资前的时点进行股权激励,或者在注资后降低股权激励的比例。

【例 2-10】

A 上市公司 20×0 年股权激励计划规定,于 20×1 年 1 月 1 日授予张某 10 万份股票期权,授权价格为 10 元/股;每份股票期权授予后自授予日起 3 年内有效;股票期权授予后至股票期权行权日之间的等待期为 1 年。

20×2 年 1 月 1 日,经考核张某符合行权条件;20×3 年 6 月 1 日,张某按 10 元/股购买 10 万股股票,当日该股收盘价格 16 元/股。20×3 年 11 月 1 日,张某按 18 元/股转让 10 万股股票。

〖筹划思考〗

此例中,授予日是 20×1 年 1 月 1 日,可行权日是 20×2 年 1 月 1 日,行权日是 20×3 年 6 月 1 日,出售日是 20×3 年 11 月 1 日。

员工接受实施股票期权计划企业授予的股票期权时,除非另有规定,一般不作为应税所得征税。员工行权时,其从企业取得股票的实际购买价(施权价)低于购买日公平市场价(该股票当日的收盘价,下同)的差额,是因员工在企业的表现和业绩情况而取得的与任职、受雇有关的所得,应按工资、薪金所得适用的规定计算缴纳个人所得税。

张某在 20×3 年 6 月 1 日需要按工资、薪金所得缴纳个人所得税,具体计算如下:

应纳税所得额 =(16−10)×100 000 = 600 000(元),该所得额需要并入综合所得计税。

员工将行权后的股票再转让时获得的高于购买日公平市场价的差额,是因个人在证券二级市场上转让股票等有价证券而获得的所得,应按照财产转让所得适用的征免规定计算缴纳个人所得税。

20×3 年 11 月 1 日,张某按 18 元/股转让 10 万股股票时无需再缴纳个人所得税。

〖筹划结果〗

由于股票期权以行权日作为纳税义务日,而行权之后再转让无需纳税,这就为个人所得税纳税筹划留下空间。

股票期权的股票市价在行权有效期内是波动的,被激励对象可以在行权有效期内合理选择行权日,应尽可能选择在股票市价接近行权价的日期行权,从而降低应纳税所得额,达到个人所得税节税的目的。

假设[例 2-9]中张某在 20×3 年 7 月 1 日行权,当日该股收盘价格为 13.6 元/股。张某需要缴纳个人所得税,其应纳税所得额具体计算如下:

应纳税所得额 =(13.6−10)×100 000 = 360 000(元)

20×3年11月1日,张某按18元/股转让10万股股票时无需再缴纳个人所得税。

张某通过将实际行权日由20×3年6月1日推迟到20×3年7月1日,实现应纳税所得额减少240 000元(600 000－360 000)。

寓德于技

现实中,股权架构的设置更多是出于商业计划及多种因素的考虑,节税目的仅仅是可能考虑到的某一个因素,毕竟,依法纳税是我们每个公民和企业应尽的光荣义务。企业在合理运用税收优惠政策、设计股权结构时一定要考虑自身的经营情况,因为节税的同时也可能存在不规范操作而被税务机关查处补缴税金和滞纳金,严重的甚至还可能面临刑事责任。

开篇释疑

并购前,甲公司向股东分配股息8 000万元。甲公司分配股息后,再由收购方乙公司按照新的价格进行并购,收购价格降为292 000万元。

3个股东纳税情况具体如下。

A公司:

不分配股息转让股权纳税:应纳所得税额=(300 000×60%－30 000)×25%＝37 500(万元);

分配股息后再转让股权纳税:应纳所得税额=(292 000×60%－30 000)×25%＝36 300(万元),由于分配股息免税,分股息后再转让股权节税1 200万元(37 500－36 300)。

B合伙企业:

无论是转让股权还是收取股息,合伙企业使用的计税方法相同。根据《国家税务总局关于〈关于个人独资企业和合伙企业投资者征收个人所得税的法规〉执行口径的通知》(国税函〔2001〕84号)第2条规定,个人独资企业和合伙企业对外投资分回的利息或者股息、红利,不并入企业的收入,而应单独作为投资者个人取得的利息、股息、红利所得,按"利息、股息、红利所得"应税项目计算缴纳个人所得税。

不分配股息转让股权纳税:应纳所得税额=(300 000×30%－15 000)×20%＝15 000(万元);

分配股息后再转让股权纳税:应纳所得税额=(292 000×30%－15 000)×20%＋8 000×30%×20%＝15 000(万元)。

分股息后再转让股权,对于合伙企业而言,没有节税效果。

C香港公司:

不分配股息转让股权纳税:(300 000×10%－5 000)×10%＝2 500(万元);

分配股息后再转让股权纳税:(292 000×10%－5 000)×10%＋8 000×10%×10%＝2 500(万元)。

对于C香港公司来说,分配股息没有节税效果。

职业能力训练

一、单项选择题

1. 判断增值税一般纳税人和小规模纳税人税负高低时,(　　)是关键因素。
   A. 增值率　　　　　　　　　　　　B. 纳税人身份
   C. 适用税率　　　　　　　　　　　D. 可抵扣的进项税额

2. 小规模纳税人增值税征收率为(　　)。
   A. 3%　　　　B. 10%　　　　C. 6%　　　　D. 4%

3. 关于增值税起征点的规定,下列说法正确的是(　　)。
   A. 仅对销售额中超过起征点的部分征税
   B. 起征点的调整由各省、自治区、直辖市税务局规定
   C. 起征点的适用范围包括自然人和认定为一般纳税人的个体工商户
   D. 对自然人销售额未达到规定起征点的,免征增值税

4. 根据《企业所得税法》的规定,下列各项中,属于企业所得税纳税人的是(　　)。
   A. 一人有限责任公司　　　　　　　B. 个体工商户
   C. 合伙企业　　　　　　　　　　　D. 个人独资企业

5. 股权激励的核心目的是(　　)。
   A. 感谢老员工　　　　　　　　　　B. 留住老员工
   C. 吸引新员工　　　　　　　　　　D. 达成公司战略目标

二、多项选择题

1. 改变增值税纳税人身份需要重点考虑的因素有(　　)。
   A. 增值率　　　　　　　　　　　　B. 增值税纳税成本
   C. 购货方增值税的转嫁　　　　　　D. 企业规模

2. 企业所得税的纳税义务人包括(　　)。
   A. 国有企业　　　　　　　　　　　B. 个人独资企业
   C. 股份制企业　　　　　　　　　　D. 合伙企业

3. 非居民企业所得的适用税率,符合税法规定的有(　　)。
   A. 在中国境内设立机构、场所的非居民企业来源中国境内的所得,适用税率为25%
   B. 非居民企业取得的与设在中国境内的机构有实际联系的境外所得,适用税率为25%
   C. 在中国境内未设立机构的非居民企业来源于中国境内的所得,减按10%的税率征税
   D. 在中国境内设立机构的非居民企业取得与其所设机构没有实际联系的来源于中国境内的所得,减按10%的税率征税

4. 下列关于居民企业实行股权激励计划的企业所得税处理中,正确的有(　　)。
   A. 在等待期内会计上确认的相关成本费用,不得在对应年度计算扣除
   B. 可行权后,企业可以根据股票实际行权时的公允价格与实际行权支付价格的差额及数量,计算确定税前扣除额
   C. 股票实际行权时的公允价格,以该股票实际行权日的前一个交易日的收盘价格确定

D. 股权激励实行方式包括授予限制性股票、股票期权以及其他法律法规规定的方式
5. 符合条件的居民企业之间的股息、红利等权益性投资收益属于免税收入,其中的条件指的是( )。
   A. 居民企业直接投资于其他居民企业取得的投资收益
   B. 居民企业间接投资于其他居民企业取得的投资收益
   C. 所称股息红利等权益性投资收益,不包括连续持有居民企业公开发行并上市流通的股票不足 12 个月取得的投资收益
   D. 所称股息红利等权益性投资收益,包括连续持有居民企业公开发行并上市流通的股票不足 12 个月取得的投资收益

三、判断题

1. 提供建筑劳务的单位和个人是增值税的纳税义务人。( )
2. 从事货物批发或零售的纳税人,年应税销售额在 500 万元(含 500 万元)以下的,为小规模纳税人。( )
3. 一般纳税人和小规模纳税人身份可以视经营情况随时申请变更。( )
4. 在实际增值率高于税负平衡点的情况下,选择成为一般纳税人比小规模纳税人更有优势。( )
5. 增值税起征点的适用范围限于个体工商户和个人独资企业。( )
6. 合伙企业不适用企业所得税。( )
7. 居民企业负担全面纳税义务。( )
8. 分公司具有独立的法人资格,承担全面纳税义务。( )
9. 子公司具有独立的法人资格,独立计算盈亏,独立计算应缴纳企业所得税。( )
10. 对于公司制企业,其缺点在于双重纳税。( )

四、案例分析题

1. 某食品零售企业年不含税销售额为 150 万元,会计核算制度比较健全,符合增值税一般纳税人条件,适用 13% 的增值税税率。该企业年购货金额为 80 万元(不含税),可取得增值税专用发票。
   请问:该企业应如何进行增值税纳税人身份的筹划?
2. 甲、乙两个企业均为工业企业小规模纳税人,加工生产机械配件。甲企业年不含税销售额为 400 万元,年可抵扣购进货物金额为 350 万元;乙企业年不含税销售额为 430 万元,年可抵扣购进货物金额为 375 万元。进项税额可取得增值税专用发票。由于两个企业年销售额均达不到一般纳税人标准,税务机关对两个企业均按小规模纳税人简易方法征税,征收率 3%。
   要求:根据无差别平衡点增值率分析计算两企业应如何对纳税人身份进行筹划。
3. 某纳税人甲拟投资经营一家商店,预计年盈利为 30 万元。
   请问:在商店设立时是报公司制,还是非公司制?

第三章 企业投融资业务纳税筹划

职业能力目标
1. 能够基于税收对投资作出正确决策
2. 能够基于税收对融资作出正确决策

知识目标
1. 掌握投资方向、投资地点、投资方式、投资时间结构的纳税筹划
2. 掌握负债资金筹资、权益资金筹资的纳税筹划

知识导图

企业投融资业务纳税筹划
- 投资决策纳税筹划
  - 投资方向的纳税筹划
  - 投资地点的纳税筹划
  - 投资方式的纳税筹划
  - 金融资产会计核算方式中的纳税筹划
  - 投资时间结构的纳税筹划
- 融资决策纳税筹划
  - 负债资金融资的纳税筹划
  - 权益资金融资的纳税筹划
  - 不同融资方案的税负比较

第一节 投资决策纳税筹划

 **开篇设问**

> CZ 实业股份有限公司有一笔资金可用于投资 A、B、C 三个项目,假设这三个项目适用的企业所得税税率没有差别。且预计 A、B 两个项目投产以后,年含税销售收入均为 500 万元,外购各种材料含税支出为 300 万元,A 项目适用增值税税率为 13%,B 项目可按简易计税办法依 5% 的税率征收增值税;C 项目含税销售收入为 500 万元,外购各种材料含税支出为 250 万元,增值税税率为 13%,消费税税率为 10%。请问:如果三个项目的寿命相同,选择哪一个项目的收益更大呢?

知识积累与能力培养

一、投资方向的纳税筹划

税收作为重要的经济杠杆,体现着国家的经济政策和税收政策一定的落实成果。为了优化产业结构,国家往往通过税收政策影响企业投资方向的选择。

(一)增值税税收优惠政策解读

1.《增值税暂行条例》及其他相关文件规定的免税项目

增值税免税项目包括以下内容:

(1) 农业生产者销售的自产农产品。

(2) 避孕药品和用具。

(3) 古旧图书。

(4) 直接用于科学研究、科学试验和教学的进口仪器、设备。

(5) 外国政府、国际组织无偿援助的进口物资和设备。

(6) 由残疾人组织直接进口供残疾人专用的物品。

(7) 残疾人个人提供的加工、修理修配劳务免征增值税。

(8) 其他个人销售的自己使用过的物品。

(9) 承担粮食收储任务的国有粮食购销企业销售粮食免征增值税。

(10) 饲料产品(除豆粕外)免征增值税,但宠物饲料不属于免征增值税的饲料。

(11) 对从事蔬菜批发、零售的纳税人销售的蔬菜免征增值税。

(12) 自 2021 年 1 月 1 日至 2023 年供暖期结束,对供热企业向居民个人供热而取得的采暖费收入免征增值税。

2."营改增"政策免征增值税项目

"营改增"政策免征增值税项目包括以下项目。

(1) 托儿所、幼儿园提供的保育和教育服务。超过规定收费标准的收费,以开办实验班、特色班和兴趣班等为由另外收取的费用以及与幼儿入园挂钩的赞助费、支教费等超过规定范围的收入,不属于免征增值税的收入。

(2) 养老机构提供的养老服务。

(3) 残疾人福利机构提供的育养服务。

(4) 婚姻介绍服务。

(5) 殡葬服务。

(6) 残疾人员本人为社会提供的服务。

【例3-1】

王先生为残疾人员,由于掌握了一门特殊手艺,其提供的服务很受社会欢迎。王先生计划创办一家公司提供生活服务,预计年含税销售额为200万元,可以抵扣的进项税额为2万元。请问:王先生的这类业务免税吗?若不免税,则要交多少增值税?该如何筹划?

|筹划思考|

王先生虽然是残疾人,但其创办的公司不能享受免征增值税的优惠。实际需缴纳增值税:$200 \div (1 + 3\%) \times 3\% = 5.83$(万元)。

|筹划结果|

为充分享受税收优惠,王先生应当注销公司,由王先生本人为社会提供服务,假设其年销售额不发生变化,则每年可以少纳增值税5.83万元。

(7) 医疗机构提供的医疗服务。本项所称的医疗服务,是指医疗机构按照不高于地(市)级以上价格主管部门会同同级卫生主管部门及其他相关部门制定的医疗服务指导价格(包括政府指导价和按照规定由供需双方协商确定的价格等)为就医者提供《全国医疗服务价格项目规范》所列的各项服务,以及医疗机构向社会提供的卫生防疫、卫生检疫服务。

(8) 从事学历教育的学校提供的教育服务。本项中的学校包括符合规定的从事学历教育的民办学校,但不包括职业培训机构等国家不承认学历的教育机构。提供教育服务免征增值税的收入,是指对列入规定招生计划的在籍学生提供学历教育服务取得的收入,具体包括经有关部门审核批准并按规定标准收取的学费、住宿费、课本费、作业本费、考试报名费收入,以及学校食堂提供餐饮服务取得的伙食费收入。而其他的收入,如学校以各种名义收取的赞助费、择校费等,不属于免征增值税的范围。

(9) 学生勤工俭学提供的服务。

【例3-2】

A公司是一家从事教育行业的公司,它从各高校聘请了大量学生提供教育服务,原经营模式为由A公司与客户签订合同,A公司收取费用后向其聘请的学生发放劳务报酬。A公司年含税销售额为1 000万元,可以抵扣的进项税额为2万元,已知发放给学生的劳务费为700万元,请给甲公司提出纳税筹划方案。

|筹划思考|

筹划前:

$$实际缴纳增值税 = 1\,000 \div (1 + 6\%) \times 6\% - 2 = 54.60(万元)$$

筹划分析:

A公司将上述由本公司提供教育服务的经营模式改为中介服务模式,即由其聘请的学生以勤工俭学的形式直接与客户签订合同,提供教育劳务,原由A公司向学生发放的劳务报酬由客户直接支付给学生,甲公司以中介服务的身份收取一定的服务费。

假设经营效益不发生变化,则甲公司可以取得含税中介服务费 300 万元,实际缴纳增值税 14.98 万元[300÷(1+6%)×6%-2];学生勤工俭学提供的服务费为 700 万元,属于免征增值税项目,予以免税。

[筹划结果]

通过纳税筹划,甲公司及提供服务的学生们共能少纳增值税:54.60-14.98=39.62(万元)。

如果 A 公司年销售额一直保持在 500 万元以下,也可以考虑以小规模纳税人的身份缴纳增值税,这样实际缴纳增值税就为 8.74 万元[300÷(1+3%)×3%],税负更轻。

(10) 农业机耕、排灌、病虫害防治、植物保护、农牧保险以及相关技术培训业务,家禽、牲畜、水生动物的配种和疾病防治。

(11) 纪念馆、博物馆、文化馆、文物保护单位管理机构、美术馆、展览馆、书画院、图书馆在自己的场所提供文化体育服务取得的第一道门票收入。

(12) 寺院、宫观、清真寺和教堂举办文化、宗教活动的门票收入。

(13) 行政单位之外的其他单位收取的符合《营业税改征增值税试点实施办法》第 10 条规定条件的政府性基金和行政事业性收费。

(14) 个人转让著作权。

(15) 个人销售自建自用住房。

(16) 中国台湾航运公司、航空公司从事海峡两岸海上直航、空中直航业务在大陆取得的运输收入。

(17) 纳税人提供的直接或者间接国际货物运输代理服务。

(18) 利息收入。

以下项目的利息收入免征增值税:①2021 年 1 月 1 日至 2023 年 12 月 31 日,金融机构小微企业贷款利息收入。②国家助学贷款。③国债、地方政府债。④人民银行对金融机构的贷款。⑤住房公积金管理中心用住房公积金在指定的委托银行发放的个人住房贷款。⑥外汇管理部门在从事国家外汇储备经营过程中,委托金融机构发放的外汇贷款。⑦统借统还业务中,企业集团或企业集团中的核心企业以及集团所属财务公司按不高于支付给金融机构的借款利率水平或者支付的债券票面利率水平,向企业集团或者集团内下属单位收取的利息。

2021 年政府工作报告:进一步解决小微企业融资难题

需注意:统借方向资金使用单位收取的利息,高于支付给金融机构借款利率水平或者支付的债券票面利率水平的,应全额缴纳增值税。

(19) 被撤销金融机构以货物、不动产、无形资产、有价证券、票据等财产清偿债务。

(20) 保险公司开办的一年期以上人身保险产品取得的保费收入。

(21) 金融商品转让收入,包括:①合格境外投资者(QFII)委托境内公司在我国从事证券买卖业务。②中国香港市场投资者(包括单位和个人)通过沪港通买卖上海证券交易所上市 A 股。③对中国香港市场投资者(包括单位和个人)通过基金互认买卖内地基金份额。④证券投资基金(封闭式证券投资基金,开放式证券投资基金)管理人运用基金买卖股票、债券。⑤个人从事金融商品转让业务。

(22) 金融同业往来利息收入。

(23) 国家商品储备管理单位及其直属企业承担商品储备任务,从中央或者地方财政取得的利息补贴收入和价差补贴收入。

(24) 纳税人提供技术转让、技术开发和与之相关的技术咨询、技术服务。

(25) 符合条件的合同能源管理服务。

(26) 2023年12月31日前,科普单位的门票收入,以及县级及以上党政部门和科协开展科普活动的门票收入。

(27) 政府举办的从事学历教育的高等、中等和初等学校(不含下属单位),举办进修班、培训班取得的全部归该学校所有的收入。

需注意:举办进修班、培训班取得的收入进入该学校下属部门自行开设账户的,不予免征增值税。

(28) 政府举办的职业学校设立的主要为在校学生提供实习场所、并由学校出资自办、由学校负责经营管理、经营收入归学校所有的企业,从事《销售服务、无形资产、不动产注释》中"现代服务"(不含融资租赁服务、广告服务和其他现代服务)、"生活服务"(不含文化体育服务、其他生活服务和桑拿、氧吧)业务活动取得的收入。

(29) 家政服务企业由员工制家政服务员提供家政服务取得的收入。

(30) 福利彩票、体育彩票的发行收入。

(31) 军队空余房产租赁收入。

(32) 为了配合国家住房制度改革,企业、行政事业单位按房改成本价、标准价出售住房取得的收入。

(33) 将土地使用权转让给农业生产者用于农业生产。

(34) 涉及家庭财产分割的个人无偿转让不动产、土地使用权。

家庭财产分割,包括下列情形:①离婚财产分割;②无偿赠与配偶、父母、子女、祖父母、外祖父母、孙子女、外孙子女、兄弟姐妹;③无偿赠与对其承担直接抚养或者赡养义务的抚养人或者赡养人;④房屋产权所有人死亡,法定继承人、遗嘱继承人或者受遗赠人依法取得房屋产权。

(35) 土地所有者出让土地使用权和土地使用者将土地使用权归还给土地所有者。

(36) 县级以上地方人民政府或自然资源行政主管部门出让、转让或收回自然资源使用权(不含土地使用权)。

3. 增值税即征即退

即征即退和先征后退的区别

(1) 一般纳税人提供管道运输服务,对其增值税实际税负超过3%的部分实行增值税即征即退政策。

(2) 经中国人民银行、国家金融监督管理总局或者商务部批准从事融资租赁业务的试点纳税人中的一般纳税人,提供有形动产融资租赁服务和有形动产融资性售后回租服务的,对其增值税实际税负超过3%的部分实行增值税即征即退政策。商务部授权的省级商务主管部门和国家经济技术开发区批准的从事融资租赁业务和融资性售后回租业务的试点纳税人中的一般纳税人,2016年5月1日后实收资本达到1.7亿元的,从达到标准的当月起按照上述规定执行;2016年5月1日后实收资本未达到1.7亿元但注册资本达到1.7亿元的,在2016年7月31日前仍可按照上述规定执行,2016年8月1日后开展的有形动产融资租赁业务和有形动产融资性售后回租业务不得按照上述规定执行。

(3) 增值税一般纳税人销售其自行开发生产的软件产品,或将进口软件产品进行本地化改造后对外销售,按13%税率征收增值税后,对其增值税实际税负超过3%的部分实行即征即退政策。

(4) 增值税实际税负是指纳税人当期提供应税服务实际缴纳的增值税税额占纳税人当

期提供应税服务取得的全部价款和价外费用的比例。

4. 金融企业逾期贷款利息收入

金融企业发放贷款后,自结息日起 90 天内发生的应收未收利息按现行规定缴纳增值税,自结息日起 90 天后发生的应收未收利息暂不缴纳增值税,待实际收到利息时按规定缴纳增值税。

5. 个人购买住房

根据《财政部　国家税务总局关于全面推开营业税改征增值税试点的通知》(财税〔2016〕36 号)的规定,个人将购买不足 2 年的住房对外销售的,按照 5% 的征收率全额缴纳增值税;个人将购买 2 年以上(含 2 年)的住房对外销售的,免征增值税。上述政策适用于北京市、上海市、广州市和深圳市以外的地区。

个人将购买不足 2 年的住房对外销售的,按照 5% 的征收率全额缴纳增值税;个人将购买 2 年以上(含 2 年)的非普通住房对外销售的,以销售收入减去购买住房价款后的差额按照 5% 的征收率缴纳增值税;个人将购买 2 年以上(含 2 年)的普通住房对外销售的,免征增值税。上述政策仅适用于北京市、上海市、广州市和深圳市。

寓德于技

2016 年 12 月中旬,中央经济工作会议提出,要坚持"房子是用来住的、不是用来炒的"的定位,要求回归住房居住属性。2020 年以来,上海市、广州市、深圳市、杭州市、成都市、无锡市等城市陆续发布公告,个人住房转让增值税免征由 2 年调整到 5 年。

(二)避免成为消费税纳税人身份

1. 消费税征税范围

消费税是对我国境内从事生产、委托加工和进口应税消费品的单位和个人征收的一种税。确切地说,消费税是对特定消费品和消费行为征收的一种流转税。现行消费税的纳税范围包括以下五类消费品:

(1) 过度消费会对人体健康、社会秩序等造成危害的特殊消费品,如烟、酒、鞭炮、焰火。

(2) 奢侈品、非生活必需品,如高档化妆品、贵重首饰、高档手表、高尔夫球及球具。

(3) 高能耗及高档消费品,如摩托车、小汽车、游艇。

(4) 不可再生和替代的石油类消费品,如汽油、柴油。

(5) 为保护生态环境、促进节能环保等而纳入征税范围的木制一次性筷子、电池、涂料等。

由于消费税是针对特定的纳税人,即仅仅对生产者、委托加工者和进口者征税,纳税人企业可以通过合并、分立、递延纳税时间,甚至减少纳税。

2. 消费税纳税人身份与非消费税纳税人身份的选择

消费税的征收范围比较窄,仅仅局限在五大类 15 个税目商品,这 15 个税目应税消费品分别是:烟、酒、高档化妆品、贵重首饰及珠宝玉石、鞭炮及焰火、高尔夫球及球具、高档手表、游艇、木制一次性筷子、实木地板、成品油、摩托车、小汽车、电池、涂料。如果企业希望从源头上节税,不妨在投资决策的时候,就避开上述消费品,而选择其他符合国家产业政策、在流转税及所得税方面有优惠措施的产品进行投资。今后,更多的高档消费品、奢侈品、高污染、高能耗的商品,都有可能要调整为消费税的征收范围。所以,企业在选择投资方向时,要考虑国家对消费税的改革方向及发展趋势。

寓德于技

生产是消费的先导,企业作为绿色产品或服务的提供者,是推动绿色消费的基础环节和关键力量。企业要激发绿色创造力,为市场提供多样、快捷、体系化的绿色消费服务,引导消费市场的需要。对个人而言,要建立绿色消费观,践行绿色低碳的健康生活方式。

【例3-3】

乙公司现有1 000万元的空闲资金,经过市场调研,拟投产粮食白酒或者果汁饮料,两种产品的总投资额为1 000万元,年销售额为200万元。从节税的角度出发,乙公司应当投产哪种产品?(假设乙公司为增值税一般纳税人,以上销售额均为不含增值税销售额,暂不考虑增值税的进项税额、白酒的从量消费税)

|筹划思考|

(1) 如果选择投产粮食白酒,根据现行消费税政策,粮食白酒的消费税为销售额的20%。在该方案下,乙公司的纳税情况如下:

年销售额=200(万元)

应纳增值税税额=200×13%=26(万元)

应纳消费税税额=200×20%=40(万元)

应纳增值税、消费税、城建税及教育费附加总额=(26+40)×(1+7%+3%)=72.6(万元)

(2) 如果选择投产果汁饮料,根据现行消费税政策,果汁饮料不需要缴纳消费税。在该方案下,乙公司的纳税情况如下:

年销售额=200(万元)

应纳增值税税额=200×13%=26(万元)

应纳增值税、城建税及教育费附加总额=26×(1+7%+3%)=28.6(万元)

选择投产果汁饮料比选择投产粮食白酒的节税金额为:节税额=72.6-28.6=44(万元)

|筹划结果|

因此,乙公司应当选择投产果汁饮料,由于生产不需要缴纳消费税的产品,从而达到了节税的效果。

(三)企业所得税税收优惠政策解读

根据规定,企业的下列所得,可以免征、减征企业所得税。

1. 从事农、林、牧、渔业项目的所得

企业从事农、林、牧、渔业项目的所得,包括免征和减征两部分。

(1) 企业从事下列项目的所得,<u>免征企业所得税</u>:①蔬菜、谷物、薯类、油料、豆类、棉花、麻类、糖料、水果、坚果的种植;②农作物新品种的选育;③中药材的种植;④林木的培育和种植;⑤牲畜、家禽的饲养;⑥林产品的采集;⑦灌溉、农产品初加工、兽医、农技推广、农机作业和维修等农、林、牧、渔服务业项目;⑧远洋捕捞。

(2) 企业从事下列项目的所得,<u>减半征收企业所得税</u>:①花卉、茶及其他饮料作物和香料作物的种植;②海水养殖、内陆养殖。

2. 从事国家重点扶持的公共基础设施项目投资经营的所得

《企业所得税法》所称国家重点扶持的公共基础设施项目,是指《公共基础设施项目企业所得税优惠目录》规定的港口码头、机场、铁路、公路、电力、水利等项目。

企业从事国家重点扶持的公共基础设施项目的投资经营的所得,自项目取得第一笔生产经营收入所属纳税年度起,第1年至第3年免征企业所得税,第4年至第6年减半征收企业所得税。

【例3-4】

丙公司是一家20×1年新办的从事节能节水项目的公司。20×1年12月开业并取得第一笔生产经营收入,20×1年应纳税所得额为—500万元。20×2—20×7年弥补亏损前的应纳税所得额分别为—100万元、600万元、2 000万元、3 000万元、4 000万元、5 000万元。假设丙公司20×2年提供申报资料,于20×3年获得有关部门的资格确认。请对丙公司进行企业所得税的纳税筹划。

[筹划思考]

(1) 筹划前:

20×1—20×3年的应纳税额为0,20×3年的应纳税所得额为0[(—500)+(—100)+600]。

20×4—20×7年各年的应纳税额分别为:

20×4年应纳税额=2 000×25%×50%=250(万元)

20×5年应纳税额=3 000×25%×50%=375(万元)

20×6年应纳税额=4 000×25%×50%=500(万元)

20×7年应纳税额=5 000×25%=1 250(万元)

共计:应纳税额=250+375+500+1 250=2 375(万元)。

(2) 筹划分析:

新办企业减免税优惠的几个要素中,减免税期限时长是政策法规规定好的,基本没有筹划余地;减征比例或完全免税也是政策法规规定好的,视企业达到相关条件的程度而定,有筹划之处,而享受优惠的起止时间也可筹划。因为一旦优惠期限开始,那么不管企业盈亏,优惠固定期限都得连续计算,不得更改。通常而言,企业在初创阶段投入比较大,亏损多、盈利少,几乎没有应税所得,如果此时享受优惠政策,则可能自享优惠之名而无优惠之实。因此,什么时候取得第一笔收入,是企业应当认真思考的问题。

若丙公司在20×2年开始营业,并产生第一笔生产经营收入。假设20×1年的亏损金额转移到20×2年后,在其他条件不变的情况下,20×2—20×7年弥补亏损前的应纳税所得额分别为—600万元、600万元、2 000万元、3 000万元、4 000万元、5 000万元。

(3) 筹划后:

该公司20×2—20×4年免税,20×5—20×7年的应纳税额分别为:

20×5年应纳税额=3 000×25%×50%=375(万元)

20×6年应纳税额=4 000×25%×50%=500(万元)

20×7年应纳税额=5 000×25%×50%=625(万元)

共计:应纳税额=375+500+625=1 500(万元)。

[筹划结果]

该纳税筹划方案节税金额为:2 375—1 500=875(万元)。

3. 从事符合条件的环境保护、节能节水项目的所得

环境保护、节能节水项目的所得,自项目取得第一笔生产经营收入所属纳税年度起,**第1年至第3年免征企业所得税,第4年至第6年减半征收企业所得税。**

 注意

企业的实际享受税收优惠期限是否就是法定的优惠期限,取决于企业能否尽快取得相应资格。也就是说,取得资格要在享受优惠开始之前,如果优惠期限开始了,而相应的资格证书还没拿到,那么只能在剩余期限享受优惠。而不同的资格证书由不同的管理部门审批授予,有关部门要对企业的情况一一审查核实,而且在认定过程中需要互相监督制约,防止舞弊,这不是短时间内就能办成的。从企业提出申请,到最后取得证书,需要一定的时间。因此,企业必须未雨绸缪,算好时间提前申请。

【例3-5】

丁公司是一家20×1年新办的从事环境保护项目的公司,于20×1年1月开业,20×1—20×6年弥补亏损前的应纳税所得额分别为−600万元、600万元、2 000万元、3 000万元、4 000万元、5 000万元。假设丁公司20×1年提供申报资料,于20×4年获得有关部门的资格确认。请对丁公司进行企业所得税纳税筹划。

[筹划思考]

根据上述资料,分析如下:

丁公司20×2年弥补20×1年亏损不纳税。

20×3年应纳税金额为500万元(2 000×25%)。

20×4—20×6年的应纳税额分别为:

20×4年应纳税额=3 000×25%×50%=375(万元)

20×5年应纳税额=4 000×25%×50%=500(万元)

20×6年应纳税额=5 000×25%×50%=625(万元)

共计:应纳税额=375+500+625=1 500(万元)。

丁公司在20×3年应纳税金额为2 000×25%=500(万元)。

20×1—20×3年为免征期,20×4—20×6年为半征期。企业实际上少享受税收优惠3年。只不过20×1年和20×2年因无应纳税所得额,享受税收优惠与否没有太大的关系,但企业20×3年也未享受税收优惠,失去了500万元企业所得税的免征机会。

[筹划结果]

丁公司可根据新办企业税收优惠的开始时间不同,选择不同的纳税筹划方法,在减轻自身税负的同时又能达到提高经济效益的目的。

4. 符合条件的技术转让所得

《企业所得税法》中所说的符合条件的技术转让所得免征、减征企业所得税,是指**一个纳税年度内,居民企业转让技术所有权所得不超过500万元的部分,免征企业所得税;超过500万元的部分,减半征收企业所得税。**

【例3-6】

20×2年某居民企业取得符合条件的技术转让收入共1 810万元,转让成本为740万

元,相关税费为210万元。请计算该企业当年应缴纳的企业所得税。

〖解析〗

该企业当年的转让技术所有权收入超过500万元,按减半征收,因此20×2年该企业技术转让所得应缴纳的企业所得税为:(1 810−740−210−500)÷2×25%＝45(万元)。

5. 减计收入税收优惠

企业综合利用资源,生产符合国家产业政策规定的产品所取得的收入,可以在计算应纳税所得额时减计收入。

企业以《资源综合利用企业所得税优惠目录》规定的资源作为主要原材料,生产国家非限制和禁止并符合国家和行业相关标准的产品取得的收入,减按90%计入收入总额。

6. 高新技术企业税收优惠

国家需要重点扶持的高新技术企业减按15%的税率征收企业所得税。国家需要重点扶持的高新技术企业,是指拥有核心自主知识产权,并同时符合以下条件的企业。

(1) 企业申请认定时须注册成立1年以上。

(2) 企业通过自主研发、受让、受赠、并购等方式,获得对其主要产品(服务)在技术上发挥核心支持作用的知识产权的所有权。

(3) 对企业主要产品(服务)发挥核心支持作用的技术属于《国家重点支持的高新技术领域》规定的范围。

(4) 企业从事研发和相关技术创新活动的科技人员占企业当年职工总数的比例不低于10%。

(5) 企业近3个会计年度(实际经营期不满3年的按实际经营时间计算)的研究开发费用总额占同期销售收入总额的比例符合如下要求:最近1年销售收入小于5 000万元(含)的企业,比例不低于5%;最近1年销售收入在5 000万元至2亿元(含)的企业,比例不低于4%;最近1年销售收入在2亿元以上的企业,比例不低于3%。企业在中国境内发生的研究开发费用总额占全部研究开发费用总额的比例不低于60%。

(6) 近1年高新技术产品(服务)收入占企业同期总收入的比例不低于60%。

(7) 企业创新能力评价应达到相应要求。

(8) 企业申请认定前1年内未发生重大安全、重大质量事故或严重环境违法行为。

7. 符合条件的技术先进型服务企业税收优惠

对经认定的技术先进型服务企业(服务贸易类),减按15%的税率征收企业所得税。技术先进型服务企业必须符合以下几个条件。

(1) 在中国境内(不包括港、澳、台地区)注册的法人企业。

(2) 从事《技术先进型服务业务领域范围(服务贸易类)》中的一种或多种技术先进型服务业务,采用先进技术或具备较强的研发能力。

(3) 具有大专以上学历的员工占企业职工总数的50%以上。

(4) 从事《技术先进型服务业务领域范围(服务贸易类)》中的技术先进型服务业务取得的收入占企业当年总收入的50%以上。

(5) 从事离岸服务外包业务取得的收入不低于企业当年总收入的35%。

国家重点扶持的高新技术企业、技术先进型服务企业可以享受15%的税率优惠,因此,企业应尽量向高新技术企业、技术先进型服务企业的方向发展,从而享受税率优惠,降低税负。企业在进行纳税筹划时要结合自身条件对这些规定加以充分利用,在企业投资之初就要优先考虑是否有涉足高新技术产业、技术先进型服务企业的可能；在进行投资决策时，创业投资企业也要优先考虑有投资价值的未上市的中小高新技术企业、技术先进型服务企业。这不仅有利于减少企业的税收负担，还有利于我国科技水平和科技创新发展能力的提高。对于不满足认定条件的企业，应当通过改善客观环境并创造条件，使自身可以满足国家重点扶持高新技术企业、技术先进型服务企业的认定要求，从而享受高新技术企业、技术先进型服务企业税收优惠。

如果企业自身难以改造成高新技术企业、技术先进型服务企业，可以考虑重新设立一个属于高新技术企业、技术先进型服务企业的子公司或者将某一分支机构改造成高新技术企业、技术先进型服务企业。

【例3-7】

A企业于20×1年年初成立，是一家生产半导体的制造型企业，企业拟于20×4年准备申请成为高新技术企业，但与高新技术企业认定条件核对发现，还有1个条件未能达到，具体是：企业具有大专以上学历的科技人员400人，其中从事科研的科技人员为90人，企业当年全体职工人数为1 000人，科研人员占当年全体职工总数为9%，与10%的认定标准相差一个百分点。A企业预计20×4年企业的应纳税所得额为6 000万元。请对A企业进行的税筹划。

[筹划思考]

筹划前：

A企业因不能满足全部条件，不能申请成为国家高新技术企业，从而不能享受高新技术企业所得税税收优惠政策，此时：

20×4年企业应纳企业所得税税额=6 000×25%=1 500（万元）

筹划分析：

为了满足高新技术企业的认定标准，A企业可以考虑增加科研投入，新招聘技术人员从事科研活动，使企业从事科研的技术人员达到占企业当年全体职工总数10%的认定标准。

[筹划结果]

A企业成功申请成为国家高新技术企业后，可以享受高新技术企业所得税税收优惠政策，此时：

20×4年企业应纳企业所得税税额=6 000×15%=900（万元）

从计算结果可以看出，如果A企业不能被认定为高新技术企业，则20×4年须缴纳企业所得税1 500万元；如果A企业被认定为高新技术企业，则20×4年只需缴纳企业所得税900万元。因此，成为高新技术企业可以节省企业所得税600万元。

8. 其他有关行业的税收优惠

1) 关于鼓励软件产业和集成电路行业的优惠政策

（1）软件生产企业实行增值税即征即退政策所退还的税款，由企业用于研究开发软件产品和扩大再生产，不作为企业所得税应税收入，不予征收企业所得税。

（2）我国境内依法成立且符合条件的软件企业，在2018年12月31日前自获利年度起，第1年和第2年免征企业所得税，第3年至第5年减半征收企业所得税。

（3）软件生产企业的职工培训费用，可按实际发生额在计算应纳税所得额时扣除。

（4）企事业单位购进软件，凡符合固定资产或无形资产确认条件的，可以按照固定资产或无形资产进行核算，经主管税务机关核准，其折旧或摊销年限可以适当缩短，最短可为2年。

（5）集成电路设计企业视同软件企业，享受上述软件企业的有关企业所得税政策。

（6）集成电路生产企业的生产性设备，经主管税务机关核准，其折旧年限可以适当缩短，最短可为3年。

（7）国家鼓励的集成电路线宽小于28纳米（含），且经营期在15年以上的集成电路生产企业或项目，第1年至第10年免征企业所得税；国家鼓励的集成电路线宽小于65纳米（含），且经营期在15年以上的集成电路生产企业或项目，第1年至第5年免征企业所得税，第6年至第10年按照25%的法定税率减半征收企业所得税；国家鼓励的集成电路线宽小于130纳米（含），且经营期在10年以上的集成电路生产企业或项目，第1年至第2年免征企业所得税，第3年至第5年按照25%的法定税率减半征收企业所得税。

（8）国家鼓励的线宽小于130纳米（含）的集成电路生产企业，属于国家鼓励的集成电路生产企业清单年度之前5个纳税年度发生的尚未弥补完的亏损，准予向以后年度结转，总结转年限最长不得超过10年。

（9）国家鼓励的集成电路设计、装备、材料、封装、测试企业和软件企业，自获利年度起，第1年至第2年免征企业所得税，第3年至第5年按照25%的法定税率减半征收企业所得税。

（10）国家鼓励的重点集成电路设计企业和软件企业，自获利年度起，第1年至第5年免征企业所得税，接续年度减按10%的税率征收企业所得税。

寓德于技

从中兴受罚、华为被禁，"缺芯之痛"触动了每一个中国人。中国与国际市场在芯片行业发展中的激烈竞争表明，我们必须加大对国产芯片的扶持力度和科技投入。

2）关于鼓励证券投资基金发展的优惠政策

（1）对证券投资基金从证券市场中取得的收入，包括买卖股票、债券的差价收入，股权的股息、红利收入，债券的利息收入及其他收入，暂不征收企业所得税。

（2）对投资者从证券投资基金分配中取得的收入，暂不征收企业所得税。

（3）对证券投资基金管理人运用基金买卖股票、债券的差价收入，暂不征收企业所得税。

3）节能服务公司的所得税优惠政策

自2011年1月1日起，对符合条件的节能服务公司的所得税按以下规定执行：对符合条件的节能服务公司实施合同能源管理项目，符合企业所得税税法有关规定的，自项目取得第一笔生产经营收入所属纳税年度起，第1年至第3年免征企业所得税，第4年至第6年按照25%的法定税率减半征收企业所得税。

4）电网企业电网新建项目享受所得税的优惠政策

居民企业从事符合规定条件和标准的电网（输变电设施）新建项目，可依法享受"三免三减半"的优惠政策。基于企业电网新建项目的核算特点，暂以资产比例法，即以企业新增输变电固定资产原值占企业总输变电固定资产原值的比例，合理计算电网新建项目的应纳税所得额，并据此享受"三免三减半"的企业所得税优惠政策。

9. 创业投资企业税收优惠

（1）创业投资企业采取股权投资方式投资于未上市的中小高新技术企业2年以上的，

可以按照其投资额的70%在股权持有满2年的当年抵扣该创业投资企业的应纳税所得额；当年不足抵扣的,可以在以后纳税年度结转抵扣。

(2) 有限合伙制创业投资企业采取股权投资方式投资于未上市的中小高新技术企业满2年(24个月)的,其法人合伙人可按照对未上市中小高新技术企业投资额的70%抵扣该法人合伙人从该有限合伙制创业投资企业分得的应纳税所得额,当年不足抵扣的,可以在以后纳税年度结转抵扣。

【例3-8】

B创业投资企业于20×1年1月1日向乙企业(未上市的中小高新技术企业)投资100万元,股权持有到20×3年12月31日。请计算该企业的可抵扣金额。

[筹划思考]

B创业投资企业在计算20×3年应纳税所得额时,可抵扣金额为：100×70%＝70(万元)。

二、投资地点的纳税筹划

企业进行投资决策时,需要对投资地点的税收待遇进行考虑,充分利用优惠政策。国家为了支持某些地区的发展,在一定时期内会实行税收政策倾斜。

(一)民族自治地方企业的税收优惠

民族自治地方的自治机关对本民族自治地方的企业应缴纳的企业所得税中属于地方分享的部分,可以决定减征或者免征。自治州、自治县决定减征或者免征的,须报省、自治区、直辖市人民政府批准。

民族自治地方,是指依照《中华人民共和国民族区域自治法》的规定,实行民族区域自治的自治区、自治州、自治县。对民族自治地方内从事国家限制和禁止行业的企业,不得减征或者免征企业所得税。

自2021年1月1日至2030年12月31日,对设在西部地区的鼓励类产业企业减按15%的税率征收企业所得税。此处所称鼓励类产业企业,是指以《西部地区鼓励类产业目录(2020年本)》中规定的产业项目为主营业务,且其主营业务收入占企业收入总额60%以上的企业。

(二)海南自由贸易港税收优惠

对注册在海南自由贸易港并实质性运营的鼓励类产业企业,减按15%的税率征收企业所得税。此处所称鼓励类产业企业,是指以海南自由贸易港鼓励类产业目录中规定的产业项目为主营业务,且其主营业务收入占企业收入总额60%以上的企业。

对总机构设在海南自由贸易港的符合条件的企业,仅就其设在海南自由贸易港的总机构和分支机构的所得,适用15%税率;对总机构设在海南自由贸易港以外的企业,仅就其设在海南自由贸易港内的符合条件的分支机构的所得,适用15%税率。

对在海南自由贸易港设立的旅游业、现代服务业、高新技术产业企业新增境外直接投资取得的所得,免征企业所得税。

对在海南自由贸易港工作的高端人才和紧缺人才,其个人所得税实际税负超过15%的部分,予以免征。享受优惠政策的所得包括来源于海南自贸港的综合所得、经营所得,以及经海南省认定的人才补贴性所得。

高端人才的条件

> **寓德于技**
>
> 海南自由贸易港的发展目标:海南自由贸易港的实施范围为海南岛全岛,到2025年将初步建立以贸易自由便利和投资自由便利为重点的自由贸易港政策制度体系,到2035年成为我国开放型经济新高地,到本世纪中叶全面建成具有较强国际影响力的高水平自由贸易港。

(三)特殊区域企业税收优惠

在广东横琴新区、福建平潭综合实验区、深圳前海深港现代服务业合作区的鼓励类产业企业减按15%的税率征收企业所得税。

(四)大湾区税收优惠

为支持粤港澳大湾区建设,吸引境外高端人才和紧缺人才来大湾区工作,对在大湾区工作的境外高端人才和紧缺人才,按内地与香港个人所得税税负差额给予补贴,并对补贴免征个人所得税。

【例3-9】

甲公司拟在外地建立一家生产兼销售的子公司B。经调查得知,C地享有税收优惠政策,即在20×1—20×9年,减按15%的税率征收企业所得税。在C地生产每吨产品的成本为800元;若在D地生产每吨产品的成本为750元,但D地没有税收优惠,其适用的企业所得税税率为20%。请问:甲公司应选择在哪里设立子公司。

[筹划思考]

如果以税前利润衡量,选择D地方案优于C地,若以税后利润衡量,C地条件显然优于D地。经比较,甲公司选择在C地设立子公司。

企业在准备投资时,应充分利用不同地区间的税制差别或区域性税收倾斜政策,对整体税负相对较低的地点进行投资,以获取最大的税收利益。

三、投资方式的纳税筹划

企业投资按投资对象的不同和投资者对被投资者的生产经营是否实际参与控制和管理的不同,可以分为直接投资和间接投资。

(一)直接投资的纳税筹划

直接投资可以分为对内直接投资和对外直接投资。对内直接投资是指企业将资金投向生产经营性资产以期获得收益的行为,如投资固定资产、垫付营运资金等。对外直接投资是指企业间的合作、联营等。

企业进行直接投资时,可以用货币方式投资,也可以用厂房建筑物、机器设备等固定资产以及土地使用权、工业产权等无形资产进行投资。企业以固定资产投资和无形资产投资的,资产的折旧或摊销在资产使用期内可以作为税前扣除项目,缩小所得税税基;无形资产摊销费也可以作为管理费用税前扣除,减小所得税税基。

工业产权的解释

【例3-10】

甲公司急需一项生产技术,其自身不具备相应的研发力量,现了解到某高校正准备进行相关的技术开发。现有两种方案可供甲公司进行选择:一是待该技术研发成功后以200万元购入;二是和高校合作,委托其开发技术,双方签订委托开发合同,在技术开发成功后支付开发费 200 万元给该高校,甲公司即如约获得该技术所有权。请帮助甲公司进行纳税筹划。

【筹划思考】

如果采用第一种方案,甲公司购买其他单位或个人的技术必须作为无形资产入账,在该法律保护期限或合同约定使用期限内平均分期扣除。如果甲公司将购入技术按 10 年摊销,则每年税前扣除金额为 20 万元。

如果采用第二种方案,甲公司则可将其支付的 200 万元作为技术开发费,形成无形资产后,按照该无形资产成本的 200% 在税前摊销,则每年税前扣除金额为 40 万元,即可获得加计扣除。

【筹划结果】

甲公司采用第二种方案,能获得研发费用加计扣除。

(二)间接投资的纳税筹划

间接投资又称证券投资,是企业用资金购买股票、债券等金融资产而不直接参与其他企业生产经营管理的一种投资活动。与直接投资相比,影响间接投资的税收因素较少,但也有纳税筹划的空间。例如,《企业所得税法》规定,国债利息收益免交企业所得税,而购买企业债券取得的收益需要缴纳企业所得税,连续持有居民企业公开发行并上市流通的股票不足 12 个月取得的投资收益也应缴纳企业所得税。

对投资者从证券投资基金分配中取得的收入,暂不征收企业所得税。因此,企业在证券基金现金分红中获得的收益是免税的。但应注意的是,有些证券投资基金会采用拆分基金份额的方式向投资者"分红"。在这种"分红"方式中,投资者获得了更多基金份额,降低了单位基金成本,待赎回时获得的价差收益是需要缴纳企业所得税的。显然,证券投资基金采用不同的分红方式,投资者的税后利益是不同的。当然,采用何种方式分红是由基金公司决定的,投资企业并没有决策权,但企业却可以选择有较大税收分红利益的基金进行投资。

【例 3-11】

20×1 年 1 月,C 企业以 500 万元投资购买单位净值为 1 元的证券投资基金份额 500 万份。20×1 年 12 月,基金净值升为 1.6 元,此时,基金公司有两种选择,一是将升值部分全部向投资者分配,分配后单位净值降为 1 元;二是拆分基金份额,如果基金公司采用拆分方式,C 企业原来的 500 万份拆分后变为 800 万份,单位净值降为 1 元。20×2 年 5 月,基金净值又升为 1.3 元,C 企业在此时拟将基金全部赎回。请帮助 C 企业进行纳税筹划。

【筹划思考】

(1) 如果基金公司采用现金分红,则 C 企业收到的现金分红不用缴纳企业所得税,赎回时,根据价差收益:

应缴纳企业所得税 $=(1.3-1)\times 500\times 25\% = 37.5$(万元)

全部税后收益 $=(1.6-1)\times 500+(1.3-1)\times 500-37.5=412.5$(万元)

(2) 如果基金公司采用拆分方式,赎回时,根据价差收益:

应缴纳企业所得税 $=(1.3-1)\times 800\times 25\% = 60$(万元)

C 企业的税收净收益 $=[(1.3-1)\times 800]-60=180$(万元)

【筹划结果】

可以看出,在现金分红方式下,C 企业少交企业所得税 22.5 万元(60-37.5),增加了基金投资的收益。

企业在进行基金投资决策且预计分红水平相等时,应更倾向于选择采用现金分红方式的基金进行投资。另外,由于现金分红与基金赎回收益税收待遇上的差异,投资企业在确定基金赎回时间时,也应考虑税收因素。

四、金融资产会计核算方式中的纳税筹划

(一)金融资产的分类

根据企业管理金融资产的业务模式和金融资产自身的合同现金流量特征,金融资产分为三类:①以摊余成本计量的金融资产,对应的会计科目是"债权投资";②以公允价值计量且其变动计入其他综合收益的金融资产,对应的会计科目是"其他债权投资"和"其他权益工具投资";③以公允价值计量且其变动计入当期损益的金融资产,对应的会计科目是"交易性金融资产"。

(二)金融资产的会计计量和税收规定差异

1. 初始确认

会计准则规定,金融资产在初始确认时,均以公允价值为基础,第一类和第二类金融资产,其初始投资成本是公允价值加上交易费用,而第三类金融资产,其初始投资成本是公允价值,交易费用计入当期损益。

税法规定,投资资产,即企业对外进行权益性投资和债权性投资形成的资产,其投资成本按照以下方式确定:

(1)通过支付现金方式取得的投资资产,以购买价款为成本。

(2)通过支付现金以外的方式取得的投资资产,以该资产的公允价值和支付的相关税费为成本。

也就是说,税法规定的金融资产初始投资成本是公允价值加上交易费用。

这对于第一类和第二类金融资产来说,在税务与会计中没什么差异,但对于第三类,即交易性金融资产而言,就存在明显的差异了。会计核算时,交易性金融资产的相关交易费用,直接计入当期损益,而税法则要求将相关交易费用计入投资资产的计税基础。在投资当期的纳税申报时,这些因交易性金融资产的初始投资在会计核算中确认的当期损益,是不允许税前扣除的,应做纳税调整。

2. 持有期间

(1)以摊余成本计量的金融资产,在资产负债表日,其公允价值变动形成的利得和损失,不影响当前损益。

(2)以公允价值计量且其变动计入当期损益的金融资产和以公允价值计量且其变动计入其他综合收益的金融资产,在资产负债表日,其公允价值变动形成的利得和损失,除了减值损失和外币性金融资产形成的汇兑差额,应当直接计入当前损益或其他综合收益。

以公允价值计量的金融资产采用公允价值计量,而计税基础是历史成本。因此,当持有期间公允价值发生变动时,会计核算中计入公允价值变动损益,就产生了暂时性差异,需要做纳税调整。

对于一次性付息的债权投资,会计核算中按照权责发生制在资产负债表日确认投资收益,而税务处理时会按照合同约定的应付利息确认投资收益的实现,两者存在明显差异。

当存在符合条件的免税收入时,会计核算中确认收益,但是税务处理时是免税的,应调减应纳税所得额。

【例3-12】

20×1年3月1日,甲公司(一般纳税人)通过上海证券交易所购买了10 000股A公司股票,每股10元,总价款100 000元,按规定支付交易费用600元,该公司不准备长期持有该股。A公司在20×1年4月1日宣告分配现金股利(0.5元/股),并于5月10日发放。20×1年12月31日,A公司股票收盘价为每股10元。

20×1年7月1日,甲公司支付100 000元,通过公开市场购进面值为100 000元、票面利率为9%、期限3年的B公司债券。B公司于每年7月1日支付上年度7月1日至当年6月30日的利息,从20×1年7月1日起开始计息。甲公司对该债券不准备长期持有,划分入交易性金融资产。20×1年12月31日该债券公允价值为110 000元。

要求:请做出甲公司20×1年投资资产的财税处理。

根据上述资料,分析如下:

1. 股票投资的会计和税务处理

(1) 3月1日,购买股票:

借:交易性金融资产——A股票　　　　　　　　　　　　　　100 000
　　投资收益　　　　　　　　　　　　　　　　　　　　　　　600
　　贷:银行存款　　　　　　　　　　　　　　　　　　　　　　　　100 600

(2) 4月1日,宣告分配现金股利:

借:应收股利　　　　　　　　　　　　　　　　　　　　　　5 000
　　贷:投资收益　　　　　　　　　　　　　　　　　　　　　　　5 000

(3) 5月10日,收到现金股利:

借:银行存款　　　　　　　　　　　　　　　　　　　　　　5 000
　　贷:应收股利　　　　　　　　　　　　　　　　　　　　　　　5 000

(4) 12月31日,在资产负债表日以公允价值计量且其变动计入当期损益:

借:公允价值变动损益　　　　　　　　　　　　　　　　　　5 000
　　贷:交易性金融资产——A股票公允价值变动　　　　　　　　　5 000

(5) 20×1年度会计上确认的收益:

初始计量计入投资损益-600元,持有期间的投资收益为5 000元,因此投资收益应确认的金额为4 400元(-600+5 000),公允价值变动损益确认金额为-5 000元。

(6) 股票投资的税务处理:①购入股票时交易费用计入资产计税基础,不产生损益,故初始计量的投资收益(-600元)应进行调整。②持有期间收到的股利应确认计税收入5 000元,与会计处理一致,无税会差异①。③期末会计上调整了资产的计价,税务上继续保持历史成本不变,会计上确认的公允价值变动损益的-5 000元应做纳税调整。

2. 债券投资的会计和税务处理

(1) 7月1日,购入债券:

借:交易性金融资产——成本　　　　　　　　　　　　　　100 000
　　贷:银行存款　　　　　　　　　　　　　　　　　　　　　　　100 000

(2) 12月31日,年末计提利息:

---

① 税会差异:税法处理与会计核算之间存在的差异。

借：应收利息	4 500	
贷：投资收益		4 245.28
应交税费——待转销项税额		254.72

(3) 12月31日,资产负债表日确认公允价值变动损益：

公允价值变动损益＝110 000－(100 000＋4 500)＝5 500(元)

借：交易性金融资产——公允价值变动	5 500	
贷：公允价值变动损益		5 500

3. 税务处理

税务处理时利息收入按照合同约定付息时间确认,因此年末计提利息不能作为应税收入。税务处理时资产成本按照历史成本计价,因此公允价值变动损益在税务上不认可。

因此,债券投资计提的利息和公允价值变动损益都需要进行纳税调整。

4. 处置时的差异

处置金融资产时的差异,除了之前在账面价值和计税基础之间的差异,应根据金融工具准则,某些特殊的第二类金融资产,即指定为以公允价值计量且其变动计入其他综合收益的金融资产,报表项目为"其他权益工具投资",在会计处理和税务处理方面,存在重大的差异。会计准则规定,其他权益工具投资,除了被投资单位宣告发放股利可以在会计上计入当期损益,其他因公允价值变动或汇兑损益形成的利得或损失,均不得计入当期损益,即使在处置的时候,所有的利得或损失,会计上都直接计入留存收益,而不得计入损益。也就是说,处置其他权益工具投资,是不会对利润表产生影响的。而税法的规定是,所有投资资产的处置,都应该作为财产转让行为,把其处置的损益计入应纳税所得额中。但申报纳税是以利润表为基础的,所以,企业在本期如果发生过其他权益工具投资的处置行为,就应该在汇算清缴时,进行纳税调整的操作,按规定申报缴纳企业所得税。

金融资产的不同,导致了以上会计计量方式的不同,乃至各年度企业所得税的区别。在这样的会计制度下,纳税筹划的策略就已经很清晰了,如果希望将金融资产的价值变动计入当期损益,就按照短期资产进行管理;反之,如果不希望将金融资产的价值变动计入当期损益,也许是为了递延纳税,就可以按照长期资产进行管理。

寓德于技

对金融资产进行正确的分类,不仅需要我们具备会计的专业技能,更需要诚实守信的会计素养。分类时要做到内容真实、数字准确、手续齐备、资料完整,客观公正、不偏不倚地对经济活动的过程及结果作出如实反映。

五、投资时间结构的纳税筹划

企业对于投资时间结构,应尽可能延长投资期限,选择分期投资方式,未到位的资金通过向银行或其他机构贷款解决。企业在生产、经营期间,向金融机构借款的利息支出,根据税法规定,负债的利息费用作为期间费用,可以在税前扣除,这样负债利息就有了抵税的作用,同时也可以减少投资风险,享受财务杠杆利益;向金融机构借款的利息支出不高于按照金融机构同类贷款利率计算的数额内的部分,准予扣除。例如,企业在初创时期,由于风险大,且本身处于免税或减税期,可以加大股权融资比例,而在优惠期满时,可调整资本结构,加大负债融资比例,以减少税收负担。

> 企业在投资过程中也应当考虑投资项目的回收期问题,如果企业投资的项目回收期太长且回报率不高,其结果可能不仅不能给企业带来所要求的必要回报,反而还会因为回收期过长给企业造成过高的机会成本损失。

【例 3—13】

CZ 实业股份有限公司准备投资一项目,现有两个方案可供选择。

方案 1:投资 300 万元,投资期限为 2 年,每年投资 150 万元,预计使用年限为 10 年,残值率为 10%,投产后每年收入 800 万元,成本费用(包括折旧)为 400 万元,企业所得税税率为 15%。

方案 2:投资 400 万元,投资期限为 3 年,第 1 年投资 200 万元,第 2 年投资 100 万元,第 3 年投资 100 万元,预计使用年限 15 年,残值率为 8%,投产后每年收入 1 000 万元,成本费用(包括折旧)为 700 万元,企业所得税税率为 25%。

该公司设备采用直线法计提折旧,资金成本为 10%。由于公司资金有限,只能从中选择一个项目。请对两个方案进行纳税筹划分析。

[筹划思考]

方案 1:

年折旧额 $=300\times(1-10\%)\div10=27$(万元)

投产后,有关财务指标计算如下:

每年的净利润 $=(800-400)\times(1-15\%)=340$(万元)

投资额现值 $=150\times[(P/F,10\%,2-1)+1]=150\times1.909\ 1=286.365$(万元)

投资净现值 $=(340+27)\times(P/A,10\%,10)\times(P/F,10\%,2)+30\times$
$\qquad (P/F,10\%,12)-286.365$
$\quad =367\times6.144\ 6\times0.826\ 4+30\times0.318\ 6-286.365$
$\quad =1\ 863.59+9.558-286.365=1\ 586.783$(万元)

投资净回报率 $=1\ 586.783\div286.365=554.11\%$

年投资回报率 $=1\ 586.783\div(P/A,10\%,12)\div286.365=81.32\%$

方案 2:

年折旧额 $=400\times(1-8\%)\div15=24.5$(万元)

投产后,有关财务指标计算如下:

每年的净利润 $=(1\ 000-700)\times(1-25\%)=225$(万元)

投资额现值 $=200+100\times(P/A,10\%,1)+100\times(P/F,10\%,2)$
$\qquad =200+100\times0.909\ 1+100\times0.820\ 4$
$\qquad =372.95$(万元)

投资净现值 $=(225+24.5)\times(P/A,10\%,15)\times(P/F,10\%,3)+32\times$
$\qquad (P/F,10\%,18)-372.95$
$\quad =249.5\times7.606\ 1\times0.751\ 3+32\times0.179\ 9-372.95$
$\quad =1\ 425.76+5.76-372.95=1\ 058.57$(万元)

投资净回报率 $=1\ 058.57\div372.95=283.84\%$

年投资回报率＝1 058.57÷(P/A,10％,18)÷372.95＝34.61％

|筹划结果|

经计算比较，方案1比方案2投资回收快、回报率高，所以应选方案1。

开篇释疑

考虑税收时三个项目的销售收入净值计算如下：

A项目年应纳增值税＝(500－300)÷(1＋13％)×13％＝23.01(万元)

A项目增值税税后销售净收入＝(500－300)÷(1＋13％)＝176.99(万元)

B项目年应纳增值税＝500÷(1＋5％)×5％＝23.81(万元)

B项目增值税销售净收入＝500－300－23.81＝176.19(万元)

C项目应纳增值税＝(500－250)÷(1＋13％)×13％＝28.76(万元)

C项目应纳消费税＝500×10％÷(1＋13％)＝44.25(万元)

C项目扣除应纳增值税、消费税后销售净收入＝(500－250)÷(1＋13％)－43.10
＝178.14(万元)

方案比较：

由于三个项目的应税税种和税率存在差异，在其他条件一致的情况下，B项目能为投资者带来更多的盈利。

课堂笔记

第二节　融资决策纳税筹划

**开篇设问**

> 甲公司拟购置一条生产设备,各项资金支出为400万元,年限为8年,无残值,由于公司资金不足遂决定向外筹资,现有两种方案可供选择。
> 方案1:选择向银行贷款,贷款期限为5年,贷款利率为14%,利息采用分期付息、到期还本的方式结算。
> 方案2:通过融资租赁的方式向租赁公司租赁,租赁期限为5年,租赁内含报酬率为10%,每年年末支付租金100万元,担保余额为40万元。
> 根据上述资料,甲公司该如何做出选择?

知识积累与能力培养

企业筹集所需资金可以采用多种筹集方式,如利润留存、向金融机构借款、向非金融机构或企业借款、发行股票和债券、租赁。进行融资决策时,企业必须计算资金成本。税收是影响企业资金成本的重要因素,因此,有必要对融资过程中涉及的税收问题进行研究,以便使融资决策更加科学合理。

一、负债资金融资的纳税筹划

目前,我国企业负债资金融资方式多种多样,已经从向银行借款的单一形式逐渐发展到向其他企业借款、发行债券、租赁等多种形式。以下将对各类负债资金融资方式以及衍生出的利息费用、借款费用等事项进行纳税筹划介绍。

(一)银行借款的纳税筹划

银行借款的资金成本主要是利息,利息可以税前扣除,所以具有抵税作用。企业可以通过选择不同的还本付息方式来减轻税负,以不同还本付息方式下的净利润为主要选择标准,优先考虑净利润最大的方案,同时将不同还本付息方式下现金流出的时间和数额作为辅助判断标准。

【例3-14】

CZ实业股份有限公司现有一项目需投资1 000万元,项目寿命期为5年,预期每年可获得息税前利润300万元,适用的企业所得税税率为25%。项目所需资金通过银行取得,借款年利率为10%。银行提供了四种还款方式,请问:从税务角度看,哪种方式更适合。

方案1:复利计息,到期一次还本付息。
方案2:复利年金法(每年等额偿还本金和利息263.8万元)。
方案3:每年等额还本200万元,并且每年支付剩余借款的利息。
方案4:每年付息,到期还本。

【筹划思考】

方案1：复利计息，到期一次还本付息，具体情况如表3-1所示。

表3-1 方案1筹划分析　　　　　　　　　　　　　　　　　　　　　　单位：万元

①年数	②年初所欠金额	③当年利息=②×10%	④当年所还金额	⑤当年所欠金额=②+③-④	⑥当年投资收益	⑦当年税前利润=⑥-③	⑧当年应交企业所得税=⑦×25%
1	1 000.00	100.00	0	1 100.00	300.00	200.00	50.00
2	1 100.00	110.00	0	1 210.00	300.00	190.00	47.50
3	1 210.00	121.00	0	1 331.00	300.00	179.00	44.75
4	1 331.00	133.10	0	1 464.10	300.00	166.90	41.73
5	1 464.10	146.41	1 610.51	0	300.00	153.59	38.40
合计	—	610.51	—	—	—	889.49	222.38

方案2：复利年金法，具体情况如表3-2所示。

表3-2 方案2筹划分析　　　　　　　　　　　　　　　　　　　　　　单位：万元

①年数	②年初所欠金额	③当年利息=②×10%	④当年所还金额	⑤当年所欠金额=②+③-④	⑥当年投资收益	⑦当年税前利润=⑥-③	⑧当年应交企业所得税=⑦×25%
1	1 000.00	100.00	263.80	836.20	300.00	200.00	50.00
2	836.20	83.62	263.80	656.02	300.00	216.38	54.01
3	656.02	65.60	263.80	457.82	300.00	234.40	58.60
4	457.82	45.78	263.80	239.80	300.00	254.22	63.56
5	239.80	23.98	263.78	0	300.00	276.02	69.01
合计	—	318.98	—	—	—	1 181.02	295.18

方案3：每年等额还本200万元，并且每年支付剩余借款的利息，具体情况如表3-3所示。

表3-3 方案3筹划分析　　　　　　　　　　　　　　　　　　　　　　单位：万元

①年数	②年初所欠金额	③当年利息=②×10%	④当年所还金额	⑤当年所欠金额=②+③-④	⑥当年投资收益	⑦当年税前利润=⑥-③	⑧当年应交企业所得税=⑦×25%
1	1 000	100	300	800	300	200	50
2	800	80	280	600	300	220	55
3	600	60	260	400	300	240	60
4	400	40	240	200	300	260	65
5	200	20	220	0	300	280	70
合计	—	300	—	—	—	1 200	300

方案 4:每年付息到期还本,具体情况如表 3-4 所示。

表 3-4 方案 4 筹划分析　　　　　　　　　单位:万元

① 年数	② 年初所欠金额	③ 当年利息=②×10%	④ 当年所还金额	⑤ 当年所欠金额=②+③-④	⑥ 当年投资收益	⑦ 当年税前利润=⑥-③	⑧ 当年应交企业所得税=⑦×25%
1	1 000	100	100	1 000	300	200	50
2	1 000	100	100	1 000	300	200	50
3	1 000	100	100	1 000	300	200	50
4	1 000	100	100	1 000	300	200	50
5	1 000	100	1 100	0	300	200	50
合计	—	500	—	—	—	1 000	250

【筹划结果】

由以上计算可知,单从节税角度看,方案 1 税负最轻,其次是方案 4,然后是方案 2、方案 3。但从净利润角度看,各方案从优到劣依次是方案 3、方案 2、方案 4、方案 1。

(二)发行债券的纳税筹划

企业债券平价发行时,不同付息方式的会计处理

根据税法规定,债券利息可以在税前列支。企业债券的付息方式有一次还本付息和分期付息两种方式。当企业选择一次还本付息时,在债券有效期内享受债券利息税前扣除收益,同时不需要实际付息,因此,企业可以优先考虑选择该方式。在还本付息的方式上,企业可以考虑选择定期付息。至于债券发行的折溢价的摊销方法,目前《企业会计准则》规定一律采取实际利率法,因此纳税筹划的空间不大。

【例 3-15】

20×2 年 7 月,CZ 实业股份有限公司发行了总面额为 400 万元的 5 年期债券,票面利率为 11%,发行费用率为 5%。相比较自有资金筹资方式而言,则该企业可节税 60 万元[(400×5×11%+400×5%)×25%]。

(三)利息费用的纳税筹划

利息费用的纳税筹划

企业生产经营过程中,经常会发生向金融企业或其他企业借款的情况。对借款利息支出,税法规定的扣除条件是:非金融企业向金融企业借款的利息支出、金融企业的各项存款利息支出和同业拆借利息支出、企业经批准发行债券的利息支出可据实扣除;非金融企业向非金融企业借款的利息支出,不超过按照金融企业同期同类贷款利率计算的数额的部分可据实扣除,超过部分不允许扣除。这些规定为纳税筹划提供了可能性,纳税人在进行借款之前,应将借款付出的利息和对企业所得税的影响进行统筹考虑。一般情况下,企业应尽可能向银行等金融企业借款,以保证利息费用在税前列支,向非金融企业借款应尽可能使利率在规定的浮动幅度范围内。

【例 3-16】

乙企业职工人数为 300 人,人均月工资为 4 300 元。该企业 20×2 年度向职工人均集资10 000 元,年利率为 10%,承诺每年付息一次,5 年后归还本金,同期同类银行贷款利率为

8%。已知当年乙企业税前会计利润为300万元(利息支出已全部扣除),适用25%的企业所得税税率,且无其他纳税调整事项。请对该项利息费用进行纳税筹划。

【筹划思考】

筹划前:

乙企业向职工集资的利率为10%超过了同期同类银行贷款8%的利率,超过部分的利息不得在税前扣除,因此,需调增税前利润60 000元(300×10 000×2%),此时:

应纳所得税税额=(3 000 000+60 000)×25%=765 000(万元)

企业职工收到的集资利息还需要按照利息、股息、红利所得由企业代扣代缴个人所得税:

应代扣代缴的个人所得税=300×10 000×10%×20%=60 000(元)

筹划分析:

企业可以考虑将集资利率降低到同期同类银行贷款利率,即8%,这样每位职工的利息损失将只有200元[10 000×(10%-8%)]。企业可以通过提高工资待遇的方式来弥补职工在利息上受到的损失,即将职工的平均工资提高到4 500元。

【筹划结果】

筹划后:企业应纳所得税=3 000 000×25%=750 000(元)。

利率调整后,企业所支付的集资利息可在税前全额扣除,节税金额为15 000元(765 000-750 000)。

对于职工来说,原先的一部分利息所得变为工资薪金所得,且未达到5 000元的扣税标准,无需缴纳个人所得税。

(四) 企业间资金转移的纳税筹划

企业间资金借用一般应通过合法的金融机构进行,在利息计算及资金回收等方面与银行贷款相比有较大弹性和回旋余地,这种方式对于设有财务公司或财务中心(结算中心)的集团企业来说,税收利益尤为明显。因为企业集团财务公司或财务中心(结算中心)能起到"内部"银行的作用,利用集团资源和信誉优势实现整体对外筹资,再利用集团内各企业在税种、税率及优惠政策等方面的差异,调节集团资金结构和债务比例,既能解决资金难题,又能实现集团整体税收利益。如果有条件,企业应尽量将财务中心设在税收协定网络发达的地区,这样可享受借贷款免征或少征预提税和增值税的好处。

【例3-17】

A公司是一家高新技术企业(适用企业所得税税率为15%),于20×1年设立一子公司B(适用企业所得税税率为25%),注册资本为500万元(其中250万元由A公司投入)。20×2年7月,B公司由于扩展经营业务的需要,拟向A公司借入1 000万元。请从纳税筹划角度来设计该笔借款的流程。

【筹划思考】

方案1:A公司直接将资金贷给B公司使用,利率为按金融机构同类同期贷款利率8%计算。有关计算如下:

A公司获得利息收入=1 000×8%=80(万元)

应纳企业所得税税额=80×15%=12(万元)

B公司支付利息=1 000×8%=80(万元)

所得税前扣除额=250×2×8%=40(万元)

少纳企业所得税税额＝40×25％＝10(万元)

集团公司在资金流动过程中共缴纳企业所得税2万元(12－10)。

方案2：A公司先将资金1 000万元存入中介银行，利率为7％，中介银行再将等额资金贷于B公司，利率为8％。有关计算如下：

A公司获得利息收入＝1 000×7％＝70(万元)

应纳企业所得税税额＝70×15％＝10.5(万元)

B公司支付利息＝1 000×8％＝80(万元)

B公司支付的利息可以全额在所得税前扣除，从而少纳企业所得税20万元(80×25％)。

[筹划结果]

采用方案2，集团公司在资金流动过程中可节约纳税9.5万元(20－10.5)。

值得注意的是，纳税人向关联方借入的资金，使得其接受该关联方的债权比例超过权益比例2倍的，超过部分的利息支出不得在所得税前扣除，所以方案1中B公司所支付的利息80万元不得全额在企业所得税前扣除，只能扣除40万元，其余部分在企业所得税后列支，增加了企业的税负。因此方案2更好些。根据《企业所得税法》第46条的规定，企业从其关联方接受的债权性投资与权益性投资的比例超过规定标准而发生的利息支出，不得在计算应纳税所得额时扣除。

知识链接

根据2008年《财政部 国家税务总局关于企业关联方利息支出税前扣除标准有关税收政策问题的通知》(财税〔2008〕121号)的规定，在计算应纳税所得额时，企业实际支付给关联方的利息支出，不超过以下规定比例和税法及其实施条例有关规定计算的部分，准予扣除，超过的部分不得在发生当期和以后年度扣除：企业实际支付给关联方的利息支出，除了符合该通知第二条规定，其接受关联方债权性投资与其权益性投资比例：金融企业为5∶1；其他企业为2∶1。

（五）借款费用的纳税筹划

企业发生的借款费用多数可以直接税前扣除，但有些借款费用则需要计入资产成本，分期扣除。例如，企业为购置、建造固定资产、无形资产和经过12个月以上的建造才能达到预定可销售状态的存货发生借款的，在有关资产购置、建造期间发生的合理的借款费用，应当作为资本性支出计入资产成本。计入固定资产成本的借款费用，需通过计提折旧的方式分期冲减以后各期应税收益，而费用化的借款费用应一次性抵减当期应税收益，从财务管理的角度看，由此可以获得资金的时间价值。因此，企业应在借款费用一定的情况下，尽可能加大计入费用化的份额，获得相对的节税收益，即企业应尽可能缩短固定资产的购建期间。

借款费用资本化条件

（六）租赁的纳税筹划

租赁分为融资租赁和经营租赁，它也是企业减轻税负的重要方法。对承租人来说，企业根据生产经营活动的需要租入固定资产支付的租赁费，以经营租赁方式租入固定资产发生的租赁费支出，按照租赁期限均匀扣除；以融资租赁方式租入固定资产发生的租赁费支出，按照规定构成融资租入固定资产价值的部分应当提取折旧费，分期扣除。融资租赁作为一种实质上的融资行为，已经成为企业常用的融资方式。融资租赁在纳税筹划中也被广泛运用,其纳税筹划效应通过以下方面来实现:一是融资租赁费用中的手续费以及未确认融资费用摊销计入财务费用的部分可以从应纳税所得额中扣除,因此其实际筹资成本要低于名义筹资成本。二是融资租入设备的改良支出可以作为长期待摊费用,在不低于5年的时间内摊销,从而起到税收抵扣的效应。

【例3-18】

CZ集团有A、B两家子公司,A公司被认定为高新技术企业,适用企业所得税税率为15%,B公司适用企业所得税税率为25%。A公司拟处置一台年可获税前利润100万元(折旧已扣)的闲置设备给B公司。A公司现有两种方案,方案1是出售给B公司并获得400万元净收入,方案2是以年租金40万元出租给B公司。请对两种方案进行纳税筹划。

{筹划思考}

不考虑增值税,两种方案下集团的应纳企业所得税分别为:

方案1集团应纳企业所得税=(400×15%)+(100×25%)=85(万元)

方案2集团应纳企业所得税=(40×15%)+[(100−40)×25%]=21(万元)

{筹划结果}

可见,选择方案2更合适,一是避免A公司缴纳资产转让所得税60万元(400×15%);二是因税率差别,集团税前多扣租金成本的抵税收益有4万元[40×(25%−15%)]。集团公司合计获得税收利益64万元(85−21)。

(七)印花税纳税筹划

根据《中华人民共和国印花税法》(以下简称《印花税法》)规定,对开展融资租赁业务签订的融资租赁合同,统一按照其所载明的租金总额依照0.05‰的税率计税贴花。

根据《印花税法》规定,无息或者贴息借款合同、国际金融组织向中国提供优惠贷款书立的借款合同免征印花税。

注意

只有银行及其他金融组织和借款人(不包括银行同业拆借)所签订的借款合同才需要征收印花税。如果是非银行及其他金融组织间的借款合同,是不需要征收印花税的。

为鼓励金融机构对小型、微型企业提供金融支持,促进小型、微型企业发展,自2018年1月1日至2023年12月31日,我国对金融机构与小型、微型企业签订的借款合同涉及的印花税,予以免征。

各企业可以充分利用上述各项优惠措施,在经济交往中创造条件,享受税收优惠,减少印花税的支出。

二、权益资金融资的纳税筹划

(一)发行股票的纳税筹划

当企业决定采用发行股票筹集资金时,需要考虑发行股票的资金成本。发行股票所支付的股息不能直接在税前扣除,只能从企业税后利润中支付,同时还需要考虑股票发行过程中存在的评估费、发行费、审计费、公证费等中介费用的税务问题。

【例3-19】

丙公司发行新股票,发行金额为10 000万元,筹资费用率为股票市价的10%,企业发行股票筹集资金,发行费用可以在企业所得税前扣除,但资金占用费即普通股股利必须在企业所得税后分配。

该企业发行股票产生的筹资费,可以抵税,计算如下:

可抵减企业所得税 $=10\,000 \times 10\% \times 25\% = 250$(万元)

(二)留存收益筹资的纳税筹划

企业通过留存收益筹资可以避免收益向外分配时存在的双重纳税问题。因此,在特定税收条件下它是减少投资者税负的一种手段。

(三)吸收直接投资的纳税筹划

企业通过吸收直接投资筹集到的资金构成企业的权益资金,其支付的红利不能在税前扣除,因而不能获得税收收益。企业吸收直接投资时应考虑自身的资本结构,衡量权益融资和债务融资的资金成本,实现合理降低税负的目的。

三、不同融资方案的税负比较

如果仅就税收负担而言,并不考虑企业最优资本结构问题,负债融资比权益融资的效果更好。这是因为负债融资所支付的借款利息等可以在企业所得税前作为一项财务费用加以扣除,具有一定的抵税作用,能够降低企业的资金成本,而权益融资所支付的股息等则不能在企业所得税前扣除,因而企业所得税税负会相对重一些。

【例 3-20】

CZ 实业股份有限公司计划筹措 1 000 万元资金用于某高科技产品生产线的建设,并制定了 A、B、C 三种筹资方案。三种方案的借款年利率都为 8%,适用的企业所得税税率为 25%,三种方案的息税前利润都为 100 万元。假设该公司的资本结构(负债筹资与权益筹资的比例)如下。

A 方案:全部 1 000 万元资金都采用权益筹资方式,即向社会公开发行股票,每股计划发行价格为 2 元,共计 500 万股。

B 方案:采用负债筹资与权益筹资相结合的方式,向银行借款 200 万元,向社会公开发行股票 400 万股,每股计划发行价格为 2 元。

C 方案:采用负债筹资与权益筹资相结合的方式,但两者适当调整,向银行借款 600 万元,向社会公开发行股票 200 万股,每股计划发行价格为 2 元。

请对三种方案进行纳税筹划。

【筹划思考】

各方案下的财务指标相关计算结果如表 3-5 所示。

表 3-5 各方案下的财务指标   金额单位:万元

项目	A方案	B方案	C方案
负债资本额	0	200	600
权益资本额	1 000	800	400
负债比例(负债资本÷总资本)	0	20%	60%
息税前利润	100	100	100
利息	0	16	48
税前利润	100	84	52

续 表

项　目	A方案	B方案	C方案
企业所得税税额(适用税率为25%)	25	21	13
税后利润	75	63	39
税前投资收益率(税前利润÷权益资本)	10.0%	10.5%	13.0%
税后投资收益率(税后利润÷权益资本)	7.500%	7.875%	9.750%

从表3-5可以看出,随着负债筹资比例的提高(从0到20%再到60%),企业应纳所得税税额呈递减趋势(从25万元减至21万元,再减至13万元),税后投资收益率则呈递增趋势(从7.5%增至7.875%,再增至9.75%),从而显示了负债筹资的节税效应。

〖筹划结果〗

在上述三种方案中,方案C是最佳的纳税筹划方案。

但是,是否在任何情况下,采用负债筹资方案都是有利的呢?在此根据企业资本结构决策中的理财方法,利用每股利润无差别点,给出分析企业筹资纳税筹划最佳方案的一般方法。

所谓每股利润无差别点,是指在两种筹资方案下,使每股净利润相等时的息税前利润点。它所要解决的问题是,息税前利润是多少时,采用哪种筹资方案更有利。

其具体计算公式为(不考虑优先股):

[(每股利润无差别点－筹资方案Ⅰ的年利息)×(1－税率)]÷筹资方案Ⅰ下普通股股份数＝[(每股利润无差别点－筹资方案Ⅱ的年利息)×(1－税率)]÷筹资方案Ⅱ下普通股股份数

将表3-5中的有关数据代入上述公式,负债筹资与权益筹资的无差别点为:

[(每股利润无差别点－0)×(1－25%)]÷500＝[(每股利润无差别点－16)×(1－25%)]÷400

通过计算求得每股利润无差别点为80万元,即当息税前利润为80万元时,负债筹资与权益筹资的每股利润相等,当息税前利润大于80万元时,负债筹资较权益筹资有利;当息税前利润小于80万元时,则权益筹资较负债筹资有利。

然而,负债利息必须固定支付的特点又导致了债务筹资可能产生的负效应。因此,也不是负债越多越好,随着负债比例的提高,企业的财务风险也就随之增大了。

 开篇释疑

企业根据生产经营活动的需要租入固定资产支付的租赁费,以经营租赁方式租入固定资产发生的租赁费支出,按照租赁期限均匀扣除;以融资租赁方式租入固定资产发生的租赁费支出,按照规定构成融资租入固定资产价值的部分应当提取折旧费,分期扣除。融资租入的固定资产,以租赁合同约定的付款总额和承租人在签订租赁合同过程中发生的相关费用为计税基础;租赁合同未约定付款总额的,以该资产的公允价值和承租人在签订租赁合同过程中发生的相关费用为计税基础。因此,采用融资租赁方式取得的资产在税法规定和会计处理上存在差异,需要进行纳税调整,第1年纳税调整金额为 $P \times (A/P, i, n) - P/n - P \times i$,其他年份比照第1年处理。

外购的固定资产是以购买价款和支付的相关税费以及直接归属于使该资产达到预定用途发生的其他支出为计税基础,按照规定计提的折旧额可以在计算应纳税所得额时扣除。企业在生产、经营活动中发生的利息费用,非金融企业向金融企业借款的利息支出、金融企业的各项存款利息支出和同业拆借利息支出、企业经批准发行债券的利息支出可据实扣除。因此,计提的折旧额和利息费用都可以在计算应纳税所得额时扣除,无需进行纳税调整。计算税后流出资金的现值,结果如表3-6和表3-7所示。

表3-6　银行贷款情况下购置生产线的税后现金流出　　　　　　　单位:万元

年份	偿付本金	利息	本息和	折旧	节税	税后现金流出量	折现系数	税收现金流出量
1	0	56	56	50	26.5	29.5	0.892 9	26.340 55
2	0	56	56	50	26.5	29.5	0.797 2	23.517 40
3	0	56	56	50	26.5	29.5	0.711 8	20.998 10
4	0	56	56	50	26.5	29.5	0.635 4	18.744 30
5	400	56	456	50	26.5	429.5	0.567 5	243.741 25
6		0		50	12.5	−12.5	0.506 5	−6.331 25
7		0		50	12.5	−12.5	0.452 4	−5.655 00
8		0		50	12.5	−12.5	0.403 8	−5.047 50
合计	400	280	680	400	170.0	510.0	—	316.307 85

表3-7　融资租赁情况下购置生产线的税后现金流出　　　　　　　单位:万元

年份	年租金	财务费用	租赁成本	折旧	节税	税后现金流出量	折现系数	税收现金流出量
1	100	34.24	134.24	50	21.060 0	78.940 0	0.909 1	71.764 354 0
2	100	28.54	128.54	50	19.635 0	80.365 0	0.826 5	66.421 672 5
3	100	22.39	122.39	50	18.097 5	81.902 5	0.751 4	61.541 538 5
4	100	15.63	115.63	50	16.407 5	83.592 5	0.684 0	57.177 270 0
5	100	8.19	108.19	50	14.547 5	85.452 5	0.621 4	53.100 183 5
6		0		50	12.500 0	−12.500 0	0.564 6	−7.057 500 0
7		0		50	12.500 0	−12.500 0	0.513 3	−6.416 250 0
8		0		50	12.500 0	−12.500 0	0.466 4	−5.830 000 0
合计	500	108.99	608.99	400	127.247 5	372.752 5	—	290.701 268 5

从表3-6和表3-7的计算结果来看,采用融资租赁方式的现金流出量现值要小于贷款方式的现金流出量的现值,从企业节税的角度,选择向银行贷款的方式能够抵扣更多的企业所得税,但是考虑到资金的时间价值,从整体看采用融资租赁方式更有利于企业价值最大化。因此,企业应结合自己当前最迫切的需求来选择固定资产取得方式,寻获企业应得的利益。

企业因生产经营需要增加设备等固定资产,而现有资金又不足时,还可举债购买取得资产。举债购买取得的资产，其使用可为企业带来额外的收益，同时举债购买固定资产支付的利息可在所得税前列支，从而减少应纳税所得额。应注意的是，虽然融资租赁的避税效果更好，但是企业还是要根据投资期限、利率水平等因素再结合税收利益及自身特点，从货币时间价值、资金成本、税后现金流出量、税收利益、风险价值等方面着手，进行定性、定量的分析，从融资租赁、经营租赁、举债购买等方式中做出最有利于企业的选择。

课堂笔记

职业能力训练

一、单项选择题

1. 具有财务杠杆效应的筹资方式是（　　）。
   A. 股票筹资　　　　　　　　　　B. 吸收直接投资
   C. 留存收益　　　　　　　　　　D. 发行债券
2. 下列项目中属于直接投资方式的是（　　）。
   A. 股票投资　　　　　　　　　　B. 债券投资
   C. 与其他企业合资生产　　　　　D. 基金投资
3. 从事国家重点扶持的公共基础设施项目的经营所得，自项目取得第一笔生产经营收入所属纳税年度起，实行（　　）。
   A. 免税政策　　　　　　　　　　B. "两免三减半"政策
   C. "三免三减半"政策　　　　　　D. 两年免征政策
4. 下列行为中不用交增值税的是（　　）。
   A. 企业销售不动产　　　　　　　B. 企业销售货物
   C. 企业转让无形资产　　　　　　D. 企业转让产权
5. 纳税人从关联方取得的借款金额超过其注册资本（　　）倍的，超过部分的利息，不得在税前扣除。
   A. 0.5　　　　　B. 1　　　　　C. 2　　　　　D. 3

二、多项选择题

1. 可以发挥抵税效应的筹资方式有（　　）。
   A. 长期借款　　B. 发行债券　　C. 融资租赁　　D. 发行股票
2. 直接投资的纳税筹划，需要考虑的税种包括（　　）。
   A. 增值税　　　B. 企业所得税　　C. 印花税　　　D. 财产税
3. 根据增值税法律制度的规定，下列各项中，免征增值税的有（　　）。
   A. 学生勤工俭学提供的服务　　　B. 提供社区养老服务
   C. 个人销售自建自用住房　　　　D. 外国企业无偿援助的进口物资
4. 下列实行增值税即征即退的有（　　）。
   A. 中国台湾航空公司从事海峡两岸空中直航业务在大陆取得的运输收入
   B. 体育彩票的发行收入
   C. 单位安置残疾人员就业
   D. 经批准经营融资租赁业务的试点纳税人中的一般纳税人，提供有形动产融资租赁服务
5. 下列选项中，适用企业所得税"三免三减半"优惠政策的有（　　）。
   A. 企业从事国家重点扶持的公共基础设施项目投资经营的所得
   B. 符合条件的技术转让所得
   C. 从事符合条件的环境保护、节能节水项目的所得

D. 创业投资企业从事国家规定重点扶持和鼓励的创业投资取得的所得

三、判断题

1. 企业所得税税收优惠"符合条件的技术转让所得"项目中,不超过 500 万元的部分免征企业所得税;超过 500 万元的部分,全额征收企业所得税。　　　　　　　　( )
2. 由残疾人组织提供的加工、修理修配劳务免征增值税。　　　　　　　　( )
3. 环境保护、节能节水项目的所得,自项目获利所属纳税年度起,第 1 年至第 3 年免征企业所得税,第 4 年至第 6 年减半征收企业所得税。　　　　　　　　( )
4. 以公允价值计量的金融资产,当持有期间公允价值发生变动时,纳税申报需要做纳税调整。　　　　　　　　( )
5. 融资租赁合同依照"借款合同"税目缴纳印花税。　　　　　　　　( )

四、案例分析题

1. 某股份制企业共有普通股 400 万股,每股股价为 10 元,没有负债。由于产品市场行情看好,准备扩大经营规模,假设企业下一年度的息税前利润为 1 400 万元,企业所得税税率为 25%。该企业董事会经过研究,商定了以下三个融资方案。

   方案 1:发行股票 600 万股(每股 10 元),共 6 000 万元。

   方案 2:发行股票 300 万股(每股 10 元),发行债券 3 000 万元(债券利率为 8%)。

   方案 3:发行债券 6 000 万元。

   要求:请从上述方案中选择一个最优方案。

2. A 公司是一家民营企业,主要经营范围是仓储、贸易、酒店等,B 公司是 A 公司下属的非全资控股子公司,主要从事物流业务。A、B 两公司自成立以来一直处于盈利状态。为了使 B 公司不断发展壮大,A 公司计划将其所有厂房(账面价值 420 万元,重置价值 500 万元,假设不含增值税,适用简易计税。)划拨给 B 公司,并由 B 公司承受权属。根据税法规定,房产的划拨会导致大额的纳税支出。

   请问:A 公司采取何种资产划拨方式可以节约双方的税收成本呢?

3. 甲公司 20×2 年度准备向职工筹集资金 5 000 万元,该公司共有职工 5 000 人,人均月工资为 2 000 元,集资年利率预计为 9%,同期同类银行贷款利率为年利率 6%。假设甲公司预计 20×2 年度税前会计利润为 1 000 万元(利息支出全部扣除)。

   要求:请为甲公司制定纳税筹划方案。

第四章 企业采购业务纳税筹划

职业能力目标

1. 能够对企业采购业务涉及的增值税进行正确的筹划
2. 能够对企业采购业务涉及的企业所得税进行正确的筹划
3. 能够对企业采购业务涉及的关税、印花税进行正确的筹划

知识目标

1. 熟悉采购合同税收风险规避
2. 掌握购货来源、农产品采购、低纳高抵、加计抵减业务等增值税纳税筹划,存货非正常损失的会计处理筹划
3. 掌握固定资产租赁与购买、设备购置抵免、固定资产采购时点筹划
4. 熟悉进口关税、印花税纳税筹划

知识导图

```
                                        ┌ 采购合同税收风险规避
                                        │ 购货来源增值税纳税筹划
                          采购业务增值税筹划 │ 农产品采购增值税纳税筹划
                                        │ "低纳高抵"增值税纳税筹划
                                        │ 加计抵减业务纳税筹划
                                        └ 存货非正常损失的会计处理筹划
企业采购业务纳税筹划 ┤
                                        ┌ 固定资产租赁与购买的纳税筹划
                        采购业务企业所得税筹划 ┤ 设备购置抵免的纳税筹划
                                        └ 固定资产采购时点纳税筹划
                                        ┌ 企业采购业务进口关税纳税筹划
                          采购业务其他筹划 ┤
                                        └ 企业采购业务印花税纳税筹划
```

第一节　采购业务增值税筹划

开篇设问

> 五湖公司为增值税一般纳税人生产企业,适用的增值税税率为13%,主要耗用某材料加工产品,现有A企业、B企业、C个体工商户可以提供该种材料。其中,A企业为生产该种材料的一般纳税人,能够出具增值税专用发票,适用税率为13%;B企业为生产该种材料的小规模纳税人,能够试点开具增值税专用发票,适用征收率为3%;C为个体工商户,只能提供增值税普通发票。A企业、B企业、C个体工商户提供的材料质量相同,单价相同,都为133元(含税)。请问:五湖公司应与谁签订供货合同?

知识积累与能力培养

一、采购合同税收风险规避

供应商是企业涉税风险的源头之一。防范采购的涉税风险,一方面是选择税务状况良好的供应商,消除税务隐患;另一方面是规范采购合同,避免税务风险。采购合同更涉及增值税专用发票抵扣的重要环节,因此对采购合同的涉税管理是企业管理业务的重中之重。企业可以从以下方面进行对采购合同的有关管理。

(一)从制度上保障

企业在参与起草合同过程中应吸纳财务人员涉税方面的专业意见,对涉税内容做出实时、有效性的约定,规避政策性变化而带来的涉税风险。

(二)加强供应商的管理

国家税务总局在2019年第38号公告《关于异常增值税扣税凭证管理等有关事项的公告》中,对异常增值税纳税凭证,规定了进项税转出、追加已退税款等相应处罚决定。因此需要加强供应商管理,尽量选择正规的信誉良好的能提供专票的纳税人作为供应商。

企业应通过加强对供应商的现场考察、运用"企查查"等各类征信APP,多方面、多渠道了解供应商的信誉情况,将没有实际经营业务、存在虚开可能性的供应商排除在外。内控部门应该建立供应商信息数据库,拟定"黑名单"制度,对列入黑名单的供应商进行信用惩戒,暂停采购。但同时实时更新信息,给予黑名单供应商信用修复的机会。

异常增值税
纳税凭证

(三)在合同内容上进行全方位的约定

合同条款会涉及很多涉税问题。例如,通过签订方的企业信息,就能看出供应商是否可以提供增值税专用发票及发票相关的抵扣率等信息,从而有效减少"失控发票"的发生率。企业可以通过在合同中对以下方面进行约定并完善来达到税收风险规避的目的。

1. 完善合同签订方的企业信息

在合同中除了填写相关方的基本信息,如单位全称(以营业执照为准)、注册地址、通信地址(以实际办公地址为准)、法定代表人、职务、邮编(以营业执照为准),还必须完善相关方纳税信息,如纳税人身份(一般纳税人/小规模纳税人)、纳税人识别号、开户银行名称及开户银行账号等,以便于后期的追溯及管理。

2. 合同金额及税额条款

为规避对方企业有意按税率较低的税种开具发票,合同条款中要写明增值税税率以及发票类型。

合同金额为人民币含税价。合同中应具体写明货物、劳务、服务名称,开具发票类型(增值税专用发票/增值税普通发票),开具的发票上应分别注明不含税金额、增值税税率、具体税款、含税总金额。

3. 发票开具的要求及责任

销售方应按合同约定,开具增值税专用发票。若开具不合格发票,销售方应自行承担相应法律责任,并视同违约向购买方支付合同总价一定比例的违约金。

不合格发票包括但不限于以下情形:①违反国家法律法规开具的发票。②开具虚假、作废等无效发票。③失控发票,即已申报未缴税的增值税专用发票,比对不通过的发票。④开具发票种类错误。⑤开具发票税率与合同约定不符。⑥发票上的信息错误。⑦因乙方迟延送达、开具错误等原因造成发票认证失败等。

4. 关于乙方纳税人身份变化的合同约定

因乙方(销售方)调整纳税人身份带来的适用增值税税率的变化,导致的甲方(购买方)的损失应由乙方(销售方)承担。

5. 关于甲方(购买方)不慎丢失增值税专用发票联和抵扣联的事宜

出现此类情形,乙方(销售方)应及时配合向甲方(购买方)提供增值税专用发票记账联复印件以及向主管税务机关出具的《丢失增值税专用发票已报税证明单》等相关证明材料,产生的相应费用由甲方承担。

(四)对每一笔可产生进项税额的支出,争取取得增值税专用发票

作为增值税一般纳税人,用以抵扣增值税销项税额的进项税额,其抵扣条件规定很严格。例如,《增值税暂行条例实施细则》规定:一般纳税人用以抵扣增值税销项税额的进项税额,必须是取得的增值税专用发票上注明的增值税税额。这要求财务人员在日常审核外来原始凭证的过程中,对于可作为抵扣项的成本项支出,要格外注意是否取得了增值税专用发票,以保证每一笔可作为抵扣项的成本都可以对应有效的进项税额。

> **寓德于技**
>
> 财务工作不仅仅是财务核算,而是覆盖经营的每个环节及链条,采购合同审核需要财务人员对每个环节、时点、风险点都要做到心中有数,而做好这些就必须具有"大国工匠"的责任心。

【例4-1】

假设某购买方企业为一般纳税人,增值税税率为13%,购进价值100元(含税)的货物。请比较销售方开具增值税普通发票和增值税专用发票对购买企业税收负担的影响。

[筹划思考]

根据上述资料,分析如下:

若是收到销售方开具的增值税普通发票 100 元,则该 100 元全部计入成本,无法抵扣增值税。

若是收到销售方开具的增值税专用发票 100 元,则增值税进项税额为 11.50 元[100÷(1+13%)×13%],即可以抵销 11.50 元的应纳税额,也相应减少应纳增值税的附加税(包含城建税 7%,教育费附加 3%,地方教育附加 2%,共计 12%)为:

应交增值税附加税=11.50×12%=1.38(元)

因增值税附加税可在企业所得税前扣除,减少增值税附加税同时会增加企业所得税:

增加的企业所得税=1.38×25%=0.35(元)

由于企业的增值税进项税额多了 11.50 元,进入成本的费用就相应少了 11.50 元,这样会导致利润总额增加 11.50 元,同时增加企业所得税税额:

增加的企业所得税=11.50×25%=2.88(元)

与增值税普通发票相比,增值税专用发票可以减少的税费为:

11.50+1.38-0.35-2.88=9.65(元)

想一想

可依据对 13% 增值税税率下专用发票和普通发票的探讨思路和方法,分别算出 9%、6% 增值税税率下,每购进或接受 100 元的货物、服务,专用发票比普通发票减少的税费成本。

二、购货来源增值税纳税筹划

企业在购买材料物资时,可以选择不同的供货商,购货来源不同其税收负担也会不同。对于一般纳税人企业而言,如果<u>从一般纳税人处购入材料物资,取得增值税专用发票,可以按 13%、10%(购入农产品,用于生产销售或委托加工受托加工 13% 税率的货物)、9%、6% 的税率抵扣进项税额</u>;如果从小规模纳税人处购入,则不能抵扣进项税额,即便是试点开具增值税专用发票,也只能按 3% 抵扣进项税额。为了弥补这一损失,提高竞争力,小规模纳税人的货价往往比一般纳税人的更便宜。为此,企业在进货时要及时掌握各类商品价格与税收政策的变化,科学地进行筹划与选择,既要减轻税收负担,又要降低进货成本。对于购货方来说,<u>如果从一般纳税人和小规模纳税人那里购货后的净利润(或现金净流量)都相等,那么选择哪一方都可以;如果两方竞价基础带给购货方纳税人的净利润(或现金净流量)不同,则应该选择给购货方带来净利润(现金净流量)较大的供货方作为货物来源方。</u>

能作为进项税额抵扣的合法凭证

【例 4-2】

A 公司为增值税一般纳税人,适用 13% 税率。购买原材料时,有以下几种方案可供选择:

方案 1:从一般纳税人甲公司购入,每吨不含税价格为 1 500 元,可取得税率为 13% 的增值税专用发票。

方案 2:从小规模纳税人乙公司购入,可取得试点开具的征收率为 3% 的增值税专用发票,每吨含税价为 1 400 元。

方案 3:从小规模纳税人丙公司购入,只能取得普通发票,每吨含税价为 1 200 元。

假定甲、乙、丙三家企业所提供的原材料质量均相同。A 公司用此原材料生产的产品每吨不含税销售额为 2 000 元。A 公司适用的城建税税率为 7%,教育费附加征收率为 3%。

请问:从现金净流量的角度考虑,A 公司选择哪种购货方案最优?

对不同方案下的应纳税额进行计算分析如下。

【筹划思考】

方案 1:

应纳增值税税额=(2 000−1 500)×13%=65(元)

应纳城建税及教育费附加=65×(7%+3%)=6.5(元)

现金净流量=2 000×(1+13%)−1 500×(1+13%)−65−6.5=493.5(元)

方案 2:

应纳增值税税额=2 000×13%−1 400÷(1+3%)×3%=219.22(元)

应纳城建税及教育费附加=219.22×(7%+3%)=21.92(元)

现金净流量=2 000×(1+13%)−1 400−219.22−21.92=618.86(元)

方案 3:

应纳增值税税额=2 000×13%=260(元)

应纳城建税及教育费附加=260×(7%+3%)=26(元)

现金净流量=2 000×(1+13%)−1 200−260−26=774(元)

【筹划结果】

通过以上分析比较可以看出,虽然从丙公司进货得不到抵扣进项税额的好处,税收负担最重,但由于其价格低廉,使得现金净流量最大,因此,A 公司选择方案 3 最优。

农产品增值税相关规定

三、农产品采购增值税纳税筹划

(一)购入农产品进项税额抵扣规定

1. 购入农产品取得的扣税凭证

购入农产品取得的扣税凭证主要包括以下几个方面:①增值税普通发票(仅指农业生产者销售自产农产品适用免税政策而开具的普通发票);②农产品收购发票;③增值税专用发票;④海关进口增值税专用缴款书。

2. 抵扣力度

(1)营业税改征增值税试点期间,纳税人购进用于生产销售或委托受托加工 13% 税率的货物,抵扣金额的依据有:①增值税专用发票或进口海关缴款书上注明的金额×10%;②农产品普通发票或收购发票上注明的买价×10%。

(2)用于第(1)项以外的其他货物服务,抵扣金额的依据有:①增值税专用发票或进口海关缴款书上注明的金额×9%;②农产品普通发票或收购发票上注明的买价×9%。

(3)以上两项混用核算不清的,抵扣金额的依据有:①3%增值税专用发票上注明的金额×3%;②进口海关缴款书或9%增值税专用发票上注明的金额×9%;③农产品普通发票或收购发票上注明的买价×9%。

【例 4-3】

B 企业为增值税一般纳税人,20×2 年 10 月发生了以下业务:①销售布料 30 万元(不含税金额),开具了增值税专用发票;②销售棉短绒 20 万元(不含税),开具了增值税普通发票;③本月购进棉花 A 一批用于生产布料,取得增值税专用发票,金额为 10 万元,增值税税额为 1 万元;④向农业合作社购进棉花 B 一批用于生产棉短绒,买价为 5 万元,取得增值税免税普通发票;⑤向小规模纳税人甲购进棉花 C 一批,取得增值税专用发票,金额为 20 万元,增值税税额为 0.6 万元,由于仓库管理不到位,无法确定其用途;⑥向小规模纳税人乙购进棉花 D 一批用于生产布料,取得增值税专用发票,金额为 30 万元,增值税税额为 0.9 万元。请根据以上业务,分别确定 B 企业的增值税销项税额与进项税额。

【解析】

增值税销项税额 = 30×13% + 20×9% = 5.70(万元)

增值税进项税额 = 10×10% + 5×9% + 20×3% + 30×10% = 5.05(万元)

(二)农产品加工企业采购渠道的纳税筹划

增值税一般纳税人在选择初级农产品为原料,对其进行深加工后销售时,选择不同的采购对象,相应的进项税额抵扣政策也会有区别。可选的采购对象有一般纳税人(批发企业)和初级农产品自产者。从增值税纳税筹划角度出发,农产品加工企业对采购渠道把控显得尤为重要。

【例 4-4】

某棉麻经销公司(增值税的一般纳税人)是一家颇具规模的农副产品加工企业,20×1 年 6 月,该公司棉花采购金额为 5 000 万元、销售额为 6 500 万元(均含税)。公司管理层一直主张并施行向一般纳税人采购货物的政策,认为向一般纳税人采购货物可以取得增值税专用发票,进而在企业计算增值税应纳税额时可以扣抵进项税额。试从采购对象选择的角度为该公司选择最优的方案。

方案 1:当该公司的棉花全部采购自增值税一般纳税人处时,从供货商那里取得的增值税专用发票列明的金额计算出的可扣抵的进项税额为 412.84 万元[5 000÷(1+9%)×9%](假设专用发票上的扣除率为 9%)。

方案 2:假设该公司的棉花全部采购于自产农产者处,并开具收购凭证,则以收购凭证所记载的金额计算出可扣抵的增值税进项税额为 450 万元(5 000×9%)。

比较以上两种方案,该棉麻经销公司向自产农产者购入农产品的增值税进项税额比向一般纳税人的多,可多得到抵扣的增值税进项税额为 37.16 万元(450−412.84)。这就是说农产品加工企业在面对一般纳税人(批发企业)和初级农产品自产者这两种供货商时,当它们报价相同时,从初级农产品自产者采购可以给企业带来更多的节税收益。

> **寓德于技**
>
> 《中共中央 国务院关于做好 2023 年全面推进乡村振兴重点工作的意见》是 21 世纪以来第 20 个指导"三农"工作的中央一号文件,凸显了新发展阶段党中央对"三农"工作的高度重视。

四、"低纳高抵"增值税纳税筹划

(一)"低纳高抵"原理

"低纳高抵"是指用较低税率的纳税额抵减较高税率的纳税额,或用上一环节的低税负抵减下一个环节的高税负,从而达到整体减轻税负的目的。

"低纳高抵"是普遍存在于我国税收政策中的一种现象,如建筑行业适用 9% 的税率,但其取得税率为 13% 的进项税额,政策上允许抵扣;又如生活服务业,适用 6% 的税率,但其取得税率为 13%、9% 的进项税额,政策上也允许抵扣。这些都属于"低纳高抵"的现象,只是很多人对这种现象,没有明确的认识,进而也不会有偏向性的行为。

需要强调的是,"低纳高抵"现象是由我国现行税收制度本身造成的。只要有税率之差,就可能存在"低纳高抵"的空间,企业可以利用这些政策空间,来减轻自己的税负。

(二)"低纳高抵"案例分析

1. 建筑业"低纳高抵"案例分析

建筑业取得的销售额按9%计算销项税额,但其购进材料等建筑用品,可取得税率为13%的进项税额,中间存在4个点的"低纳高抵"空间。

【例4-5】

某建筑企业取得的增值税专用发票中不含税销售额为1 000 000元,产生销项税额90 000元;若该企业购进建材1 000 000元,会形成进项税额130 000元。此时,进项税额就大于销项税额40 000元。或者说,建筑企业取得销售额1 000 000元,产生销项税额90 000元;但只要购进材料692 307.69元(90 000÷13%),就能取得进项税额90 000元。收入和支出相差307 692.31元(1 000 000-692 307.69),也就是说,取得1 000 000元销售额的销项税额,用692 307.69元支出带来的进项税额,就可以抵销了。

对建筑企业来说,若只考虑13%的增值税进项税额,当13%的购进支出占收入的69.23%(692 307.69÷1 000 000×100%)时,就可以用进项税额完全抵销销项税额。

2. 生活服务业"低纳高抵"案例分析

生活服务业执行6%的增值税税率,与13%和9%两档高税率相比,存在"低纳高抵"空间,可进行纳税筹划的范围更广。

1)与13%税率之间存在的"低纳高抵"空间

生活服务业取得的销售额按6%计算销项税额,但其购进材料,通常可取得13%的进项税额,这就存在7个点的"低纳高抵"空间。

【例4-6】

某生活服务企业取得的增值税专用发票中不含税销售额1 000 000元,产生销项税额60 000元;若该企业购进原材料1 000 000元,会形成进项税额130 000元。这之间,进项税额就大于销项税额70 000元。或者说,企业取得销售额1 000 000元,产生销项税额60 000元;但只要购进原材料461 538.46元(60 000÷13%),就能取得进项税额60 000元。收入和支出相差538 461.52元(1 000 000-352 941.18),也就是说,取得1 000 000元销售额的销项税额,用461 538.46元支出带来的进项税额就能抵销了。

对生活服务业来说,若只考虑13%的增值税进项税额,当13%的购进支出占收入的46.15%(461 538.46÷1 000 000×100%)时,就可以用进项税额抵销销项税额。

2)与9%税率之间存在的"低纳高抵"空间

生活服务业的6%税率与9%的税率之间存在3个点的"低纳高抵"空间。

【例4-7】

某生活服务企业发生50 000元交通运输费用,形成进项税额4 500元(50 000×9%),可抵75 000元(4 500÷6%)收入带来的销项税额4 500元(75 000×6%)。收入和支出相差25 000元(75 000-50 000),即用50 000元支出取得的进项税额,就能抵销75 000元收入带来的销项税额。

对生活服务业来说,若只考虑9%的增值税进项税额,当9%的购进支出占收入的66.67%(50 000÷75 000×100%)时,就可以用进项税额抵销销项税额。

若企业存在多税率的"低纳高抵",如餐饮企业,有13%的工业品原材料进项税额,也有9%的农产品、房租进项税额,可以根据各项支出的比例及其适用税率,算出一个综合的税负平衡点。

五、加计抵减业务纳税筹划

(一)进项税额加计抵减政策

企业应多加关注官方公布的有关进项税额加计抵减税收优惠政策。例如:根据财政部、国家税务总局公告2023年第1号规定,自2023年1月1日至2023年12月31日,允许生产性服务业纳税人按照当期可抵扣进项税额加计5%,抵减应纳税额;允许生活性服务业纳税人按照当期可抵扣进项税额加计10%,抵减应纳税额。

(1)增值税加计抵减政策中所称的生产、生活服务业纳税人,是指提供邮政服务、电信服务、现代服务、生活服务取得的销售额占全部销售额的比重超过50%的纳税人。

(2)增值税加计抵减额的计算公式如下:

当期计提加计抵减额＝当期可抵扣进项税额×5%(或10%)
当期可抵减加计抵减额＝上期末加计抵减额余额＋当期计提加计抵减额－
当期调减加计抵减额

(3)计提加计抵减额基数的相关规定:①只有当期可抵扣进项税额才能计提加计抵减额。②按照现行规定不得从销项税额中抵扣的进项税额,不可以计提加计抵减额。③已计提加计抵减额的进项税额,如果发生了进项税额转出,则纳税人应在进项税额转出当期,相应调减加计抵减额。④增值税一般纳税人有简易计税方法的应纳税额,不可以从加计抵减额中抵减。加计抵减额只可以抵减一般计税方法下的应纳税额。

【例4-8】

某生活性服务企业为一般纳税人,适用加计抵减政策。20×2年6月,一般计税项目销项税额为120万元,进项税额为100万元,上期留抵税额为10万元,上期结转的加计抵减额余额为5万元;简易计税项目销售额为100万元(不含税价),征收率3%。此外无其他涉税事项。请问:该企业当期应如何计算缴纳增值税呢?

{解析}

根据上述资料,计算分析如下:

一般计税项目:

抵减前的应纳税额＝120－100－10＝10(万元)

当期可抵减加计抵减额＝100×10%＋5＝15(万元)

抵减后的应纳税额＝10－10＝0

加计抵减额余额＝15－10＝5(万元)

简易计税项目:

应纳税额＝100×3%＝3(万元)

应纳税额合计:

应纳税额合计＝一般计税项目应纳税额＋简易计税项目应纳税额＝0＋3＝3(万元)

(二)进项税额加计抵减纳税筹划案例

【例4-9】

某生活性服务公司预计20×2年销项税额为350万元,进项税额为100万元,且全部属于允许抵扣的进项税额。预计提供的生活性服务取得的销售额占全部销售额的比重为49%。请帮助该公司进行增值税纳税筹划。

{筹划思考}

筹划前:

应纳增值税税额＝350－100＝250(万元)

筹划后：

提高生活性服务销售额占全部销售额的比重在50%以上，则增值税的加计抵减额为10万元(100×10%)；

应纳增值税税额＝350－(100＋10)＝240(万元)

[筹划结果]

提高生活性服务销售额占全部销售额的比重在50%以上，节税金额为10万元(250－240)。

六、存货非正常损失的会计处理筹划

按我国《增值税暂行条例》规定，以下几项非正常损失不得抵扣进项税额：

(1) 非正常损失的购进货物，以及相关的劳务和交通运输服务。

(2) 非正常损失的在产品、产成品所耗用的购进货物(不包括固定资产)、劳务和交通运输服务。

(3) 非正常损失的不动产，以及该不动产所耗用的购进货物、设计服务和建筑服务。

(4) 非正常损失的不动产在建工程所耗用的购进货物、设计服务和建筑服务。

非正常损失，是指因管理不善造成被盗、丢失、霉烂变质的损失，以及因违反法律法规造成货物或不动产被依法没收、毁损、拆除的情形。

进项税额不得抵扣的实质

【例4-10】

甲企业为增值税一般纳税人，销售货物适用13%的增值税税率。20×2年甲企业购入一批生产用原材料，该批原材料不含税价格为100万元，取得的增值税专用发票注明的增值税税额为13万元。后来该批原材料由于管理不善变质导致无法使用，甲企业对其进行清理后折价出售，取得变价收入(含税)10万元，假设原材料均按成本价出售。假设甲企业原先的会计处理如下：

(1) 转入清理时：

借：待处理财产损溢——待处理流动资产损溢　　　1 130 000
　　贷：原材料　　　　　　　　　　　　　　　　　1 000 000
　　　　应交税费——应交增值税(进项税额转出)　　　130 000

(2) 取得变价收入时：

借：银行存款　　　　　　　　　　　　　　　　　　100 000.00
　　贷：待处理财产损溢——待处理流动资产损溢　　　　88 495.58
　　　　应交税费——应交增值税(销项税额)　　　　　　11 504.42

(3) 结转清理损益：

借：营业外支出　　　　　　　　　　　　　　　　　1 041 504.42
　　贷：待处理财产损溢——待处理流动资产损溢　　　1 041 504.42

请对甲企业已有的会计处理进行分析。

[解析]

按照上述会计处理方法，甲企业在进行账务处理时将该批原材料全部转入清理，这就意味着该批原材料全部发生损失，因此，与该批原材料有关的进项税额也应全部转出，不得抵扣。同时企业在将原材料清理出售时取得的变价收入还应按13%的税率计算应缴纳的增值税销项税。

然而事实上，企业在将原材料变价出售时取得收入10万元，我们可以认为该批原材料

并不是全部发生损失。由此可以看出,不得抵扣的进项税额应该是发生非正常损失部分的进项税额,应该将这部分对应的进项税额转出,而对于取得的清理收入部分则可以认为未发生损失,税法上对此也未作明确的规定,只要企业在进行账务处理时不将其作为非正常损失处理,就无须将该部分的进项税额转出。

甲企业可以采用以下会计处理方式。

(1) 转入清理时:

甲企业实际发生的存货非正常损失金额＝1 000 000－100 000÷(1＋13%)＝911 504.42(元)

存货非正常损失应转出的进项税额＝911 504.42×13%＝118 495.58(元)

甲企业实际发生损失时,按扣除取得的变价收入后的金额转入待处理财产损溢。

借:待处理财产损溢——待处理流动资产损溢　　　　1 030 000.00
　　贷:原材料　　　　　　　　　　　　　　　　　　　911 504.42
　　　　应交税费——应交增值税(进项税额转出)　　　　118 495.58

(2) 取得变价收入时,将取得的变价收入确认为其他业务收入,同时结转该部分原材料的成本,并记入"其他业务成本"账户。

借:银行存款　　　　　　　　　　　　　　　　　　100 000.00
　　贷:其他业务收入　　　　　　　　　　　　　　　　88 495.58
　　　　应交税费——应交增值税(销项税额)　　　　　11 504.42
借:其他业务成本　　　　　　　　　　　　　　　　　88 495.58
　　贷:原材料　　　　　　　　　　　　　　　　　　　88 495.58

经计算,第二种会计处理方法相比第一种会计处理方法,可以少缴增值税11 504.42元。

 开篇释疑

一般来说,在销项税额一定的情况下,进项税额抵扣越多,应纳增值税税额越小。因此,可以通过比较进项税额大小的方式来选择供货商。五湖公司从A企业购入材料可以抵扣进项税额15.30元(133÷1.13×13%),从B企业购入材料可以抵扣进项税额3.87元(133÷1.03×3%),从C个体工商户购入材料不得抵扣进项税额。因此,从A企业购入材料最有利。

课堂笔记

第二节 采购业务企业所得税筹划

开篇设问

> A公司计划对现有设备进行更新换代,有两种方案可供选择:一是购买一套普通设备,价款为2 100万元;二是购买一种节能设备,价款为2 400万元,和普通设备相比每年可节能20万元,该项设备的预计使用年限为10年(暂不考虑货币的时间价值,该企业适用企业所得税税率为25%)。请问:A公司买哪种设备好?

知识积累与能力培养

一、固定资产租赁与购买的纳税筹划

企业的固定资产可以通过外购、自建、租赁等方式取得。企业在进行固定资产租赁或购买决策时,由于所用设备相同,即设备的生产能力与产品的销售价格相同,同时设备的运行费用也相同,因此只需比较两种方案的成本差异及成本对增值税、企业所得税等所产生的影响差异即可。

固定资产租赁是指固定资产的经营租赁,与购买设备相比,企业每年需支付一定的租赁费用。另外由于租赁费用是在成本中列支的,因此企业还可以减少缴纳企业所得税,即得到纳税利益。购买固定资产是一种投资行为,企业将支出一笔可观的设备款,但同时每年可计提折旧费进行补偿,折旧费作为一项成本,也能使企业得到纳税利益,并且企业在项目结束或设备使用寿命到期时,还能够得到设备的残值变现收入。

【例4-11】

某设计公司一批作为固定资产管理的计算机已经老化,严重影响了工作效率。20×2年9月,该公司决定将全部200台计算机进行更新。更换计算机现有两个方案:一是自购;二是租赁。如果自购,价格为3 000元/台(含税价),收到计算机后款项于1周内一次付清;如果租赁,租金为第1年150元/月,第2年80元/月,第3年30元/月,租金含税,于每年年末付款。公司负责人要求财务部门从税收角度考虑,请帮助财务部门分析自购与租赁哪个更划算。

[筹划思考]

(1)选择自购方式,该公司可节省的税收为:

节省增值税=[(3 000×200)÷(1+13%)]×13%=69 026.55(元)

节省城建税和教育费附加=69 026.55×(7%+3%)=6 902.65(元)

计算机属于电子设备,根据《企业所得税法》第11条和《企业所得税法实施条例》第59条、第60条的规定,应按直线法并按3年计提固定资产折旧,计提固定资产折旧额

作为费用按年可在企业所得税前扣除,即可减少收入,少缴企业所得税。有关计算如下:

该批计算机可计提的固定资产年折旧={[(3 000×200)÷(1+13%)]×(1-5%)}÷3=168 141.59(元)(假设计算机净残值率为5%)

该批计算机计提的折旧可节省企业所得税=168 141.59×3×25%=126 106.19(元)

自购计算机一共可节税 202 035.39 元(69 026.55+6 902.65+126 106.19)。

(2)选择租赁方式,该公司可节省的税额为:

节省增值税=[(150+80+30)×200×12]÷(1+13%)×13%=71 787.61(元)

节省城建税和教育费附加=增值税×(7%+3%)=71 787.61×10%=7 178.76(元)

根据《企业所得税法实施条例》第 47 条的规定,租赁费可按照租赁期限均匀扣除。因此,租赁节省的企业所得税为 138 053.10 元[(150+80+30)×200×12÷(1+13%)×25%],租赁计算机节税总额为 217 019.47 元(71 787.61+7 178.76+138 053.10)。

【筹划结果】

从以上计算可知,租赁计算机共可节税 217 019.47 元,自购计算机共可节税 202 035.39 元,所以选择租赁更划算。

 想一想

若考虑自购方式中的残值变现收入,结论又会怎样?

二、设备购置抵免的纳税筹划

根据《企业所得税法》的规定,<u>企业购置并实际使用《环境保护专用设备企业所得税优惠目录》《节能节水专用设备企业所得税优惠目录》和《安全生产专用设备企业所得税优惠目录》规定的环境保护、节能节水、安全生产等专用设备的,该专用设备的投资额的 10% 可以从企业当年的应纳税额中抵免;当年不足抵免的,可以在以后 5 个纳税年度内结转抵免。</u>

设备购置抵免的纳税筹划

【例 4-12】

某企业集团于 20×1 年 8 月成立的一家全资子公司,为保障生产安全,准备于 20×1 年 12 月购置一大型安全生产专用设备,该设备价款为 300 万元。企业按规定可于 20×1 年至 20×6 年 5 年期限内抵免所得税 30 万元(300×10%)。因该子公司生产产品为新型产品,预计未来 3 年企业将面临亏损,至第 4 年起企业将逐渐盈利,20×1 年及未来 6 年的预计利润额(假设无任何纳税调整事项)如表 4-1 所示。该子公司应如何进行纳税筹划才能最大限度地节税?

表 4-1 企业 20×1—20×7 年预计利润额　　　　　　　　　　单位:万元

年份	20×1 年	20×2 年	20×3 年	20×4 年	20×5 年	20×6 年	20×7 年
利润额	-200	-120	-50	80	130	250	400

【筹划思考】

如果该子公司于 20×1 年 12 月购置该安全生产设备,则未来各年应缴纳的企业所得税

情况如下：

(1) 20×1—20×3年为亏损年度，不需要缴纳企业所得税。

(2) 20×4—20×5年弥补前3年的亏损后仍未有盈利，也不需要缴纳企业所得税。

(3) 20×6年弥补以前年度亏损后利润额为90万元，应缴纳企业所得税为22.5万元（90×25％），扣除购置安全生产专用设备抵免额30万元后，不需缴纳企业所得税。

因超过5年抵免期，剩余的7.5万元不得再在20×7年抵免。

(4) 20×7年应缴纳企业所得税为100万元（400×25％）。

[筹划结果]

如果该子公司经过筹划，将该安全生产设备的购置时间推迟一个月，即在20×2年1月购买，则20×1—20×6年应缴纳的企业所得税不发生变化；20×7年应缴纳的企业所得税还可以扣减安全生产设备的剩余抵免额7.5万元，应缴纳的企业所得税减少为92.5万元（100－7.5），该子公司由此可获得7.5万元的节税收益。

注意

企业要充分享受税收抵免的权利，就要正确选择设备的购置时间。一般而言，在企业亏损时期，同时预计未来5年内无法弥补亏损，或弥补亏损后应缴纳的企业所得税少于设备购置抵免额的，则应在企业需要的限度内尽量推迟设备的购置时间。对可以享受设备购置抵免优惠的企业，必须实际购置并自身实际投入使用前款规定的专用设备。

想一想

能否通过合理方法，扩大20×6年利润，以便20×1年的抵税额在20×6年（5个抵免年度内的最后一年）得到抵免？

【寓德于技】

企业购置的环保设备、节能节水专用设备和安全设备等资产并投入使用，一方面，可以减少环境污染，创造良好的社会环境，保证职工的劳动安全，这是企业应尽的义务；另一方面，也是为企业减少损失提供保障，没有这些设备将受到相关部门的行政处罚（罚款、停业整顿、关闭），安全设备可以让职工安心工作并提高劳动积极性，避免工伤等开支。

三、固定资产采购时点纳税筹划

固定资产具有耗资多、价值大、使用年限长、风险大等特点，它在企业生产经营、生存发展中处于重要地位。固定资产在使用过程中会发生有形损耗和无形损耗。折旧是指固定资产发生损耗所减少的那部分价值。在采购固定资产时，企业需要考虑固定资产折旧对企业所得税的影响，因此，在实际工作中，必须重视固定资产购置的合理纳税筹划。

（一）纳税年度利润高低与固定资产采购时点

由于固定资产使用上的长期性，其成本规模在一定程度上是由其折旧费用的起始时间决定的;一旦固定资产在某个时点投入使用,此后就需要持续进行折旧费用的结转。

一般而言,企业可以选择利润高的纳税年度购买新的固定资产。按照我国现行的税收制度,在固定资产投入使用的下一个月,可以提取固定资产折旧,并产生抵税效应。

(二)税收优惠期与固定资产采购时点

在税收优惠期内新购置固定资产,能增加企业的折旧费用,可以递延企业的获利年度,使企业享受税收减免的期限延长;在税收优惠期外购置,可以使企业在高税率下多抵减应纳税所得额。例如,企业在税收优惠期的最后一年购置,就没有在下一年度再购置划算,因为优惠期内的税率要低于正常的税率,而企业在高税率下购置固定资产可以多抵减收入额,从而减少企业的税收成本。因此,企业应根据自身的税收优惠期限,判断何时是最佳购置时期。

开篇释疑

购买普通设备:
(1) 购买设备价款支出为 2 100 万元。
(2) 固定资产折旧抵税=2 100×25%=525(万元)。
综上,购买普通设备净支出为 1 575 万元(2 100-525)。

购买节能设备:
(1) 购买设备价款支出为 2 400 万元。
(2) 固定资产折旧抵税=2 400×25%=600(万元)。
(3) 投资额抵税=2 400×10%=240(万元)。
(4) 每年节能 20 万元,10 年共计节能 200 万元,则节能净收益为 150 万元[200×(1-25%)]。

综上,购买节能设备的净支出为 1 410 万元(2 400-600-240-150)。

因此,购买节能设备比购买普通设备能节约支出 165 万元(1 575-1 410)。

故 A 公司应该选择购买节能设备,因为依据《企业所得税法》第 34 条和相关文件的规定,企业购置用于环境保护、节能节水、安全生产等专用设备的投资额的 10% 可以从企业当年的应纳税额中抵免。

课堂笔记

第三节 采购业务其他筹划

 **开篇设问**

> 我国一家钢铁企业,急需进口一批优质铁矿石50万吨,可选择的进货来源国有两个:一个是澳大利亚,另一个是加拿大。已知:从澳大利亚进口的铁矿石,其价格为每吨20美元,运费总额为30万美元;从加拿大进口同等品质的铁矿石,其价格为每吨21美元,运费及杂项费用总额为40万美元,同时卖方还给予我方总额为70万美元的回扣,其他费用两者相同。该企业选择了从加拿大进口铁矿石。请问:该企业到底应该选择哪一个国家进口铁矿石呢?

知识积累与能力培养

一、企业采购业务进口关税纳税筹划

关税是对进出我国国境或关境的货物和物品征收的一种税,属于流转税。关税的征收对象是进出国境或关境的货物和物品,它是对外贸易过程中的一个重要税种,对每个国家的国际贸易有直接影响。随着经济全球化的发展,国际贸易关系不仅反映世界各国之间的经济关系,而且反映各国之间的政治关系,因而关税有很强的涉外性。

从纳税筹划的角度观察,关税作为一个世界性的税种,税负弹性较小:在税目、税基、税率以及减免税优惠等方面都规定得相当详细、具体,不像企业所得税应纳税所得额的确定有较大的筹划余地。因此,关税的纳税筹划主要应注意以下几点:

第一,合理控制完税价格,科学选择货物运输方式。在税率确定的情况下,完税价格的高低就决定了关税的轻重,完税价格的确定是关税中弹性较大的一个项目,所以关税纳税筹划的一个切入点就是合理控制完税价格。一般情况下,利用控制完税价格进行纳税筹划就要选择同类产品中成交价格比较低的,运输、杂项费用相对较小的货物进口或出口。

第二,充分利用原产地标准。我国进口税则设有最惠国税率、协定税率、特惠税率、普通税率,共四档税率,同一种进口货物的原产国不同,适用的税率也有很大的区别。

第三,利用税收优惠政策进行筹划。如保税制度,各个国家在境内设立保税区,保税区是在海关监控管理下进行存放和加工保税货物的特定区域,保税区内复运出口的进口货物通常免征进口关税和进口环节税。

(一)利用进口货物完税价格的纳税筹划

进口货物以海关审定的正常成交价格为基础的到岸价格作为完税价格。到岸价格包括货价,加上货物运抵中华人民共和国关境内输入地点起卸前的包装费、运费、保险费和其他劳务费等费用。

开篇释疑

> 根据关税完税价格公式,计算如下:
>
> 澳大利亚铁矿石完税价格＝20×50＋30＝1 030(万美元)
>
> 加拿大铁矿石完税价格＝21×50＋40＝1 090(万美元)
>
> 因为澳大利亚和加拿大同为WTO成员,进口铁矿石适用的税率相同,从澳大利亚进口铁矿石的完税价格较低,进而缴纳的关税也较少,所以,公司决定从澳大利亚进口铁矿石。
>
> 但在实际操作中,进口商向海关申报进口货物价格,如经海关审定为符合"成交价格"的要求和有关规定,就可以作为完税价格的依据。成交价格实际上是指进口货物的买方为购买该项货物而向卖方实际支付的或应当支付的价格,该成交价格的核心内容是货物本身的价格(即不包括运保费、杂费的货物价格)。该价格不仅包括货物的生产、销售等成本费用,还包括买方在成交价格之外另行向卖方支付的佣金。
>
> 因此,该钢铁企业选择从完税价格较低的澳大利亚进口铁矿石是没错的,但是,需要特别注意的是,我国税法还规定,对于卖方给我方的正常佣金应从完税价格中扣除。本例中,企业如果从加拿大进口铁矿石,所获得的70万美元的回扣应从完税价格中扣除,即从加拿大进口铁矿石的实际完税价格应为1 020万美元(21×50＋40－70),该完税价格低于从澳大利亚进口铁矿石的完税价格。从节税角度考虑,该企业应从加拿大而不是澳大利亚进口铁矿石。由于不了解"佣金可以扣除"这条规定,该企业做出了错误决策,导致多缴了关税。

我国对进口货物的海关估价除了依据海关审查可确定的完税价格,还有一种是成交价格经海关审查未能确定的。对于无法按审定成交价格法确定其成交价格的,海关主要按以下方法依次估定完税价格:相同货物成交价格法、类似货物成交价格法、国际市场价格法、国内市场价格倒扣法,或者由海关按其他合理方法估定的价格。

例如,某企业进口刚生产出的高科技产品,预计该产品进口到中国国内市场的价格将达到200万美元,而类似产品的价格为120万美元,那么企业向海关申报进口时,可以以100万美元申报。若海关认为合理,即可放行;若认为不合理,就会对该产品的完税价格进行评估,因为市场上还没有这种产品,就会按类似货物成交价格法进行评估。这样,这种产品的完税价格至多被评估为120万美元,剩下的80万美元便是纳税筹划空间。

(二)利用关税税收优惠政策的纳税筹划

关税有关条例规定,进口税率分为普通税率和优惠税率两种。对于原产地是与中华人民共和国未订有关税互惠协议的国家或地区的进口货物,按普通税率征税;对于原产地是与中华人民共和国订有关税互惠协议的国家或地区的进口货物,按优惠税率征税。

关于原产地的确认,海关总署在《中华人民共和国海关关于进口货物原产地的暂行规定》中设定了两种标准:一是全部产地标准,即对于完全在一个国家内生产或制造的进口货物,其生产或制造国就是该货物的原产地国;二是实质性加工标准,即指经过几个国家加工、制造的进口货物,以最后一个对货物进行经济上可以视为实质性加工的国家作为有关货物原产地国。这里所说的实质性加工,是指产品经过加工后,在《中华人民共和国海关进出口税则》中已不按原有的税目税率征税,而应归入另外的税目征税,或者其加工增值部分所占新产品总值的比例已经超过30%的。这两个条件具备一项,即可视为实质性加工。

此外需指明的是,对机器、仪器或车辆所用零件、部件、配件、备件、工具,如与主件同时进口而且数量合理的,其原产地按全件的原产地予以确定;如果分别进口的,应按其各自的原产地确定。石油产品以购自国为原产地国。

【例4-13】

某汽车公司是一家从事跨国经营的汽车生产厂商,分别在韩国、新加坡、马来西亚、菲律宾、越南设有零部件供应企业:韩国的子公司生产汽车仪表,新加坡的子公司生产汽车轴承和发动机,马来西亚的子公司生产阀门,菲律宾的子公司生产轮胎,越南的子公司供应玻璃。最近,该公司发现中国具有巨大的汽车市场,该公司的董事会决定将自己的产品打进中国市场。据了解,小汽车的关税税率为15%。该公司应该如何筹划才能够将关税降到最低水平?

【解析】

根据上述资料,分析如下:

在本例中,汽车总装配厂的选择将成为纳税筹划的重点。根据关税有关规定,该公司应首先了解这些国家、地区是否与中国签有关税互惠协议;其次再仔细比较在那些与中国签订关税互惠协定的国家和地区中,哪一个更优惠,哪一个在经济成本上更为有利可图,从而作出选择。其中还要考虑到该国家或地区是否施行外汇管制和出口配额控制、政治经济形势是否稳定,以及其他一些影响因素。同时,要使总装配厂的加工增值部分在技术和价值含量上达到30%的标准,可以通过转让定价的方法,降低其他地区的零部件生产价格,从而加大总装配厂增值部分占全部新产品的比重,达到或超过30%,成为实质性加工。这样产品仍可享受税率的优惠。

因此,实质性加工标准给纳税筹划提供了可能。只要正确合理地运用了原产地标准,选择了合适的地点,就能达到纳税筹划的效果。但是,当普通税率和优惠税率的区别不再存在时,选择产品的"实质性加工"地点则不再需要考虑关税的因素。那时,只有两个因素可供考虑:一是成本,二是风险。

设立保税制度的意义

(三) 利用保税制度的纳税筹划

保税制度是对保税货物加以监管的一种制度,是关税制度的重要组成部分。保税制度可以简化手续、便利通关,有利于促进对外加工、装配贸易等外向型经济的发展。保税货物是指经过海关批准,未办理纳税手续,在境内储存、加工、装配后复运出境的货物。保税货物属于海关监管货物,未经海关许可并补缴税款,不能擅自出售;未经海关许可,也不能擅自开拆、提取、支付、发运、改装、转让或者变更标记。目前,我国的保税制度包括保税仓库、保税工厂、保税区等制度。

【例4-14】

某生产出口产品的家具生产公司,从加拿大进口一批木材,并向当地海关申请保税,该公司在报关表上填写的单耗计量单位为250块/套,即做成一套家具需耗用250块木材。在加工过程中,该公司引进了先进设备,做成一套家具只需耗用200块木材。家具生产出来以后,该公司将成品复运出口。假设该公司进口木材10万块,每块价格为100元,海关关税税率为10%,则其节税成果为:

节税金额 = (100 000 − 100 000 ÷ 250 × 200) × 100 × 10% = 200 000(元)

> **小贴士**
>
> 保税制度的运行是一个包含众多环节的过程。如果进口货物最终将复运出境,那么基本环节就是进口和出口。在这两个环节中,公司都必须向海关报关,在该公司填写的报关表中有"单耗计量单位"一栏,所谓单耗计量单位,即生产一个单位成品耗费几个单位原料。当企业将进口原料货物在境内储存、加工、装配后,最终复运出口,就完成了一个保税过程。

二、企业采购业务印花税纳税筹划

印花税是对在中华人民共和国境内书立应税凭证、进行证券交易的单位和个人征收的一种税。由于印花税属于一种行为税,相对于企业所要缴纳的各类流转税、所得税来说,印花税的计算方法简便,税款支出金额不大,所以一直以来并未受到企业的足够重视。但是,随着企业交易活动的频繁、交易规模的扩大以及对合同重视程度的加强,企业印花税的支出也必然随之增加,在这种条件下,从节省税收成本的角度出发,企业也应加强对印花税纳税筹划的研究与思考,以减轻自身的税收负担。

美国挑起的"贸易战"

(一)减少合同主体的纳税筹划

根据印花税相关法律规定,对于应税凭证,凡是由两方或两方以上当事人共同书立的,其当事人各方都是印花税的纳税人。如果几方当事人在书立合同时,能够不在合同上出现的当事人不以当事人身份出现在合同上,就能达到纳税筹划的效果。例如,甲、乙、丙、丁四人签订一合同,乙、丙、丁三人基本利益一致,就可以任意选派一名代表,让其和甲签订合同,则合同的印花税纳税人便只有甲和代表人。

这种筹划策略也可以应用到书立产权转移书据的立据人。一般来说,产权转移书据的纳税人只有立据人,不包括持据人,持据人只有在立据人未贴或少贴印花税票时,才负责补贴印花税票。但是如果立据人和持据人双方当事人以合同形式签订产权转移书据,双方都应缴纳印花税。因而此时采取适当的方式,使尽量少的当事人成为纳税人,税款自然就会减少。这种筹划策略思路比较清楚,且操作简便,成本很低,具有很好的操作空间。

(二)运用模糊金额的纳税筹划

有些合同在签订时无法确定计税金额,如财产租赁合同只是规定了月(天)租金标准而未规定期限。对于这类合同,可在签订时先按定额5元贴花,以后结算时再以实际金额计税,补贴印花。

模糊金额筹划法,具体来说是指经济当事人在签订数额较大的合同时,有意使合同上所载金额,在能够明确的条件下,不最终确定,以达到少缴印花税税款目的的一种行为。

当然,这笔钱在以后还是要按规定上缴的,但现在不用上缴便获得了货币的时间价值,对企业来说有利无弊,而且筹划极其简单。

【例 4-15】

A公司和B公司签订一份租赁合同,A公司出租一套设备给B公司生产甲产品,期限为10年,合同规定设备租金120万元,每年年底支付年租金。如果这样签订合同,双方需各自缴纳印花税0.12万元(120×1‰)。A、B公司应如何进行纳税筹划,从而使企业达到节税效果?

【筹划思考】

如果在签订合同时将条款列为"A公司出租一套设备给B公司生产甲产品,合同规定设备租金每月1万元,每年年底支付本年租金,同时双方决定是否继续本合同"。

具体计算如下:

每年应纳印花税税额=1×12×1‰=0.012(万元)

10年应纳印花税税额=0.012×10=0.12(万元)

【筹划结果】

这两个方案虽然总额支出一致,但支付时间一个是现在,一个是平均到10年,比较现值的话,第二个方案可达到递延缴纳印花税的目的。

(三)选择低税率的纳税筹划

依据《印花税法》规定:各类经济合同订立后,不论合同是否履行,都应按合同上所记载的金额、收入或费用为计税依据,依照不同项目的适用税率,计算交纳印花税。同一应税凭证载有两个以上税目事项并分别列明金额的,按照各自适用的税目税率分别计算应纳税额;未分别列明金额的,从高适用税率。

在印花税的14个税目中,各类合同以及具有合同性质的凭证(含以电子形式签订的各类应税凭证)、产权转移书据、营业账簿中记载资金的账簿,适用比例税率。

印花税的比例税率分为5个档次,分别是0.05‰、0.25‰、0.3‰、0.5‰、1‰,具体如下:

(1)适用0.05‰税率:借款合同、融资租赁合同。

(2)适用0.25‰税率:营业账簿中记载资金的账簿。

(3)适用0.3‰税率:买卖合同、承揽合同、建设工程合同、运输合同、技术合同。

(4)适用0.5‰税率:产权转移书据。

(5)适用1‰税率:租赁合同、保管合同、仓储合同、财产保险合同、证券交易。

对订立合同纳税筹划的重点之一是:选择低税率的项目。

【例4-16】

20×2年10月,A家电公司与B运输公司签订运输合同,合同所载运输费及保管费共计2 000万元。请问:双方如何签订合同才能节税?

【筹划思考】

根据上述资料,分析如下:

(1)若未分开签订合同,其应纳印花税为:

印花税应纳税额=20 000 000×1‰=20 000(元)

(2)若运输合同分别列明:运输费1 800万元,仓储保管费200万元,其应缴纳印花税为:

印花税应纳税额=18 000 000×0.3‰+2 000 000×1‰=7 400(元)。

【筹划结果】

企业通过简单的合同分列,使得订立合同的双方均节省12 600元(20 000-7 400)税款。

(四)充分利用印花税税收优惠政策

根据规定,下列凭证免征印花税:

(1)应税凭证的副本或者抄本。

(2)依照法律规定应当予以免税的外国驻华使馆、领事馆和国际组织驻华代表机构为获得馆舍书立的应税凭证。

（3）中国人民解放军、中国人民武装警察部队书立的应税凭证。

（4）农民、家庭农场、农民专业合作社、农村集体经济组织、村民委员会购买农业生产资料或者销售农产品书立的买卖合同和农业保险合同。

（5）无息或者贴息借款合同、国际金融组织向中国提供优惠贷款书立的借款合同。

（6）财产所有权人将财产赠与政府、学校、社会福利机构、慈善组织书立的产权转移书据。

（7）非营利性医疗卫生机构采购药品或者卫生材料书立的买卖合同。

（8）个人与电子商务经营者订立的电子订单。

课堂笔记

职业能力训练

一、单项选择题

1. 现行政策规定购进免税农产品的扣税率为（　　）。
   A. 17％　　　　B. 9％　　　　C. 6％　　　　D. 7％

2. 某白酒生产企业5月从农民手中收购10吨玉米用于生产白酒，玉米收购单价为4 000元/吨，则该月允许抵扣的农产品进项税额为（　　）元。
   A. 3 600　　　B. 4 000　　　C. 5 200　　　D. 5 000

3. 将购买的货物用于下列项目，其进项税额不予抵扣的是（　　）。
   A. 用于修建展厅　　　　　　　B. 用于发放奖品
   C. 无偿赠送给客户　　　　　　D. 作为福利发放给职工

4. 根据企业所得税法优惠政策的规定，企业购置的下列专用设备，其投资额不可以按一定比例实行税额抵免的是（　　）。
   A. 环境保护　　B. 节能节水　　C. 安全生产　　D. 特种工艺

5. 享受专用设备的投资额税额抵免企业所得税优惠的企业，应当实际购置并自身实际投入使用税法规定的专用设备；企业购置上述专用设备在（　　）年内转让、出租的，应当停止享受企业所得税优惠，并补缴已经抵免的企业所得税税款。
   A. 3　　　　　B. 4　　　　　C. 5　　　　　D. 6

二、多项选择题

1. 一般纳税人购进货物产生的进项税额进行抵扣时可以采用的筹划方法有（　　）。
   A. 适当地选择购进时间　　　　B. 选择购进的商品种类
   C. 计划购进的商品金额大小　　D. 选择供货商

2. 下列关于对购货方善意取得虚开增值税专用发票处理的说法中，正确的有（　　）。
   A. 善意取得的虚开增值税专用发票可以作为进项税额抵扣凭证
   B. 不允许重新取得合法有效的专用发票抵扣进项税额
   C. 已抵扣的进项税或者取得的出口退税，应当依法追缴
   D. 因善意取得虚开专用发票被依法追缴其已抵扣税款的，不再加收滞纳金

3. 发生非正常损失的存货的进项税额不得从销项税额中抵扣。下列项目中，属于非正常损失的有（　　）。
   A. 火灾损失　　　　　　　　　B. 盗窃损失
   C. 商品跌价损失　　　　　　　D. 运输途中合理损耗

4. 加计抵减的生活性服务包括（　　）。
   A. 文化体育服务　　　　　　　B. 教育医疗服务
   C. 旅游娱乐服务　　　　　　　D. 餐饮住宿服务

5. 印花税的税率形式有（　　）。
   A. 定额税率　　　　　　　　　B. 超额累进税率
   C. 比例税率　　　　　　　　　D. 全额累进税率

三、判断题

1. 以经营租赁方式租入固定资产发生的租赁费支出,按照租赁期限均匀扣除。（　　）
2. 以融资租赁方式租入固定资产发生的租赁费支出,按照规定构成融资租入固定资产价值的部分应当提取折旧费用,分期扣除。（　　）
3. 企业购进的货物,不论是发生正常损失还是非正常损失,都需要作进项税额转出处理。
（　　）
4. 对从境外采购进口的原产于中国境内的货物,不征收进口关税。（　　）
5. 应税凭证,凡由两方或两方以上当事人共同书立的,其各方都是印花税的纳税人,应各就其所持凭证的计税金额履行纳税义务。（　　）

四、案例分析题

1. 某厂为一般纳税人,计划外购一批货物。假设用该批货物生产的产品当月全部销售,不含税售价为 180 000 元。方案 A:从一般纳税人处购入,该货物的不含税售价为 100 000 元,进项税额为 13 000 元。方案 B:从小规模纳税人处购入,按 3% 的征收率试点开具增值税专用发票,不含税售价为 95 000 元,进项税额为 2 850 元。
请问:该厂应作何选择?

2. 某企业集团于 20×1 年 8 月成立一家全资子公司,为保障生产安全,准备于 20×1 年 12 月购置一大型安全生产专用设备,该设备价款为 300 万元。企业按规定可于 20×1—20×6 年 5 年期限内抵免企业所得税 30 万元(300×10%)。因该企业生产产品为新型产品,预计 20×1—20×3 年企业将面临亏损,至 20×4 年起企业将逐渐盈利。20×1—20×7 年的预计利润额(假设无任何纳税调整事项)如表 4-2 所示。
请问:该企业应如何进行筹划才能最大程度地节税?

表 4-2　企业 20×1—20×7 年预计利润额　　　　单位:万元

年份	20×1	20×2	20×3	20×4	20×5	20×6	20×7
预计利润额	−200	−120	−50	80	130	250	400

3. 甲房地产公司将一笔价款为 3 000 万元的工程承包给 A 公司,A 公司又将其中 1 000 万元的工程分包给乙公司、800 万元的工程分包给丙公司,则四个公司应纳印花税税额分别为:
甲公司应纳印花税＝3 000×0.03%＝0.9(万元)
A 公司应纳印花税＝3 000×0.03%＋1 000×0.03%＋800×0.03%＝1.44(万元)
乙公司应纳印花税＝1 000×0.03%＝0.3(万元)
丙公司应纳印花税＝800×0.03%＝0.24(万元)
请问:这几家公司如何签订合同能节税?

4. 某外贸进出口企业主要从事进出口某国际知名品牌洗衣机的销售,年销售量为 10 000 台,每台国内的销售价格为 5 000 元,进口完税价格为 3 000 元,假定使用进口环节的关税税率为 20%,增值税税率为 13%。该企业管理层提出议案:在取得该品牌洗衣机厂商的同意和技术协作的情况下,进口该品牌洗衣机的电路板和发动机,进口完税价格为整机价格的 60%,假定使用进口环节的关税税率为 15%。其他配件委托国内技术先进的企业加工,并完成整机组装,所发生的成本费用为进口完税价格的 50%,购进配件及劳务的增值税税率为 13%。
要求:计算购进整机和购机配件进行组装两种情况下的税负,并分析该管理层建议(购进电路板和发动机并组装)的经济可行性。

第五章 企业生产研发业务纳税筹划

职业能力目标

1. 能够对资产计价与会计核算方法业务涉及的企业所得税进行正确的筹划
2. 能够对人工成本业务涉及的增值税、企业所得税进行正确的筹划
3. 能够对连续生产应税消费品业务涉及的消费税进行正确的筹划
4. 能够对技术研发业务涉及的企业所得税进行正确的筹划

知识目标

1. 了解住房公积金制度筹划
2. 熟悉连续生产应税消费品已纳消费税扣除知识、技术服务税收优惠政策
3. 掌握存货发出计价、固定资产折旧、固定资产修理、无形资产摊销、资产损失税前扣除筹划
4. 掌握职工工资薪金及"三项经费"的纳税筹划、安置特殊人员筹划
5. 掌握不同加工方式的消费税、不同采购渠道的选择,研发费用加计扣除的纳税筹划

知识导图

```
                              ┌── 存货发出计价的纳税筹划
           资产计价与会计核算   │── 固定资产有关的纳税筹划
           方法的纳税筹划      ├── 无形资产摊销中的纳税筹划
                              └── 资产损失税前扣除的纳税筹划

企业生                        ┌── 职工工资薪金及"三项经费"的纳税筹划
产研发    人工成本纳税筹划   ──┤── 利用住房公积金制度的纳税筹划
业务纳                        └── 安置特殊人员的纳税筹划
税筹划
                              ┌── 连续生产应税消费品已纳消费税的扣除
           连续生产应税消费品 ─┤── 不同加工方式的消费税纳税筹划
           纳税筹划            └── 不同采购渠道的选择

           技术研发纳税筹划 ──┬── 技术服务税收优惠政策
                              └── 研发费用加计扣除的纳税筹划
```

第一节　资产计价与会计核算方法的纳税筹划

 开篇设问

> CZ实业股份有限公司购进一台机器,价格为200 000元,预计使用5年,残值率为5%,假设每年年末未扣除折旧的税前利润为200万元,不考虑其他因素,企业所得税税率为25%。根据上述条件,请分别采用直线法、双倍余额递减法、年数总和法和缩短折旧年限法计算各年的折旧及其缴纳企业所得税的情况。

知识积累与能力培养

一、存货发出计价的纳税筹划

根据《企业所得税法》规定,企业适用或者销售的存货的成本计算方法,可以在先进先出法、加权平均法、个别计价法中选用一种。计价方法一经选用,不得随意变更。采用不同的存货计价方法,当期结转的销售成本会有所不同,进而影响到当期应纳税所得额的计算。期末存货账面价值与销货成本呈反方向变动,即如果期末存货账面价值变大,那么销货成本就变小,销货毛利也变大,应纳税所得额也会随之增加;反之,如果期末存货账面价值变小,销货成本变大,销货毛利也变小,应纳税所得额也会随之减少。因此,从纳税筹划的角度看,纳税人可以通过采用不同的存货计价方法对发出存货成本进行筹划,选择对自身有利的方法。一般来说,存货计价方法的选择应该考虑以下几个因素。

1. 价格变动因素

企业在预测购进货物价格下降的情况下,应当采用先进先出法;在预测价格较稳定或者难以预测的情况下,应当采用加权平均法;在价格变化不定且单位价格较大的情况下,应当采用个别计价法。

2. 税率变动因素

在预测未来适用税率上升的情况下,应当采用先进先出法。这里所说的税率变动,既包括国家调整企业所得税税率,也包括企业适用的实际企业所得税税率的变化。例如,企业适用的企业所得税税率为25%,但是现在处于免税期间,则其适用的实际企业所得税税率为0,免税期后适用的实际企业所得税税率为25%,在免税期内选择存货计价方法时要考虑到免税期过后企业所得税税率上升的因素。

【例5-1】

某企业20×2年1月某存货的购销情况如表5-1所示。

表 5-1 某企业 20×2 年 1 月某存货的购销情况

购货			销货		
日期	数量(件)	单价(元)	日期	数量(件)	单价(元)
1月1日	100	20	1月2日	80	40
1月3日	40	25	1月23日	100	60
1月9日	50	30			
1月20日	40	35			

试从纳税筹划的角度,帮助该企业对存货计价方法作出选择。

{筹划思考}

通过计算,该企业 20×2 年 1 月的销售收入为:

销售收入=80×40+100×60=9 200(元)

在不同的存货计价方法下,该企业的销售成本会有所差异:

假设该企业在 1 月 2 日售出的 80 件商品全部为期初存货;1 月 23 日售出的 100 件商品中,有 40 件为 1 月 3 日购入的,有 50 件为 1 月 9 日购入的,有 10 件为 1 月 20 日购入的。那么按照不同计价方法的销售成本计算如下:

(1) 个别计价法:

销售成本=80×20+40×25+50×30+10×35=4 450(元)

(2) 先进先出法:

销售成本=80×20+20×20+40×25+40×30=4 200(元)

(3) 月末一次加权平均法:

加权平均单价=(100×20+40×25+50×30+40×35)÷(100+40+50+40)
　　　　　　=25.65(元/件)

销售成本=(100+80)×25.65=4 617(元)

(4) 移动加权平均法:

1 月 2 日加权平均单价=20(元/件)

1 月 23 日加权平均单价=(20×20+40×25+50×30+40×35)÷(20+40+50+40)
　　　　　　　　　　=28.67(元/件)

销售成本=80×20+100×28.67=4 467(元)

{筹划结果}

各种存货计价方法计算出的销售类指标如表 5-2 所示。

表 5-2 各种方法销售类指标比较　　　　金额单位:元

存货计价方法	销售收入	销售成本	期末存货	销售毛利	税负由高到低次序
个别计价法	9 200	4 450	1 450	4 750	2
先进先出法	9 200	4 200	1 700	5 000	1
月末一次加权平均法	9 200	4 617	1 283	4 583	4
移动加权平均法	9 200	4 467	1 433	4 733	3

根据表 5-2,对于以上几种存货计价方法,当物价呈上升趋势时,采用先进先出法税负

最重,其次为个别计价法,第三位是移动加权平均法,月末一次加权平均法税负最轻。因此,建议采用月末一次加权平均法。

二、固定资产有关的纳税筹划

(一)固定资产折旧的纳税筹划

税法有关法规和相关会计制度所规定的固定资产折旧计提方法具有选择性,所规定的折旧计提年限有弹性区间,这些都为纳税人提供了筹划空间。

1. 利用固定资产折旧方法进行纳税筹划

固定资产的折旧方法一般有直线法、工作量法、双倍余额递减法、年数总和法等。不同的企业根据自身的情况,所选择的折旧方法也会不一样。企业对固定资产折旧计提方法的选用不同,会导致计入企业每期成本费用的折旧数额产生差异,因此,所计提的折旧额的抵税效果也会产生差异。但无论采用何种方法,对于某一特定固定资产而言,企业所提取的折旧总额是相同的,不同的只是企业在固定资产使用年限内每年所抵扣的应纳税所得额,由此导致每年所抵扣的企业所得税税额也是不同的。对于盈利的企业而言,在具备采取固定资产加速折旧条件的情况下,企业应当尽量选择固定资产的加速折旧。

加速折旧的适用条件

【例 5-2】

某机械制造厂购进一台大型机器设备,原值为 400 000 元,预计净残值率为 3%,经税务机关核定,该设备的折旧年限为 5 年。假设在提取折旧之前,该厂每年的税前利润均为 1 077 600 元,适用的企业所得税税率为 25%。请比较各种不同折旧方法下企业所得税的税负,并提出纳税筹划方案。

[筹划思考]

根据上述资料,分析如下:

(1)直线法:

年折旧率=(1-3%)÷5=19.4%

年折旧额=400 000×19.4%=77 600(元)

当年的企业所得税=(1 077 600-77 600)×25%=250 000(元)

(2)双倍余额递减法:

年折旧率=2÷5×100%=40%

双倍余额递减法下每年提取折旧额如表 5-3 所示。

表 5-3 双倍余额递减法下每年提取的折旧额　　金额单位:元

年份	折旧率	年折旧额	当年企业所得税
1	40%	160 000	229 400
2	40%	96 000	245 400
3	40%	57 600	255 000
4	50%	37 200	260 100
5	50%	37 200	260 100
合计	—	388 000	1 250 000

(3) 年数总和法：

年数总和法下每年提取的折旧额如表 5-4 所示。

表 5-4 年数总和法下每年提取的折旧额　　　金额单位：元

年份	折旧率	年折旧额	当年企业所得税
1	5/15	129 333	237 067
2	4/15	103 467	243 533
3	3/15	77 600	250 000
4	2/15	51 733	256 467
5	1/15	25 867	262 933
合计	—	388 000	1 250 000

【筹划结果】

由以上计算结果可以看出，无论采用哪种折旧提取方法，对于某一特定固定资产而言，企业提取的折旧总额是相同的。在第一年年末，采用直线法、双倍余额递减法、年数总和法应当缴纳的企业所得税分别为 250 000 元、229 400 元、237 067 元。由此可见，采用双倍余额递减法提取折旧的应纳企业所得税税额最少，所获得的税收利益最大，其次是年数总和法，第三是直线法。所以，实践中企业应根据实际情况合理选择最有利于企业的折旧方法。

2. 利用固定资产折旧年限进行纳税筹划

税法规定的固定资产最低折旧年限

固定资产的折旧年限取决于固定资产的使用年限，缩短折旧年限有利于加速成本收回，可以使企业后期成本费用前移，从而使前期会计利润后移；在税率稳定的情况下，实现企业所得税的递延纳税。对于折旧年限，税法和会计制度都对其赋予了较大的弹性空间，如税法有关法规只规定了各类固定资产的最低折旧年限，这就为企业通过选择折旧年限达到最大限度地列支折旧费用，进而充分发挥折旧的抵税作用提供了可能。企业在纳税筹划时，可根据不同的经营情况，选择不同的折旧年限。

盈利企业选择最低的折旧年限，有利于加速固定资产投资的回收，使计入成本的折旧费用前移，应纳税所得额尽可能地后移，相当于取得一笔无息贷款，从而相对降低纳税人的企业所得税税负。有资格享受所得税税收优惠政策的企业选择较长的折旧年限，有利于企业享受税收优惠政策，把税收优惠政策对折旧费用抵税效应的抵销作用降到最低限度，从而达到降低企业所得税税负的目的。

【例 5-3】

某外商投资企业有一辆价值为 500 000 元的货车，残值按原价的 4% 估算，预计使用年限为 8 年。该企业按直线法计提折旧，适用企业所得税税率为 25%，资金成本率为 10%。请帮助该企业对折旧年限进行纳税筹划。

【筹划思考】

筹划前：

年折旧额 = 500 000 × (1 - 4%) ÷ 8 = 60 000（元）

筹划分析：

《企业所得税法》规定，飞机、火车、轮船以外的运输工具最低折旧年限为 4 年。该企业可以将货车的折旧期限缩短为4年。

筹划后：

年折旧额＝500 000×(1－4％)÷4＝120 000(元)

【筹划结果】

利率为10％、期限为8的年金现值系数为5.334，按8年计算的折旧额可抵税额现值为：60 000×25％×5.334＝80 010(元)。

利率为10％、期限为4的年金现值系数为3.312，按4年计算的折旧额可抵税额现值为：120 000×25％×3.312＝99 360(元)。

尽管折旧期限的改变，并未从数值上影响到企业所得税税负的总和，但考虑到资金的时间价值，后者对企业更为有利，可抵税额现值增加了19 350元(99 360－80 010)。

知识链接

根据《财政部　国家税务总局关于完善固定资产加速折旧企业所得税政策的通知》(财税〔2014〕75号)、《财政部　国家税务总局关于进一步完善固定资产加速折旧企业所得税政策的通知》(财税〔2015〕106号)文件，对生物药品制造业，专用设备制造业，铁路、船舶、航空航天和其他运输设备制造业，计算机、通信和其他电子设备制造业，仪器仪表制造业，信息传输、软件和信息技术服务业6个行业的企业，对于2014年1月1日后新购进的固定资产，可缩短折旧年限或采取加速折旧的方法。对轻工、纺织、机械、汽车4个领域重点行业的企业于2015年1月1日后新购进的固定资产，可由企业自行选择缩短折旧年限或采取加速折旧的方法。

对上述10个行业的小型微利企业新购进的研发和生产经营共用的仪器、设备，单位价值不超过100万元的，允许一次性计入当期成本费用在计算应纳税所得额时扣除，不再分年度计算折旧；单位价值超过100万元的，可缩短折旧年限或采取加速折旧的方法。

对所有行业企业于2014年1月1日后新购进的专门用于研发的仪器、设备，单位价值不超过100万元的，允许一次性计入当期成本费用在计算应纳税所得额时扣除，不再分年度计算折旧；单位价值超过100万元的，可缩短折旧年限或采取加速折旧的方法。

对所有行业企业持有的单位价值不超过5 000元的固定资产，允许一次性计入当期成本费用在计算应纳税所得额时扣除，不再分年度计算折旧。

根据《财政部　税务总局关于设备、器具扣除有关企业所得税政策的通知》(财税〔2018〕54号)，企业在2018年1月1日至2023年12月31日期间新购进的设备、器具，单位价值不超过500万元的，允许一次性计入当期成本费用在计算应纳税所得额时扣除，不再分年度计算折旧。

寓德于技

固定资产加速折旧政策的出台，可以帮助企业享受到实实在在的税收优惠政策，其目的是鼓励企业加大固定资产投入，扩大生产，增加就业，促进实体经济增长。

(二) 固定资产修理的纳税筹划

根据税法有关规定，纳税人的一般性固定资产修理支出可在发生当期直接扣除。但是，符合税法规定条件的固定资产大修理支出，根据《企业所得税法》第13条和《企业所得税法实施条例》第69条规定，已足额提取折旧的固定资产的改建支出和租入固定资产的改建支出,要作为长期待摊费用,按照固定资产尚可使用年限分期摊销。固定资产的大修理支出,是指同时符合下列条件的支出:①修理支出达到取得固定资产时的计税基础50%以上;②修理后固定资产的使用年限延长2年以上。可见,固定资产大修理支出和一般修理支出的税务处理是不同的。

合理地安排固定资产的修理应当考虑以下因素:

(1) 支出数额。固定资产的修理支出如果达到固定资产计税基础的50%以上,就不可以当期直接扣除而应作为长期待摊费用。例如,企业有一项固定资产原值为400万元,尚可使用年限为2年,维修费用为210万元,维修后增加使用年限3年,就要作为长期待摊费用按照4年摊销;但是,如果按照资金状况安排3年的维修方案,每年发生维修支出70万元,就可以作为一般性修理支出在发生当期直接扣除。

(2) 企业的盈亏情况。如果企业现在和预期的一段时间内为亏损,企业应考虑将支出资本化,加大资产的账面价值,由于资产按使用年限提取折旧在税前扣除,若能使税前扣除金额向以后年度递延,也就相当于平衡了企业各年度可扣除的费用。如果企业当前是盈利状况,就应考虑将支出费用化,加大当期的税前扣除项目,提前扣除一些可扣除项目,以达到减少当期所得税的目的。

(3) 生产经营的需要。固定资产修理的支出数额和时间安排必须以生产经营的需要为重,纳税筹划的方案以不影响企业的生产经营为前提。

【例 5-4】

20×1年12月,A企业对一台生产设备进行大修理,当月完工。该设备的原值为600万元,已提足折旧,发生修理费用320万元。修理前该固定资产还可以使用2年,维修后经济使用寿命延长了3年,仍用于原用途。当年实现其他税前会计利润240万元(不包括修理事项),无其他纳税调整事项。请对A企业有关固定资产修理事项进行筹划。

[筹划思考]

方案1:20×1年发生的固定资产修理支出达到固定资产原值50%以上,修理后设备的使用年限延长2年以上的,应视为固定资产大修理支出,不可以当期直接扣除,应按照尚可使用年限5年摊销,则20×1年应纳税所得额为240万元,20×1年应纳企业所得税为60万元(240×25%)。

方案2:如果按照合理的预算规划和进度安排,该设备的修理可以分为两期进行:第一期维修工程在20×1年12月完工,维修费用为240万元;第二期维修工程20×2年6月完工,维修费用为80万元,其他条件不变。20×1年发生的固定资产修理支出可以当期直接扣除,20×1年应纳税所得额为0,即应纳企业所得税为0;同时,20×2年应纳税所得额减少80万元。

[筹划结果]

综上所述,A公司20×1年盈利240万元,可考虑选择方案2,将固定资产修理支出合理费用化,加大当期的税前扣除项目,以达到减少当期所得税的目的。

三、无形资产摊销中的纳税筹划

在无形资产的原始成本既定的情况下,摊销期限越短,每期摊销额越大,费用的抵税作用就发挥得越早。按照税法有关规定,无形资产按照直线法计算的摊销费用,准予扣除;无形资产的摊销年限不得低于10年。作为投资或者受让的无形资产,有关法律规定或者合同约定了使用年限的,可以按照规定或者约定的使用年限分期摊销。

所以,企业通过外购或接受投资取得无形资产时,应尽量将摊销年限缩短,如可以与对方协商,在合同中注明一个既短于法律有效期限又短于 10 年的使用年限,使无形资产能在最短的年限内摊销完,尽快发挥摊销费用的减税作用,同时这也适应了技术进步快的现实要求。对于自行开发的无形资产,最有利的选择就是按 10 年作为摊销期。原则上,无形资产的使用年限决定了摊销年限。但因使用年限本身就是一个预计的经验值,且针对无形资产摊销年限,财务制度也只限定了范围,从而使摊销年限的选择包含了许多人为成分,也为以后的纳税筹划提供可能。缩短摊销年限有利于加速成本收回,可使后期成本费用前移,从而使前期会计利润后移,递延缴纳所得税。

【例 5-5】

A 企业购入一项价值为 480 000 元的专利技术,按直线法计提摊销额,该企业适用 25% 的企业所得税税率,该企业资金成本为 10%。请对 A 企业该项专利的摊销进行筹划。

|筹划思考|

方案 1:预计使用年限为 8 年,则每年计提摊销额为 60 000 元(480 000÷8),将摊销节约企业所得税支出折合为现值:60 000×25%×(P/A,10%,8)=80 025(元)。

方案 2:如果企业将摊销期限缩短为 6 年,则每年计提摊销额为 80 000 元(480 000÷6),摊销节约企业所得税支出折合为现值:80 000×25%×(P/A,10%,6)=87 100(元)。

|筹划结果|

尽管摊销期限的改变,并未从数字上影响到企业所得税税负的总和,但考虑到资金的时间价值,方案 2 更有利。

四、资产损失税前扣除的纳税筹划

《企业财产损失所得税前扣除管理办法》第 3 条规定:企业发生的资产损失,应在按税收规定实际确认或者实际发生的当年申报扣除,不得提前或延后扣除。

因各类原因导致企业资产损失未能在发生当年准确计算并按期扣除的,经税务机关批准后,可追补确认在损失发生的年度税前扣除,并相应调整该资产损失发生年度的应纳所得税额。调整后计算的多缴税额,应按照有关规定予以退税,或者抵顶企业当期应纳税款。依照此条款的规定,如果纳税人存在财产损失时,应及时进行处置,就可以获得较多的资金时间价值。

【例 5-6】

B 企业于 20×2 年 12 月 4 日发生一起较为严重的事故,价值为 18 万元的生产用锅炉发生爆炸,所幸未发生人员伤亡事故。该锅炉已计提折旧 6 万元,即企业实际发生固定资产损失 12 万元。对此财产损失,鉴于多方面的原因,企业当时并未进行处置,直到 20×3 年 2 月初,才对此损失进行鉴定和审核,并报主管税务机关确认和审批。

根据上述资料,分析如下:

本案例中,直到 20×3 年 2 月初,纳税人才对此损失进行鉴定和审核,并报主管税务机关确认和审批的处理明显是欠妥的。因为纳税人实际上将该项损失确认为 20×3 年度的财产损失,因而只能减少 20×3 年度的应纳税所得额。也就是说,由于处置滞后,纳税人将损失相当数额的资金时间价值。

纳税人存在财产损失时,应及时在 20×2 年进行处置,该财产损失在税收上就可以确认为 20×2 年度的损失,并在企业所得税税前进行扣除。使 20×2 年度的应纳税所得额减少 12 万元,少缴纳企业所得税 3 万元(12×25%),为企业赢得了 3 万元的资金使用的时间价值。

开篇释疑

根据已有资料,分析如下:

方案1:采取直线法计提折旧,计算如表5-5所示。

表5-5 折旧计算表(直线法)　　　　　　单位:元

① 年数	② 每年折旧额	③ 应纳税所得额＝2 000 000－②	④ 应纳所得税＝③×25%
1	38 000	1 962 000	490 500
2	38 000	1 962 000	490 500
3	38 000	1 962 000	490 500
4	38 000	1 962 000	490 500
5	38 000	1 962 000	490 500
合计	190 000	9 810 000	2 452 500

方案2:采取双倍余额递减法计提折旧,计算如表5-6所示。

表5-6 折旧计算表(双倍余额递减法)　　　　　　单位:元

① 年数	② 每年折旧额	③ 应纳税所得额＝2 000 000－②	④ 应纳所得税＝③×25%
1	80 000	1 920 000	480 000
2	48 000	1 952 000	488 000
3	28 800	1 971 200	492 800
4	16 600	1 983 400	495 850
5	16 600	1 983 400	495 850
合计	190 000	9 810 000	2 452 500

方案3:采取年数总和法计提折旧,计算如表5-7所示。

表5-7 折旧计算表(年数总和法)　　　　　　单位:元

① 年数	② 每年折旧额	③ 应纳税所得额＝2 000 000－②	④ 应纳所得税＝③×25%
1	63 333.33	1 936 666.67	484 166.67
2	50 666.67	1 949 333.33	487 333.33
3	38 000.00	1 962 000.00	490 500.00
4	25 333.33	1 974 666.67	493 666.67
5	12 666.67	1 987 333.33	496 833.33
合计	190 000.00	9 810 000.00	2 452 500.00

方案4：采取缩短折旧年限法计提折旧。

根据固定资产采取缩短折旧年限方法的，最低折旧年限不得低于税法规定折旧年限60%的规定，我们采取最低折旧年限为3年，残值率仍为5%，计算如表5-8所示。

表5-8 折旧计算表（缩短折旧年限法） 单位：元

① 年数	② 每年折旧额	③ 应纳税所得额＝2 000 000－②	④ 应纳所得税＝③×25%
1	63 333.33	1 936 666.67	484 166.67
2	63 333.33	1 936 666.67	484 166.67
3	63 333.34	1 936 666.66	484 166.66
4	0	2 000 000	500 000
5	0	2 000 000	500 000
合计	190 000	9 810 000	2 452 500

根据表5-5至表5-8的计算可以看出，尽管在设备整个使用期间的企业所得税应纳税额是相同的，但不同的折旧方法在每一年度缴纳的企业所得税不同。需要注意的是，无论采用哪种方法，企业都必须取得税务机关的批准，不能擅自改变折旧方法。

课堂笔记

第二节　人工成本纳税筹划

> 某国有企业,正在开展"创建学习型组织,争做知识型职工"的活动,需要投入一些经费,其中大多数与职工教育相关,目前想了解一些职工教育经费方面的政策。请思考:①企业职工参加社会上的学历教育以及个人为取得学位而参加的在职教育,所需费用可否在职工教育经费中列支?②企业高层管理人员计划境外培训和考察,其所发生的费用是否应在职工教育经费中列支?

知识积累与能力培养

一、职工工资薪金及"三项经费"的纳税筹划

1. 职工工资薪金的相关规定

根据《企业所得税法实施条例》第 34 条的规定,企业发生的合理的工资薪金支出,准予扣除。工资薪金是指企业每一纳税年度支付给在本企业任职或者受雇的员工的所有现金形式或者非现金形式的劳动报酬,包括基本工资、奖金、津贴、补贴、年终加薪、加班工资,以及与员工任职或者受雇有关的其他支出。

根据《国家税务总局关于企业工资薪金及职工福利费扣除问题的通知》(国税函〔2009〕3 号)的规定,"合理工资薪金"是指企业按照股东大会、董事会、薪酬委员会或相关管理机构制定的工资薪金制度规定实际发放给员工的工资薪金。税务机关在对工资薪金进行合理性确认时,可按以下原则掌握:

(1) 企业制定了较为规范的员工工资薪金制度。
(2) 企业所制定的工资薪金制度符合行业及地区水平。
(3) 企业在一定时期所发放的工资薪金是相对固定的,工资薪金的调整是有序进行的。
(4) 企业对实际发放的工资薪金,已依法履行了代扣代缴个人所得税义务。
(5) 有关工资薪金的安排,不以减少或逃避税款为目的。

2. 职工福利费扣除相关规定

企业发生的职工福利费支出,不超过工资薪金总额 14% 的部分准予扣除。《企业所得税法实施条例》第 40 条规定的企业职工福利费,包括以下内容:①尚未实行分离办社会职能的企业,其内设福利部门所发生的设备、设施和人员费用,包括职工食堂、职工浴室、理发室、医务所、托儿所、疗养院等集体福利部门的设备、设施及维修保养费用和福利部门工作人员的工资薪金、社会保险费、住房公积金、劳务费等。②为职工卫生保健、生活、住房、交通等所发放的各项补贴和非货币性福利,包括企业向职工发放的因公外地就医费用、未实行医疗统筹企业职工医疗费用、职工供养直系亲属医疗补贴、供暖费补贴、职工防暑降温费、职工困难补

贴、救济费、职工食堂经费补贴、职工交通补贴等。③按照其他规定发生的其他职工福利费，包括丧葬补助费、抚恤费、安家费、探亲假路费等。

【例 5-7】

甲公司计划每月向职工发放 12 万元，现有以下两种方案可供选择。

方案 1：全部作为职工的工资发放。

方案 2：10 万元作为职工工资，2 万元用于职工福利费支出。

[筹划思考]

方案 1 税前扣除额＝12（万元）

方案 2 税前扣除额＝10＋10×14％＝11.4（万元）

[筹划结果]

甲公司应选择方案 1。职工福利费不得超过工资、薪金总额 14％ 的标准，如果超过标准，超过部分不得在税前扣除。

3. 职工教育经费扣除相关规定

根据财政部、中华全国总工会等 11 个部门颁发的《关于印发〈关于企业职工教育经费提取与使用管理的意见〉的通知》（财建〔2006〕317 号）第 3 条第 5 款规定，企业职工教育培训经费列支范围包括：上岗和转岗培训；各类岗位适应性培训；岗位培训、职业技术等级培训、高技能人才培训；专业技术人员继续教育；特种作业人员培训；企业组织的职工外送培训的经费支出；职工参加的职业技能鉴定、职业资格认证等经费支出；购置教学设备与设施；职工岗位自学成才奖励费用；职工教育培训管理费用；有关职工教育的其他开支。

企业发生的职工教育经费支出，不超过工资薪金总额 8％ 的部分，准予在计算企业所得税应纳税所得额时扣除；超过部分，准予在以后纳税年度结转扣除。

软件生产企业、集成电路企业、动漫企业发生的职工教育经费中的职工培训费用，可按实际发生额在计算应纳税所得额时扣除。

【例 5-8】

某软件生产企业 20×2 年共实际发生工资薪金支出 200 万元、职工教育经费 21 万元（其中职工培训费用 2 万元能准确划分）。请计算该企业 20×2 年税前准予扣除的职工教育经费（上年职工教育经费无结转扣除额）。

[解析]

企业发生职工培训费用 2 万元，允许全额扣除。

其他职工教育经费支出为 19 万元（21－2），其中不超过工资、薪金总额 8％ 的部分即 16 万元（200×8％），准予在当年度税前扣除。

共准予扣除 18 万元（16＋2），剩余的 3 万元将在以后纳税年度结转扣除。

4. 工会经费扣除相关规定

《企业所得税法实施条例》第 41 条规定，企业拨缴的职工工会经费，不超过工资薪金总额 2％ 的部分，准予扣除。企业税前扣除工会经费必须遵循收付实现制原则，即：准予税前扣除的工会经费必须是企业已经实际发生的部分，对于账面已经计提但未实际发生的工会经费，不得在纳税年度内税前扣除。每月按照全部职工工资薪金总额的 2％ 向工会拨缴工会经费，并凭工会组织开具的《工会经费拨缴款专用收据》在税前扣除。

工会经费主要用于为职工服务和工会活动，其来源包括：工会会员缴纳的会费；建立工会组织的企业、事业单位、机关按每月全部职工工资薪金总额的 2％ 向工会拨缴的经费；工所属的企业、事业单位上缴的收入;人民政府的补助;其他收入。

二、利用住房公积金制度的纳税筹划

根据《企业所得税法实施条例》的规定,企业依照国务院有关主管部门或者省级人民政府规定的范围和标准为职工缴纳的社会保险费与住房公积金,即基本养老保险费、基本医疗保险费、失业保险费、工伤保险费几项基本社会保险费和住房公积金,准予扣除。《财政部 国家税务总局关于基本养老保险费 基本医疗保险费 失业保险费 住房公积金有关个人所得税政策的通知》(财税〔2006〕10号)规定:根据《住房公积金管理条例》《建设部 财政部 中国人民银行关于住房公积金管理若干具体问题的指导意见》(建金管〔2005〕5号)等规定精神,单位和个人分别在不超过职工本人上一年度月平均工资12%的幅度内,其实际缴存的住房公积金允许在个人应纳税所得额中扣除。因此,企业一方面可以通过为职工缴存住房公积金增加费用支出总额从而减少企业所得税应纳税所得额,降低企业所得税税额;另一方面可以根据企业实际情况选择住房公积金缴交金额、比例,以最大限度减少应纳税额。

【例5-9】

某私营企业从业职工有30人,实行小企业会计准则,未建立住房公积金制度。20×2年该企业应纳税所得额为35万元,假设该企业不符合小微企业标准,则当年应纳企业所得税税额为8.75万元(35×25%)。

根据上述资料,分析如下:

假设20×2年该企业根据当地最低工资标准(假设为2 000元)按政策最低的缴交比例5%为职工缴存住房公积金。则当年企业所得税应纳税所得额可以增加扣除为职工缴存的住房公积金支出3.6万元(2 000×5%×30×12,人均100元/月),应纳税所得额为31.4万元(35—3.6)、应纳企业所得税税额为7.85万元(31.4×0.25),减少企业所得税0.9万元(8.75—7.85)。

企业通过增加3.6万元的支出费用为职工建立了住房公积金制度,可以少缴纳企业所得税税额0.9万元,同时每位职工每月平均增加了100元的住房公积金收入。实际上也可以说是企业只支出了2.7万元(3.6—0.9)就可以实现依法保障职工权益的目标,为职工增加住房保障收入。

私营企业可以根据政策规定的最低标准,以较少的支出缴存住房公积金以达到少缴企业所得税的效果,同时还可增加职工的住房收入。如果企业职工普遍持有企业股份,也可以通过缴存住房公积金,增加职工收入的同时减少企业所得税支出。

三、安置特殊人员的纳税筹划

为了鼓励企业安置残疾人员、退役士兵、重点群体等特殊人员,有关政策规定企业只要录用这类特殊人员都可享受一定的税收优惠政策。企业可以结合自身经营特点,分析哪些岗位适合安置国家鼓励就业的人员,筹划录用上述人员与录用一般人员在工薪成本、培训成本、劳动生产率等方面的差异,在不影响企业效率的基础上尽可能录用可以享受优惠政策的特定人员,支持有关政策的执行。

(一)企业安置残疾人员有关税收优惠政策

1. 企业所得税税收优惠政策

《企业所得税法》规定,企业安置残疾人员所支付工资费用能在企业所得税税前加计扣除,该"加计扣除"是指企业安置残疾人员的,在按照支付给残疾职工工资据实扣除的基础上,按照支付给残疾职工工资的100%加计扣除。残疾人员的认定范围适用《中华人民共和国残疾人保障法》的有关规定。

【例 5-10】

C眼镜制造有限责任公司属于劳动密集型企业,公司现有员工100人,20×2年预计实现应纳税所得额100万元。为了解决所在社区残疾人就业问题,拟招收5名听障人员,在车间做眼镜配件装搭工作,预计每人每年工资为4万元,并依法与安置的每位残疾人签订3年的劳动合同。此外,不考虑其他纳税调整因素,不存在以前年度弥补亏损问题,请分析该公司安置5名残疾人员对公司的影响。

|筹划思考|

(1) 如果不安排残疾人就业,则应纳企业所得税税额为25万元(100×25%)。

(2) 如果安排5名残疾人就业,则应纳企业所得税税额为20万元[(100-20)×25%]。

|筹划结果|

安排残疾人就业,可节约企业所得税5万元(25-20)。

所以,公司安置残疾人就业不但能为社会做贡献,而且自己还能得到实惠,可谓一举两得。

2. 增值税税收优惠政策

根据《促进残疾人就业增值税优惠政策管理办法》规定,纳税人享受安置残疾人增值税即征即退优惠政策,有关退税额标准如下:

月应退增值税额=纳税人本月安置残疾人员人数×本月月最低工资标准的4倍

月最低工资标准,是指纳税人所在区县(含县级市、旗)适用的经省(含自治区、直辖市、计划单列市)人民政府批准的月最低工资标准。

知识链接

享受增值税税收优惠政策的条件

(1) 纳税人(盲人按摩机构除外)月安置的残疾人占在职职工人数的比例不低于25%(含25%),并且安置的残疾人人数不少于10人(含10人);盲人按摩机构月安置的残疾人占在职职工人数的比例不低于25%(含25%),并且安置的残疾人人数不少于5人(含5人)。

(2) 依法与安置的每位残疾人签订了1年以上(含1年)的劳动合同或服务协议。

(3) 为安置的每位残疾人按月足额缴纳了基本养老保险、基本医疗保险、失业保险、工伤保险等社会保险。

(4) 通过银行等金融机构向安置的每位残疾人,按月支付了不低于纳税人所在区县适用的经省人民政府批准的月最低工资标准的工资。

(二)退役士兵创业就业有关税收优惠政策

(1) 对自主就业退役士兵从事个体经营的,自办理个体工商户登记当月起,在3年内按每户每年12 000元为限额依次扣减其当年实际应缴纳的增值税、城市维护建设税、教育费附加、地方教育附加和个人所得税。限额标准最高可上浮20%,各省、自治区、直辖市人民政府可根据本地区实际情况在此幅度内确定具体限额标准。

(2) 对企业新招用自主就业退役士兵,与其签订1年以上期限劳动合同并依法缴纳社会保险费的,自签订劳动合同并缴纳社会保险当月起,在3年内按实际招用人数予以定额依次扣减增值税、城市维护建设税、教育费附加、地方教育附加和企业所得税优惠。定额标准为每人每年6 000元,最高可上浮50%。

(三) 重点群体创业就业有关税收优惠政策

重点群体是指登记失业半年以上的人员、零就业家庭、享受城市居民最低生活保障家庭劳动年龄内的登记失业人员,高校毕业生,农村建档立卡贫困人口。有关税收优惠政策如下。

(1) 对重点群体人员从事个体经营的,在3年内按每户每年12 000元为限额依次扣减其当年实际应缴纳的增值税、城市维护建设税、教育费附加、地方教育附加和个人所得税。限额标准最高可上浮20%,各省、自治区、直辖市人民政府可根据本地区实际情况在此幅度内确定具体限额标准。

(2) 对企业招用重点群体人员的,与其签订1年以上期限劳动合同并依法缴纳社会保险费的,在3年内按实际招用人数予以定额依次扣减增值税、城市维护建设税、教育费附加、地方教育附加和企业所得税优惠。定额标准为每人每年6 000元,最高可上浮30%。

(四) 随军家属、军队转业干部就业有关税收优惠政策

1. 随军家属就业

(1) 为安置随军家属就业而新开办的企业,自领取税务登记证之日起,其提供的应税服务3年内免征增值税。

享受税收优惠政策的企业,随军家属必须占企业总人数的60%(含)以上,并有军(含)以上政治和后勤机关出具的证明。

(2) 从事个体经营的随军家属,自办理税务登记事项之日起,其提供的应税服务3年内免征增值税。

随军家属必须有师以上政治机关出具的可以表明其身份的证明。

按照上述规定,每一名随军家属可以享受一次免税政策。

2. 军队转业干部就业

(1) 从事个体经营的军队转业干部,自领取税务登记证之日起,其提供的应税服务3年内免征增值税。

(2) 为安置自主择业的军队转业干部就业而新开办的企业,凡安置自主择业的军队转业干部占企业总人数60%(含)以上的,自领取税务登记证之日起,其提供的应税服务3年内免征增值税。

享受上述优惠政策的自主择业的军队转业干部必须持有师以上部队颁发的转业证件。

寓德于技

就业是最大的民生。2023年政府工作报告提的今年主要预期目标中,要实现新增就业人数1 200万人左右,城镇调查失业率在5.5%左右,应继续做好高校毕业生、退役军人、农民工等群体就业工作。

 开篇释疑

职工岗位自学成才奖励费用可在职工教育经费中列支;企业职工参加社会上的学历教育以及个人为取得学位而参加的在职教育,所需费用应由个人承担,不能挤占企业的职工教育经费;企业高层管理人员计划境外培训和考察,其一次性单项支出较高的费用应从其他管理费用中支出,避免挤占企业的职工教育经费。

第三节 连续生产应税消费品纳税筹划

开篇设问

> 某卷烟厂的生产流程为：烟叶——烟丝——卷烟。烟叶成本为150万元，烟丝来源涉及三种不同情况：一是自行加工，加工费为120万元；二是委托加工收回，加工费也是120万元；三是外购已税烟丝，购买价为385.71万元。烟丝加工成甲类卷烟，还需加工费用100万元，该批卷烟最终实现不含增值税销售额1 000万元（假定甲类卷烟消费税税率为50%，不考虑定额税）。请问：三种不同的原材料来源，最后形成的利润是否相同？

知识积累与能力培养

一、连续生产应税消费品已纳消费税的扣除

为避免重复征税，**外购应税消费品和委托加工收回的应税消费品继续生产应税消费品销售的，可以将外购应税消费品和委托加工收回应税消费品已缴纳的消费税给予抵扣。**

1. 准予抵扣的情形

准予抵扣的情形主要包括以下几种。

(1) 以外购或委托加工收回的已税烟丝生产的卷烟。

(2) 以外购或委托加工收回的已税高档化妆品为原料生产的高档化妆品。

(3) 以外购或委托加工收回的已税珠宝玉石为原料生产的贵重首饰及珠宝玉石。

注意

> 纳税人用外购或者委托加工收回的已税珠宝玉石为原料生产的改在零售环节征收消费税的金银首饰（镶嵌首饰），在计税时一律不得扣除外购或者委托加工收回的珠宝玉石已纳的消费税税款。

提示

> 外购或委托加工收回的玛瑙：如果用于生产镶嵌玛瑙的黄金吊坠，生产销售该吊坠不需要缴纳消费税，但零售时需要缴纳消费税，并且所耗用的玛瑙原料已纳的消费税税额不得扣除；如果用于生产玛瑙珠手串，生产销售该玛瑙珠手串时应计算缴纳消费税，且玛瑙原料已纳消费税可以扣除。

(4) 以外购或委托加工收回的已税鞭炮、焰火为原料生产的鞭炮、焰火。

(5) 以外购或委托加工收回的已税杆头、杆身和握把为原料生产的高尔夫球杆。

(6) 以外购或委托加工收回的已税木制一次性筷子为原料生产的木制一次性筷子。

(7) 以外购或委托加工收回的已税实木地板为原料生产的实木地板。

(8) 以外购或委托加工收回的已税汽油、柴油、石脑油、润滑油、燃料油为原料生产的成品油。

> **提示**
>
> 允许抵扣税额的税目不包括酒（葡萄酒除外）、小汽车、高档手表、游艇、电池、涂料。从葡萄酒生产企业购进、进口葡萄酒连续生产应税葡萄酒的，准予从葡萄酒消费税应纳税额中扣除所耗用应税葡萄酒已纳消费税税款。
>
> 允许扣税的只涉及同一税目中应税消费品的连续加工，不能跨税目抵扣。

2. 有关计算公式

当期准予扣除外购或委托加工收回的应税消费品的已纳消费税税款，应按<u>当期生产领用数量</u>计算。有关计算公式如下：

当期准予扣除的外购、委托加工收回应税消费品已纳消费税税额＝当期准予扣除的外购、委托加工收回应税消费品买价×外购、委托加工收回应税消费品适用税率

当期准予扣除的外购、委托加工收回应税消费品买价＝期初库存的外购、委托加工收回应税消费品的买价＋当期外购、委托加工收回应税消费品买价－期末库存的外购、委托加工收回应税消费品买价

【例 5-11】

乙公司为增值税一般纳税人，外购高档香水精生产高档香水，11 月生产销售高档香水取得不含税销售额 100 万元。乙公司 11 月初库存高档香水精价值为 10 万元，11 月购进高档香水精价值为 100 万元，11 月底库存高档香水精价值为 20 万元。已知高档化妆品适用的消费税税率为 15%。请计算乙公司 11 月应缴纳的消费税税额。

〖解析〗

乙公司当月应缴纳消费税税额为 1.5 万元[100×15%－(10＋100－20)×15%]。

二、不同加工方式的消费税纳税筹划

（一）可以扣除已税消费品的纳税筹划

不同加工方式的消费税税额计算

企业生产应税消费品，可以选择自行加工，也可以选择委托加工。

自行加工应税消费品由生产企业按照销售额或销售量和规定的税率计算缴纳消费税。<u>委托加工时，受托方代收代缴税额，计税依据为受托方同类产品销售价格或组成计税价格</u>。纳税人连续生产自产自用的应税消费品的，不用缴纳消费税；用外购的或委托加工收回的已税消费品连续生产应税消费品时，可以扣除已纳的消费税税款。

应注意的是，<u>委托方将收回的应税消费品，以不高于受托方的计税价格出售的，为直接出售，不再缴纳消费税；委托方以高于受托方的计税价格出售的，不属于直接出售，需按照规定申报缴纳消费税，在计税时准予扣除受托方已代收代缴的消费税</u>。

【例 5-12】

A卷烟厂接到C客户要求购买甲类卷烟的一笔订单,订单金额为700万元(不含增值税)。这批卷烟,A卷烟厂可以自行生产,也可以委托B厂进行加工。烟叶成本为100万元,将烟叶加工成卷烟,需要经过两个步骤,B厂规定,将烟叶加工成烟丝(半成品)需收取加工费75万元,而如果直接加工成卷烟(成品)需收取加工费170万元。请问:在加工费和自行生产成本相同的情形下,A卷烟厂应选择自行生产,还是委托B厂加工?如果采用委托加工,是加工成烟丝(半成品),还是加工成卷烟(成品)?已知烟丝消费税税率为30%,卷烟消费税税率为56%(不考虑定额税)。

[筹划思考]

根据上述资料,分析如下:

方案1:自行加工,成本为170万元。

A卷烟厂应纳消费税税额=700×56%=392(万元)

税后利润=(700−100−170−392)×(1−25%)=38×75%=28.5(万元)

方案2:委托B厂加工成烟丝(半成品),收回后,在本企业继续加工成卷烟销售,还需发生成本为95万元。

在这种情况下:

(1) A卷烟厂向B厂支付加工费的同时,向受托方支付其代收代缴的消费税:

消费税组成计税价格=(100+75)÷(1−30%)=250(万元)

应纳消费税税额=250×30%=75(万元)

(2) A卷烟厂销售卷烟后,应纳消费税税额计算如下:

应纳消费税税额=700×56%−75=317(万元)

(3) A卷烟厂的税后利润:

税后利润=(700−100−75−75−95−317)×(1−25%)=28.5(万元)

方案3:直接加工成卷烟,收回后直接对外销售。如果A卷烟厂委托B厂将烟叶加工成甲类卷烟,烟叶成本不变,加工费用为170万元。加工完毕,运回A卷烟厂后,A卷烟厂的对外售价仍为700万元。

(1) A卷烟厂向B厂支付加工费的同时,向其支付代收代缴的消费税税额:

代收代缴的消费税税额=(100+170)÷(1−56%)×56%=613.64×56%=343.64(万元)

(2) 由于出售价格700万元大于受托方计税价格613.64万元,A卷烟厂在销售时需补税48.36万元[(700−613.64)×56%]。其税后利润为28.5万元[(700−100−170−343.64−48.36)×(1−25%)]。

[筹划结果]

比较几种方案,我们发现:只要最终消费品的售价相同,在加工费和自行生产成本相同的情形下,消费税税负就相同;三者没有区别,没有筹划的空间。

(二) 不可以扣除已税消费品的纳税筹划

用已税消费品连续生产应税消费品,由于不得抵扣已纳消费税,这部分消费税应转为原材料成本,会减少企业利润。因此,**对于不得扣除外购或委托加工已纳消费税的应税消费品(如酒类产品),企业应该采用自产和完全的委托加工方式连续生产应税消费品,以消除重复课税的弊端,增加企业利润**。

【例 5-13】

甲白酒生产企业接到一笔销售量为 500 吨、销售额(不含税)为 1 000 万元的白酒销售订单。为完成此合同的生产任务,企业拟定了四种生产方案(不考虑城建税和教育费附加),请分析该企业应该采用哪种方案。

方案 1:甲白酒生产企业先委托乙企业加工成乙醇,然后由本企业收回后继续生产成白酒销售。即该白酒生产企业提供价值为 250 万元的原料,委托乙企业加工成乙醇,支付加工费 150 万元,加工完成的乙醇运回本企业后,再由本企业加工成 500 吨本品牌的白酒销售,本企业发生的相关加工成本为 70 万元。

方案 2:甲白酒生产企业先委托乙企业加工成高纯度白酒,收回后由本企业生产成白酒销售。即本企业提供价值为 250 万元的原材料,委托乙企业加工成高纯度白酒,支付加工费 180 万元,加工完成的 400 吨高纯度白酒运回本企业后,再由本企业加工成 500 吨本品牌的白酒销售,本企业发生的相关加工成本为 40 万元。

方案 3:甲白酒生产企业直接委托乙企业加工成最终产品,收回后直接对外销售(全部委托加工方式)。即该企业给乙企业提供价值为 250 万元的原材料后,由乙企业完成白酒的生产制作,即该白酒生产企业从乙企业收回的产品就是合同约定的该品牌白酒,协议加工费为 220 万元。产品运回后仍以原价直接销售。

方案 4:甲白酒生产企业自己生产制作该品牌白酒,即由企业自己生产该酒,其发生的相关生产成本恰好等于委托乙企业的加工费,即为 220 万元。

[筹划思考]

方案 1:在委托加工环节,乙醇不征收消费税,因此受托方乙企业不需要代收代缴消费税。而当该白酒生产企业销售白酒时,需要缴纳生产环节的消费税。

应纳消费税税额 = 1 000 × 20% + 500 × 1 000 × 2 × 0.5 ÷ 10 000 = 250(万元)

甲企业的税后利润 = (1 000 − 250 − 150 − 70 − 250) × (1 − 25%) = 210(万元)

方案 2:在委托加工环节,受托方乙企业应在向委托方交货时代收代缴消费税。

消费税组成计税价格 = (250 + 180 + 400 × 1 000 × 2 × 0.5 ÷ 10 000) ÷ (1 − 20%) = 587.5(万元)

应代收代缴的消费税 = 587.5 × 20% + 400 × 1 000 × 2 × 0.5 ÷ 10 000 = 157.5(万元)

当该白酒生产企业销售白酒时,需要缴纳生产环节的消费税,

应纳消费税税额 = 1 000 × 20% + 500 × 1 000 × 2 × 0.5 ÷ 10 000 = 250(万元)

合计缴纳消费税 = 157.5 + 250 = 407.5(万元)

甲企业的税后利润 = (1 000 − 250 − 180 − 40 − 157.5 − 250) × (1 − 25%) = 91.88(万元)

方案 3:在委托加工环节,受托方乙企业应在向委托方交货时代收代缴消费税。

消费税组成计税价格 = (250 + 220 + 500 × 1 000 × 2 × 0.5 ÷ 10 000) ÷ (1 − 20%) = 650(万元)

应代收代缴的消费税 = 650 × 20% + 500 × 1 000 × 2 × 0.5 ÷ 10 000 = 180(万元)

由于最终销售价格 1 000 元 > 650 元,因此不属于直接出售,需要按照税法规定申报缴纳消费税,并且在计税时准予扣除受托方已代收代缴的消费税。

应纳消费税税额 = 1 000 × 20% + 500 × 1 000 × 2 × 0.5 ÷ 10 000 − 180 = 70(万元)

合计缴纳消费税 = 180 + 70 = 250(万元)

甲企业的税后利润 = (1 000 − 250 − 220 − 250) × (1 − 25%) = 210(万元)

方案 4：由该企业自己生产该酒。

应纳消费税税额＝1 000×20％＋500×1 000×2×0.5÷10 000＝250(万元)

甲企业的税后利润＝(1 000－250－220－250)×(1－25％)＝210(万元)

[筹划结果]

通过对比四个方案，甲、乙两家企业消费税税负合计：方案 1、方案 3 和方案 4 的税负合计都为 250 万元，方案 2 的税负为 407.5 万元，所以方案 2 的消费税税负最重。甲企业的税后利润：方案 1、方案 3 和方案 4 的税后利润都为 210 万元，方案 2 的利润为 91.88 万元，方案 2 的税后利润最少。

通过上述分析：对酒类生产企业来说，应当尽量避免采用委托加工成半成品，收回后继续加工的方式进行生产(即方案 2 的生产方式)，如果必须采取该种方式，可以考虑通过合并上一环节企业的方式来降低消费税。

三、不同采购渠道的选择

税法规定用外购已纳消费税的消费品继续加工生产应税消费品的，在计算征收消费税时，准予按当期生产领用数量扣除外购应税消费品已缴纳的消费税税款。相对应地，委托加工应税消费品收回后，用于连续生产应税消费品的，其已纳税款准予从生产的应税消费品应纳消费税税额中扣除。这种情况下，还需注意国家对扣除范围的具体界定，如外购或委托加工收回卷烟、白酒、小汽车等的已纳税额不在扣除范围之内。

纳税人决定外购应税消费品用于连续生产时，应尽量选择生产厂家，而不是商家。一方面，因为允许扣除已纳消费税的外购消费品仅限于直接从生产企业购进的，从商品流通企业购进的应税消费品，需要满足相应的条件方可扣除已纳的消费税税款；另一方面，同品种的消费品，在相同时期，商家的价格往往高于生产厂家。由此可见，生产厂家是纳税人外购应税消费品的首选渠道，除非厂家的价格扣除已纳消费税税款后的余额比商家的价格还高。

[例 5-14]

A 化妆品厂计划购进一批高档化妆品 M1 继续生产成高档化妆品 M2 后再对外销售。可以选择的供货途径有：从 C 化妆品厂或 B 批发公司处购进，M1 的售价都是 200 000 元，M1 的成本为 130 000 元，加工后的 M2 高档化妆品售价为 400 000 元。请针对该情况提出纳税筹划方案(假设以上金额均不含增值税)。

[解析]

根据上述资料，分析如下：

方案 1：从 B 批发公司购进。

A 化妆品厂应纳消费税税额为 60 000 元(400 000×15％)。假设不考虑其他因素，A 化妆品厂的利润为 140 000 元(400 000－60 000－200 000)，B 批发公司的利润为 70 000 元(200 000－130 000)。

方案 2：从 C 化妆品厂购进。

A 化妆品厂应纳消费税税额为 30 000 元(400 000×15％－200 000×15％)。假设不考虑其他因素，A 化妆品厂的利润为 170 000 元(400 000－30 000－200 000)，C 化妆品厂的利润为 40 000 元(200 000－130 000－200 000×15％)。

比较方案 1 和方案 2，总体利润相同，但从 A 化妆品厂角度应选择从 C 化妆品厂购进利润更高。

 **注意**

消费税实行价内税,只在应税消费品的生产、委托加工和进口环节缴纳,税款最终由消费者承担。也正因为消费税的纳税环节是在生产和进口环节,所以生产企业购进原料,要选择采购对象。当纳税人决定外购应税消费品用于连续生产时,应选择生产厂家,而不应是商家,除非生产厂家的价格扣除已纳税款后的余额比商家的价格还要高。

 开篇释疑

(1) 自行加工的利润计算:

该厂应纳消费税税额=1 000×50%=500(万元)

税后利润=(1 000−150−120−100−500)×(1−25%)=97.5(万元)

(2) 委托加工的利润计算:

受托方代收代缴消费税税额=(150+120)÷(1−30%)×30%=115.71(万元)

该厂销售卷烟后:应纳消费税税额=1 000×50%−115.71=384.29(万元),此时:

税后利润=(1 000−150−120−100−115.71−384.29)×(1−25%)=97.5(万元)

(3) 外购的利润计算:

该厂应纳消费税税额=1 000×50%−385.71×30%=384.29(万元)

税后利润=(1 000−384.29−385.71−100)×(1−25%)=97.5(万元)

从以上分析可以看出,在各相关因素相同的条件下,三种方式的计缴消费税相同,税后利润也相同。在实务中,应用不同的加工方式,成本也会略有不同,企业应充分考虑成本因素对消费税、税后利润的影响。

课堂笔记

第四节 技术研发纳税筹划

开篇设问

> A公司于20×2年3月购入一项尚未经权威部门认定的非专利技术,购入价为117万元。7月,因客户需求,A公司准备转让该项技术,预计可以取得收入140万元(含税)。对于此笔业务,A公司该如何缴税?

知识积累与能力培养

一、技术服务税收优惠政策
(一)纳税人提供技术转让、技术开发和与之相关的技术咨询、技术服务免征增值税

(1)"技术转让、技术开发"是指《销售服务、无形资产、不动产注释》中"转让技术""研发服务"范围内的业务活动。"技术咨询"是指就特定技术项目提供可行性论证、技术预测、专题技术调查、分析评价报告等业务活动。

与技术转让、技术开发相关的技术咨询、技术服务,是指转让方(或者受托方)根据技术转让或者开发合同的规定,为帮助受让方(或者委托方)掌握所转让(或者委托开发)的技术,而提供的技术咨询、技术服务业务,且这部分技术咨询、技术服务的价款与技术转让或者技术开发的价款应当在同一张发票上开具。

(2)备案程序。试点纳税人申请免征增值税时,须持技术转让、开发的书面合同,到纳税人所在地省级科技主管部门进行认定,并持有关的书面合同和科技主管部门审核意见证明文件报主管税务机关备查。

【例5-15】

A企业将一项专利技术出租给另外一个企业使用,该专利技术账面余额为5 000 000元,摊销期限为10年。出租合同规定,承租方每销售一件用该专利生产的产品,必须付给出租方10元专利技术使用费。假定承租方当年销售该产品10万件,请分析A企业的纳税情况。

[解析]

假定不考虑其他相关税费,出租方的账务处理如下:

借:银行存款　　　　　　　　　　　　　　　1 000 000
　　贷:其他业务收入　　　　　　　　　　　　1 000 000
借:其他业务成本　　　　　　　　　　　　　　500 000
　　贷:累计摊销　　　　　　　　　　　　　　500 000

本例中,1 000 000元的专利技术使用费收入,符合免税条件,A企业不用缴纳增值税。

(二)居民企业转让技术所有权企业所得税优惠

根据《企业所得税法》规定,<u>在一个纳税年度内,居民企业转让技术所有权所得不超过</u>

500万元的部分,免征企业所得税;超过500万元的部分,减半征收企业所得税。

【例5-16】

某居民企业对外转让其拥有的一项专利技术,同时还为对方提供咨询、培训、维护等后续服务,双方签订了2年协议,共一次性收取款项2 000万元,相关成本为1 000万元。该企业适用的企业所得税税率为25%。请问:该企业对此项收入该如何进行纳税筹划?

【解析】

根据上述资料,分析如下:

(1) 如果采用直接收款方式,则该企业当年需确认收入2 000万元、成本1 000万元。

应纳企业所得税税额=(2 000-1 000-500)×25%÷2=62.5(万元)

(2) 如果采用分期收款方式,分2年收取款项,每年确认1 000万元收入、500万元成本,则该企业每年可以充分享受免征企业所得税的税收优惠。

企业可以通过合理选择销售结算方式进行纳税筹划,控制收入的实现时间,以充分利用国家的税收优惠政策,取得最好的节税效果。

二、研发费用加计扣除的纳税筹划

(一) 研发费用的税收规定

研发费用是指企业为开发新技术、新产品、新工艺(又称"三新")发生的研究开发费用,未形成无形资产计入当期损益的,在按照规定据实扣除的基础上,按照研究开发费用的100%加计扣除;形成无形资产的,按照无形资产成本的200%摊销。在正确掌握《企业所得税法》关于"三新"研究开发费用税前加计扣除的具体操作办法以外,企业还可以利用研究活动与开发活动的交叉与模糊性,恰当掌握形成无形资产即资本化的资金额度,通过提前的加计扣除,获取资金的时间价值。

研发费用的具体范围包括以下内容。

1. 人员人工费用

人员人工费用包括直接从事研发活动人员的工资薪金、基本养老保险费、基本医疗保险费、失业保险费、工伤保险费和住房公积金,以及外聘研发人员的劳务费用。

2. 直接投入费用

直接投入费用包括以下几个方面。

(1) 研发活动直接消耗的材料、燃料和动力费用。

(2) 用于中间试验和产品试制的模具、工艺装备开发及制造费,不构成固定资产的样品、样机及一般测试手段购置费,试制产品的检验费。

(3) 用于研发活动的仪器、设备的运行维护、调整、检验、维修等费用,以及通过经营租赁方式租入的用于研发活动的仪器、设备租赁费。

3. 折旧费用

这里的折旧费用是指用于研发活动的仪器、设备的折旧费。

4. 无形资产摊销

这里的无形资产摊销是指用于研发活动的软件、专利权、非专利技术(包括许可证、专有技术、设计和计算方法等)的摊销费用。

5. 特殊费用

研发过程中可能会存在一些特殊费用,包括:新产品设计费、新工艺规程制定费、新药研制的临床试验费、勘探开发技术的现场试验费。

6. 其他相关费用

与研发活动直接相关的其他费用,如技术图书资料费、资料翻译费、专家咨询费、高新科技研发保险费,研发成果的检索、分析、评议、论证、鉴定、评审、评估、验收费用,知识产权的申请费、注册费、代理费、差旅费、会议费等。此项费用总额不得超过可加计扣除研发费用总额的10%。

7. 财政部和国家税务总局规定的其他费用

企业应关注财政部与国家税务总局颁布的新政策,将符合条件的费用纳入研发费用核算。

(二)研发费用加计扣除的涉税风险

研发费用加计扣除涉税风险事项一般存在以下风险点。

1. 不适用税前加计扣除的行业进行了加计扣除风险

《财政部 国家税务总局 科技部关于完善研究开发费用税前加计扣除政策的通知》(财税〔2015〕119号)第4条规定了不适用税前加计扣除政策的行业,包括烟草制造业、住宿和餐饮业、批发和零售业、房地产业、租赁和商务服务业、娱乐业六大行业。对于同时从事多种行业的企业,判断是否属于不适用税前加计扣除政策行业,是指以六大行业业务为主营业务,其研发费用发生当年的主营业务收入占企业按《企业所得税法》第6条规定计算的收入总额减除不征税收入和投资收益的余额50%(不含)以上的企业。

2. 不属于研发活动的项目进行了加计扣除

对不适用税前加计扣除政策的7项活动进行了加计扣除。有关税法规定,研发活动是指企业为获得科学与技术新知识,创造性运用科学技术新知识,或实质性改进技术、产品(服务)、工艺而持续进行的具有明确目标的系统性活动。下列活动不适用税前加计扣除政策:①企业产品(服务)的常规性升级;②对某项科研成果的直接应用,如直接采用公开的新工艺、材料、装置、产品、服务或知识等;③企业在商品化后为顾客提供的技术支持活动;④对现存产品、服务、技术、材料或工艺流程进行的重复或简单改变;⑤市场调查研究、效率调查或管理研究;⑥作为工业(服务)流程环节或常规的质量控制、测试分析、维修维护;⑦社会科学、艺术或人文学方面的研究。

3. 核定征收的企业进行了加计扣除

研发费用税前加计扣除政策,适用于会计核算健全、实行查账征收并能够准确归集研发费用的居民企业,少数核定征收的企业却进行了加计扣除,这样可能存在涉税风险。

4. 不征税收入用于研发进行加计扣除或摊销

对于企业取得作为不征税收入处理的财政性资金用于研发活动所形成的费用或无形资产,进行了加计扣除或摊销,也会导致涉税风险。

5. 不符合规定的委托研发进行了加计扣除

委托研发活动所发生费用的实际发生额,应按照独立交易原则确定,委托方与受托方存在关联关系的,受托方应向委托方提供研发项目费用支出明细情况。企业委托外部机构或个人进行研发活动所发生的费用,应按照费用实际发生额的80%计入委托方研发费用并计算加计扣除,受托方不得再进行加计扣除。委托个人研发的,应凭个人出具的发票等合法有效凭证在税前加计扣除。

企业委托境外进行研发活动所发生的费用,按照费用实际发生额的80%计入委托方的委托境外研发费用。委托境外研发费用不超过境内符合条件的研发费用$\frac{2}{3}$的部分,可以按规定在企业所得税前加计扣除。委托境外进行研发活动不包括委托境外个人进行的研发活动。

6. 特殊收入未扣减进行了加计扣除

企业在计算加计扣除的研发费用时,应扣减已按规定归集计入研发费用,但在当期取得的研发过程中形成的下脚料、残次品、中间试制品等特殊收入;不足扣减的,允许加计扣除的研发费用按 0 计算。

7. 以前年度销售研发活动直接形成产品对应材料部分未调整进行了加计扣除

企业取得研发过程中形成的下脚料、残次品、中间试制品特殊收入,在计算确认收入当年的加计扣除研发费用时,应从已归集研发费用中扣减该特殊收入,不足扣减的,加计扣除研发费用按 0 计算。

8. 期间费用有研究费用,但未享受研发费用加计扣除

企业管理费用中存在研发活动发生的费用,但未申报享受研发费用加计扣除政策。此时进行加计扣除纳税申报可能存在涉税风险。

> **寓德于技**
>
> 华为 2020 年度的研发投入高达 1 418 亿元,占全年收入的比例达到了 15.9%。相当于国内企业第二到第五名的总和,在全球企业研发投入最新排名位居第三,这是华为能够在全球强势崛起的真正原因。

无形资产
资本化条件

(三)研发费用加计扣除的纳税筹划案例

【例 5-17】

甲企业当期发生"三新"研发支出 3 000 万元,其中,研究阶段支出为 600 万元,开发阶段满足资本化条件前发生的支出为 600 万元,符合资本化条件后至达到预计用途前发生的支出为 1 800 万元。假定开发形成的无形资产在当期期末已经达到预定用途(尚未开始摊销),摊销期为 10 年。

要求:

(1) 根据税收优惠政策,计算甲企业当年可以少缴纳多少企业所得税。

(2) 如果利用研究费用与开发费用的交叉情况,有意识地将一部分(或全部)开发费用计入研究费用,其结果如何?

[筹划思考]

方案 1:甲企业当期发生的研发支出中,按照会计准则规定应当费用化的金额为 1 200 万元,形成无形资产的成本为 1 800 万元,即期末形成无形资产的账面价值为 1 800 万元。

甲企业当期发生的 3 000 万元研发支出,按照税法规定,可以在税前扣除的金额为 2 400 万元(1 200×100%+1 200),当年可以减少企业所得税 300 万元(1 200×25%)。

形成无形资产的账面价值 1 800 万元,按会计制度规定,每年可摊销 180 万元,按税法规定,全部摊销额为 3 600 万元(1 800×200%),每年可摊销 360 万元。从而甲企业在 10 年摊销期内,每年在其他条件不变的情况下,可以少缴纳企业所得税 45 万元(180×25%)。

甲企业合计当年可以少缴纳企业所得税 345 万元。

方案 2:假设形成无形资产的 1 800 万元中有 600 万元可计入研究费用。这样,按照税法规定,可以在税前扣除的金额为 3 600 万元(1 800×100%+1 800),可以少缴纳当年的企业所得税 450 万元(1 800×25%)。

形成无形资产的账面价值为 1 200 万元,按会计准则规定,每年可摊销 120 万元;按税法规定,全部摊销额为 2 400 万元(1 200×200%),每年可摊销 240 万元。从而甲企业在 10 年摊销期内,每年在其他条件不变的情况下,可以少缴纳企业所得税 30 万元(120×25%)。合计当年可以少缴纳企业所得税 480 万元。

[筹划结果]

采用合理方法,推迟资本化时间,将开发费用中的费用化部分金额增大,则当年可以节税 135 万元(480－345)。

 注意

在可能的情况下,纳税人在进行内部研究开发时,应该尽可能地将资本化的部分转化为研究费用,最大限度地发挥其节税效应。但是,由此带来的不利影响是,无形资产的计税基础金额小,对将来的处置效益会产生负面影响。

 开篇释疑

A 公司转让的是非专利技术,由于未经权威部门认定,该技术转让业务不符合免征增值税与企业所得税的条件,不能享受税收优惠。有关计算如下:

技术转让应确认的收入=1 400 000÷(1+6%)=1 320 754.72(元)

应缴增值税=1 320 754.72×6%=79 245.28(元)

技术转让成本=1 170 000(元)

转让技术所得=1 320 754.72－1 170 000=150 754.72(元)

应缴企业所得税=150 754.72×25%=37 688.68(元)

应缴增值税与企业所得税合计=79 245.28+37 688.68=116 933.96(元)

如果 A 公司在转让之前进行合理的纳税筹划,按照政策要求,将转让技术合同到所在地省级科技主管部门办理技术认定,并持有关认定文件向主管税务机关备案,即可享受免征技术转让业务的增值税和企业所得税优惠。这样就能为 A 公司带来 116 933.96 元的节税效应。

课堂笔记

职业能力训练

一、单项选择题

1. 下列各项中,外购应税消费品已纳消费税税款准予扣除的是(　　)。
   A. 外购已税珠宝玉石生产的金银镶嵌首饰
   B. 外购已税白酒生产的药酒
   C. 外购已税汽车生产的小汽车
   D. 外购已税香水精生产的高档香水

2. 企业20×1年年末购入设备一台,其原值50万元,预计残值10%,折旧年限5年,企业采取双倍余额递减法计提固定资产折旧,税法规定采取直线法计提固定资产折旧。则20×3年度该项业务的所得税纳税调整额是(　　)万元。
   A. 5　　　　B. 4　　　　C. 3　　　　D. 2

3. 委托加工的应税消费品在(　　)环节征收消费税。
   A. 加工　　B. 销售　　C. 交付原材料　　D. 完工提货

4. 一般情况下,无形资产的摊销年限不得高于(　　)年。
   A. 2　　　　B. 3　　　　C. 5　　　　D. 10

5. 20×3年度甲居民企业利润总额为1 000万元,实际发生研发费用支出800万元。该研发费用未形成无形资产计入当期损益,甲居民企业在计算20×3年度企业所得税应纳税所得额时,可以加计扣除的研发费用为(　　)万元。
   A. 600　　B. 800　　C. 120　　D. 1 400

二、多项选择题

1. 存货发出计价方法的选择要考虑的因素有(　　)。
   A. 价格变动　　　　　　B. 税率变动
   C. 市场规律　　　　　　D. 企业规模

2. 下列各项中符合委托加工应税消费品消费税处理规定的有(　　)。
   A. 受托方未代收代缴的,由委托方补缴
   B. 受托方无同类消费品销售价格的,应按"(材料成本+加工费)÷(1-消费税税率)"计算
   C. 委托方收回后直接出售的应税消费品,受托方在交货时已代收代缴消费税的,不再征收消费税
   D. 委托方收回后直接出售的应税消费品,受托方在交货时已代收代缴消费税的,应征收消费税

3. 下列关于固定资产加速折旧的表述中,不正确的有(　　)。
   A. 对生物药品制造业,专用设备制造业等6个行业的企业于2014年1月1日后新购进的固定资产,可缩短折旧年限或采取加速折旧的方法
   B. 企业在2018年1月1日至2023年12月31日期间新购进的设备、器具,单位价值不超过500万元的,允许一次性计入当期成本费用在计算应纳税所得额时扣除,不再分年度计算折旧

C. 对所有行业企业持有的单位价值不超过10 000元的固定资产，允许一次性计入当期成本费用在计算应纳税所得额时扣除，不再分年度计算折旧

D. 若要采取加速折旧方法，可采取双倍余额递减法或者年数总和法

4. 下列各项中，不应计入固定资产成本的有（　　）。
   A. 固定资产进行日常修理发生的人工费用
   B. 固定资产安装过程中领用原材料所负担的增值税
   C. 固定资产达到预定可使用状态后发生的专门借款利息
   D. 固定资产达到预定可使用状态前发生的工程物资盘亏净损失

5. 下列关于研发费用加计扣除的表述，正确的有（　　）。
   A. 在职直接从事研发活动的本企业在职人员费用可以实行加计扣除
   B. 专门用于中间试验的有关费用可以实行加计扣除
   C. 委托外单位进行开发的研发费用，符合相关条件的，由委托方按照规定加计扣除，受托方不得再进行加计扣除
   D. 研发成果的论证、评审、验收费用，不得实行加计扣除

三、判断题

1. 存货发出计价时，可以以在先进先出法、加权平均法、个别计价法中随意选择，也可以随意变更。（　　）
2. 委托加工以委托方为纳税人，一般由受托方代收代缴消费税。但是，委托个体经营者加工应税消费品的除外。（　　）
3. 以委托加工收回的已税珠宝玉石为原料生产的金银首饰，其已纳的税款准予按照规定从连续生产的应税消费品应纳消费税税额中抵扣。（　　）
4. 委托加工应税消费品以委托人为消费税的纳税义务人。（　　）
5. 自行加工消费品比委托加工消费品要承担的消费税负担小。（　　）

四、案例分析题

1. 某商业企业20×2年12月甲商品的收入和发出情况如下：
   (1) 12月1日，月初结存1 000件，单价为400元/件。
   (2) 12月5日，购入2 000件，单价为400元/件。
   (3) 12月10日，销售2 000件。
   (4) 12月15日，购入4 000件，单价为500元/件。
   (5) 12月20日，销售3 000件。
   (6) 12月25日，购入1 000件，单价为600元/件。

   假定销售甲商品的收入为500万元，涉及的税金及附加为50万元，不考虑其他成本和费用，没有其他调整项目，应纳税所得额等于利润总额，企业所得税税率为25%。
   要求：请计算说明采用先进先出法、加权平均法和移动加权平均法中的哪一种更有利于节税。

2. 某市A实木地板厂（以下简称A厂）现有一批木材原料需加工成实木地板销售，可选择的加工方式有：
   (1) 部分委托加工方式（委托方对委托加工的应税消费品收回后，继续加工成另一种应税消费品）。A厂委托B厂将一批价值为300万元的木材原料加工成素板，协议规定加工费为185万元（假设B厂没有同类消费品）。A厂将加工后的素板收回后继续加工成

实木地板,加工成本、费用共计145.5万元,该批实木地板售价(不含增值税)为1 000万元(实木地板的消费税税率为5%)。

(2) 完全委托加工方式(委托加工的应税消费品收回后直接对外销售)。假设本题的条件变为:A厂委托B厂将木材原料加工成实木地板成品,木材原料价格不变,仍为300万元,支付B厂加工费为330.5万元;A厂收回后直接对外销售,售价仍为1 000万元。

(3) A厂自行加工应税消费品。A实木地板厂将购入的价值300万元的木材原料自行加工成实木地板,加工费共计330.5万元,售价仍为1 000万元。

要求:请分析哪种加工方式税负最低,利润最大。

3. B企业在研发某新设备系统过程中,因技术力量、试制生产能力等多方面原因,无法完成新设备系统中一个重要组件的开发工作。经市场征询,境内甲企业符合该组件的开发能力与条件。B企业与甲企业无任何关联关系。

要求:请分析B企业以何种形式取得甲企业完成的设备组件为最优。

第六章 企业销售业务纳税筹划

 **职业能力目标**

1. 能够对企业销售业务涉及的增值税进行正确的筹划
2. 能够对企业销售业务涉及的消费税进行正确的筹划
3. 能够对企业销售业务涉及的企业所得税进行正确的筹划
4. 能够对企业促销行为进行正确的筹划

 知识目标

1. 了解生产企业出口退增值税的纳税筹划,出口应税消费品的纳税筹划,以外汇结算应税消费品的纳税筹划
2. 熟悉放弃免税权的纳税筹划,兼营行为的纳税筹划,不征税收入的所得税筹划,免税收入的所得税筹划
3. 掌握分解销售额的增值税筹划,不同销售方式的增值税筹划,结算方式的增值税筹划,增值税税率的筹划,混合销售与兼营行为的增值税筹划,销售服务、无形资产、不动产的纳税筹划
4. 掌握包装物的纳税筹划,包装方式的纳税筹划,自产自用应税消费品的纳税筹划,非货币性资产交换中的纳税筹划
5. 掌握收入确认时间的纳税筹划,业务招待费、广告费和业务宣传费的纳税筹划,赠送行为的纳税筹划,让利促销的纳税筹划

知识导图

企业销售业务纳税筹划
- 销售业务增值税纳税筹划
  - 分解销售额的增值税筹划
  - 不同销售方式的增值税筹划
  - 销售结算方式的增值税筹划
  - 增值税税率的纳税筹划
  - 混合销售与兼营行为的增值税筹划
  - 销售服务的纳税筹划
  - 销售无形资产、不动产的纳税筹划
  - 放弃免税权的纳税筹划
  - 生产企业出口退增值税的纳税筹划
- 销售业务消费税纳税筹划
  - 兼营行为的纳税筹划
  - 包装物的纳税筹划
  - 包装方式的纳税筹划
  - 自产自用应税消费品的纳税筹划
  - 非货币性资产交换中的纳税筹划
  - 出口应税消费品的纳税筹划
  - 以外汇结算应税消费品的纳税筹划
- 销售业务企业所得税纳税筹划
  - 收入确认时间的纳税筹划
  - 不征税收入的所得税纳税筹划
  - 免税收入的所得税纳税筹划
  - 业务招待费、广告费和业务宣传费的纳税筹划
- 促销行为纳税筹划
  - 赠送行为的纳税筹划
  - 让利促销纳税筹划

第一节 销售业务增值税纳税筹划

开篇设问

某文化传播有限公司属于增值税一般纳税人,20×2年7月销售各类文化用品取得含税收入150万元,销售各类图书、杂志取得含税收入3.51万元(图书、杂志适用的增值税税率为9%),给读者提供咖啡取得经营收入10万元,当期可抵扣的增值税进项税额为16万元。请问:该公司应如何进行纳税筹划?

知识积累与能力培养

企业销售业务往往会涉及增值税的销项税额。销项税额是一般纳税人发生应税销售行为，按照不含税销售额和适用税率计算并向购买方收取的增值税税额。销项税额的纳税筹划主要从缩小计税销售额和使用较低税率两个方面进行。

一、分解销售额的增值税纳税筹划

销售额是指纳税人发生应税销售行为向购买方收取的全部价款和价外费用。特别需要强调的是，尽管销项税额也是销售方向购买方收取的，但是增值税采用价外计税方式，用不含税价作为计税依据，因而销售额中不包括向购买方收取的销项税额。

价外费用，包括价外向购买方收取的手续费、补贴、基金、集资费、返还利润、奖励费、违约金、滞纳金、延期付款利息、赔偿金、代收款项、代垫款项、包装费、包装物租金、储备费、优质费、运输装卸费以及其他各种性质的价外收费。但下列项目不包括在内：

（1）受托加工应征消费税的消费品所代收代缴的消费税。

（2）同时符合以下条件的代垫运输费用：①承运部门的运输费用发票开具给购买方的；②纳税人将该项发票转交给购买方的。

（3）同时符合以下条件代为收取的政府性基金或者行政事业性收费：①由国务院或者财政部批准设立的政府性基金，由国务院或者省级人民政府及其财政、价格主管部门批准设立的行政事业性收费；②收取时开具省级以上财政部门印制的财政票据；③所收款项全额上缴财政。

（4）发生应税销售行为的同时代办保险等而向购买方收取的保险费，以及向购买方收取的代购买方缴纳的车辆购置税、车辆牌照费。

凡随同发生应税销售行为向购买方收取的价外费用，无论其会计制度规定如何核算，均应并入销售额计算应纳税额。

（一）分解计税销售额的基数

纳税人销售货物、加工修理修配劳务、服务、无形资产或者不动产适用不同税率或者征收率的，应当分别核算适用不同税率或者征收率的销售额，未分别核算销售额的，从高适用税率。

【例6-1】

A房地产公司开发居民住宅楼一幢，预计房款收入为40 000万元，同时，需要代收天然气、水电初装费用以及公共设施维修基金共计8 000万元（以上所涉金额均不含增值税）。请帮助该公司进行有关筹划。

|筹划思考|

这些代收款增加了计税销售额，应纳增值税销项税额＝(40 000＋8 000)×9％＝4 320(万元)。

如果该房地产公司将其代收款项改由其子公司，即一家独立核算的物业公司收取，纳税情况将会发生变化。

此时，A房地产公司增值税销项税额为3 600万元(40 000×9％)，物业公司增值税销项税额为480万元(8 000×6％)，合计为4 080万元。

|筹划结果|

分解销售额后，A房地产公司可以少交增值税240万元(4 320－4 080)。

如果是物业公司单纯的水费收取,则根据《国家税务总局关于物业管理服务中收取的自来水水费增值税问题的公告》(国家税务总局公告2016年第54号)规定,提供物业管理服务的纳税人,向服务接受方收取的自来水水费,以扣除其对外支付的自来水水费后的余额为销售额,按照简易计税办法依3%的征收率计算、缴纳增值税。

(二)分离销售业务附带的费用

企业在销售过程中往往还会发生如运输费、装卸费、拆解费等附加服务费用,如果可以委托第三方提供相应附加服务并以购买方的名义向第三方支付,就可以将这部分费用从销售额中剔除,从而减少应纳税额。

一般纳税人销售自己使用过的固定资产增值税处理

【例6-2】

A公司(增值税一般纳税人)清理出5年前购入的已提足折旧的不需用固定资产5件,共计资产残值200万元。A公司拟对这部分资产进行处理,经市场调查,财务部拿出了两种方案。方案1:将固定资产拆解后再销售,预计可取得销售收入200万元,但公司需另外支付拆解费20万元。方案2:将拆解后的固定资产按拆解后的售价与买家签订销售合同,同时补签一个委托拆解劳务合同,约定由A公司承担相应税负。请问:A公司采用哪种方案可以节税?

{筹划思考}

方案1:A公司销售旧固定资产应缴纳增值税=200÷(1+13%)×13%=23.01(万元)。按此方案,可净得利润=200-20-23.01=156.99(万元)。

方案2:A公司与需要拆解固定资产的客户按拆解后的售价,即180万元,签订固定资产销售合同,同时再与其补签一个20万元的委托拆解劳务合同。在补充合同中,双方约定拆解劳务应缴纳的税金由A公司承担。

这样,A公司对于180万元的销售收入,需缴纳增值税=180÷(1+13%)×13%=20.71(万元),20万元的劳务服务应缴纳1.13万元[20÷(1+6%)×6%]的增值税。

{筹划结果}

按此方案,可净得利润=180-20.71-1.13=158.16(万元),相比第一种方案多获利1.17万元(158.16-156.99)。

二、不同销售方式的增值税纳税筹划

在激烈的市场竞争环境中,企业为了维持或扩大其市场份额,往往采取多种多样的销售方式,以达到销售的目的。而不同的销售方式所适用的税收政策也是不同的,企业可以根据不同的销售方式,进行纳税筹划。

(一)还本销售

还本销售是指纳税人在销售货物后,在一定期限内由销售方一次或分次退还给购货方全部或部分价款的销售方式。这种方式实际上是一种以货物换取资金的使用价值,到期还本不付息的筹集资金方法。税法规定,还本销售的销售额就是货物的销售价格,不得从销售额中减除还本支出。

【例6-3】

A企业以还本销售的方式销售货物,价格为300万元(含税),规定5年内每年还本60万元,该货物的市场价格为100万元(含税)。请对A企业进行纳税筹划。

[筹划思考]

由于还本销售的销售额就是货物的销售价格,不得从销售额中减除还本支出。在这种情况下,还本销售的销售额是比较高的,所以,其税负也比较高。我们可以考虑变换一下形式,即将还本销售分解为两项业务:一是以正常价格销售货物,二是由销货方向购货方借款。这样可以少缴增值税。

方案 1:采用还本销售的方式。由于还本销售的销售额就是货物的销售价格,不得从销售额中减除还本支出。此时,增值税销项税额=300÷(1+13%)×13%=34.51(万元)。

方案 2:A 企业以市场价格销售给购货方货物,价格为 100 万元(含税),同时向购货方借款 200 万元,利率为 10%,规定一次还本,分期付息;则 5 年内每年付息 20 万元(200×10%),本息合计共还 300 万元(200+20×5)。

此时,增值税销项税额=100÷(1+13%)×13%=11.50(万元)。

[筹划结果]

由此可见,方案 2 比方案 1 节税 23.01 万元(34.51-11.50)。

(二) 以物易物

以物易物是一种较为特殊的购销活动,是指购销双方不是以货币结算,而是以同等价款的货物相互结算,以实现货物购销的一种销售方式。在实务中,有的纳税人以为以物易物不是购销行为,销货方收到购货方抵顶货款的货物,认为自己不是购货;购货方发出抵顶货款的货物,认为自己不是销货。这两种认识都是错误的。正确的处理应当是,以物易物双方都应作购销处理,以各自发出的货物核算销售额并计算销项税额,以各自收到的货物按规定核算购货额并计算进项税额。应注意的是,在以物易物活动中,应分别开具合法的票据,如收到的货物不能取得相应的增值税专用发票或其他合法票据的,则不能抵扣进项税额。

【例 6-4】

某工贸有限责任公司是一家主要从事面粉生产、加工业务的工业企业(增值税一般纳税人)。5 月,该公司推出了一项"用小麦直接兑换面粉"的业务。该公司将小麦按市场价格每千克 1.79 元计算,面粉和麸皮分别按销售价格每千克 1.9 元(含税)和 1.35 元(含税)计算,1 千克小麦可以兑换 0.8 千克面粉和 0.2 千克麸皮,另外对每千克小麦收取 0.1 元的加工费。该公司 5 月共以 640 000 千克面粉、160 000 千克麸皮兑换了 800 000 千克小麦(在整个兑换业务过程中,都按规定填开了农产品收购专用发票),入账金额分别为 1 216 000 元(640 000×1.9)、216 000 元(160 000×1.35)和 1 432 000 元(800 000×1.79);会计人员认为该项以物易物业务,仅仅是库存产成品减少、原材料增加,并且小麦和面粉都属于农产品范围,所适用的税率相同,在金额相等的情况下,销项税额与进项税额相抵后,无应纳税额。为了简化核算手续,直接借记"原材料"账户和贷记"库存商品"账户,将另外收取的加工费 70 796.46 元[800 000×0.1÷(1+13%)](折算后的金额),记入"其他业务收入"账户,计提增值税销项税额 9 203.54 元(70 796.46×13%)。请问:上述对业务的处理是否正确?

[解析]

以物易物应按照正常的销售和购进作账务处理,会计人员如此做账是错误的。如果税务机关进行检查,将要求该公司对未分别核算的应税货物、免税货物一并补缴增值税 118 238.53 元[(1 216 000+216 000)÷(1+9%)×9%]。

正确的财务处理如下:

将销售的面粉1 216 000元,记入"主营业务收入"账户,计提增值税销项税额100 403.67元[1 216 000÷(1+9%)×9%],由于麸皮属于免税货物应单独记账,分别核算销售收入。

另外,根据规定,凡价外费用,无论其会计制度如何核算,均应并入销售额计算应纳税额。对小麦收取的加工费70 796.46元[800 000×0.1÷(1+13%)]属于价外费用,应全额记入"其他业务收入"账户。

同时根据农产品收购专用发票上填开的兑换小麦金额1 432 000元,计提增值税进项税额128 880元(1 432 000×9%),并相应冲减"原材料"金额。

根据免税货物(麸皮)销售收入占全部销售收入的比例转出进项税额19 440元{[216 000÷(1+9%)]÷[(1 216 000+216 000)÷(1+9%)]×128 880}。

因此,上述业务应纳增值税为167.21元[(100 403.67+9 203.54)−(128 880−19 440)]。

通过上述调整,可避免127 274.86元(118 238.53+9 203.54−167.21)的税收负担(这里暂不计算企业所得税、城建税等其他税种),而且还是在不考虑可能被处以罚款和加收滞纳金的情况下。

增值税的相关法律、法规、规章较多,实务中很容易发生错缴。因此,优化税务管理水平,完善增值税核算,也是筹划者重要的纳税筹划目标。

(三)变收取"包装物租金"为"包装物押金"

根据税法的相关规定,**包装物租金属于价外费用,凡随同产品销售而向购买方收取的价外费用,无论其会计上如何核算,均应并入销售额计算应纳税额**。另外,纳税人向购买方收取的价外费用,均应视为含增值税收入,在征税时要换算为不含税收入再并入销售额。然而,**包装物押金则不并入销售额计税**:纳税人为销售货物而出租、出借包装物收取的押金,单独计价核算的,不并入销售额征税。但对因逾期未收回包装物不再退还的押金,则需要按所包装货物的适用税率计算应纳税额。因此,企业在产品连同包装物一起销售时,选择用包装物押金替代包装物租金的处理方式,也能够起到节税的作用。

收取包装物押金和租金的会计处理

【例6-5】

某企业10月销售产品10 000件,每件价格为500元(不含税价),另外收取包装物租金为每件113元。该企业的销项税额为多少?应该怎样进行处理才能够达到延缓纳税的目的?

|筹划思考|

方案1:采用收取包装物租金的方式。

企业当期应缴纳的增值税销项税额=10 000×500×13%+10 000×113÷(1+13%)×13%=780 000(元)。

方案2:采用收取包装物押金的方式。

显然此项押金不用并入销售额中征税,此时,企业当期应缴纳的增值税销项税额=10 000×500×13%=650 000(元)。

|筹划结果|

较之方案1,方案2可节约增值税税额支出130 000元(780 000−650 000)。

从该案例可以看出,企业在条件允许的情况下,不应采用收取包装物租金的方式,而是应该采用收取包装物押金的方式,这样才能够达到税后利润最大化的目的。

注意

> 收取的包装物押金会涉及退回问题,若包装物押金被退回,会导致销售企业收入减少,筹划得不偿失,故销售合同有关条款应严格制定,使押金不易被退回。

(四) 代销方式的选择

代销方式通常有两种:一是视同买断方式。对于这种代销行为,会计上要作收入处理,因此要缴纳增值税,而税法上将其作为视同销售,也要缴纳增值税。二是收取手续费方式。在《增值税暂行条例实施细则》中有这样的规定,将货物交付其他单位或者个人代销和销售代销货物均为视同销售行为,需要缴纳增值税。所以这两种代销方式,都负有增值税的纳税义务;同时对于收取手续费方式,又是一种代理行为,而代理行为也是增值税的纳税范围,也要缴纳增值税。两种代销方式下双方的纳税义务,如表 6-1 所示。

表 6-1 两种代销方式下双方的纳税义务

征税项目	代销方式			
	视同买断方式		收取手续费方式	
	委托方	受托方	委托方	受托方
销售货物	√	√	√	×
销售服务	×	×	×	√

对于这两种行为,我们都可以选择合理的纳税筹划,从而达到企业节税的目的,下面通过案例来说明。

【例 6-6】

甲公司和乙公司签订了一项代销协议,由乙公司代销甲公司的产品,该产品成本为 800 元/件。现有两种代销方式可以选择,一是收取手续费方式,即乙公司以 1 200 元/件的价格对外销售甲公司的产品,向甲公司收取 200 元/件的代销手续费;二是视同买断方式,乙公司每售出一件产品,甲公司按 1 000 元/件的协议价收取货款,乙公司在市场上仍要以 1 200 元/件的价格销售甲公司的产品,实际售价与协议价之差 200 元/件归乙公司所有。若甲公司为一般纳税人,则甲公司可抵扣的进项税额为 100 元/件;若甲公司为小规模纳税人,则将进项税额 100 元/件计入产品成本后,使产品成本增至 900 元/件。以上价款均为不含税价款,且城建税税率为 7%,教育费附加征收率为 3%。以下分四种情况对其代销方式的选择进行纳税筹划,均以代销单件产品为例。

1. 甲公司和乙公司均为一般纳税人

方案 1:收取手续费方式。

甲公司每件产品应纳增值税 $=1\,200\times13\%-100-200\times6\%=44$(元);每件产品应纳城建税及教育费附加 $=44\times(7\%+3\%)=4.4$(元);每件产品所得税税前利润 $=1\,200-800-200-4.4=195.6$(元)。

乙公司销售每件产品应纳增值税 $=1\,200\times13\%-1\,200\times13\%=0$(元);每件产品收取代销手续费应纳增值税 $=200\times6\%=12$(元);每件产品应纳城建税及教育费附加 $=12\times(7\%+3\%)=1.2$(元);每件产品所得税税前利润 $=200-1.2=198.8$(元)。

方案2:视同买断方式。

甲公司每件产品应纳增值税=1 000×13%－100=30(元);每件产品应纳城建税及教育费附加=30×(7%+3%)=3(元);每件产品所得税税前利润=1 000－800－3=197(元)。

乙公司销售每件产品应纳增值税=1 200×13%－1 000×13%=26(元);每件产品应纳城建税及教育费附加=26×(7%+3%)=2.6(元);每件产品所得税税前利润=1 200－1 000－2.6=197.4(元)。

可见,采用方案2,甲公司每件产品多获取所得税税前利润1.4元(197－195.6),乙公司每件产品少获取所得税税前利润1.4元(197.4－198.8),从甲公司角度出发应采用视同买断方式。

2. 甲公司为一般纳税人,乙公司为小规模纳税人

方案1:收取手续费方式。

甲公司每件产品应纳增值税=1 200×13%－100－200×3%=50(元);每件产品应纳城建税及教育费附加=50×(7%+3%)=5(元);每件产品所得税税前利润=1 200－800－200－5=195(元)。

乙公司销售每件产品应纳增值税=1 200×3%=36(元);每件产品收取代销手续费应纳增值税=200×3%=6(元);每件产品应纳城建税及教育费附加=(36+6)×(7%+3%)=4.2(元);每件产品所得税税前利润=200－10－4.2=185.8(元)。

方案2:视同买断方式。

甲公司每件产品应纳增值税=1 000×13%－100=30(元);每件产品应纳城建税及教育费附加=30×(7%+3%)=3(元);每件产品所得税税前利润=1 000－800－3=197(元)。

乙公司销售每件产品应纳增值税=1 200×3%=36(元);每件产品应纳城建税及教育费附加=36×(7%+3%)=3.6(元);每件产品所得税税前利润=1 200－1 000－3.6=196.4(元)。

可见,采用方案2,甲、乙公司每件产品分别多获取所得税税前利润2元(197－195)和10.6元(196.4－185.8),因此,应采用视同买断方式。

3. 甲公司为小规模纳税人,乙公司为一般纳税人

方案1:收取手续费方式。

甲公司每件产品应纳增值税=1 200×3%=36(元);每件产品应纳城建税及教育费附加=36×(7%+3%)=3.6(元);每件产品所得税税前利润=1 200－900－200－3.6=96.4(元)。

乙公司销售每件产品应纳增值税=1 200×13%－1 200×3%=120(元);每件产品收取代销手续费应纳增值税=200×6%=12(元);每件产品应纳城建税及教育费附加=(120+12)×(7%+3%)=13.2(元);每件产品所得税税前利润=200－10－13.2=176.8(元)。

方案2:视同买断方式。

甲公司每件产品应纳增值税=1 000×3%=30(元);每件产品应纳城建税及教育费附加=30×(7%+3%)=3(元);每件产品所得税税前利润=1 000－900－3=97(元)。

乙公司销售每件产品应纳增值税=1 200×13%－1 000×3%=126(元);每件产品应纳城建税及教育费附加=126×(7%+3%)=12.6(元);每件产品所得税税前利润=1 200－1 000－12.6=187.4(元)。

可见,采用方案 2,甲、乙公司每件产品分别多获取所得税税前利润 0.6 元(97-96.4)和 10.6 元(187.4-176.8),因此,应采用视同买断方式。

4. 甲、乙公司均为小规模纳税人

方案 1:收取手续费方式。

甲公司每件产品应纳增值税=1 200×3%=36(元);每件产品应纳城建税及教育费附加=36×(7%+3%)=3.6(元);每件产品所得税税前利润=1 200-900-200-3.6=96.4(元)。

乙公司销售每件产品应纳增值税=1 200×3%=36(元);每件产品收取代销手续费应纳增值税=200×3%=6(元);每件产品应纳城建税及教育费附加=(36+6)×(7%+3%)=4.2(元);每件产品所得税税前利润=200-10-4.2=185.80(元)。

方案 2:视同买断方式。

甲公司每件产品应纳增值税=1 000×3%=30(元);每件产品应纳城建税及教育费附加=30×(7%+3%)=3(元);每件产品所得税税前利润=1 000-900-3=97(元)。

乙公司销售每件产品应纳增值税=1 200×3%=36(元);每件产品应纳城建税及教育费附加=36×(7%+3%)=3.6(元);每件产品所得税税前利润=1 200-1 000-3.6=196.4(元)。

可见,采用方案 2,甲、乙公司每件产品分别多获取所得税税前利润 0.6 元(97-96.4)和 10.6 元(196.4-185.8),因此,应采用视同买断方式。

三、销售结算方式的增值税筹划

销售结算方式有很多种,包括直接收款、委托收款、托收承付、赊销或分期收款、预收款、委托代销等。销售结算方式是企业营销策划的重要内容。选择不同的销售结算方式,不仅会影响企业商品的销量,在增值税既定的情况下,企业还可以通过改变结算方式来推迟销项税额的确定,从而获得资金的时间价值。虽然我国有关税法按照销售结算方式的不同,对增值税纳税义务发生时间加以了限定,但企业还是可以通过纳税筹划,在税法允许的范围内,尽量采取有利于企业的结算方式,推迟纳税时间,获得纳税期的递延。纳税人销售货物、劳务、服务、无形资产、不动产,其纳税义务发生时间为收讫销售款项或者取得索取销售款项的凭据的当天;先开具发票的,为开具发票的当天。不同销售结算方式下纳税义务发生时间的规定如表 6-2 所示。

结算方式的增值税筹划

表 6-2 不同销售结算方式下纳税义务发生时间的规定

具体结算方式	纳税义务产生时间的规定
直接收款	收到销售款或取得索取销售款凭据的当天
托收承付和委托收款	发出货物并办妥托收手续的当天
赊销和分期收款	合同约定收款日期的当天,无合同或无约定按货物发出的当天
预收货款	货物发出的当天
委托代销	收到代销清单或货款的当天或发出货物满 180 天
提供应税劳务	提供劳务同时收讫销售款或取得索取销售款凭据的当天

续 表

具体结算方式	纳税义务产生时间的规定
视同销售货物、劳务、服务、无形资产、不动产	货物移送的当天,劳务、服务、无形资产转让完成的当天或者不动产权属变更的当天
提供租赁服务采取预收款	收到预收款的当天
从事金融商品转让	金融商品所有权转移的当天

纳税人可以充分利用上述增值税纳税义务发生时间的规定,通过适当调整结算方式进行纳税筹划,总体筹划思路是没有收到货款即先不开发票,以达到延期纳税的目的。例如,对发货后一时难以回笼的货款,作为委托代销商品处理,待收到货款时出具发票纳税;尽量避免采用托收承付和委托收款结算方式销售货物,防止垫付税款;尽可能采用支票、银行本票和汇兑等结算方式销售货物;在不能及时收到货款的情况下,采用赊销或分期收款结算方式,以避免垫付税款。

在实务中,往往会有一些业务是在月底产生或得到确认的,对于这种业务,财务人员可以与客户沟通推迟几天确认业务,在不影响销售额各月间平衡状况的情况下,可以得到延期缴纳增值税的好处。

【例6-7】

丙公司主要从事大型机械的生产和销售,为扩大销售,主要采用赊销模式,销售产品的同时全额开具增值税专用发票。但由于收款周期过长,或者购货方面临资金压力,货款经常无法在当月一次性收回。20×2年7月,丙公司的销售额为1 500万元(不含税),当月无法收回销售款,估计每月可抵扣的进项税额为35万元。丙公司应选择何种结算方式更有利?

根据上述资料,分析如下:

方案1:采用直接收款方式,丙公司既不能及时收回资金,又必须在销售实现当月承担此销售业务的销项税额195万元(1 500×13%),显然会影响公司的资金周转速度。

方案2:如果丙公司与购货方达成分期收款协议,在协议中注明分5个月收回货款,每月月末之前由购货方支付货款300万元,则丙公司每月因该项业务而产生的销项税额为39万元(300×13%)。这样,丙公司每个月不仅有300万元的资金入账,加速了资金周转,还延迟了销项税额的确定,一举两得。

对于丙公司来说,可以按照此模式,合理安排每月的采购金额和收款金额,使得按收款金额计算的销项税额与可抵扣的进项税额接近,从而将增值税税额降到最低。

小贴士

采用适当的分期收款方式,不仅可以获得税收和资金周转方面的好处,而且能够使一些潜在的、因资金紧张而无法进行交易的业务得以实现,从而增加公司的业务。因此,公司可以在不产生过多坏账的情况下,积极采用这种方式。

四、增值税税率的纳税筹划

增值税的适用税率有13%、9%、6%和零税率四档;征收率有5%、3%、3%减按2%、3%减按0.5%、5%减按1.5%几类,分别用于核算不同税率或征收率的货物、劳务、服务等的增值税事项。

【例 6-8】

A 农机集团主要从事农机生产、销售、售后服务等业务，增值税税负明显高于机械行业平均水平。经过分析，A 农机集团可以采用以下方法降低税负。

3%减按0.5%、
5%减按1.5%
征收率

（1）设立农机销售公司，充分享受增值税税收优惠。

《财政部　国家税务总局关于农业生产资料免征增值税政策的通知》（财税〔2001〕113号）规定，批发和零售的种子、种苗、化肥、农药、农机免征增值税。因此，农机只能在批发零售环节免征增值税，而生产环节不能享受免税。该集团成立了专门的农机销售公司，将价值链进行分割，由农机生产公司将农机卖给农机销售公司，销售公司对外销售给农机经销商或客户，这样从生产环节到批发环节的增值额免税，直接降低了整个集团的增值税税负。

农机生产公司与农机销售公司之间的产品定价对增值税税负有明显的影响，但并不是农机销售公司的增值额越大，企业增值税税负越低。企业合理定价需要考虑两个因素：一是不能恶意转移定价，税务机关有权核定销售额，从而可能被处罚款，增加税收负担。二是根据增值税暂行条例的规定，纳税人销售或者进口饲料、化肥、农药、农机、农膜等货物，税率为9%。也就是说，销售农机适用9%的税率。《国家税务总局关于印发〈增值税部分货物征税范围注释〉的通知》（国税发〔1993〕151号）第16条规定，农机零部件不属于本货物的征收范围。农机配件不属于农机范围，不适用9%的税率，因而农机生产企业购进农机配件的税率为13%。只有当农机产品中取得增值税进项抵扣发票的物耗率（比）小于或等于69.23%（1×9%÷13%）时，农机生产企业才会出现应交增值税的情形。

（2）第三产业业务单独成立子公司，降低增值税适用税率。

A 农机集团可以考虑分解计税销售额，将集团本部单位（非独立子公司）提供的一些服务如计量、鉴定、技术服务和信息服务等独立出来，单独设立子公司，并按适用税率6%缴纳增值税。同时，这有助于将业务向市场化、精细化发展，从而提高辅助服务的竞争力，提高企业集团整体经济效益。

五、混合销售与兼营行为的增值税筹划

（一）混合销售行为的纳税筹划

一项销售行为如果既涉及服务又涉及货物，则为混合销售行为。从事货物的生产、批发或者零售的单位和个体工商户的混合销售行为，按照销售货物缴纳增值税；其他单位和个体工商户的混合销售行为，按照销售服务缴纳增值税。

这里所称"从事货物的生产、批发或者零售的单位和个体工商户"，包括以从事货物的生产、批发或者零售为主，并兼营销售服务的单位和个体工商户。

【例 6-9】

甲公司从事电脑批发零售和软件开发业务。甲公司与乙公司经协商达成一致：由甲公司向乙公司销售一批专用电脑设备，价款为100万元，甲公司另外要向乙公司提供与该批电脑设备有关的软件开发服务，价款也是100万元。甲公司销售电脑设备，适用增值税税率为13%；提供软件开发服务，适用增值税税率为6%。

如果甲公司与乙公司签订一份合同，既约定电脑设备销售事宜，又约定软件开发服务事宜，甲公司该如何计算缴纳增值税？是分别计税，还是必须将两个应税项目合并成一项交易，按混合销售计税，统一适用13%的税率？

如果双方签订两份合同,一份合同约定电脑设备销售事项,另一份合同约定软件开发服务,甲公司又该如何计算缴纳增值税?

【解析】

如果允许分别计税,甲公司的销项税额是19万元(100×13%+100×6%)。如果按混合销售缴纳增值税,甲公司的销项税额是26万元(200×13%)。后者比前者多出7万元。按照政策,本例中,如果甲、乙两公司签订一份合同,鉴于甲公司的营业范围属于货物的批发与零售,双方签订的这份合同应认定为混合销售行为,统一适用13%的税率计算缴纳增值税。但如果这两家公司签订两份合同,税务机关一般不会按混合销售行为作出征税处理。如果税务机关对这种情况要求按混合销售行为征税,纳税人主张其行为不是一项销售行为,而是两项销售行为,即电脑设备销售行为和软件开发服务行为,税务机关对此也不易进行反驳。

对于这种情况,目前税务机关还找不到有力的法律依据予以反对,从已发布的《营业税改征增值税试点实施办法》第40条来看,关于混合销售的定义仍比较简单,并未揭示出混合销售行为的本质属性。

混合销售和兼营的比较

(二)兼营行为的纳税筹划

兼营行为是指企业除了主营业务,还从事其他各项业务的经营行为。其具体包括两种情况:一是兼营不同增值税税率的销售货物或服务;二是兼营增值税的免税、减税项目。

1. 兼营不同增值税税率的销售货物或服务

纳税人销售货物、加工修理修配劳务、服务、无形资产或者不动产适用不同税率或者征收率的,应当分别核算适用不同税率或者征收率的销售额,未分别核算销售额的,按照以下方法适用税率或者征收率:①兼有不同税率的销售货物、加工修理修配劳务、服务、无形资产或者不动产,从高适用税率。②兼有不同征收率的销售货物、加工修理修配劳务、服务、无形资产或者不动产,从高适用征收率。③兼有不同税率和征收率的销售货物、加工修理修配劳务、服务、无形资产或者不动产,从高适用税率。

因此,纳税人兼营不同增值税税率的货物、加工修理修配劳务、服务、无形资产或者不动产的应分开核算更有利于节税。

1) 兼营不同税率的销售货物业务

【例6-10】

B企业属于增值税一般纳税人,3月的经营收入中机电产品销售额为200万元,其中农机销售额为60万元(销售额均不含增值税)。B企业当月可抵扣的进项税额为24万元。请对B企业销售货物业务进行纳税筹划。

【筹划思考】

方案1:未分别核算,应纳增值税税额=200×13%−24=2(万元)。

方案2:分别核算,应纳增值税税额=(200−60)×13%+60×9%−24=−0.4(万元)。

【筹划结果】

分别核算可以为B企业降低增值税税负2.4万元[2−(−0.4)]。

2) 兼营不同税率的交通运输服务

交通运输服务是指利用运输工具将货物或者旅客送达目的地,使其空间位置得到转移的业务活动,包括陆路运输服务、水路运输服务、航空运输服务和管道运输服务。

有兼营不同税率业务的企业,应分项核算兼营的业务。有些交通运输企业因车队庞大,为有效管理车队,会同时开设车辆维修厂。《增值税暂行条例》规定:纳税人兼营不同税率的货物或应税劳务,应当分别核算不同税率货物或应税劳务的销售额;未分别核算销售额的,从高适用税率。交通运输业务适用9%的税率,而车辆维修业务属于"提供加工、修理修配劳务",适用13%的增值税税率。如果企业不将这两项业务分别核算,两种业务的销售额都会按13%的税率计算销项税额。因此,有类似情况的企业应该分别清晰地核算不同税率的业务。

【例6-11】

天天物流有限公司为增值税一般纳税人,提供装卸搬运服务的同时,还为一家化妆品公司提供部分交通运输服务。20×2年取得交通运输收入为1 000万元(不含税),装卸搬运服务收入为500万元(不含税)。"营改增"以后,交通运输业适用的增值税税率为9%,装卸搬运服务适用的税率为6%,城建税税率为7%,教育费附加征收率为3%。假设不考虑进项税额,请分析比较两种方法的增值税和附加税。

筹划思考

方案1:不分别核算这两项收入,则该物流公司应纳增值税的销项税额为:销项税额=(1 000+500)×9%=135(万元),应纳城建税及教育费附加=135×10%=13.5(万元)。

方案2:如果天天物流有限公司分别核算这两笔收入,则该物流公司应纳增值税销项税额为:交通运输业应纳增值税=1 000×9%=90(万元);装卸搬运服务应纳增值税=500×6%=30(万元);销项税额=90+30=120(万元);应纳城建税及教育费附加=120×10%=12(万元)。

筹划结果

比较上述两种方案,方案2比方案1少缴增值税及附加税金额为16.5万元[(135−120)+(13.5−12)]。

3) 兼营不同税率的邮政服务

邮政服务是指中国邮政集团公司及其所属邮政企业提供邮件寄递、邮政汇兑、机要通信等邮政基本服务的业务活动,包括邮政普遍服务、邮政特殊服务和其他邮政服务。

邮政企业目前存在较多的兼营经营,如集邮中的邮品设计制作与销售、函件中的函件广告设计制作与销售等,如果不能分开核算,则一律按13%的增值税税率征收增值税。兼营销售未分开核算,从高适用税率在较大程度上增加了企业税负,企业应彻底把此类业务分离出来独立经营、单独核算,消除不必要的负担。因此,邮政企业应当全面梳理增值税税制下的业务流程和属性,避免兼营销售适用不同税率的服务项目因未分别列示,被从高适用税率,加重企业税收负担。对于兼营销售的业务,企业可先到当地主管税务机关备案,把涉及的兼营销售项目表述清楚,在会计上再对取得两种税率的收入分别开票与核算,避免从高适用税率。

2. 兼营增值税的免税、减税项目

有关税法规定,<u>纳税人兼营增值税免税、减税项目的,应当分别核算免税、减税项目的销售额;未分别核算销售额的,不得免税、减税</u>。因此,纳税人兼营增值税免税、减税项目的必须分开核算以达到节税的目的。

【例6-12】

某农业技术发展有限公司为增值税一般纳税人,生产增值税免税农产品和适用13%税率的应税加工食品。该公司20×2年每月的农产品含税销售额预计约为60万元,加工食品含税销售额预计约为40万元;用于生产免税农产品的进项税额预计约为3万元,用于加工食品的进项税额预计约为2万元。请问:该公司对兼营项目应如何进行纳税筹划?

【解析】

(1) 未单独核算:应纳增值税税额=(60+40)÷1.13×13%-(3+2)=6.50(万元)。

(2) 单独核算:应纳增值税税额=40÷1.13×13%-2=2.60(万元)。

该公司单独核算每月可以节约增值税3.90万元(6.50-2.60)。

可见,该公司通过单独核算免税、减税项目的销售额可以节减税收。

六、销售服务的纳税筹划

这里的"销售服务",是指提供电信服务、建筑服务、金融服务、现代服务、生活服务。交通运输服务、邮政服务内容已经在前一部分进行叙述,此处不再重复。

(一)电信服务

电信服务是指利用有线、无线的电磁系统或者光电系统等各种通信网络资源,提供语音通话服务,传送、发射、接收或者应用图像、短信等电子数据和信息的业务活动,包括基础电信服务和增值电信服务,分别适用9%和6%的增值税税率。

【例6-13】

某营业厅推出"预存话费送手机"合约计划,即:要求用户在网24个月,预存总计5 899元,其中话费4 000元分月返还,购机款1 899元,即以优惠价格1 899元购得原价5 288元的手机一部,该手机成本为4 960元,假设用户协议期内无溢出通话部分,每月另外收取电信营业款119.33元。假设每月使用套餐时,基础电信服务与增值电信服务占比为3∶7,购机时暂按成本作销售额计税,合约期间每期以公允价来分摊电信服务收入。请分析该合约计划增值税涉税情况。

【解析】

根据上述资料,在购机时增值税进项税额为570.62元[4 960÷(1+13%)×13%];入网时销售手机销项税额为570.62元[4 960÷(1+13%)×13%];合约期间每月需分摊合约计划销售额为39.13元[(5 899-4 960)÷24];基础电信服务销项税额为3.93元[(39.13+119.33)×30%÷(1+9%)×9%];增值电信服务销项税额为6.28元[(39.13+119.33)×70%÷(1+6%)×6%];销项税额合计为10.21元,24个月的项目总增值税税额为245.04元。

同时,在购机同时开具税率为13%的增值税专用发票,开具收据为939元(5 899-4 960),价税合计为4 960元;合约期间每期开具9%税率的增值税专用发票,其价税合计为47.54元,6%税率的增值税专用发票价税合计为110.92元,开具的增值税专用发票价税合计为8 763.04元。

(二)建筑服务

建筑服务是指各类建筑物、构筑物及其附属设施的建造、修缮、装饰、线路、管道、设备、设施等的安装以及其他工程作业的业务活动,包括工程服务、安装服务、修缮服务、装饰服务和其他建筑服务。提供建筑服务的企业可以从以下方面考虑纳税筹划。

1. 尽量选择一般纳税人作为供应商

建筑企业应当尽可能选择与一般纳税人进行合作。因为,一般纳税人在交易过程中会开具增值税专用发票,可以进行进项税额抵扣。此外,在劳务公司的选择上也要尽量与一般纳税人进行合作。在这种情况下,即使劳务公司为了规避自身税负的加重而抬高劳务费用,建筑企业所缴纳的增值税也会相应较低。因为建筑企业可以从劳务公司处获得增值税专用发票,实现进项税额的抵扣。例如,在施工企业需要购买施工材料时,就要对供应商进行比较。假设该批施工材料为226元,如果供应商为一般纳税人,在开具增值税专用发票的情况下,施工企业对该材料实际负担的成本为200元[226÷(1+13%)];若为增值税普通发票,由于没有办法进行进项税额抵扣,其实际成本为226元;若为小规模纳税人,则其实际成本为219.42元[226÷(1+3%)]。通过该实例的比较,我们会发现,只有在同一般纳税人进行合作,并且开具增值税专用发票的情况下才能最节约成本。

2. 建立材料自给供应链

建筑企业如果能够自行供给材料,将会大大减少税收的负担。因为,在建立原材料自给供应链之后,企业不用考虑供应商的选择,在材料采购环节所获得的发票全部为增值税专用发票,能够进行进项税额抵扣。实际上,这与选择一般纳税人作为供应商是一样的效果。但是,这样不仅可以减轻建筑企业的税收负担,还可以使得建筑企业有更加长远的发展。

3. 做好一般计税和简易计税的选择

(1)一般纳税人以清包工方式提供的建筑服务,可以选择适用简易计税方法计税。

> **知识链接**
>
> 以清包工方式提供建筑服务,是指施工方不采购建筑工程所需的材料或只采购辅助材料,并收取人工费、管理费或者其他费用的建筑服务。

(2)一般纳税人为甲供工程提供的建筑服务,可以选择适用简易计税方法计税。

> **知识链接**
>
> 甲供工程,是指全部或部分设备、材料、动力由工程发包方自行采购的建筑工程。

【例6-14】

甲建筑公司为增值税一般纳税人,于20×2年5月1日以清包工方式承接A工程项目。5月30日,发包方按工程进度支付工程价款(不含税)200万元,该项目当月发生工程成本为100万元,其中甲建筑公司购买材料等取得增值税专用发票上注明的金额为50万元。

对A工程项目,甲建筑公司可选用简易计税方法计算,应纳增值税税额=200×3%=6(万元)。

也可选用一般计税方法计算,应纳增值税税额=200×9%-50×13%=11.5(万元)。

此例中,采用简易计税方法比选用一般计税方法节税5.5万元(11.5-6)。

(3)一般纳税人为建筑工程老项目提供的建筑服务,可以选择适用简易计税方法计税,以取得的全部价款和价外费用扣除支付的分包款后的余额为销售额。

> **知识链接**
>
> 建筑工程老项目是指《建筑工程施工许可证》注明的合同开工日期在2016年4月30日前的建筑工程项目;未取得《建筑工程施工许可证》的,建筑工程承包合同注明的开工日期在2016年4月30日前的建筑工程项目。

【例6-15】

20×2年6月,丙公司完成一项建设服务工程(老项目),取得工程款100万元(不含税),

支付分包工程 20 万元,购进材料取得专用发票,进项税额为 6 万元。

该项目采用简易计税,应纳增值税税额=(100-20)×3%=2.4(万元)。

4. 合同的选择

(1) 包工同时,尽量订立包料合同。施工单位在接受工程的同时,要尽量与对方签订包料合同。签订包料合同意味着企业可以自行选择供应商或者材料自给,企业可以尽可能地取得增值税专用发票,进行进项税额抵扣。相反,如果企业签订以"甲方供料"方式的合同,施工企业就很难取得增值税专用发票,对于一些费用无法进行抵扣,导致企业税负增加。

(2) 尽量选择与劳务公司的工人签订劳动合同。人工成本在建筑成本中所占比例并不算少,建筑企业在对工人进行选择时要尽量选择与劳务公司推荐的工人签订劳动合同。一方面,由于长时间合作经验,可以保证这类工人工程施工的质量;另一方面,支付给这类工人的劳务费用可以得到增值税专用发票,进行进项税额抵扣,降低企业税负。

【例 6-16】

20×2 年 1 月,A 建筑企业与 C 企业签订 TY 工程承包合同,其中人工费用预计为 546.34 万元。对 A 建筑企业而言,企业的人工成本一共有 3 种来源:一是企业正式聘用的员工,二是企业雇佣的劳务外包,三是利用劳务派遣外聘的工人。试对 A 建筑企业人工的来源进行筹划。

〖筹划思考〗

方案 1:正式聘用员工,无法取得进项税额。则:

可抵扣进项税额为 0。

方案 2:选择按工程劳务外包给一般纳税人。则:

可抵扣的进项税额=546.34÷(1+9%)×9%=45.11(万元)。

方案 3:选择一般纳税人劳务派遣。则:

可抵扣的进项税额=546.34÷(1+6%)×6%=30.92(万元)。

方案 4:选择小规模纳税人劳务派遣且取得增值税专用发票。则:

可抵扣的进项税额=546.34÷(1+3%)×3%=15.91(万元)。

〖筹划结果〗

由此分析可知,报价相同的情况下 A 建筑企业应尽量选择劳务外包,这样可以取得更多的进项税额,以便降低税负;报价不同时,则要算出实际负担成本从而选出最优劳务方。

5. 严格区分建筑企业对外提供业务种类

这一点是基于控制销售额,进而控制销项税额的基础上来考虑的。由于增值税对兼营不同税率的应税货物或者应税服务有这样的规定:分别核算不同税率货物或者应税服务的销售额,分别计算应纳税额;没有分别核算销售额的,从高使用税率征收。此外,有关法规还对混合销售行为以及兼营非应税服务作出了特别规定。所以,建筑企业一定要对自己向外界提供的业务种类按照税收种类进行严格分类,避免因为在混合销售行为或者兼营行为中不区分销售额而从高税率征收增值税。

【例 6-17】

20×2 年 1 月,A 建筑企业与 C 企业签订 TY 工程承包合同,A 建筑企业负责这个项目的设计、采购、施工等方面直到工程的完工验收。A 建筑企业和发包商进行合同签署时,商定工程的总额(包括增值税)是 2 486.26 万元,其中:设计服务 188.12 万元、材料设备价款 1 548.13 万元、工程价款 750.01 万元。现对未分别核算与分别核算下的税负情况进行对比。

{筹划思考}

未分别核算:

A 建筑企业销项税额＝2 486.26÷(1＋13％)×13％＝286.03(万元)

分别核算:

在签订工程时,与甲方分别签订了设计、施工以及设备材料采购合同,且分别按照 6％、9％、13％的税率计算缴纳增值税。

A 建筑企业销项税额＝188.12÷(1＋6％)×6％＋1 548.13÷(1＋13％)×13％＋750.01÷(1＋9％)×9％＝250.68(万元)

{筹划结果}

经分析可知,如果 A 建筑企业没有对工程合同进行拆分,增值税销项税额将高达 286.03 万元,比拆分后高 35.35 万元,由此可见混合经营业务分别核算对降低 A 建筑企业增值税税负是很有必要的。

总承包合同中不同类别的项目拆分核算后,企业也能够利用不同类别项目的税率差异,进行合理的资金成本分配。详细来说,总承包方确定好不同项目下的价款时,可以将总承包价款在这三种项目中进行合法、合理转移和划分,增加低税率设计服务的对应金额,减少高税率采购活动所对应的金额,以促使整个工程实现更少的增值税税负。

(三)金融服务

金融服务是指经营金融保险的业务活动,包括贷款服务、直接收费金融服务、保险服务和金融商品转让。金融服务类企业应做好以下两点。

1. 完善经营合规,加强发票管理,降低法律风险

增值税是按环节流转征税,因此上下游环节均须做到合法合规、管理有序,企业才能合理地进行进项抵税,最大限度地减少本环节征税。如果企业收取的进项发票本身有问题或随意进行进项税额抵扣,则容易被认定为逃税,还可能要承担虚开增值税发票的法律责任。因此金融服务行业应充分重视增值税发票管理,合理控制税务风险,降低自身税务成本。

2. 合理安排业务流程外包

人力成本作为金融服务行业的重头费用支出,因无法获取可抵扣的专用凭证,不能进行进项税额的抵扣。因此通过人力成本合理筹划来实现税负减轻,成为了金融服务行业纳税筹划的重要任务。比较可行的操作方法是将内部的业务模块外包,对于非核心的金融业务,如银行卡催收、现金清点、软件外包、保险销售、税务咨询、法律诉讼、信贷尽职调查等业务,可以考虑采取业务外包的方式。这样不但可以节约一定的人工成本支出,还可以通过购进服务的方式取得增值税专用发票获取进项税额抵扣,从而有利于金融服务行业集中精力做大做强主业,提高核心竞争能力,体现纳税筹划的价值利益。

【例 6-18】

某金融企业为增值税一般纳税人,经营范围是贷款业务、直接收费金融服务、保险服务和金融商品转让等。请对该企业 20×2 年 7 月至 9 月发生的经营业务进行有关税费计算。

(1) 取得贷款利息收入(含税)6 360 万元,支付存款利息支出 3 000 万元。

(2) 取得金融服务手续费(含税)1 272万元。

(3) 7月2日,购买债券支付价款2 650万元;9月28日,转让所购买的债券取得收入(含税)4 240万元。

〖解析〗

(1) 存款利息不得从销售额中扣除,贷款利息收入销项税额=6 360÷(1+6%)×6%=360(万元)。

(2) 取得金融服务手续费销项税额=1 272÷(1+6%)×6%=72(万元)。

(3) 债券转让销项税额=(4 240-2 650)÷(1+6%)×6%=90(万元)。

(四) 现代服务

现代服务是指围绕制造业、文化产业、现代物流产业等提供技术性、知识性服务的业务活动,包括研发和技术服务、信息技术服务、文化创意服务、物流辅助服务、租赁服务、鉴证咨询服务、广播影视服务、商务辅助服务和其他现代服务。

【例6-19】

20×2年7月,S集团公司下属的管理咨询服务有限公司H企业(该企业会计核算制度不健全,经税务局认定为小规模纳税人)接到一工程勘察项目的咨询业务,双方协议收费50万元(本案例涉及的金额均不含增值税)。请分析与本业务有关的纳税筹划。

〖解析〗

(1) 税法依据。在现代服务业中,增值税小规模纳税人按销售额3%的征收率缴纳增值税,但不能抵扣进项税额;一般纳税人适用6%的增值税税率,取得增值税专用发票对应的进项税额可以抵扣销项税额。

(2) 方案设计。具体如下:

方案1:依靠自身财力、物力完成此业务,将发生相关人力成本10万元,相关设备租赁成本20万元。在该种情况下,H企业应当缴纳的增值税为1.5万元(50×3%)。

方案2:将此业务转移给兼有工程勘察咨询业务的A公司(A公司为S集团的子公司,为增值税一般纳税人),H企业自身作为业务代理,收取中介服务费用15万元,A公司将发生相同的咨询成本。在将服务外包的情况下,S集团公司应该缴纳的增值税既包括H企业提供中介服务的增值税,也包括A公司提供劳务产生的增值税,此时:

应当缴纳的增值税税额=15×3%+(35×6%-20×13%)=-0.05(万元)

综合以上分析,方案2优于方案1。

企业集团采取适当的方式将应税现代服务外包可以从一定程度上减轻企业的税收负担。造成上述方案2优于方案1的根本原因在于,在S集团中身为增值税小规模纳税人的H企业,通过和关联方A公司之间应税服务的巧妙转移,使得自身无法扣除的进项税额在一般纳税人A公司得到了合法扣除,最终降低了企业税负。

(五) 生活服务

生活服务是指为满足城乡居民日常生活需求提供的各类服务活动,包括文化体育服务、教育医疗服务、旅游娱乐服务、餐饮住宿服务、居民日常服务和其他生活服务。

【例6-20】

A演艺有限公司既从事演出活动又兼营销售音像制品。20×2年2月,该公司共发生境内外演出收入500万元,其中境内演出收入为300万元、境外演出收入为200万元;销售音像制品收入100万元,其中境内销售收入40万元、境外销售收入为60万元。假设不考虑城建税和教育费附加,并无其他纳税调整事项(本案例涉及的金额均不含增值税)。

【筹划思考】

(1) 若境内、境外收入不分开核算,则A演艺有限公司20×2年2月发生的演出收入的增值税销项税额为30万元(500×6%)。销售音像制品收入应缴纳增值税销项税额为9万元(100×9%)。

(2) 若境内、境外收入分开核算,A演艺有限公司在境外演出并从境外取得的收入将免征增值税、向境外销售音像制品享受增值税出口退税政策,即只针对国内的演出缴纳增值税,应缴纳的增值税销项税额为18万元(300×6%)。

同样的,A演艺有限公司只需对国内销售音像制品缴纳增值税,即缴纳增值税销项税为3.6万元(40×9%)。

【筹划结果】

通过分开核算,A演艺有限公司能节省增值税销项税额17.4万元[30+9-(18+3.6)]。

七、销售无形资产、不动产的纳税筹划

(一) 销售无形资产的纳税筹划

1. 征税范围

根据《销售服务、无形资产、不动产注释》规定,销售无形资产是指转让无形资产所有权或者使用权的业务活动。无形资产是指不具实物形态,但能带来经济利益的资产,包括技术、商标、著作权、商誉、自然资源使用权和其他权益性无形资产。其中:

(1) 技术,包括专利技术和非专利技术。

(2) 自然资源使用权,包括土地使用权、海域使用权、探矿权、采矿权、取水权和其他自然资源使用权。

(3) 其他权益性无形资产,包括基础设施资产经营权、公共事业特许权、配额、经营权(包括特许经营权、连锁经营权、其他经营权)、经销权、分销权、代理权、会员权、席位权、网络游戏虚拟道具、域名、名称权、肖像权、冠名权、转会费等。

2. 可以享受免征增值税优惠的项目

以下项目可以享受免征增值税优惠:

(1) 个人转让著作权。

(2) 纳税人提供技术转让、技术开发和与之相关的技术咨询、技术服务。

(3) 将土地使用权转让给农业生产者用于农业生产。

(4) 土地所有者出让土地使用权和土地使用者将土地使用权归还给土地所有者。

(5) 县级以上地方人民政府或自然资源行政主管部门出让、转让或收回自然资源使用权(不含土地使用权)。

【例6-21】

某技术开发咨询公司为增值税一般纳税人,20×2年2月向我国境内乙公司转让一项专利权,取得技术转让收入240万元、技术咨询收入60万元;同时转让与专利技术配套使用的设备一台,开具增值税专用发票,注明金额50万元。试分析该公司所涉业务的增值税(本案例所涉及金额均不含增值税)。

【解析】

技术转让收入和技术咨询收入均属于增值税免税收入,因此:

应确认的增值税销项税额=50×13%=6.5(万元)

(二)销售不动产的纳税筹划

销售不动产是指转让不动产所有权的业务活动。不动产是指不能移动或者移动后会引起性质、形状改变的财产,包括建筑物、构筑物等。其中:

(1) 建筑物包括住宅、商业营业用房、办公楼等可供居住、工作或者进行其他活动的建造物。

(2) 构筑物包括道路、桥梁、隧道、水坝等建造物。

> **小贴士**
>
> 转让建筑物有限产权或者永久使用权的,转让在建的建筑物或者构筑物所有权的,以及在转让建筑物或者构筑物时一并转让其所占土地的使用权的,按照销售不动产缴纳增值税。

1. 一般计税方法和简易计税方法的选择

根据《财政部 国家税务总局关于全面推开营业税改征增值税试点的通知》(财税〔2016〕36号)规定,房地产开发企业中的一般纳税人销售其2016年4月30日前开工建设的房地产老项目,可以选择适用简易计税方法按照5%的征收率计税。因此对于老项目,一般计税方法和简易计税方法都是房地产企业的可选之项。

【例6-22】

某房地产开发企业销售于2016年4月开工建设的美丽城小区一期开发项目,预计开发收入为10亿元,建筑工程投资为2.3亿元,其他可抵扣成本为0.7亿元,土地成本为4亿元,销售对象为居民个人,试分析是采用简易计税方法还是一般计税方法更为有利。

|筹划思考|

找到两种方式的税负平衡点:

设可以抵减的土地成本为 X,开发收入为 Y,假设建筑工程及其他可抵扣成本占收入的比例为30%。则:

$$Y \div (1+5\%) \times 5\% = (Y-X) \div (1+9\%) \times 9\% - 30\%Y \div (1+9\%) \times 9\%$$

计算可知:$X = 0.123\,3Y, X \div Y = 12.33\%$。

即土地成本占到开发收入的12.33%时两种方式税负相同,超过这个比例适用一般计税方法对房地产企业有利。

案例中,已知土地成本占开发收入的40%(4÷10×100%),采用简易计税方法应缴纳增值税0.476 2亿元[10÷(1+5%)×5%],采用一般计税方法应缴纳增值税0.247 7亿元[(10-4)÷(1+9%)×9%-10×30%÷(1+9%)×9%]。

|筹划结果|

采用一般计税方法对房地产企业来说,税收成本低。

2. 甲供材、乙供材的选择

根据《财政部 国家税务总局关于全面推开营业税改征增值税试点的通知》(财税〔2016〕36号)文件规定,一般纳税人为甲供工程提供的建筑服务,可以选择适用简易计税方法计税。那么,房地产企业与建筑企业签订建筑合同时,采用甲供材(即由甲方提供的材料)还是乙供材更为有利?我们通过一个案例进行解释。

【例6-23】

某房地产开发企业2016年8月开工美丽城小区一期开发项目,建筑工程投资预算

30 000万元,其中含钢筋、水泥等工程材料18 500万元。试分析工程招标时是采用一般计税方式还是甲供材税收成本更低。

{筹划思考}

找到两种方式的税负衡点:

设可以抵扣13%进项税的甲供材为X,建筑工程造价为Y。则:

$$Y\div(1+9\%)\times 9\%=X\div(1+13\%)\times 13\%+(Y-X)\div(1+3\%)\times 3\%。$$

计算可知:$X=0.622\ 0Y,X\div Y=62.20\%$。

即甲供材占到建筑工程造价的62.20%时两种方式税负相同,高于这个比例甲供材对房地产企业有利。

案例中,已知甲供材占到建筑工程造价的61.67%(18 500÷30 000),乙供材方式下房地产企业可取得进项税2 477.06万元[30 000÷(1+9%)×9%],甲供材方式下房地产企业可取得进项税2 463.26万元[18 500÷(1+13%)×13%+(30 000−18 500)÷(1+3%)×3%]。

{筹划结果}

采用乙供材对房地产企业来说,建筑工程取得的进项税额大于甲供材方式,对房地产企业有利。

[例6-22]和[例6-23]只是根据现行税收政策进行理论上的分析,提供一个筹划思路,具体到实务中,还要具体情况具体分析,设计出最优筹划方案。如甲供材的纳税筹划,还需要考虑建筑施工企业税负情况,如果建筑方取得抵扣发票的可能性很小,当然其也愿意采用简易征收;反之,如果甲供材使建筑施工企业税负增加,也就无法顺利实施。

八、放弃免税权的纳税筹划

有关税法规定:纳税人发生增值税应税交易适用免税规定的,可以选择放弃免税,但放弃免税后,36个月内不得再申请免税。这一条款为纳税人对免税项目的选择提供了空间。根据增值税的征收原理及其规定,纳税人享受免税,其销售额不再计算缴纳销项税额,相应的进项税额也不得再抵扣,也不能向购货方开具增值税专用发票。由于购买方不能取得增值税发票,进项税额不得抵扣,会增加购买方的税收负担,也会影响销售方销售情况。纳税人是选择免税还是纳税,应根据企业的实际情况判断,测算免税与纳税的税负差。通常当应税项目适应较低的税率而外购货物适应较高的税率时,可能出现免税产品进项税额转出金额远大于销项税额的情况,此时,选择放弃免税权可能更加有利。

【例6-24】

某粮油生产加工企业为增值税一般纳税人,主要生产销售菜籽油、色拉油、花生油等产品,同时加工过程中剩余的菜粕、花生粕等可作为免税的饲料类产品。该企业有专门向农民收购农产品的机构,凭税务机关认可的收购凭证,可按收购发票的金额抵扣9%的进项税额。20×2年5月,油类产品销售收入为900万元,免税饲料销售收入为100万元,当期进项税额为500万元,且所有进项税额无法准确划分免税与应税项目。请对该企业免税项目进行纳税筹划。

{筹划思考}

按照现行税法规定,一般纳税人兼营免税项目而无法准确划分其进项税额的,要按免税项目销售额占全部销售额的比例计算不得抵扣的进项税额,即:

当期进项税额转出=500×100÷(900+100)=50(万元)

免交的增值税税额=100×9%=9(万元)

【筹划结果】

如果企业选择行使免税权,虽然可以免 9 万元的销项税额,但同时会有 50 万元的进项税额不得抵扣,反而增加了企业的税收负担,因此放弃免税权更合算。

> **小贴士**
>
> 企业在放弃免税权时,需要注意的是:必须履行法定程序,要以书面形式申请并到税务机关备案,税务机关接受备案从形式上表明已认可纳税人的声明,从时间上已确认放弃免税权的起始时间;同时,应考虑到近 3 年内企业生产经营情况将会发生的变化,因为申请放弃免税权后 36 个月内不得再申请免税。

九、生产企业出口退增值税的纳税筹划

(一) 不同贸易方式下生产企业出口退税的纳税筹划

1. 一般贸易方式与加工贸易方式选择的纳税筹划

一般贸易的货物主要是从境内采购原辅材料、零部件、元器件等料件,是来自本国的要素资源;而加工贸易的货物主要是从境外进口料件,是来自国外的要素资源,只是在我国进行了加工和装配。随着国内材料比重的减少、进口材料的增加,进出口差额在缩小,总税负也在减少。因此,加工贸易方式下企业承担的总税负要低于一般贸易方式,企业在条件允许的情况下选择加工贸易方式为佳。

同时,根据规定,经审核批准的当期免抵的增值税税额应纳入城建税和教育费附加的计征范围,分别按规定的税(费)率征收城建税和教育费附加。由于加工贸易方式下税负较轻,也就是说,一般贸易方式下要承担比加工贸易方式下更多的城建税和教育费附加,因此,企业在条件允许的情况下选择加工贸易方式为佳。

2. 进料加工方式和来料加工方式选择的纳税筹划

进料加工和来料加工是加工贸易最基本的两种方式,企业可以通过加工贸易方式的选择,达到降低税收负担的效果。以下从三个方面对两种贸易方式下的出口税收进行比较。

1) 征税率与退税率的大小

一般情况下,增值税的征税率比退税率高,征退税差额要计入出口货物成本。在进料加工贸易方式下,征税率和退税率的差异越大,不予免征的税额就越大,也就是说,要计入成本的数额就越大。

【例 6-25】

某有进出口经营权的出口企业为国外加工一批货物,进口保税料件价格为 2 000 万元,加工后出口价格为 3 500 万元,为加工产品所耗用的国内原材料等费用的进项税额为 50 万元,增值税适用税率为 13%,出口退税率为 11%,货物全部出口。试分析该企业有关纳税情况。

【解析】

若企业采用来料加工贸易方式,则进口和出口货物都是免税的,企业不用缴纳增值税。

若企业采用进料加工贸易方式,有关税额计算如下:

当期免抵退税不予免征和抵扣税额 = (3 500 − 2 000) × (13% − 11%) = 30(万元)

当期应纳税额 = 30 − 50 = −20(万元)

也就是说,在上面的假设条件下,如果采用进料加工贸易方式,企业能得到20万元的增值税退税。但是,如果将出口退税率改为9%,那么有关税额将变为:

当期免抵退税不予免征和抵扣税额=(3 500－2 000)×(13%－9%)=60(万元)

当期应纳税额=60－50=10(万元)

可以看出,征税率与退税率的差越大,当期免抵退税不予免征和抵扣税额就越大,也就是说,出口货物进成本的数额就越大。

2) 耗用国产料件的数量

因来料加工方式下,国产料件的进项税额可以进行抵减,在很大程度上决定企业能否退税,从而左右加工贸易方式的选择。

沿用[例6-25]的数据,如果将国内原材料等费用的进项税额改为10万元,则有关税额的情况又有所改变:

当期免抵退税不予免征和抵扣税额=(3 500－2 000)×(13%－11%)=30(万元)

当期应纳税额=30－10=20(万元)

当国内采购料件少,也就是进项税额低时,若采用进料加工贸易方式,可抵减的进项税额根本不足以抵减销项税额,因此可以选择缴纳税额。相反,如果进项税额大,进料加工贸易方式下,抵减额可以办理出口退税,其业务成本就会等于或者小于来料加工贸易方式的成本。在来料加工贸易方式下,进项税额越大,因为不能办理退税,就会存在出口成本随着国产料件的增加而提高的现象。

3) 企业利润水平的高低

企业利润水平的高低也会对税负有影响。进料加工贸易方式下,利润越大,当期免抵退税不得免征和抵扣的税额就会更大,那么,当期应退税额就会变少,甚至要缴纳税额。如果利润少的话,当期免抵退税不得免征和抵扣的税额也会更小,退税会更多。

沿用[例6-25]的数据,如果出口货物价格改为5 000万元,利润增大,应纳税额将发生改变,此时:

当期免抵退税不予免征和抵扣税额=(5 000－2 000)×(13%－11%)=60(万元)

当期应纳税额=60－50=10(万元)

也就是说,在上面的假设条件下,如果采用进料加工贸易方式,企业要缴纳10万元的增值税,而采用来料加工则可以省下10万元增值税。企业应根据实际业务的需要,综合考虑上面的三种因素,找出一个最佳的经营方式,使税收负担降到最低。

(二) 不同出口方式下生产企业出口退税的纳税筹划

货物的出口方式影响着企业的增值税负担。在当前的政策环境下,无论是生产企业还是外贸企业,是自营出口还是委托出口自己生产的货物或采购的货物,抑或是将货物销售给外贸企业出口,对企业的税负都会产生不同的影响,需要具体分析:

(1) 当征税率=退税率时,自营(或委托)出口与通过外贸企业出口,企业所负担的增值税税负相同。

(2) 当征税率>退税率时,自营(或委托)出口与通过外贸企业出口,企业所负担的增值税税负存在差异。如果生产企业当期投入料件全部来自国内采购,当产品出口价格大于外贸企业的收购价格,企业通过外贸企业出口产品有利于减轻增值税税负。并且,在产品出口价格确定的情况下,如果外贸企业与生产企业是关联方,利用外贸出口可为生产企业提供更为广阔的筹划空间,因为生产企业可以运用转让定价进行纳税筹划。

【例 6-26】

某中外合资企业 A 公司以农产品为原材料生产工业品出口,20×2 年 6 月,内销货物不含税销售额为 600 万元,自营出口销售额折合人民币为 400 万元,可抵扣的进项税额为 200 万元,征税率为 13%,退税率为 11%。

[筹划思考]

先对 A 公司自营出口方式计算应退税额:

(1) 当期不得免征和抵扣税额＝当期出口货物离岸价×(出口货物适用税率－出口货物退税率)＝400×(13%－11%)＝80(万元)。

(2) 当期应纳税额＝当期销项税额－(当期进项税额－当期不得免征和抵扣税额)＝600×13%－(200－80)＝－42(万元)。

(3) 当期"免、抵、退"税额＝当期出口货物离岸价×出口货物退税率＝400×11%＝44(万元)。

(4) 当期应退税额＝42(万元)。

筹划分析:

假设该中外合资企业有关联外贸公司 B 公司,A 公司把拟外销的产品先以 350 万元的价格销售给 B 公司,B 公司再以 400 万元的价格销售到境外。则 A 公司应纳增值税税额为－76.5 万元(950×13%－200),可选择留抵或申请退税,B 公司可得到退税 44 万元(400×11%)。

[筹划思考]

通过筹划,A、B 公司可以多获得退税 2 万元(44－42),A 公司还可以就多纳的 76.5 万元增值税申请退税。显然,在这个例子中,通过外贸企业出口对 A、B 公司更加划算。

(三) 不同销售区域下生产企业出口退税的纳税筹划

1. 出口加工区的纳税筹划

在出口加工区设立公司的企业可以从以下方面进行筹划。

出口加工区

(1) 分离出口业务、在出口加工区建立关联企业,包括子公司等。对于既有出口加工业务,又有内销业务的企业,最明智的做法是将出口加工部分从本企业分离出去,将出口加工业务迁到出口加工区去。这样,企业用来生产出口加工业务的机器、设备、办公用品都能够视同出口,享受退税的好处。

(2) 购买国内的机器与原材料。按照以前的规定,来料加工企业采用国内原材料不享受退税,如今,在出口加工区就可以享受退税。因此,区内的企业应该根据本公司的具体情况,尽量购买国内的设备与原材料,从而充分享受优惠。

2. 保税物流园区的纳税筹划

在保税物流园区的企业可以从以下方面进行筹划。

保税物流园区

(1) 货物可以"境内退税"。对国内外投资者来说,在保税物流园区除了能获得保税区的所有传统免税优惠,还可获得通常只有自由贸易区才能享受的出口退税政策。国内货物一旦进入园区,出口商即有权申请退税,改变了现行的"离境退税"方式,这是保税物流园区最吸引加工贸易的政策。保税物流园区外货物进入区内视同出口,海关按照对出口货物的有关规定办理报关手续,并在货物办理入区报关环节签发出口退税报关单,区外企业凭报关单出口退税联及有关凭证即可向税务部门办理出口退(免)税手续。

（2）充分利用优势功能。保税物流园区具备四项功能：①国际中转功能，对进入园区的境外、国内货物进行分拆、集拼后转运至境内外其他目的港；②国际配送功能，对入区货物进行分拣、分配或进行简单的商业性加工后向国内外配送；③国际采购功能，对采购的国内货物和境外货物进行综合处理和简单的商业性加工后向国外销售；④转口贸易功能，构建集交易、展示、出样、订货于一体的转口贸易服务体系，有利于区内企业开展转口贸易。在保税物流园区的投资者可以充分利用这些优势，使企业的整体发展更为方便快捷，节省更多的人力、物力、财力，从而更好地提高企业的综合实力。

 开篇释疑

> 该公司销售货物（文化用品适用税率13％，图书杂志适用税率9％）和提供餐饮服务（适用税率6％）属于兼营行为，如果三项收入未分开核算，按销售货物（文化用品）从高适用税率，统一按13％的税率缴纳增值税。很明显，不分开核算对企业不利。最好的做法是将三项收入分开核算，分别计算缴纳增值税。应纳增值税＝150÷(1＋13％)×13％＋3.51÷(1＋9％)×9％＋10÷(1＋6％)×6％－16＝2.12（万元）。

课堂笔记

第二节 销售业务消费税纳税筹划

开篇设问

> 某实木地板厂属于增值税一般纳税人,某月销售实木地板 5 000 平方米^2,每平方米售价为 500 元(不含增值税),这批实木地板耗用包装盒 500 个,每只包装盒售价为 20 元(不含增值税),实木地板的消费税税率为 5%。请问如何进行筹划能降低该企业的税负。

知识积累与能力培养

我国现行的消费税计税方法分为从价计征、从量计征和复合计征三种类型,不同的计税方法有不同的计税依据。不同的计税依据给消费税的筹划留下了不少空间。

一、兼营行为的纳税筹划

根据《中华人民共和国消费税暂行条例》(以下简称《消费税暂行条例》)第 3 条的规定:纳税人兼营不同税率的应税消费品,应当分别核算不同税率应税消费品的销售额、销售数量;未分别核算销售额、销售数量,或者将不同税率的应税消费品组成成套消费品销售的,从高适用税率。上述规定要求纳税人必须注意分别核算不同税率的应税消费品的生产情况。

【例 6-27】

某公司既生产经营粮食白酒,又生产经营药酒,粮食白酒的消费税税率为 20% 加 0.5 元/500 克、药酒的消费税税率为 10%。20×1 年度,粮食白酒的销售额为 200 万元,销售量为 50 000 千克,药酒销售额为 300 万元,销售量为 40 000 千克,但该公司没有分别核算。20×2 年度,该公司的生产经营状况与 20×1 年度基本相同,现有两种方案可供选择。

方案 1:统一核算粮食白酒和药酒的销售额。

方案 2:分别核算粮食白酒和药酒的销售额。

从节税的角度出发,该公司应当选择哪套方案?

【筹划思考】

方案 1 中,企业生产经营适用两种税率的应税消费品应当分别核算,未分别核算的,适用较高税率。在该方案下,该公司的纳税情况如下:

酒类应纳消费税税额=(200+300)×20%+(50 000+40 000)÷10 000×0.5×2=109(万元)

酒类应纳城建税和教育费附加=109×(7%+3%)=10.9(万元)

合计应纳税税额=109+10.9=119.9(万元)

方案 2 中,企业生产经营适用两种税率的应税消费品应当分别核算,分别核算后可以适用各自的税率。在该方案下,该公司的纳税情况如下:

粮食白酒应纳消费税税额＝200×20％＋50 000×2×0.5＝45(万元)
粮食白酒应纳城建税和教育费附加＝45×(7％＋3％)＝4.5(万元)
药酒应纳消费税税额＝300×10％＝30(万元)
药酒应纳城建税和教育费附加＝30×(7％＋3％)＝3(万元)
合计应纳税税额＝45＋4.5＋30＋3＝82.5(万元)

【筹划结果】

综上，方案2比方案1节税37.4万元(119.9－82.5)。

因此，该公司应当选择方案2。方案2充分利用了分别核算可以适用不同税率的政策，从而达到了节税的效果。

二、包装物的纳税筹划

根据《中华人民共和国消费税暂行条例实施细则》(以下简称《消费税暂行条例实施细则》)第13条的规定：应税消费品连同包装物销售的，无论包装物是否单独计价以及在会计上如何核算，均应并入应税消费品的销售额中缴纳消费税。如果包装物不作价随同产品销售，而是收取押金，此项押金则不应并入应税消费品的销售额中征税。但对因逾期未收回的包装物不再退还的或者已收取的时间超过12个月的押金，应并入应税消费品的销售额，按照应税消费品的适用税率缴纳消费税。对既作价随同应税消费品销售，又另外收取的包装物押金，凡纳税人在规定期限内没有退还的，均应并入应税消费品的销售额，按照应税消费品的适用税率缴纳消费税。因此，企业如果想在包装物上节省消费税，关键是包装物不能作价随同产品出售，而应采取收取"押金"的形式，这样就不用并入应税消费品的销售额计算消费税税额。即使1年以后，需要将押金并入应税消费品销售额，按照应税消费品的适用税率征收消费税，也使企业获得了该笔消费税等额资金的1年免费使用权。这种纳税筹划在会计上的处理方法是：随同产品出售但单独计价的包装物，按规定应缴纳的消费税，借记"税金及附加"账户，贷记"应交税费——应交消费税"账户。企业逾期未退还的包装物押金，按规定应缴纳的消费税，借记"其他业务成本""其他应付款"等账户，贷记"应交税费——应交消费税"账户。

【例6-28】

某鞭炮厂生产一批鞭炮共10 000箱，每箱价值为200元，其中包含包装物价值15元，鞭炮的消费税税率为15％。该厂有两套销售方案可供选择。

方案1：按照每箱200元的价格销售。

方案2：按照每箱185元的价格销售，收取15元押金。

从节税角度出发，该厂应当选择哪套方案？

【筹划思考】

在方案1下，企业应当按照销售额缴纳消费税。该厂的纳税情况如下：

应税销售额＝200×10 000＝2 000 000(元)

应纳消费税税额＝2 000 000×15％＝300 000(元)

在方案2下，企业收取的包装物押金不计入销售额。该厂的纳税情况如下：

应税销售额＝185×10 000＝1 850 000(元)

应纳消费税税额＝1 850 000×15％＝277 500(元)

综上，方案2比方案1节税22 500元(300 000－277 500)。

根据现行消费税政策，如果1年后该押金仍未退还，则该厂应当补缴消费税。假设市场年利率为10％。该厂的纳税情况如下：

应税销售额＝15×10 000＝150 000(元)

应纳消费税税额＝150 000×15％＝22 500(元)

【筹划结果】

因延迟纳税,方案2比方案1相对节税(获得货币时间价值)2 250元(22 500×10％)。因此,该厂应当选择方案2。

三、包装方式的纳税筹划

根据《消费税暂行条例》第3条的规定:纳税人兼营不同税率的应税消费品,应当分别核算不同税率应税消费品的销售额、销售数量;未分别核算销售额、销售数量,或者将不同税率应税消费品组成套装进行销售的,从高适用税率。如果纳税人需要将不同税率的商品组成套装进行销售时应当尽量采取"先销售后包装"的方式进行核算,而不要采取"先包装后销售"的方式进行核算。

【例6-29】

某酒厂生产各种类型的酒,以适应不同消费者的需求。春节来临,该厂于年初推出"组合装礼品酒"的促销活动,将白酒、白兰地酒和葡萄酒各一瓶组成价值为115元的成套礼品酒进行销售,三种酒的出厂价分别为50元/瓶、40元/瓶、25元/瓶,白酒的消费税税率为0.5元/0.5千克加上出厂价的20％,白兰地酒和葡萄酒的消费税税率为销售额的10％。假设这三种酒每瓶均为0.5千克装,该月共销售1万套礼品酒。该酒厂可以采取两种促销方式。

方案1:先包装后销售。

方案2:先销售后包装。

从节税角度出发,该酒厂应当采取哪个方案?

【筹划思考】

方案1中,由于该酒厂采取先包装后销售的方式促销,属于不同税率产品的兼营行为,应当按照较高的税率计算消费税税额。在该方案下,该酒厂的纳税情况如下:

应税销售额＝(50＋40＋25)×10 000＝1 150 000(元)

应税销售量＝3×10 000×0.5＝15 000(千克)

应纳消费税税额＝15 000×2×0.5＋1 150 000×20％＝245 000(元)

方案2中,由于该酒厂采取先销售后包装的方式促销,各种酒类产品应该分别计算应纳消费税税额。在该方案下,该酒厂的纳税情况如下:

白酒应纳消费税税额＝10 000×(1×0.5＋50×20％)＝105 000(元)

白兰地酒应纳消费税税额＝40×10 000×10％＝40 000(元)

葡萄酒应纳消费税税额＝25×10 000×10％＝25 000(元)

累计应纳消费税税额＝105 000＋40 000＋25 000＝170 000(元)

【筹划结果】

方案2比方案1节税75 000元(245 000－170 000)。

方案2由于分别适用应税消费品各自税率从而达到了节税效果,因此,该酒厂应当选择方案2。

【例6-30】

某日用化妆品企业,将生产的高档化妆品、护肤护发品、小工艺品等组成成套消费品销售。每套消费品由下列产品组成:高档化妆品包括一瓶香水1 200元、一瓶指甲油400元、一支口红600元;护肤护发品包括两瓶沐浴液100元、一瓶定型水100元;化妆工具及小工艺品10元、塑料包装盒5元。高档化妆品消费税税率为15%,上述价格均不含税。从纳税筹划角度,分析该企业采用成套销售是否有利。

{筹划思考}

成套销售应纳消费税税额为362.25元[(1 200+400+600+100+100+10+5)×15%]。

如果改成"先销售后包装"方式,护肤护发品不需要缴纳消费税,这样可以大大降低消费税税负,"先销售后包装"方式应纳消费税税额为330元[(1 200+400+600)×15%]。

{筹划结果}

可见,如果改成"先销售后包装"方式,每套化妆品消费税税负降低32.25元(362.25−330),而且增值税税负仍然保持不变。

因此,企业从事消费税的兼营业务时,能单独核算的,最好单独核算,没有必要成套销售的,最好单独销售,尽量降低企业的税收负担。

四、自产自用应税消费品的纳税筹划

根据《消费税暂行条例》第7条规定,纳税人自产自用的应税消费品,凡是用于其他方面应当纳税的,按照纳税人生产的同类应税消费品的销售价格计算纳税。这里的"用于其他方面",是指纳税人用于生活福利设施、专项工程、基本建设和其他非生产机构,用于销售产品或者提供事务,以及用于馈赠、赞助、集资、职工福利、奖励等方面的应税消费品。

自产自用消费税复合计税组成计税价格

同类应税消费品的销售价格,是指纳税人当月销售的同类消费品的销售价格。如果当月同类消费品各期销售价格高低不同,则应按销售数量加权平均计算。但销售的应税消费品有下列两种情况之一的,不得列入加权平均计算:

(1) 销售价格明显偏低又无正当理由的。

(2) 无销售价格的,如果当月无销售或者当月未完结,应按照同类消费品上月或最近月份的销售价格计算纳税。

没有同类消费品销售价格的,按照组成计税价格计算纳税。组成计税价格的计算公式是:

组成计税价格=(成本+利润)÷(1−消费税税率)

式中,"成本"是指应税消费品的产品生产成本,"利润"是指根据应税消费品的全国平均成本利润率计算的利润。其中,成本是计算组成计税价格的重要因素,成本的高低直接影响组成计税价格的高低,进而影响税额的高低,而产品成本又是通过企业自身的会计核算计算出来的。

从纳税筹划的角度看,若无同类消费品销售价格,减少成本就有利于节税。只要将自用产品应负担的间接费用少留一部分,而将更多的费用分配给其他产品,就会降低用来计算组成计税价格的成本,从而使计算出来的组成计税价格变低,使自用产品应负担的消费税相应地减少。

【例6-31】

某摩托车生产企业按统一的原材料、费用分配标准,计算企业自制自用摩托车10辆的单位产品成本为3 000元,该产品的利润率为20%,消费税税率为10%,无同类产品生产销售。请对该摩托车生产企业进行纳税筹划。

{筹划思考}

(1) 未降低成本时的情况下,其组成计税价格和应纳消费税计算如下:

组成计税价格=3 000×10×(1+20%)÷(1−10%)=40 000(元)

应纳消费税税额=40 000×10%=4 000(元)

(2) 降低成本时的情况下,如果企业采用降低自制自用产品成本办法,将单位成本降为2 250元时,其组成计税价格和应纳消费税计算如下:

组成计税价格=2 250×10×(1+20%)÷(1-10%)=30 000(元)

应纳消费税税额=30 000×10%=3 000(元)

[筹划结果]

由此可以看出,企业若采用降低自制自用产品成本办法,可以少缴纳消费税税额1 000元(4 000-3 000)。

五、非货币性资产交换中的纳税筹划

根据《消费税暂行条例》规定,纳税人自产的应交消费税的消费品用于换取生产资料和消费资料、投资入股或抵偿债务等方面,应当按照纳税人同类应税消费品的最高销售价格作为计税依据。

在实际操作中,当纳税人采用先销售应税消费品,再换取货物或投资入股时,一般是按照双方的协议价或评估价确定,而协议价往往是市场平均价。纳税人可采用先销售后换取货物或入股的方式,避免按照同类应税消费品的最高销售价格作为计税依据,以达到减轻税负的目的。

【例6-32】

某实木地板生产企业,当月对外销售了3批次同种实木地板,单价为80元每平方米的销售1 000平方米,单价为85元每平方米的销售800平方米,单价为90元每平方米的销售200平方米。当月拟以500平方米同种实木地板与B木材加工厂换取原材料,实木地板消费税税率为5%。请问:该企业如何设计才能节税?

[筹划思考]

若双方直接用产品交换原材料,则需按最高价90元/平方米计算纳税额,该企业应纳消费税税额为2 250元(90×500×5%)。若纳税人采用先销售再购买的方式,可避免按照同类应税消费品的最高销售价格作为计税依据,按当月的加权平均销售价格确定。经过筹划,将这500平方米实木地板按照当月的加权平均价销售后,再购买材料,则:

应纳消费税税额=(80×1 000+85×800+90×200)÷(1 000+800+200)×500×5%=2 075(元)

[筹划结果]

这样,企业可减轻税负175元(2 250-2 075)。

想一想

筹划时,能否按80元/平方米作为双方交易价格,并作为计税依据?

六、出口应税消费品的纳税筹划

根据《消费税暂行条例》第11条的规定,对纳税人的出口应税消费品,免征消费税,国务院另有规定的除外。已经缴纳消费税的商品出口时,在出口环节可以享受退税的待遇。从纳税筹划的角度出发,纳税人开拓国际市场,也是一种重要的纳税筹划方式。

根据《消费税暂行条例实施细则》第22条的规定,出口的应税消费品办理退税后发生退关,或者国外退货进口时予以免税的,报关出口者必须及时向其机构所在地或者居住地主管

税务机关申报补缴已退的消费税税款。纳税人直接出口的应税消费品办理免税后，发生退关或者国外退货，进口时已予以免税的，经机构所在地或者居住地主管税务机关批准，可暂不办理补税，待其转为国内销售时，再申报补缴消费税。因此，在发生出口货物退关或者退货时，适当调节办理补税的时间，可以在一定时期占用消费税税款，相当于获得了一笔无息贷款。

【例6-33】

20×2年1月，某公司一批出口自产应税消费品办理免税手续后发生退货，该批货物的总价值为500万元，消费税税率为20%，2个月的市场利率为3%。该企业有两种方案可供选择：

方案1：20×2年1月退货时申报补缴消费税。

方案2：20×2年3月转为国内销售时补缴消费税。

从节税的角度出发，该公司应当选择哪套方案？

[筹划思考]

方案1，该公司的纳税情况如下：

应纳消费税税额=500×20%=100（万元）

应纳城建税及教育费附加=100×（7%+3%）=10（万元）

累计应纳税额=100+10=110（万元）

方案2，该公司的纳税情况如下：

应纳消费税税额=500×20%=100（万元）

应纳城建税及教育费附加=100×（7%+3%）=10（万元）

累计应纳税额=100+10=110（万元）

方案2比方案1节税3.3万元（110×3%）。

[筹划结果]

根据节税原则，该公司应当选择方案2。

七、以外汇结算应税消费品的纳税筹划

根据《消费税暂行条例》第5条的规定，纳税人销售的应税消费品，应以人民币计算销售额，纳税人以人民币以外的货币结算销售额的应当折合人民币计算。根据《消费税暂行条例实施细则》第11条的规定，**纳税人销售的应税消费品，以人民币以外的货币结算销售额的，其销售额的人民币折合率可以选择销售额发生的当天或者当月1日的人民币汇率中间价。**纳税人应在事先确定采用何种折合率，确定后1年内不得变更。从纳税筹划的角度看，人民币折合率既可以采用销售额发生当天的国家外汇牌价，也可以用当月月初的外汇牌价。一般来说，外汇市场波动越大，则纳税人通过选择折合率进行纳税筹划的必要性越大，越以较低的人民币汇率计算应纳税额，越有利于纳税筹划。

需要指出的是，由于汇率的折算方法一经确定，1年内不得随意变动。因此，在选择汇率折算方法时，需要纳税人对未来的经济形势及汇率走势作出恰当的判断。同时，这一限制也对这一纳税筹划方法的效果产生很大影响。当然，纳税筹划应当体现在点点滴滴的税负减轻之中，纳税筹划更体现为一种意识，虽然可能在某一方面节税效果不是很明显，但是对于一个涉及众多税种的大型企业来讲，纳税筹划的效果不能小视。

【例6-34】

某企业于20×2年4月15日取得100万美元销售额，假设4月1日的国家外汇牌价为1美元=6.3元人民币，4月15日的外汇牌价为1美元=6.1元人民币。预计未来较长一段

时间,美元将持续贬值。该企业有两种方案可供选择。

方案1:按照每月1日的外汇牌价来计算销售额。

方案2:按照结算当日的外汇牌价来计算销售额。

从节税的角度出发,该企业应当选择哪套方案?

|筹划思考|

方案1中,该企业的纳税情况如下:美元销售额为100万美元;外汇牌价为1美元=6.3元人民币;人民币销售额=100×6.3=630(万元)。

方案2中,该企业的纳税情况如下:美元销售额为100万美元;外汇牌价为1美元=6.1元人民币;人民币销售额=100×6.1=610(万元)。

方案2较方案1少计销售额20万元(630-610)人民币。

|筹划结果|

根据节税原则,该企业应当选择方案2。方案2由于充分利用了汇率变动的趋势以及税法允许的换算方法,达到了节税的效果。

开篇释疑

如果企业将包装盒作价连同实木地板一同销售,包装盒应并入实木地板售价当中一并征收消费税,企业应纳消费税税额=(5 000×500+20×500)×5%=125 500(元)。

如果企业不将包装盒作价销售,而是每只包装盒收取20元的押金,则此项押金不必并入应税消费品的销售额计征消费税。此时,企业应纳消费税税额=5 000×500×5%=125 000(元)。

如果押金在规定期满(一般为1年)未退回,应将此项押金作为销售额纳税。由于收取的押金作为价外费用,应属含税的款项,应将押金换算为不含税收入计征税款,企业应纳消费税税额=5 000×500×5%+20×500÷(1+13%)×5%=125 442.48(元)。

可见,实木地板厂只有对包装盒收取押金,且在规定期满未将押金退回的,才可达到最大限度节税的目的。

课堂笔记

第三节　销售业务企业所得税纳税筹划

开篇设问

> 甲企业从事电动车生产,为了在某地区打开市场,制定了两种宣传方案,年度销售计划为2 200万元。
> 方案1:通过当地电视台在每天新闻联播前后播放两次广告,连续播放360天,需广告费支出360万元。
> 方案2:通过当地电视台在每天新闻联播前后播放两次广告,连续播放300天,需广告费支出300万元;通过到当地居民区现场悬挂横幅,需要宣传费支出30万元。这两种方式相结合同样能达到方案1的效果。
> 请从节税角度对这两种方案进行比较选择。

知识积累与能力培养

企业所得税的计税依据是应纳税所得额,即应纳税所得额越小,所缴纳的企业所得税就越少。按照《企业所得税法》规定企业应纳税所得额的计算公式如下:

企业应纳税所得额＝收入总额－不征税收入－免税收入－各项准予扣除项目－允许弥补的以前年度亏损

从以上公式可以看出,收入总额是构成应纳税所得额最为基础的内容;从数学角度看,减少企业的应税收入总额将可以直接减少应纳税所得额,实现少缴甚至不缴企业所得税的目的。因此,对纳税人来说,有效开展收入筹划的基本思路是:在不违反税法规定的前提下,尽可能有效压缩应税收入总额、推迟应税收入的确认时间,扩大和增加不征税收入以及免税收入的范围。

一、收入确认时间的纳税筹划

依据税法规定,计缴所得税的收入包括:销售货物收入,提供劳务收入,转让财产收入,股息、红利等权益性投资收益,利息收入,租金收入,特许权使用费收入,接受捐赠收入,其他收入。对企业收入的纳税筹划主要是通过选择合理的销售结算方式,控制收入确认的时间,合理归属所得年度,以达到减税或延缓纳税的目的。我国现行税法对不同结算方式下的企业收入确认时间作出了明确规定,如采用分期收款方式进行结算的收入实现时间为合同中约定的收款日期;企业采用支付手续费的方式委托其他企业代销产品的收入实现时间为取得代销清单的日期;企业采用收取预收款结算方式的收入实现时间为发出销售货物的日期等。在企业对销售方式具有选择性的现实情况下,通过对销售方式选择的筹划在一定程度上可以给企业带来节税收益。销售方式在选择上除了需要考虑其对收入实现时间的影响,还应考虑以下两个方

增值税纳税义务时间及企业所得税收入确认时间

面的问题。

1. 尽量避免采用托收承付、委托收款的方式进行销售

托收承付、委托收款结算方式下,企业在办妥相关手续及发出货物时就必须确认收入实现。也就是说,实际经营活动中在纳税义务发生时点企业还未收到货款,相当于企业提前垫付了税款。

2. 在会计年度末,企业可考虑赊销或者分期收款的方式递延确认收入

在自身经营和财务条件允许的情况下,在年末,企业可考虑与客户签订赊销合同或者是分期收款合同,将收入推迟到下一年实现确认,以获得递延纳税的好处。当然,企业还应该权衡赊销和分期收款方式货款不能回收的风险。若如期不能收回货款的风险比较大,则企业应考虑放弃通过赊销或者分期收款方式递延确认收入的方案。

【例6-35】

A空调生产公司于20×1年10月向B家电批发公司销售空调的价款为1 130万元(含税价格),货款结算采用销售后付款的方式。B家电批发公司于20×2年1月只汇来货款339万元。对此销售业务,A空调生产公司应如何进行筹划呢?

|筹划思考|

A空调生产公司可以选择分期收款的形式,按分期收款结算方式进行税务处理。在合同中注明,第一次货款339万元在20×2年1月付款,则A空调生产公司在20×1年10月可以不计算销项税额,也无需在20×1年确认企业所得税收入。20×2年1月,A空调生产公司按合同约定的付款金额确认企业所得税收入,并计提增值税销项税额39万元[$339÷(1+13\%)×13\%$];对尚未到期的货款,可以暂缓申报计算企业所得税收入和增值税的销项税额。

|筹划结果|

可见,对于此类销售业务,选择分期收款结算方式可以实现增值税和企业所得税的递延。

二、不征税收入的所得税筹划

(一)不征税收入的税收规定

根据《财政部 国家税务总局关于专项用途财政性资金企业所得税处理问题的通知》(财税〔2011〕70号)的规定,企业从县级以上各级人民政府财政部门及其他部门取得的应计入收入总额的财政性资金,凡同时符合以下三个条件的,可以作为不征税收入,在计算应纳税所得额时从收入总额中减除:①企业能够提供规定资金专项用途的资金拨付文件;②财政部门或其他拨付资金的政府部门对该资金有专门的资金管理办法或具体管理要求;③企业对该资金以及以该资金发生的支出单独进行核算。但与此同时,上述不征税收入用于支出所形成的费用,不得在计算应纳税所得额时扣除;用于支出所形成的资产,其计算的折旧、摊销不得在计算应纳税所得额时扣除。作不征税处理后,如果在5年(60个月)内未发生支出且未缴回财政部门或其他拨付资金的政府部门的部分,仍应作应税处理。

(二)不征税收入的会计处理

结合《企业会计准则》的规定,在符合不征税收入条件下,企业的处理可以分为以下两种情况:

(1)企业收到补贴当年,会计上确认收入,税法上也确认收入(以下称情况一)。此时,会计和税法不存在收入确认时点的差异。但由于作不征税处理,税法处理时,一方面要将收

入进行纳税调减,另一方面要将相关费用化的部分(包括直接计入费用的和折旧形成的,下同)进行纳税调增,如果该项补贴用于以后期间费用支出或者资产购建相关,还需在以后年度进行纳税调整。

(2) 企业收到补贴当年,会计上未全部确认收入,但税法上需确认收入(以下称情况二)。此时分两步进行处理:第一步,对会计和税法的时间性差异进行调整,将会计上未确认的部分进行纳税调增,以后年度会计上确认收入时再进行纳税调减;第二步,企业作不征税收入处理,将收入进行纳税调减,同时,按照第一种情况中的处理原则处理费用化部分。

(三) 企业具体情形下对不征税政策的选择适用

根据上述会计和税务处理的对比,并结合其他因素,我们可以就企业如何进行选择运用不征税政策进行分析。

对于情况一,可以分两种情境:

第一,如果企业在当年将补贴全部费用化,则需将补贴支出形成的费用全部纳税调增,不征税处理在税收上并无任何实质性的财产利益。相反,此种情境下,企业需要动用人、财、物进行申报(以下称企业管理成本),同时税务机关亦会动用资源对其进行后续检查和管理(以下称税收管理成本),而且检查过程中可能存在其他潜在的风险(以下称税收管理风险),此时就需要企业结合自身情况权衡利弊进行选择。

第二,如果企业将补贴用于以后年度或者形成资产的,则相关补贴支出形成的费用需分期纳税调增。由于补贴的资金一次性流入企业,而相应的支出分期流出,停留在企业的资金可以获得一部分资金的时间价值,同时对现金流短缺的企业会缓解相应的资金压力(以下称资金时间价值),但企业同样面临企业管理成本、税收管理成本和税收管理风险。

对于情况二,亦可以分企业在当年将补贴全部费用化和企业将补贴用于以后年度或者形成资产两种情境。利弊分析大致类似,只是在处理时,由于存在收入确认时点的税会差异,导致纳税调整过程更加复杂,加大了企业管理成本和税收管理成本。

此外,在实务中还有一种特殊情况,即不征税收入涉及研发支出、亏损弥补时的处理。根据《企业所得税法》相关规定,企业为开发新技术、新产品、新工艺发生的研究开发费用,未形成无形资产计入当期损益的,在按照规定据实扣除的基础上,按照研究开发费用的100%加计扣除;形成无形资产的,按照无形资产成本的200%摊销。如果企业将该部分补贴作不征税处理,由于不征税收入对应的支出不能扣除,故不能享受加计扣除的优惠。企业纳税年度发生的亏损,准予向以后年度结转,用以后年度的所得弥补,但结转年限最长不得超过5年(高新技术企业或科技型中小企业为10年)。此时企业的税收处理选择就涉及实质性的财产利益,需要在税收财产利益、资金时间价值、企业管理成本、税收管理成本和税收管理风险之间进行利益最大化的选择。

1. 享受加计扣除的情况

【例6-36】

甲企业为高新软件生产企业,20×2年应税收入为500万元,成本、费用为400万元(其中200万元为研发支出);200万元的研发支出款项中有100万元来自政府科技补贴。假设不存在其他纳税调整事项,甲企业应如何确认这笔收入?

[筹划思考]

(1) 选择不征税收入:应纳税所得额为125万元[500−(400−100)−75]。

(2) 选择应税收入:应纳税所得额为50万元(500+100−400−150)。

经比较,选择为应税收入更有利,少缴企业所得税11.25万元[(125−50)×15％]。

|筹划结果|

通过分析可知,甲企业在处理取得的100万元补贴时,应结合自身的实际情况,在税收法律法规的规范内进行选择,以实现各方利益的协调和最大化。

2. 存在未弥补亏损的情况

【例6-37】

乙企业20×6年取得政府补贴收入300万元,当年未支出,当年应纳税所得额为300万元(含该笔补贴)。乙企业20×1年曾发生亏损,截至20×5年年底尚有300万元亏损未能弥补。请问:乙企业应当把300万元确认为应税收入,还是不征税收入?

|筹划思考|

(1) 选择不征税收入:应纳税所得额为0,不征税收入未来支出形成的费用300万元不可在税前扣除,300万元亏损超过5年期限不能弥补。

(2) 选择应税收入:应纳税所得额仍为0,以后年度支出形成的费用(包括折旧或者摊销)300万元可以在税前扣除。

|筹划结果|

通过分析,乙企业把300万元政府补贴收入确认为应税收入更有利。

三、免税收入的所得税筹划

(一) 免税收入的内容及有关税收规定

(1) 国债利息收入。为鼓励企业积极购买国债,支援国家建设,有关税法规定,企业因购买国债所得的利息收入,免征企业所得税。

【例6-38】

某企业购入政府发行的年利率为5％的一年期国债2 000万元,持有300天时以2 100万元的价格转让。该企业这笔交易的应纳税所得额是多少?

|解析|

(1) 计算国债利息收入:

国债利息收入=国债金额×(年利率÷365)×持有天数=2 000×(5％÷365)×300=82.19(万元)

(2) 国债利息收入免税,但国债转让收入应计入应纳税所得额,所以该笔交易的应纳税所得额为17.81万元(2 100−82.19−2 000)。

(2) 符合条件的居民企业之间的股息、红利等权益性收益。这类收益是指居民企业直接投资于其他居民企业取得的投资收益。

(3) 在中国境内设立机构、场所的非居民企业从居民企业取得与该机构、场所有实际联系的股息、红利等权益性投资收益。该收益不包括连续持有居民企业公开发行并上市流通的股票不足12个月取得的投资收益。

(4) 符合条件的非营利组织的收入。符合条件的非营利组织需要符合以下几项条件:①依法履行非营利组织登记手续。②从事公益性或者非营利性活动。③取得的收入除了用于与该组织有关的、合理的支出,其余全部用于登记核定或者章程规定的公益性或者非营利性事业。④财产及其孳生息不用于分配。⑤按照登记核定或者章程规定,该组织注销后的剩余财产用于公益性或者非营利性目的,或者由登记管理机关转赠给予该组织性质、宗旨相同的组织,并向社会公告。⑥投入人对投入该组织的财产不保留或者享有任何财产权利。

⑦工作人员工资福利开支控制在规定的比例内,不变相分配该组织的财产。⑧国务院财政、税务主管部门规定的其他条件。

《企业所得税法》第26条第4项所称符合条件的非营利组织的收入,不包括非营利组织从事营利性活动取得的收入,但国务院财政、税务主管部门另有规定的除外。

(5)非营利组织的下列收入为免税收入:①接受其他单位或者个人捐赠的收入;②《企业所得税法》第7条规定的财政拨款以外的其他政府补助收入,但不包括因政府购买服务取得的收入;③按照省级以上民政、财政部门规定收取的会费;④不征税收入和免税收入孳生的银行存款利息收入;⑤财政部、国家税务总局规定的其他收入。

(二)免税收入的纳税筹划案例

【例6-39】

某公司目前有1 000万元的闲置资金,打算进行投资,有两种选择:方案1是投资国债,已知国债年利率为4%;方案2是投资金融债券,金融债券年利率为5%。已知企业所得税税率为25%。请问:从税务角度看,哪种投资方式更合适?

{筹划思考}

方案1:该公司若投资国债,则投资收益为40万元(1 000×4%),根据税法规定国债利息免交企业所得税,所以税后收益为40万元。

方案2:该公司若投资金融债券,则投资收益为50万元(1 000×5%),税后收益37.5万元[50×(1−25%)]。

{筹划结果}

从以上分析可以看出,方案1比方案2税后收益多2.5万元,由于购买国债的利息收入免交企业所得税,使得较高利率的金融债券最终收益低于较低利率的国债,该公司应选择方案1。

这里需注意的是,如果应税债券与免税债券的利息差超过了应税债券利息应缴纳的企业所得税税额,则可以不选择购买国债。

四、业务招待费、广告费和业务宣传费的纳税筹划

业务招待费、广告费和业务宣传费是企业宣传和推销产品所必须发生的费用。税法对这些费用的税前扣除限额作了较为严格的规定,使其成为常见的纳税调整项目。按照税法规定,企业发生的与生产经营活动有关的业务招待费支出,按照发生额的60%扣除,但最高不得超过当年销售(营业)收入的5‰。企业发生的符合条件的广告费和业务宣传费支出,除了国务院财政、税务主管部门另有规定,不超过当年销售(营业)收入15%的部分,准予扣除;超过部分,准予结转以后纳税年度扣除。

> **寓德于技**
>
> 对业务招待费的严格控制,目的是规范企业各类业务招待行为,保证企业业务招待费的合理使用,切实厉行勤俭节约,禁止铺张浪费,促进廉政建设,实现降本增效。

(一)业务招待费的纳税筹划

税法对业务招待费的税前扣除金额进行了严格限定,这就意味着企业只要发生业务招待费支出,就至少对其支出的40%进行纳税调整。因此,对业务招待费的正确核算、控制是企业必不可少的筹划内容。有关业务招待费的筹划思路是加强业务招待费的总量控制,将

广告费和业务宣传费支出扣除的特殊规定

业务招待费和其他费用进行严格区分,能替代、转换的费用尽可能避免计入招待费用,尽量避免或减少纳税调整。业务招待费的纳税筹划主要有以下方式。

1. 最大限度地合理运用扣除比例

企业要充分使用业务招待费的扣除限额规定,最大可能地减少纳税调整事项。

【例 6-40】

假设丙企业 20×2 年销售(营业)收入为 X,20×2 年业务招待费为 Y,则 20×2 年允许税前扣除的业务招待费 $=MIN(Y\times 60\%,X\times 5‰)$,只有在 $Y\times 60\%=X\times 5‰$ 的情况下,即 $Y=X\times 8.33‰$(业务招待费为销售(营业)收入的 8.33‰))这个临界点时,企业才可能充分利用上述政策。有了这个数据,企业在预算业务招待费时可以先估算当期的销售(营业)收入,然后按 8.33‰ 这个比例就可以大致测算出合适的业务招待费预算值。

一般情况下,企业的销售(营业)收入是可以测算的。假定 20×2 年企业销售(营业)收入 X 为 10 000 万元,则允许税前扣除的业务招待费最高不超过 50 万元(10 000×5‰),那么财务预算全年业务招待费 Y 即为 83.33 万元(50÷60%),其他销售(营业)收入可以依此类推。

如果企业实际发生业务招待费为 100 万元,大于计划的 83.33 万元,即大于销售(营业)收入的 8.33‰,则业务招待费的 60% 为 60 万元而销售(营业)收入的 5‰ 为 50 万元,按照两者限制孰低的原则进行税前扣除,因此只能扣除 50 万元的业务招待费,需调整增加应纳税所得额 50 万元(100-50),计算缴纳企业所得税 12.50 万元(50×25%)。

如果企业实际发生业务招待费 40 万元,小于计划 83.33 万元,即小于销售(营业)收入的 8.33‰,则业务招待费的 60% 可以全部扣除,纳税调整增加 16 万元(40-24)。同时,销售(营业)收入的 5‰ 为 50 万元,不需要再纳税调整,只需要计算缴纳企业所得税 4 万元(16×25%)。

因此,可以得出如下结论:

当企业的实际业务招待费大于销售(营业)收入的 8.33‰ 时,超过收入 8.33‰ 的那部分业务招待费需要全部计税处理,超过部分没有按其 25% 的比例抵减企业所得税的效应,即超出部分每消费 1 000 元将导致 1 000 元的资金流出。当企业的实际业务招待费小于销售(营业)收入的 8.33‰ 时,60% 的限额可以充分利用,只需要就 40% 部分计税处理,即超出部分每消费 1 000 元将导致 850 元(1 000-1 000×60%×25%)的资金流出。

2. 综合运用相近的扣除项目余额

在实际工作中,业务招待费与业务宣传费存在着可以相互替代的项目内容。虽然税法未对业务招待费的范围作更多的解释,但在执行中,税务机关通常将业务招待费的支付范围界定为招待客户的餐饮费、住宿费以及香烟、茶叶、礼品、正常的娱乐活动、安排客户旅游等发生的费用支出。上述支出并非一概而论,一般来讲,外购礼品用于赠送的,应作为业务招待费,如果礼品是纳税人自行生产或经过委托加工,对企业的形象、产品有标记及宣传作用的,也可作为业务宣传费。相反,企业因产品交易会、展览会等发生的餐饮费、住宿费等也可以列为业务招待费支出。这就为纳税人对业务招待费的筹划提供了空间。

鉴于上述政策和筹划空间,纳税人可以根据支出项目性质合理运用自己的权利实施纳税筹划。例如,纳税人应在"管理费用"账户下设置"业务招待费"和"业务宣传费"明细账户,用于核算平时发生的业务招待费和业务宣传费,以防年终申报或在税务机关检查时对近似项目产生不必要的争议;应及时将公司"业务招待费"和"业务宣传费"明细账户核算的费用数额与已实现的销售（营业）收入总额比较，发现其中某一项费用"超支"时，及时考虑如何运用两者"近似"的项目进行调整。

【例6-41】

某制造公司，20×2年预计营业收入1 000万元，则业务招待费的税前扣除限额是5万元，广告费和业务宣传费税前扣除限额是150万元，到11月末已发生业务招待费10万元（发生额的60%为6万元），发生业务宣传费30万元，业务招待费已经超过扣除限额，业务宣传费则还有较大的限额空间。20×2年年底，该公司购买了2 000只台灯答谢客户，单价为280元/只，共支付了56万元。为了使56万元的支出全部可以在企业所得税前扣除，该公司决定给所有台灯贴上公司的logo，列入"业务宣传费"科目核算。

（二）广告费和业务宣传费的纳税筹划

广告费和业务宣传费支出的性质相似，由于超出标准的部分可以递延到以后纳税年度扣除，最终是可以在税前全额扣除的，但是过度的广告费支出，不仅会抵减年度利润，而且会因超出限额而进行纳税调整，从而加重当期税收负担。因此，企业应准确选择广告宣传时机，精简广告费、业务宣传费，最好不要超过限额，因为超过限额的支出需调增应纳税所得额，意味着要提前纳税。

开篇释疑

> 根据已知资料，分析如下：
>
> 方案1中，该企业广告费超出税法规定的税前扣除标准为330万元（2 200×15%），当年需要进行纳税调整，调增应纳税所得额30万元（360－330），但30万元可在以后纳税年度补回来。
>
> 方案2中，广告宣传费支出为330万元（300+30），未超出税法规定的扣除限额，因此可在当年全额扣除，无须进行纳税调整。
>
> 相比之下，方案1当年会多缴纳企业所得税7.5万元（30×25%），可见方案2优于方案1。

【例6-42】

甲企业为新建企业，生产儿童食品，适用广告费扣除率为15%、企业所得税税率为25%。企业年初推出一种新产品，预计年销售收入为8 000万元（假如本地销售为1 000万元、南方地区销售为7 000万元），需要广告费支出1 500万元。现有两种广告宣传方案。

方案1：产品销售统一在企业内核算，需要在当地电视台、南方地区电视台分别投入广告费500万元、1 000万元。

方案2：鉴于产品主要市场在南方，可在南方设立独立核算的销售公司，销售公司设立以后，与甲企业联合起来做广告宣传。成立销售公司预计需要支付场地、人员工资等相关费用30万元，向当地电视台、南方地区电视台分别支付广告费500万元、1 000万元。假设销售公司销售额为7 000万元，甲企业向销售公司的销售按照出厂价6 000万元作价，甲企业当地销售额为1 000万元。

请从节税角度对两种方案进行比较并作出选择。

[筹划思考]

在方案1中，由于广告费超出扣除限额300万元（1 500－8 000×15%），尽管300万元广告费可以无限期得到扣除,但需要提前缴纳企业所得税75万元(300×25%)。

在方案2中,若销售公司销售收入仍为7 000万元,这样甲企业向销售公司移送产品可按照出厂价销售,此产品的出厂价为6 000万元,甲企业准予扣除的广告费限额为1 050万元[(1 000+6 000)×15%],南方销售公司准予扣除的广告费限额为1 050万元(7 000×15%),因此,准予税前扣除的广告费限额为2 100万元,实际支出的1 500万元广告费可由两企业分担,分别在甲企业和销售公司的销售限额内列支,且均不需要纳税调整。同时,由于销售公司对外销售的价格不变,整体增值额不变,也不会加重总体的增值税负担。

{筹划结果}

从总体来看,方案2比方案1当年增加净利45万元(75-30)。

(三)均衡、合理地分配不同年份间的成本费用

对于成本费用限制税前扣除的项目而言,当实际发生额超过税前列支标准时,不得税前扣除,不利于节税。对于同一个成本费用项目,可能有的年份超出了税前扣除标准,有的年份未达到税前扣除标准。此时,纳税人可通过均衡、合理分配不同年份间的成本费用,得到更多的税前扣除,减轻企业所得税税负。

【例6-43】

A公司于20×1年筹建,预计生产经营的前2年,业务招待费发生额较大,由于市场稳定、技术成熟等原因,2年后业务招待费会逐步减少。A公司20×1年销售收入为1 000万元,实际发生的与生产经营活动有关的业务招待费为10万元;20×2年预计销售收入为1 200万元,预计业务招待费为8万元。请为A公司提供纳税筹划方案。

{筹划思考}

筹划前:

20×1年,税法允许扣除的业务招待费为5万元(10×60%≤1 000×5‰),实际发生额为10万元,需纳税调增5万元。

20×2年,税法允许扣除的业务招待费为4.8万元(8×60%≤1 200×5‰),实际发生额为8万元,需纳税调增3.2万元。

两年纳税调增合计=5+3.2=8.2(万元)。

筹划过程:

采用合理的方法,将20×1年的一部分业务招待费(2万元)转移到20×2年,则20×1年实际的业务招待费为8万元,20×2年实际的业务招待费为10万元。

筹划后:

20×1年,税法允许扣除的业务招待费为4.8万元(8×60%≤1 000×5‰),实际发生额为10万元,需纳税调增5.2万元。

20×2年,税法允许扣除的业务招待费为6万元(10×60%≤1 200×5‰),实际发生额为8万元,需纳税调增2万元。

两年纳税调增合计为7.2万元(5.2+2)。

{筹划结果}

通过筹划,两年业务招待费总额不变,只对业务招待费在不同年份的发生额进行了调整。企业纳税调增金额减少1万元(8.2-7.2),企业所得税税负减轻0.25万元。

第四节　促销行为纳税筹划

开篇设问

20×2年6月,税务局对A房地产开发公司进行例行检查,发现该公司在20×1年3月,为了扩大房产销售业绩,推出了"买一套送一套"的有奖销售广告,前10名购房者在签订购房合同后,都免费获得了该房地产开发公司赠送的一套家具。每套商品房售价为100万元,每套家具成本为8 000元、市场价值为10 000元。对此促销,该房地产开发公司未在售房合同和发票中单独标明家具的售价,只按每套商品房的售价100万元开具发票,并缴纳增值税(假设以上金额不含增值税)。

税务稽查人员不认同该房地产开发公司的上述处理,要求该房地产开发公司补交增值税,理由如下:

(1) 根据《增值税暂行条例》规定:将自产、委托加工或购买的货物无偿赠送他人的,视同销售行为。该房地产开发公司对外发布的广告中已明确承诺免费赠送家具,对该房地产开发公司赠送家具视同销售货物征收增值税,需补征增值税13 000元(10 000×10×13%,城建税及教育费附加等暂且不予考虑,下同)。

(2) 根据个人所得税有关法规的规定,前10名购房者获得的家具系由该房地产开发公司赠与个人的偶然所得,在补交增值税的同时,应由该房地产开发公司代扣代缴个人所得税20 000元(10 000×10×20%)。

对于税务稽查人员的补税要求,该房地产开发公司财务人员不予认可,声称:上述"买一赠一"行为系企业正常销售送赠品,是在销售主货物(商品房)的同时赠送从货物(家具),是出于获利动机的正常交易。对住户赠送的家具销售额实质上已包含在售房款中,公司已将售房款如期足额申报缴纳增值税。公司在广告中称"无偿赠送家具",是出于市场营销的需要,实质上并不符合增值税条例中规定的无偿赠送行为,系有偿销售,不需补交增值税。购房者取得的家具以住户支付购房款为前提,并非住户接受捐赠的个人偶然所得,故也不用扣缴个人所得税。一笔业务是否涉税,不能仅凭销售广告,关键要看交易实质。

请问:对于双方上述观点,你认同哪一方的观点呢?

知识积累与能力培养

一、赠送行为的纳税筹划

企业对外赠送产品,对于不同的赠送过程和对象,涉税处理及相应的会计处理都会有所不同。企业需要针对不同的赠送对象,根据涉税业务,进行正确的会计和税务处理。

(一)正常销售赠送赠品的规范处理

1. 销售过程中赠送给确定对象

这部分的规范处理可以通过对"开篇设问"案例进行分析来解释。

 开篇释疑

针对案例内容,本书更认可该房地产开发公司财务人员的说法,公司不需补税,但操作欠规范。为了降低买赠活动中的涉税风险,减少不必要的税收争论,本书给出以下两点建议:

(1) 按照从货物的价值,对主货物定价予以折扣。

根据上述分析,企业采取"买一赠一"的促销方式,实质上是在商品主货物价格上给予的折扣让利。根据增值税相关法律规定:纳税人可以采取折扣方式销售货物,但要求销售额和折扣额在同一张发票中的"金额"栏分别注明,税额可按折扣后的销售额征收。企业可以在销售时将主货物、从货物开具在同一张发票上,然后注明将主货物的价格予以折扣,折扣的幅度即为从货物的价值,即折扣后的货物价值合计仍与主货物的原价一致。根据案例内容,在一张销售发票上开具两种商品的价格,将主货物(商品房)定价为99万元/套,从货物(家具)定价为1万元/套,在"金额"栏注明折扣率为1%,折扣额为1万元。这样可按折扣后的销售额征收增值税,总金额还是100万元,规避了从货物(家具)按照无偿赠送缴纳增值税的涉税风险。

(2) 将主货物、从货物作为新商品捆绑销售。

该公司可以将主货物、从货物捆绑,打包作为一个新商品,把主货物的价格降低,降低幅度刚好是从货物的价格。案例中,商品房售价为100万元/套,家具为1万元/套,现在将"商品房+家具"作为新的商品,销售时,命名为"带家具的商品房",定价为:商品房99万元/套,家具1万元/套,总价格仍为100万元,这样不会增加企业的税负。在结转成本的时候,相应地将家具成本结转即可:

借:主营业务成本　　　　　　　　　　　　　　　1 000 000
　　贷:库存商品——商品房　　　　　　　　　　　　990 000
　　　　　　　　——家具　　　　　　　　　　　　　10 000

但企业尤其要注意,不能为了减少税负,而随意降低主货物价格,因为税务机关认为纳税人销售货物的价格明显偏低并无正当理由的,可以由主管税务机关核定其销售额。

2. 销售过程中赠送给不确定对象

企业有时为了扩大销售,会将产品赠送给不确定的对象,赠送产品的目的是宣传、推销本企业产品,此类情形下的赠送行为其本质应属于业务宣传性质。从会计处理的角度,发生的费用应属于业务宣传费,计入销售费用,无需按照销售核算。但是,根据《增值税暂行条例实施细则》第4条、《企业所得税法实施条例》第25条,以及《财政部　国家税务总局关于企业促销展业赠送礼品有关个人所得税问题的通知》(财税〔2011〕50号)规定,同样需分别考虑增值税和企业所得税视同销售的问题、个人所得税代扣代缴问题。

【例6-44】

B公司为了扩大产品的销量,在展销会现场,向过往行人发放免费试用品一批,成本总额为 10 000 元,市场售价为 12 000 元(不含税)。

有关会计和税法的处理如下:

(1) 会计处理:

借:销售费用——业务宣传费　　　　　　　　　　　　　　　14 560
　　贷:库存商品　　　　　　　　　　　　　　　　　　　　　10 000
　　　　应交税费——应交增值税(销项税额)　　　　　　　　　1 560
　　　　　　　　　——应交个人所得税[12 000÷(1－20%)×20%]　3 000

(2) 税法中企业所得税的处理:确认视同销售收入 12 000 元,视同销售成本 10 000 元,视同销售的应纳税所得额 2 000 元,缴纳企业所得税 500 元(2 000×25%)。B 公司在计算业务招待费、广告费和业务宣传费等费用扣除限额的收入总额基数还应加上 12 000 元。

(二) 无偿赠送赠品的规范处理

无偿赠送是指赠与人不以获利为动机,将财产无偿转移给受赠人,和上述以获利为动机的正常销售有实质的区别。根据《企业会计准则第 14 号——收入》规定,企业用货物对外无偿赠送不是企业的日常经营活动,也不会导致经济利益流入企业或增加企业的所有者权益,故在进行会计核算时不能确认收入,按货物的商品成本结转"库存商品"。根据《增值税暂行条例》规定,将货物无偿赠送他人的,应视同销售货物并按市场销售价值计算增值税。根据《企业所得税法实施条例》规定,企业将货物用于捐赠的,应当视同销售货物,应分解为按公允价值视同对外销售和捐赠两项业务进行所得税处理,即企业对外捐赠资产应视同销售计算缴纳企业所得税。

【例 6-45】

某玩具制造公司 20×1 年会计利润为 900 万元。已知公司该年度通过希望工程向贫困山区儿童捐赠玩具一批,该批玩具的最近市场价格为 100 万元,制造成本为 80 万元。

根据上述会计和税法的规定,该玩具制造公司会计及税务处理如下:

借:营业外支出——捐赠支出　　　　　　　　　　　　　　　930 000
　　贷:库存商品——玩具　　　　　　　　　　　　　　　　　800 000
　　　　应交税费——应交增值税(销项税额)　　　　　　　　 130 000

企业将自产货物对外捐赠,货物的所有权发生转移,应作企业所得税视同销售处理。该玩具制造公司 20×2 年度进行企业所得税汇算清缴时,对外捐赠的玩具应根据市场销售价格确认视同销售收入 100 万元,商品成本 80 万元确认为视同销售成本。在"视同销售"环节,应纳税调增 20 万元。

该玩具制造公司在会计上确认的捐赠支出为 93 万元(80＋13),税法上确认的捐赠支出为 113 万元(100＋13),应纳税调减 20 万元(113－93)。

该捐赠符合公益性捐赠性质,根据《企业所得税法》规定,该玩具公司公益性捐赠税前扣除限额为 108 万元(900×12%),该捐赠支出 113 万元超过 108 万元,当年应纳税调增 5 万元(113－108)。

综上,可以看出,该玩具制造公司在"视同销售"环节,应纳税调增 20 万元,在"捐赠支出金额确认"环节,应纳税调减 20 万元。相应处理后,对企业所得税应纳税所得额的影响为 0。真正影响企业所得税的是第三个环节,即"捐赠支出纳税调整",该玩具制造公司应纳税调增 5 万元。

(三)将赠品用于职工非货币性福利的规范处理

1. 外购的货物用于职工福利

根据《增值税暂行条例》规定,外购货物用于集体福利、个人消费的,作进项税额转出。外购货物用于集体福利和职工个人福利,会计上都不确认收入。在企业所得税核算中,外购货物用于集体福利,货物仍留在企业,权属未发生改变,属于资产的内部处置,有关企业所得税不视同销售,不确认视同销售所得。但外购货物用于职工个人福利,货物离开了企业,权属发生了改变,属于资产的外部移送,有关企业所得税要视同销售,确认视同销售所得。

【例 6-46】

某大型电器销售企业为一般纳税人,本月将外购的笔记本电脑 10 台,用于职工福利。这批电脑外购不含税价为每台 4 000 元,该企业对外销售这些电脑的不含税售价为每台 5 000 元。

关于增值税和会计的处理,如下:

借:应付职工薪酬——非货币性福利　　　　　　　　　　　　　45 200
　　贷:库存商品　　　　　　　　　　　　　　　　　　　　　　40 000
　　　　应交税费——应交增值税(进项税额转出)　　　　　　　 5 200

由于该批笔记本电脑没有离开企业,故企业不确认收入。

【例 6-47】

承接[例 6-46],如果将外购的笔记本电脑 10 台,用于职工奖励,其余不变。

此时会计和增值税的处理不变,而关于企业所得税的税务处理为:以 40 000 元确定销售收入,以购入价 40 000 元为成本,应纳税所得额为 0。

2. 将自产的货物用于职工福利

企业将自产货物用于集体福利、个人消费的,增值税、企业所得税要视同销售,会计处理中也要确认收入。

【例 6-48】

某服装企业(经认定为一般纳税人)本月将自产的西服 100 套发放给职工,用于职工运动会,每套成本价为 300 元,市场售价为 500 元。则会计处理如下:

借:应付职工薪酬——非货币性福利　　　　　　　　　　　　　56 500
　　贷:主营业务收入　　　　　　　　　　　　　　　　　　　 50 000
　　　　应交税费——应交增值税(销项税额)　　　　　　　　　 6 500
借:主营业务成本　　　　　　　　　　　　　　　　　　　　　 30 000
　　贷:库存商品　　　　　　　　　　　　　　　　　　　　　　30 000

对目前企业经常采用的几种赠送方式,本书通过法规的解读和举例说明,阐述了会计和税务的处理,便于实务人员进行合理的会计处理,以控制涉税风险。

二、让利促销纳税筹划

让利促销是企业在销售环节常用的销售策略。常见的让利方式包括打折销售、购买商品赠送现金(返现)、满减、积分返利、以旧换新等。按照税法规定,价格折扣只要与销售额开在同一张发票上,就可以按打折以后的价格计算销项税额。返现属于还本销售,返还的现金计税时是不得从销售额中扣除的。满减、积分返利等实质上也是一种价格折扣形式。因此,企业在进行营销策划时,应综合分析和权衡各种促销方式所带来的收益及税收负担。

【例6-49】

某大型商场为增值税一般纳税人,决定在国庆期间进行商品促销。现有两种促销方案。

方案1:将商品以九折价格销售。

方案2:凡购物满100元返还10元的现金。

假定该商场商品毛利率为40%,即销售额为100元的商品,其成本为60元。消费者同样购买100元的商品,请问此时商场选择哪种方案最有利?

[筹划思考]

方案1:

(1) 将折扣额和销售额开在同一张发票上:

应纳增值税税额=100×90%÷(1+13%)×13%-60÷(1+13%)×13%=3.45(元)

(2) 折扣额和销售额未开在同一张发票上:

应纳增值税税额=100÷(1+13%)×13%-60÷(1+13%)×13%=4.60(元)

方案2:

应纳增值税税额=100÷(1+13%)×13%-60÷(1+13%)×13%=4.60(元)

[筹划结果]

从以上分析可以看出,方案1将折扣额与销售额开在同一张发票上最优,如果折扣额与销售额未开在同一张发票上则会增加税负。需要注意的是,以上仅从增值税税负的角度进行了比较,最终方案的选择还需综合考虑其他税负及盈利状况。

想一想

试从净利润或现金流量角度分析两种方案的优劣,第一种方案是否还是最优?

【例6-50】

某家电企业为增值税一般纳税人,本月拟处理一批积压库存家电。请帮助该企业对以下三种方案作出选择:

方案1:采取"以旧换新"方式销售电冰箱。销售新冰箱100台,每台零售价为3 000元,旧冰箱每台收购价为200元。

方案2:采用现金折扣方式销售彩电。合同销售金额为300 000元,合同约定在10天内付款,给予2%的折扣,在30天内付款不给予折扣(若消费者选择在10天内付款)。

方案3:将100台旧型号电视机销售给某宾馆,每台售价为1 130元。售出后购买方发现有瑕疵但没有提出退货。而是要求给予一定的价格折让,经协商,该企业给予价格折让20%,取得销售额共计90 400元。

[筹划思考]

筹划前:

方案1:采取"以旧换新"方式销售货物,按照新货物同期销售价格确定销售额,不得扣减旧货物的收购价格,此时,增值税销项税额=3 000×100÷(1+13%)×13%=34 513.27(元)。

方案2:企业销售商品涉及现金折扣的,应当按照扣除现金折扣前的金额确定销售额。此时,增值税销项税额按折扣前的销售金额计算,增值税销项税额=300 000÷(1+13%)×13%=34 513.27(元)。

方案3:因销售折让、中止或者退回而退还给购买方的增值税额,应当从当期的销项税额中扣减。此时,可按折让后的金额计算增值税销项税额,增值税销项税额＝90 400÷(1＋13%)×13%＝10 400(元)。

筹划分析:

针对方案1中的"以旧换新"销售,可将其转换为价格折扣销售的形式进行筹划。规定顾客凭每台旧冰箱,可以给予购买新冰箱价格折扣200元,则:增值税销项税额＝(3 000－200)×100÷(1＋13%)×13%＝32 212.39(元),节税金额＝34 513.27－32 212.39＝2 300.88(元)。

在方案2中,可将现金折扣转换为价格折扣。该企业主动压低价格,将合同金额降低为294 000元,相当于给予对方2%折扣之后的金额。同时在合同中约定,对方如果超过10天付款,则加收6 000元延期付款违约金,这样企业的收入并没有受到实质影响。如果对方在10天之内付款,企业将收到294 000元,按照294 000元的价款开具发票,并以此计算增值税销项税额。

【筹划结果】

现金折扣、实物折扣、以旧换新等业务都可以转换为价格折扣销售方式进行筹划。

【例6-51】

目前某企业的会员积分回馈方案如下:

(1) 会员累计积满99分,可换价值20元的精美礼品一份。

(2) 会员累计积满199分,可换价值30元的精美礼品一份。

(3) 会员累计积满299分,可换价值40元的精美礼品一份。

(4) 会员累计积满399分,可换价值50元的精美礼品一份。

(5) 会员累计积满499分及以上时,可换价值60元的精美礼品一份。

请从节税角度对上述方案进行分析。

【筹划思考】

筹划前:

(1) 该企业的积分返利规则中没有明确返利的性质是否为"销售折扣",而是表达为"积分赠送商品",因而有可能被税务部门解释为"无偿赠送商品",按增值税和企业所得税有关规定必须视同销售,缴纳增值税和作为企业收入缴纳企业所得税,也即该积分折扣不能扣减商品标价的增值税销项税额,会多纳增值税,也不能在企业所得税前列支,造成多纳企业所得税,甚至还有可能要替顾客代扣代缴个人所得税。

(2) 该企业会员手册中没有规定如何开票,也就无从说明"折扣和销售是在同一张发票列明的",因而在增值税与企业所得税方面都是难以获得税务检查人员的认可。

筹划分析:

为了规避税务检查风险,企业应修改营销宣传内容,即把"积分换礼品"的宣传内容修改为"积分换取折扣券"可以把企业会员积分回馈方案进行修改如下:

(1) 会员累计积满99分,可换价值20元的折扣券。

(2) 会员累计积满199分,可换价值30元的折扣券。

(3) 会员累计积满299分,可换价值40元的折扣券。

(4) 会员累计积满399分,可换价值50元的折扣券。

(5) 会员累计积满499分及以上,可换价值60元的折扣券。

并在折扣券上注明:顾客使用折扣券购物后,如需要开具发票,在发票上分行写明"货物原价、折扣金额和实收金额"。当消费者拿着折扣券来消费时,商家要将销售的商品和折扣额同时开在一张发票上,并注明折扣额。

[筹划结果]

根据《国家税务总局关于印发〈增值税若干具体问题的规定〉的通知》(国税发〔1993〕154号)的规定:纳税人采取折扣方式销售货物,如果销售额和折扣额在同一张发票上分别注明的,可按折扣后的销售额征收增值税;如果将折扣额另开发票,不论财务上如何处理,均不得从销售额中减除折扣额。这样可以认为税务局限定的折扣从税基中扣减的条件是:销售额和折扣额在同一张发票且在发票上分别注明。据此,建议在折扣券的使用范围与原有提货单条件一样,但会员积分的回馈返利性质上却明确属于"折扣销售",既符合增值税和企业所得税条例,也符合国家税务总局的内部规范性文件规定,因此可以扣减应税销售收入以减少相应的增值税和企业所得税。

寓德于技

在社会化分工日益明确的时代,合作精神显得尤为重要。团队合作精神渗透在纳税筹划理论和实践的全过程,例如:销售方案的筹划需要研发、生产、财务、市场等职能部门密切合作,共同做好产品、服务的销售。我们一定要注重团队合作精神的培养。

课堂笔记

职业能力训练

一、单项选择题

1. 某商场采用"以旧换新"方式销售商品,取得现金收入5 800元;取得旧货物若干件,收购金额为2 320元。该货物适用增值税税率为13%。此项业务应申报的增值税销项税额是( )元。
   A. 7 185.84   B. 934.16   C. 800   D. 510

2. 下列业务中适用于13%增值税税率的是( )。
   A. 房屋装修业务   B. 汽车修理业务
   C. 导游服务业务   D. 饮食服务业务

3. 下列经营行为中,属于视同销售行为应征收增值税的是( )。
   A. 外购药品用于职工医疗   B. 购买餐具给职工食堂使用
   C. 购买建筑材料用于在建工程   D. 将委托加工收回的货物用于馈赠

4. 某商场2月以"买一赠一"方式销售货物。当月销售电磁炉200台,每台销售价格为226元(含税),同时赠送平底锅200件(平底锅不含税价格为60元/件)。电磁炉和平底锅适用的增值税税率均为13%。该商场当月"买一赠一"业务应申报的销项税额是( )元。
   A. 6 800   B. 6 760   C. 10 000   D. 10 200

5. 某物资公司属于增值税一般纳税人,1月销售钢材收入为900万元,增值税税率为13%;同时有经营农机收入为100万元,增值税税率为9%。该公司原来未分别核算,现在通过进行分别核算的纳税筹划可以减轻( )万元的税收负担。
   A. 3.03   B. 4   C. 5.43   D. 0

6. 某机床厂生产销售精密机床,同时经营一家非独立核算的饭店,它属于( )。
   A. 混合销售行为   B. 一般销售行为
   C. 兼营非应税劳务行为 D. 视同销售行为

7. 下列各项中符合消费税纳税义务发生时间规定的是( )。
   A. 进口的应税消费品为取得进口货物的当天
   B. 自产自用的应税消费品为移送使用的当天
   C. 委托加工的应税消费品为支付加工费的当天
   D. 采取预收货款结算方式的为收取货款的当天

8. 对外销售的应税消费品,其销售额为对方收取的( )。
   A. 全部价款和价外费用,不包括增值税   B. 全部价款和增值税,扣除价外费用
   C. 全部价款和价外费用,包括增值税   D. 全部价款

9. 依据消费税的有关规定,下列行为中应缴纳消费税的是( )。
   A. 进口卷烟   B. 批发服装   C. 零售化妆品   D. 零售白酒

10. 随同应税消费品出售的包装物,应该( )。
    A. 单独计价的,不计入应税销售额;不单独计价的,计入应税销售额

B. 都不计入应税销售额
C. 可计入应税销售额，也可不计入
D. 都计入应税销售额

11. 下列不并入销售额征收消费税的是(　　)。
   A. 包装物销售　　　　　　　　B. 包装物租金
   C. 包装物押金　　　　　　　　D. 逾期未收回包装物押金

12. 根据《企业所得税法》及其实施条例规定，下列收入总额中属于征税收入的是(　　)。
   A. 财政拨款
   B. 依法收取并纳入财政管理的行政事业性收费
   C. 国务院规定的不征税收入
   D. 利息收入

13. 下列各项中不计入当年的应纳税所得额征收企业所得税的是(　　)。
   A. 生产经营收入
   B. 接受捐赠的实物资产
   C. 按规定缴纳的流转税
   D. 纳税人在基建工程中使用本企业产品

14. 企业发生的与生产经营业务直接相关的业务招待费可以(　　)。
   A. 按实际发生的50%扣除但不能超过当年营业收入的5‰
   B. 按实际发生的50%扣除但不能超过当年营业收入的10‰
   C. 按实际发生的60%扣除但不能超过当年营业收入的5‰
   D. 按实际发生的60%扣除但不能超过当年营业收入的10‰

二、多项选择题

1. 下列不属于增值税纳税人销售中价外费用的有(　　)。
   A. 代收款项和代垫款项
   B. 包装费和包装物租金
   C. 向购买方收取的增值税销项税额
   D. 受托加工应征消费税的消费品所代收代缴的消费税

2. 企业在产品销售过程中，在应收款项暂时无法收回或部分无法收回的情况下，会垫付税款的结算方式有(　　)。
   A. 赊销　　　　B. 托收承付　　　　C. 分期付款　　　　D. 委托收款

3. 下列货物适用9%低税率的有(　　)。
   A. 粮食和食用植物油　　　　　B. 图书、报纸、杂志
   C. 食用盐　　　　　　　　　　D. 电子出版物

4. 下列各项中，符合应税消费品销售数量规定的有(　　)。
   A. 生产销售应税消费品的，为应税消费品的销售数量
   B. 自产自用应税消费品的，为应税消费品的生产数量
   C. 委托加工应税消费品的，为纳税人收回的应税消费品数量
   D. 进口应税消费品的，为海关核定的应税消费品进口征税数量

5. 消费税的税率可分为(　　)。
   A. 比例税率　　　B. 定额税率　　　C. 复合税率　　　D. 累进税率

6. 以下应计入企业所得税应纳税所得额计征的收入有（　　）。
   A. 国家债券利息收入　　　　　　B. 固定资产租赁收入
   C. 企业收到的财政性补贴　　　　D. 出口退回的消费税

三、判断题

1. 向购买方收取的销项税额不属于计算增值税的销售额。（　　）
2. 折扣销售是指销货方在销售货物或应税劳务后，为了鼓励购货方及早偿还贷款而协议许诺给予购货方的一种折扣优惠，会计上也称现金折扣。（　　）
3. 兼营税种相同、税率不同的货物或应税劳务的纳税人，可以分别核算也可以不分别核算，两者对税负的影响是一样的。（　　）
4. 选择不同的销售结算方式，只会影响企业的销售量，而给企业带来的税负则是相同的。（　　）
5. 纳税人用于换取生产资料和消费资料、投资入股和抵偿债务等方面的应税消费品，应当以纳税人同类应税消费品的最高销售价格作为计税依据计算消费税。（　　）
6. 包装物押金单独记账核算的不并入销售额计算缴纳消费税。（　　）
7. 纳税人采取预收货款结算方式销售消费品的，其纳税义务发生时间为收取货款的当天。（　　）
8. 符合规定的业务招待费可以按照发生额的60%在计算应纳税所得额时扣除，但最高不得超过当年销售收入的5‰。（　　）

四、案例分析题

1. 某大型商场是增值税一般纳税人，购货均能取得增值税专用发票，为促销欲采用三种方式：一是按商品标价七折销售；二是购物满200元赠送价值60元的商品（成本为40元，均为含税价）；三是购物满200元返还60元的现金。假定该商场销售利润率为40%，即销售额为200元的商品成本为120元。
   请问：消费者同样购买200元的商品，在仅考虑增值税负担时，该商场选择哪种方式最为有利？

2. 红枫纸业集团为增值税一般纳税人，20×2年8月发生销售业务4笔，共计4 000万元（含税），货物已全部发出。其中，两笔业务共计2 400万元，货款两清；一笔业务600万元，2年后一次结清；还有一笔1年后付500万元，1年半后付300万元，余款200万元两年后结清。
   要求：请结合直接收款、赊销和分期收款结算方式的具体规定，对该集团的增值税业务进行筹划分析。

3. 某化妆品公司生产并销售系列高档化妆品和护肤护发产品。该公司新研制出一款面霜，为推销该新产品，将几种销路比较好的产品和该款面霜组套销售，其中包括：售价为40元的洗面奶、售价为300元的口红、售价为500元的香水以及该款售价为120元的新面霜，包装盒费用为20元，组套销售定价为980元（以上均为不含税价款，根据现行消费税有关规定，高档化妆品的税率为15%，普通护肤护发品免征消费税）。
   要求：请计算分析该公司应如何进行消费税的筹划。

第七章　企业财务成果分配纳税筹划

职业能力目标

1. 能够对企业利润分配业务涉及的企业所得税进行正确的筹划
2. 能够对企业应纳所得税税额进行正确的筹划

知识目标

1. 熟悉企业所得税征收方式和预缴的筹划
2. 掌握权益性投资收益、捐赠支出、亏损弥补的纳税筹划

知识导图

```
                          ┌ 利润分配纳税筹划 ────┬ 权益性投资收益的纳税筹划
                          │                      └ 捐赠支出的纳税筹划
企业财务成果分配纳税筹划 ─┤                      ┌ 亏损弥补的纳税筹划
                          └ 企业所得税应纳税额纳税筹划 ─┤ 企业所得税征收方式的筹划
                                                 └ 企业所得税预缴的筹划
```

第一节　利润分配纳税筹划

开篇设问

> 通达商业集团20×1年度实现的会计利润总额为4 000万元,企业所得税税率为25%。该集团为了提高其知名度及美誉度,决定向社会捐赠600万元。假设无其他纳税调整项目。在捐赠总额不变时,该集团有下列几种捐赠方案可以选择。
> 方案1:将600万元现金直接捐赠给本地新录取的600名家庭贫困的大学生。
> 方案2:将600万元通过市教育局转赠给某大学用于补贴家庭困难的大学生的学费。
> 方案3:将600万元在20×1年和20×2年平均分两次,通过市教育局转赠给某大学用于补贴家庭困难的大学生的学费。
> 请问:该集团选择哪一方案更节税?

知识积累与能力培养

权益性投资收益的纳税筹划

一、权益性投资收益的纳税筹划

企业进行股权投资所获得的收益一般包括两类：①股息、红利收益；②股权转让收益。《企业所得税法》规定，符合条件的居民企业之间的股息、红利等权益性投资收益，在中国境内设立机构、场所的非居民企业从居民企业取得与该机构场所有实际联系的股息、红利等权益性投资收益，免征企业所得税。而投资企业的股权转让收益，则需缴纳企业所得税。如果投资企业在转让被投资企业股权之前要求发放股息红利，则该部分投资收益不需要缴纳企业所得税，投资企业只需要对股权转让收益承担企业所得税纳税义务；而如果投资企业直接以转让股权方式取得投资收益，则会导致原本可免征企业所得税的股息红利投资收益转化成股权转让收益缴纳企业所得税。因此，企业可以通过合理安排股权投资收益的获得方式和时间，来达到减轻税负的目的。

【例7-1】

20×1年年初，A公司以银行存款3 000万元投资甲公司，取得甲公司60%的股权。当年甲公司获得税后利润1 000万元。由于公司未来发展需要大量资金，甲公司董事会考虑当年不进行利润分配。20×2年3月，受甲公司良好发展前景的吸引，B公司向A公司提出购买甲公司20%的股权。经双方协商，确定股权转让价格为1 500万元，转让过程中发生的相关税费为2万元。请问：A公司该如何筹划来减轻企业所得税税负？

[筹划思考]

筹划前：

A公司应纳企业所得税税额＝(1 500－3 000÷60%×20%－2)×25%＝124.5(万元)

筹划分析：

由于股权转让收益要交企业所得税，而符合条件的股息、红利收益是可以免征企业所得税的，A公司可以凭借其第一大股东的身份，改变甲公司利润分配政策，先分配股利，然后再将其所持有的20%股权转让给B公司，这样可以取得节税效益。

筹划后：

假定甲公司改变利润分配政策，20×1年分配利润300万元。由于利润分配使甲公司股东权益减少300万元，B公司应支付的股权转让价格也相应减少到1 440万元(1 500－300×20%)。

A公司应纳企业所得税税额＝(1 440－3 000÷60%×20%－2)×25%＝109.5(万元)

[筹划结果]

A公司筹划前取得的投资收益为498万元(1 500－3 000÷60%×20%－2)；经过筹划后取得的投资收益为618万元(300×60%＋1 440－3 000÷60%×20%－2)。

投资收益增加了，但由于红利收入免税，反而使应纳企业所得税税额减少了15万元。

虽然改变利润分配方案可以节约A公司的税负，但这很可能导致甲公司资金紧张，给生产经营带来不利影响。此时A公司可以采取措施，如将获得的红利以借款方式重新投入甲公司来实现双赢。

想一想

此例中甲公司如果当年分配利润1 000万元,A公司能节税多少?

二、捐赠支出的纳税筹划

为支持公益事业,树立企业良好形象,提高社会知名度,许多企业热衷于对公益事业进行各种形式的捐赠。企业发生的公益性捐赠,在利润总额12%比例范围内的,准予在税前扣除,超过利润12%比例的部分,当年要作纳税调增,增加应纳税所得额,但可向后结转3年,在计算应纳税所得额时扣除。这里的公益性捐赠,必须是通过公益性社会团体或者县级以上人民政府及其部门,用于《中华人民共和国公益事业捐赠法》规定的公益事业的捐赠。12%捐赠扣除比例的限制,主要是为了堵塞税收漏洞,防止部分企业利用捐赠扣除达到少缴税的目的,但这也会加重捐赠企业的税收负担。

以上对捐赠支出的税前扣除规定,存在较大的纳税筹划空间。首先,扣除限额的计算基数是企业利润总额,因而企业可以考虑选择适当的会计处理方法扩大会计利润以提高扣除限额。其次,当捐赠数额较大,预计将大大超过扣除限额时,可以考虑分年度进行捐赠以充分利用各年的扣除限额。最后,企业还可以通过变更捐赠主体来使捐赠额得以在税前全额扣除。

(一)现金捐赠的纳税筹划

我们通过[例7-2]来分析如何进行现金捐赠的纳税筹划。

【例7-2】

某企业20×1年和20×2年预计会计利润分别为100万元和110万元,企业所得税税率为25%。该企业为树立良好的社会形象,决定向欠发达山区捐赠现金20万元。现提出三套方案:方案1是20×1年年末直接捐给某欠发达山区;方案2是20×1年年末通过省级民政部门捐赠给欠发达山区;方案3是20×1年年末通过省级民政部门捐赠现金10万元。20×2年年初,该企业通过省级民政部门捐赠现金10万元。请从纳税筹划角度分析选择哪种捐赠方案最有利。

公益性捐赠企业所得税税前全额扣除的规定

[解析]

方案1:该企业20×1年直接向欠发达山区捐赠的现金20万元不得在税前扣除,当年应纳企业所得税税额为30万元[(100+20)×25%]。

方案2:该企业20×1年通过省级民政部门向欠发达山区捐赠现金20万元,只能在税前扣除12万元(100×12%),超过12万元的部分当年不得在税前扣除,当年应纳企业所得税税额为27万元[(100+8)×25%]。

方案3:该企业分两年进行捐赠,由于20×1年和20×2年的会计利润分别为100万元和110万元,扣除限额分别为12万元和13.2万元。因此,每年捐赠的现金10万元均未超出扣除限额,均可在税前扣除。该方案下,20×1年应纳企业所得税税额为25万元(100×25%)。

通过以上比较可知,该企业选择方案3最有利,尽管都是对外捐赠20万元,但方案3与方案2相比可以节税2万元,与方案1相比可以节税5万元。

(二)股权捐赠的纳税筹划

我们通过[例7-3]来分析如何进行股权捐赠的纳税筹划。

【例 7-3】

B企业近期计划收回对甲公司的股权投资,与此同时正在开展一项公益捐赠活动。股权投资本金为100万元,享有被投资方未分配利润200万元,现股权公允价值为300万元。发生业务的流程为先进行原始投资再进行捐赠,捐赠前利润总额充足(即所有捐赠额均在利润总额的12%限额以内),请帮助B企业对以下两种方案进行选择。

方案1:B企业将股权直接捐赠给公益性社会团体。

方案2:B企业通过减资将股权投资收回,获得的300万元资金全部捐赠给公益性社会团体,再由公益性社会团体自行投资甲公司。

〖解析〗

方案1:根据《财政部 国家税务总局关于公益股权捐赠企业所得税政策问题的通知》(财税〔2016〕45号)的规定,企业向公益性社会团体实施的股权捐赠,应按规定视同转让股权,股权转让收入额以企业所捐赠股权取得时的历史成本确定。企业实施股权捐赠后,以其股权历史成本为依据确定捐赠额,并依此按照《企业所得税法》有关规定在所得税前予以扣除。捐赠支出可以减少企业所得税25万元(100×25%),捐赠股权视同转让股权需要调增应纳税所得额为0(100－100)。合计减少企业所得税25万元(25－0),现金净流出75万元(100－25)。

方案2:根据《国家税务总局关于企业所得税若干问题的公告》(国家税务总局公告2011年第34号),投资企业从被投资企业撤回或减少投资,其取得的资产中,相当于初始出资的部分,应确认为投资收回;相当于被投资企业累计未分配利润和累计盈余公积按减少实收资本比例计算的部分,应确认为股息所得;其余部分确认为投资资产转让所得;以及根据《企业所得税法》第26条和《企业所得税法实施条例》第83条中,对符合条件的居民企业之间的股息、红利等权益性投资收益为免税收入的规定,收回股权投资获得的300万元扣除投资本金100万元及享有的被投资方未分配利润200万元后,减资业务产生的应纳税所得额为0,捐赠支出可以减少企业所得税75万元(300×25%)。合计减少企业所得税75万元,现金净流出25万元(100－300＋300－75)。

通过方案对比,在受赠方同样获得公允价值300万元股权的情况下,选择方案2,捐赠方可以最大限度地减少企业所得税以及最大化地减少现金净流出。

寓德于技

公益事业需要企业的大力支持,这是企业社会责任和"企业公民"理念的体现。企业捐赠付出的是金钱和财物,得到的回报是荣誉、声望等社会价值,从而能够扩大消费者的产品需求,以及获得相关的税收优惠政策。对企业而言,这是一种长期投资,对企业的长远发展有良好的影响。

开篇释疑

根据已知条件,对三种方案进行分析。

方案1:由于是直接捐赠,捐赠额600万元在税前不能扣除,则:应纳企业所得税税额＝(4 000＋600)×25%＝1 150(万元)。

方案 2：由于是通过国家机关进行的捐赠，在扣除限额 12% 内的部分可以据实扣除，允许扣除的捐赠额为 480 万元(4 000×12%)，捐赠的 600 万元大于按比例计算的 480 万元的扣除限额，超出限额的 120 万元不能税前扣除，则：应纳企业所得税税额＝(4 000＋120)×25%＝1 030(万元)。

方案 3：由于是通过国家机关进行的捐赠，在扣除限额 12% 内的部分可以据实扣除，允许扣除的捐赠额 480 万元(4 000×12%)，当年捐赠的 300 万元小于按比例计算的 480 万元的扣除限额，允许在税前全额扣除，则：应纳企业所得税税额＝4 000×25%＝1 000(万元)。假设 20×2 年情况与 20×1 年相同，则 20×2 年捐赠的 300 万元也可以在税前全额扣除，应纳税额与 20×1 年也相同。

通过以上三个方案的比较，显然方案 3 更好一些，因为这样操作既符合税法规定，使企业纳税最少，又达到了捐赠的目的，提高企业的美誉度和知名度。

课堂笔记

第二节　企业所得税应纳税额纳税筹划

开篇设问

> 神州实业有限责任公司20×2年的会计利润为500万元,其他相关事项如下:
> (1)实现销售收入5 700万元,其中包括技术转让所得700万元,纳税申报时已扣除500万元的免税所得。
> (2)当年发生技术改造支出500万元,并形成一项专利权,按5年摊销,本年只按会计准则规定实际摊销了80万元并在税前扣除。
> (3)该公司经审核可以在税前列支工资1 000万元,实际列支1 100万元。知悉该公司没有建立对职工住房等方面的有关补助制度,而当地规定应该按工资的10%缴纳住房公积金。
> (4)"销售费用"中列支广告费700万元、业务宣传费300万元。
> (5)"营业外支出"中列支对某农村小学教学楼项目的直接捐赠100万元。
> 根据以上资料,对该公司20×2年度应纳企业所得税提出合理的筹划建议。

知识积累与能力培养

一、亏损弥补的纳税筹划

我国《企业所得税法》第18条规定:企业纳税年度发生的亏损,准予向以后年度结转,用以后年度的所得弥补,但结转年限最长不得超过5年。5年内不论是盈利或亏损,都作为实际弥补期限计算。国家的这一政策充分照顾了企业的利益,企业则可以通过对本企业投资和收益的盈余管理来充分利用亏损结转的规定,将能够弥补的亏损尽量弥补。

自2018年1月1日起,当年具备高新技术企业或科技型中小企业资格的企业,其具备资格年度之前5个年度发生的尚未弥补完的亏损,准予结转以后年度弥补,最长结转年限由5年延长至10年。

【例7-4】

甲公司是20×1年创立的工业型企业,创办初期投入较大,需要采购较多物资和固定资产,所以亏损较大(—40万元)。假设甲公司年度应纳税所得额各年资料如表7-1所示。

表7-1　甲公司年度应纳税所得额　　　　　　　　　　　　单位:万元

年份	20×1年	20×2年	20×3年	20×4年	20×5年	20×6年	20×7年
应纳税所得额	—40	—10	—8	—2	10	20	30

【筹划思考】

筹划前:

对甲公司,因为20×1—20×4年均亏损,所以,这四年公司均不必缴纳企业所得税。20×5年公司开始盈利,甲公司各年应纳所得税为:

20×5年应纳税所得额=10-40=-30(万元),不纳税。

20×6年应纳税所得额=20-30=-10(万元),不纳税。

20×7年应纳所得税=(30-10-8-2)×20%=2(万元)

由于超过了税法规定的5年弥补期限,甲公司尚有20×1年的10万元亏损无法在税前弥补,也就无法发挥亏损的抵税作用。

筹划分析:

假设甲公司将20×1年采购的物资(可在税前全额抵扣)分两批分别在20×1年和20×2年购进,在总采购额不变的前提下,20×1年和20×2年的亏损额分别为-30万元和-20万元。

【筹划结果】

甲公司的亏损可以全部得到弥补,在20×7年前应纳税所得额都为零,不用缴纳任何企业所得税,共节税2万元。

想一想

能否通过合理方法,扩大20×6年利润,以便20×1年的亏损在20×6年(5年亏损弥补期的最后一年)得到弥补?

企业利用亏损弥补进行筹划时还需注意以下几个问题:

(1)利用亏损弥补进行筹划,要求企业在合理预估未来年度亏损及利润的基础上,熟练进行财务运作,使所有亏损能得以在税前弥补。

(2)财务运作要注意遵守税法按规定办事,避免被税务机关认定为逃税行为。

(3)企业必须正确地向税务机关申报亏损。

二、企业所得税征收方式的筹划

按照现行税收法规的规定,在计算企业所得税的应纳税额时,除了按照查账征收的方式,为了加强企业所得税的征收管理,还可对部分中小企业采取核定征收的办法计算其应纳税额。对于这些企业来说,适用于查账征收企业的企业所得税筹划方法将不再适用于这类企业,为了合理降低税收负担,这类企业应在征收方式的选择上进行适当的筹划,从而达到减少税收支出的目的。

按照税收法规的规定,对于账务核算不清的企业,因其不能准确核算收入总额以及成本费用支出,从而不能向主管税务机关提供真实、准确、完整的纳税资料,所以,这些企业在计算企业所得税应纳税额时,应采取定额征收或核定应税所得率征收的方式。所谓定额征收,是指税务机关按照一定的标准、程序和方法,直接核定纳税人年度应纳企业所得税额,由纳税人按规定进行申报缴纳的方法。核定应税所得率征收方式则是指税务机关按照一定的标准、程序和方法,预先核定纳税人的应税所得率,由纳税人根据纳税年度的收入总额或成本费用等项目的实际发生额,按预先核定的应税所得率计算缴纳企业所得税,即:

应纳企业所得税税额=收入总额×应税所得率×适用税率

【例7-5】

A企业主要从事新型塑钢产品的安装工程。20×2年预计收入10 000万元,由于该企业账务核算不清,税务机关采用核定应税所得率征收方式征收企业所得税,核定企业应税所得率为10%,企业所得税税率为25%。请为A企业考虑节税方案。

【解析】

目前,该公司应纳企业所得税税额＝10 000×10%×25%＝250(万元)。

经过严格核算,该企业实际的销售利润率为7%,如果健全会计核算制度,严格按税法规定列支各项费用,完全可以采取查账征收方式缴纳企业所得税。此时:应纳企业所得税税额＝1 000×7%×25%＝175(万元),比核定征收少缴纳企业所得税75万元。

通过以上分析可以看出,对于盈利企业,核定征收方式和查账征收方式的选择,存在一定的纳税筹划空间。企业需要计算一下企业所得税两种征收方式下的税负,从而决定应采用何种征收方式。对于亏损企业而言,核定征收方式不是好的选择,因为核定征收方式下,那些长年账面亏损的企业仍要缴纳企业所得税,无形中增加了企业的压力。因此,如果该企业属于长期亏损企业,这时企业应通过适当的筹划操作,健全财务会计制度,使其达到适用查账征收的条件,从而获得税收上的优惠。

> **小贴士**
>
> 按现行企业所得税征管规定,核定征收企业可以申请转为查账征收,而查账征收企业在任何情况下都不能转为核定征收。

三、企业所得税预缴的筹划

(一)预缴企业所得税现行税收政策

根据规定,企业所得税采取按年计算、分期预缴、年终汇算清缴的办法征收。分期预缴是指企业所得税分月或者分季预缴。企业分月或者分季预缴企业所得税时,应当按照月度或者季度的实际利润额预缴;按照月度或者季度的实际利润额预缴有困难的,可以按照上一纳税年度应纳税所得额的月度或者季度平均额预缴,或者按照经税务机关认可的其他方法预缴。预缴方法一经确定,该纳税年度内不得随意变更。为确保税款足额及时入库,各级税务机关对纳入当地重点税源管理的企业,原则上应按照实际利润额预缴方法征收企业所得税。各级税务机关要处理好企业所得税预缴和汇算清缴税款入库的关系,原则上各地企业所得税年度预缴税款占当年企业所得税入库税款(预缴数＋汇算清缴数)应不少于70%。对未按规定申报预缴企业所得税的,按照《税收征收管理法》及其实施细则的有关规定进行处理。以简化税收程序、降低税收、遵从成本为理念的预缴企业所得税申报办法,已经提供了纳税筹划的空间。

(二)预缴企业所得税筹划目标

1. 争取选择一种有利的预缴企业所得税办法

虽然存在三种预缴企业所得税的办法,但一般而言,按照实际利润额申报预缴企业所得税与汇算清缴的差异较小。当然,在报告年度企业收入及利润指标将大幅增长的情况下,企业应争取税务机关按照上一纳税年度应纳税所得额的月度或者季度平均额预缴企业所得税。

【例7-6】

某企业20×1纳税年度缴纳企业所得税为1 200万元,企业预计20×2纳税年度应纳税所得额会有一个比较大的增长,每季度实际的应纳税所得额分别为1 500万元、1 600万元、

1 400万元、1 000万元,企业所得税税率为25%。

该企业选择按照纳税年度的实际数额预缴企业所得税。请计算该企业每季度预缴企业所得税的数额,并提出纳税筹划方案。

【筹划思考】

方案1:目前,企业选择按照纳税年度的实际数额预缴企业所得税,该企业需要在每季度预缴企业所得税分别为375万元、400万元、350万元、425万元。

方案2:按照上一纳税年度应纳税所得额的月度或者季度平均额预缴企业所得税,该企业在每季度只需要预缴企业所得税300万元(1 200×25%)。

【筹划结果】

采用方案2,假设银行活期存款利率为1%,并且每年计算一次利息,则该企业可以获得利息收入:(375−300)×1%×9÷12+(400−300)×1%×6÷12+(350−300)×1%×3÷12=1.187 5(万元)。

2. 开展筹划,避免多预缴税款

由于受季节性以及订单均衡性影响,有些企业一定时期的收益并不均衡,经常会发生年度内"前高后低"的情况;如果简单地按照实际利润额申报预缴企业所得税,在汇算清缴时会发现多预缴了税款。虽然按照《税收征收管理法》第51条的规定,企业可以向主管税务机关申请退税,但是,退税手续复杂而繁琐,牵涉到税务、国库、银行等组织。实践中,多缴纳的税款很可能被滞留抵顶下一年度的预缴税款,这将占用企业的流动资金,并导致资金利息的损失。

3. 控制企业所得税的预缴比例

正确理解《国家税务总局关于加强企业所得税预缴工作的通知》(国税函〔2009〕34号)文件中"企业所得税年度预缴税款占当年企业所得税入库税款(预缴数+汇算清缴数)应不少于70%"的要求,将多余的税款留在企业汇算清缴期缴纳,以节约资金利息占用。由于税务机关和纳税人之间天然的博弈关系,作为税务机关要争取预缴税款占全年应缴税款不少于70%;而作为纳税人,一般应将预缴税款控制在全年应缴税款的70%。例如,若某企业纳税年度每季度均产生1 000万元的应纳税所得额,由于企业纳税筹划工作做得好,将每季度预缴税款比例控制在年度应缴税款的70%,预缴税款共计2 800万元;而在汇算清缴期缴纳税款1 200万元,若税款均在纳税期的15日解缴入库,则此项筹划,相当于纳税人取得了4笔300万元资金不同期限(13个月、10个月、7个月、4个月)的贷款利息收入。

(三)预缴企业所得税筹划方法

基于会计制度以及会计准则的精神,综合运用会计职业判断,以及开展有针对性的筹划,使核算出来的利润总额具有一定的变动性,可以满足预缴企业所得税筹划的需要。其实,预缴企业所得税筹划的方法是比较简单的。在纳税年度前期所得较多的情况下,可以采取以下办法,达到降低利润总额的目标,即推迟收入确认,提早确认相关费用,计提相关资产减值等,包括:

(1)企业检查销售收入的确认标准,比较各种结算方式,对商务合同进行有针对性的修订,规范地推迟收入的确认。

(2)对于费用的提早入账,关键是要坚持权责发生制原则,计提相关产品销售所附带的质量保证费用、维修费等,考虑到会计核算的客观性,还可提前实施有关产品推广促销等活动,保证费用发生真实可靠。

(3)计提相关资产减值时要以谨慎性为原则,采用比较科学的测试方法,全面计量企业各项资产的减值情况并予以正确的反映。

开篇释疑

针对神州实业有限责任公司的有关事项,可以进行以下筹划:

(1)根据《企业所得税法》和相关税收规定,在一个纳税年度内,居民企业转让技术所有权所得不超过 500 万元的部分,免征企业所得税;超过 500 万元的部分,减半征收企业所得税。该公司可以考虑通过后续服务的方式,将此项所得分两次确认,将其中 200 万元的所得合规地在次年入账,这样全部 700 万元所得都可以得到免除。

(2)应该考虑使技术改造支出符合"三新"开发支出税收优惠的条件,这样形成的无形资产,就可以按其入账价值的 200% 进行税前摊销,所以本年应充分利用税收优惠,还可以税前扣除 80 万元,从而少计应纳税所得额 80 万元。

(3)该公司工资支出有 100 万元(1 100-1 000)不能在税前列支,如果该公司建立职工住房公积金制度,可以增加对职工个人住房公积金开支 100 万元(1 000×10%),从而少计应纳税所得额 100 万元。

(4)该公司按税法规定的扣除比例,广告费与业务宣传费超支额为 145 万元(1 000-5 700×15%),可以考虑将该公司的销售部门单独成立一个全资的负责销售的子公司,然后将货物以 4 000 万元的价格卖给子公司,子公司再以 5 000 万元的价格售出。按照两家公司的销售收入来按比例计算列支限额,则这两项费用都在规定的比例之内。这样本年可以少计应纳税所得额 145 万元。

(5)直接捐赠 100 万元不准在税前列支,可以考虑通过非营利机构捐赠给该小学,从而少计应纳税所得额 100 万元。

综合上述几方面,通过纳税筹划该公司在当年可以少计应纳税所得额 525 万元(100+80+100+145+100),当年应纳税所得额可由 1 000 万元降低到 475 万元(1 000-525),可以少缴企业所得税 131.25 万元(525×25%)。

课堂笔记

职业能力训练

一、单项选择题

1. 依据《企业所得税法》,下列选项中,关于股息红利等权益性投资收益确认收入实现的规定,正确的是( )。
   A. 按照被投资方计算出利润的日期
   B. 按照被投资方作出利润分配决定的日期
   C. 按照被投资方账面作出利润分配处理的日期
   D. 按照投资方取得分回利润的日期

2. 下列各项投资收益中,按税法规定免交企业所得税,但在计算应纳税所得额时应予以调整的项目是( )。
   A. 国债利息收入
   B. 股票转让净收益
   C. 公司的各项赞助支出
   D. 公司债券转让净收益

3. 依据企业所得税的相关规定,下列选项中,企业的直接捐赠允许在计算应纳税所得额时全额扣除的是( )。
   A. 直接向承担疫情防治任务的医院捐赠用于应对新型冠状病毒感染的肺炎疫情的物品
   B. 直接向投资企业的捐赠
   C. 直接向希望小学的捐赠
   D. 直接向关联企业的捐赠

4. 某企业20×2年实现利润总额(未捐赠前)为3 000万元,企业所得税税率为25%。企业为了提高其知名度及产品的竞争力,决定向社会相关单位直接捐赠500万元。当年无其他纳税调整事项,则企业应纳所得税额为( )万元。
   A. 360
   B. 750
   C. 660
   D. 625

5. 根据《企业所得税法》的规定,纳税人在我国境内的公益性捐赠支出,可以( )。
   A. 在税前全额扣除
   B. 在年度应纳税所得额12%以内的部分准予扣除
   C. 在年度利润总额12%以内的部分准予扣除
   D. 在年度纳税调整后所得12%以内的部分准予扣除

二、多项选择题

1. 关于亏损弥补,下列说法正确的有( )。
   A. 亏损只能用税后利润来弥补
   B. 企业发生亏损,可以在5年内用税前利润来弥补
   C. 超过5年的亏损,应该用税后利润来弥补
   D. 经股东大会批准,也可以用盈余公积来弥补亏损

2. 依照《企业所得税法》的相关规定,下列关于企业亏损弥补的说法正确的有( )。
   A. 企业在汇总计算缴纳企业所得税时,其境外营业机构的亏损可以用境内营业机构的盈利来弥补

B. 企业因以前年度实际资产损失未在税前扣除而多缴纳的企业所得税税款,可在追补确认年度企业所得税应纳税款中抵扣,不足抵扣的,可以在以后年度递延抵扣

C. 企业筹办期间不计算为亏损年度,企业开始生产经营的年度,为开始计算企业损益的年度

D. 企业在筹办期间发生的筹办费用可以在开始经营之日的当年一次性扣除,也可以按照有关长期待摊费用的处理规定处理,但一经选定,不得改变

3. 企业所得税的征收方式一般包括( )。
   A. 查账征收   B. 核定征收
   C. 定期定额   D. 与税务机关协商确定

4. 根据企业所得税法律制度的规定,下列关于企业所得税征收管理的说法正确的有( )。
   A. 按月预缴所得税的,应当自月份终了之日起15日内,向税务机关报送预缴企业所得税纳税申报表,预缴税款
   B. 企业应当在办理注销登记后,就其清算所得向税务机关申报并依法缴纳企业所得税
   C. 企业纳税年度亏损,可以不向税务机关报送年度企业所得税纳税申报表
   D. 依照企业所得税法缴纳的企业所得税,以人民币以外的货币计算的,应当折合成人民币计算并缴纳税款

5. 按照《企业所得税法》及其实施条例规定,下列关于企业所得税预缴的表述正确的有( )。
   A. 企业所得税分月或者分季预缴,由企业自行选择,报税务机关备案
   B. 可以按照月度或者季度的实际利润额预缴
   C. 按照实际利润额预缴有困难的,可以按照上一纳税年度应纳税所得额的月度或者季度平均额预缴
   D. 预缴方法一经确定,该纳税年度内不得随意变更

三、判断题

1. 不同投资方式下取得的投资收益的税收待遇不同,在作出合理的投资决策前,还须充分考虑税收对相关指标的影响。( )
2. 在计算企业所得税时,发生的公益性捐赠支出,不超过当年应纳税所得额12%的部分,准予扣除。( )
3. 投资者兴办两个或两个以上企业的,企业的年度经营亏损不能跨企业弥补。( )
4. 企业所得税按年计征,分月或者分季预缴,年终汇算清缴,多退少补。( )
5. 某企业20×2年10月至12月期间取得预售收入500万元,发生期间成本350万元,企业第四季度应预缴的企业所得税为37.5万元。( )

四、案例分析题

某企业集团决定通过本县民政部门向贫困地区捐款200万元人民币。该集团下属企业中,只有两家公司具备捐赠该项赈灾款项的经济实力。甲、乙两公司预计20×2年实现税前会计利润1 000万元和800万元,如何进行捐赠,既能够实现捐赠200万元的目标,又能够把集团费用降到最低,集团决策者现有三个方案。

要求:请你计算以下各方案的纳税状况,并提出合理的筹划建议。

方案1:由甲公司单独捐赠。

方案2:由乙公司单独捐赠。

方案3:由甲、乙公司共同捐赠。

第八章　企业房屋和土地涉税业务纳税筹划

 **职业能力目标**

1. 能够对土地增值税进行正确的纳税筹划
2. 能够对房产税进行正确的纳税筹划
3. 能够对契税进行正确的纳税筹划
4. 能够对城镇土地使用税进行正确的纳税筹划

 知识目标

1. 熟悉城镇土地使用税的筹划
2. 掌握土地增值税、房产税、契税的纳税筹划

 知识导图

```
                          ┌─ 土地增值税纳税筹划 ┬─ 分散销售收入筹划法
                          │                    └─ 合理控制土地增值税税率的纳税筹划
                          │                    ┌─ 利用房产税计税依据的纳税筹划
                          ├─ 房产税纳税筹划 ────┼─ 厂址选择的纳税筹划
企业房屋和土地 ───────────┤                    └─ 利用房产税税收优惠政策的纳税筹划
涉税业务纳税筹划          │                    ┌─ 利用契税计税依据的纳税筹划
                          ├─ 契税纳税筹划 ──────┤
                          │                    └─ 利用契税税收优惠政策的纳税筹划
                          │                       ┌─ 城镇土地使用税征收范围的纳税筹划
                          └─ 城镇土地使用税纳税筹划┤
                                                  └─ 利用城镇土地使用税税收优惠政策的
                                                     纳税筹划
```

第一节 土地增值税纳税筹划

开篇设问

> 某房地产开发公司同时开发A、B两幢商业用房,处于同一片土地上,销售A房产取得收入3 000万元,允许扣除的金额为2 000万元;销售B房产取得收入4 000万元,允许扣除的金额为1 000万元。请问:对这两处房产是分开核算好,还是合并核算好?

知识积累与能力培养

土地增值税是就转让房产或土地所取得的增值额征收的一种税。土地增值税实行<u>超率累进税率</u>,增值多的多征,增值少的少征,无增值的不征,最低税率为30%,最高税率为60%。如何筹划最轻税负,始终是企业不断追求的目标。

土地增值税的增值额

土地增值税采用的是以增值额为基础的超率累进税制,因此土地增值税筹划最关键的一点就是合理合法地控制、降低增值额。增值额是纳税人转让房地产的收入减除扣除项目的金额的余额。在房产或土地使用权转让中,增值额小,计税额就小,适用的税率也低,土地增值税税负就轻。因此,<u>土地增值税筹划的基本思路是根据土地增值税的税率特点及有关优惠政策,控制增值额,从而适用低税率或享受免税待遇</u>。

一、分散销售收入筹划法

(一)将可以分开单独计价的部分从整个房地产中分离

《中华人民共和国土地增值税法(征求意见稿)》(以下简称《土地增值税法(征求意见稿)》)规定,纳税人转让房地产取得的收入,是指纳税人转让国有土地使用权、地上建筑物及其附着物所取得的各项收入。而<u>随同土地使用权、地上建筑物及其附着物一并转移所有权的其他物质的售价,是不需要计入收入总额的。纳税人在核算时应注意将不必要的收入,从应税收入中扣除</u>。

【例8-1】

假定某房地产开发企业准备出售一幢写字楼,写字楼的市场价值是500万元,其所含各种附属设备的价格约为100万元。如果该企业和购买者签订合同时,对写字楼的价格和附属设备的价格不加区分,而是将全部金额600万元以房地产转让价格的形式在合同上体现,则相同条件下的增值额会增加100万元,相应地应纳税额也就会增大。请对该房地产开发企业进行纳税筹划。

[筹划思考]

该企业和购买者签订合同时,仅在合同上注明500万元的房地产转让价格,同时签订一份附属办公设备买卖合同,可以使得增值额变小,节省应缴纳的土地增值税税额,而且由于买卖合同适用 0.3‰的印花税税率,比产权转移书据适用的 0.5‰税率要低,还可以节省印花税,降低了企业的税负。

(二) 利用分别核算法分散收入

《土地增值税法(征求意见稿)》第 12 条规定,纳税人建造普通标准住宅出售,增值额未超过扣除项目金额 20%的,可由省、自治区、直辖市人民政府决定减征或者免征土地增值税,并报同级人民代表大会常务委员会备案。增值额超过扣除项目金额 20%的,应就其全部增值额按规定计税。同时,该税法还规定,纳税人既建造普通标准住宅又从事其他房地产开发项目的,应当分别核算增值额,不分别核算增值额或不能准确核算增值额的,其建造的普通标准住宅不享受免税待遇。房地产开发企业如果既建造普通标准住宅又从事其他房地产开发项目,分别核算与不分别核算税负大不相同。

> **知识链接**
>
> 普通标准住宅是指按所在地一般民用住宅标准建造的居住用住宅。高级公寓、别墅、度假村等不属于普通标准住宅。

【例 8-2】

某房地产开发企业,20×2 年商品房销售收入为 15 000 万元,其中普通住宅的销售额为 10 000 万元,豪华住宅的销售额为 5 000 万元。税法规定的可扣除项目金额为 12 000 万元,其中普通住宅的可扣除项目金额为 9 000 万元,豪华住宅的可扣除项目金额为 3 000 万元。请问:该企业如何筹划才可节税?

|筹划思考|

方案 1,普通住宅和豪华住宅不分开核算:

增值率=(15 000−12 000)÷12 000×100%=25%

应纳税额=(15 000−12 000)×30%=900(万元)

方案 2,普通住宅和豪华住宅分开核算:

普通住宅:

增值率=(10 000−9 000)÷9 000×100%=11%

应纳税额=0(因为增值率小于 20%,所以免税)

豪华住宅:

增值率=(5 000−3 000)÷3 000×100%=67%

应纳税额=(5 000−3 000)×40%−3 000×5%=650(万元)

|筹划结果|

通过筹划,分开核算比合并核算节省税费 250 万元(900−650)。

利用分别核算方法需要注意的问题是,由于两类房地产土地增值税税率的不同,有时不分开核算比分开核算更有利。核算关键在于能否通过适当减少销售收入或增加可扣除项目金额使普通住宅的增值率控制在 20%以内。如果没有控制好普通住宅的增值率,就会出现多缴税的情况。

【例 8-3】

假定[例 8-2]中销售额不变,但税法规定的可扣除项目金额为 11 000 亿元,其中普通住宅的可扣除项目金额为 8 000 万元,豪华住宅的可扣除项目金额为 3 000 万元。请问:该企业应如何进行纳税筹划?

【筹划思考】

方案1，普通住宅和豪华住宅不分开核算：

增值率＝(15 000－11 000)÷11 000×100％＝36％

应纳税额＝(15 000－11 000)×30％＝1 200(万元)

方案2，普通住宅和豪华住宅分开核算：

虽然普通住宅和豪华住宅分开核算，但没有控制好增值率，使其都超过了20％。此时：

普通住宅：

增值率＝(10 000－8 000)÷8 000×100％＝25％

应纳税额＝(10 000－8 000)×30％＝600(万元)

豪华住宅：

增值率＝(5 000－3 000)÷3 000×100％＝67％

应纳税额＝(5 000－3 000)×40％－3 000×5％＝650(万元)

【筹划结果】

两者合计为1 250万元，此时分开核算比不分开核算多支出税金50万元。这是因为普通住宅的增值率为25％，超过了20％，还得缴纳土地增值税。

综合[例8-2]和[例8-3]的分析，如果能使普通住宅的增值率控制在20％以内，则分开核算可以大大减轻税负。

二、合理控制土地增值税税率的纳税筹划

控制普通住宅增值率的方法是降低房屋销售价格或者增加可扣除项目金额。销售收入减少，而可扣除项目金额不变，增值率自然会降低。但这会带来另一种后果，即导致销售收入减少，此时是否可取，就得比较减少的销售收入和控制增值率减少的税金支出的大小，从而作出选择。

(一) 土地增值税税率

土地增值税实行四级超率累进税率，以转让房地产的增值额与扣除项目金额的比率的大小，分档定率，超率累进，最低税率为30％，最高税率为60％。土地增值税各级税率如表8-1所示。

表8-1　土地增值四级超率累进税率表

级数	增值额与扣除项目金额的比率	税率	速算扣除系数
1	不超过50％的部分	30％	0
2	超过50％～100％的部分	40％	5％
3	超过100％～200％的部分	50％	15％
4	超过200％的部分	60％	35％

扣除项目金额是指纳税人取得转让的房地产发生的成本、费用和转让房地产有关的税金及其他扣除项目等。

(二) 控制土地增值税税率的筹划方法

把握好增值率的节点，降低增值额，达到节约税金的目的，企业可以通过以下几个方面来进行筹划。

1. 增加扣除项目金额

税法准予纳税人从转让收入额中减除的扣除项目包括五个部分：①取得土

土地增值税
纳税筹划

地使用权所支付的金额;②房地产开发成本;③房地产开发费用;④与转让房地产有关的税金;⑤财政部规定的其他扣除项目,主要是指从事房地产开发的纳税人允许扣除取得土地使用权所支付的金额和开发成本之和的20%。

在增加房地产开发费用时,应注意税法规定的比例限制。税法规定,当房地产开发费用分别属于以下情形时:

(1) 能分摊且能证明时:①财务费用中的利息支出,凡能够按转让房地产项目计算分摊并提供金融机构证明的,允许据实扣除,但最高不能超过按商业银行同类同期贷款利率计算的金额。②其他房地产开发费用,按取得土地使用权所支付的金额和房地产开发成本的金额之和的5%以内计算扣除,即:

$$允许扣除的房地产开发费用 = 允许扣除的利息 + (取得土地使用权所支付的金额 + 房地产开发成本) \times 规定比率(5\%以内)$$

(2) 不能分摊或不能证明时:财务费用中的利息支出,凡不能按转让房地产项目计算分摊或不能提供金融机构证明的,房地产开发费用(不区分利息费用和其他费用)按规定计算的金额之和的10%以内计算扣除,即:

$$允许扣除的房地产开发费用 = (取得土地使用权所支付的金额 + 房地产开发成本) \times 规定比率(10\%以内)$$

【例8-4】

某开发项目取得土地使用权成本为50 000万元,开发成本为50 000万元,其中,"开发成本——开发间接费用"中列支利息支出2 000万元。其中,向某银行(信托机构)借入资金的利息支出为500万元;向民间个人借入资金的利息支出为400万元;向关联公司借款1 100万元,同时约定借款利率不超过同期同类银行贷款利率。请问:利息如何扣除对企业更加有利?

[筹划思考]

根据上述案例,土地增值税利息的扣除可分为以下两种方法:

(1) 据实扣除。纳税人能够按转让房地产项目计算分摊利息支出,并能提供金融机构的贷款证明的,可按照"房地产开发费用=利息+(取得土地使用权所支付的金额+房地产开发成本)×5%"进行扣除,此时:

可扣除开发费用=500+(50 000+50 000)×5%=5 500(万元)

其中针对利息的判定需要注意以下三点:①能提供相关金融机构证明。②利息金额不能超过按商业银行同类同期银行贷款利率所计算出的金额。③其中不包含加息、罚息。

(2) 计算扣除。纳税人不能按转让房地产项目计算分摊利息支出,或不能提供金融机构贷款证明的,可按照"房地产开发费用=(取得土地使用权所支付的金额+房地产开发成本)×10%"进行扣除,此时:

可扣除开发费用=(50 000+50 000)×10%=10 000(万元)

[筹划结果]

根据实际测算的结果,第2种方法可扣除开发费用较多,即企业选择第2种方法进行处理对企业更为有利。

2. 合理定价

通过适当降低价格可以减少增值额,降低土地增值税的适用税率,从而减轻税负。

【例 8-5】

某房地产公司现有 10 000 平方米同档次的普通住宅商品房要出售,销售部门初定两个销售方案。方案 1:售价为 11 000 元/平方米,税法准予扣除项目金额是 8 700 万元;方案 2:售价为 10 000 元/平方米,税法准予扣除项目金额是 8 400 万元。请问:两种方案下应缴纳的土地增值税税额分别是多少?该公司应该选择哪个方案?

{筹划思考}

如果该公司选择方案 1,按规定计算如下:

增值额 = 11 000 − 8 700 = 2 300(万元)

增值率 = 2 300 ÷ 8 700 × 100% = 26.44%

应缴纳土地增值税 = (11 000 − 8 700) × 30% = 690(万元)

税前利润 = 11 000 − 8 700 − 690 = 1 610(万元)

如果该公司选择方案 2,按规定计算如下:

增值额 = 10 000 − 8 400 = 1 600(万元)

增值率 = 1 600 ÷ 8 400 × 100% = 19.05% < 20%

应缴纳土地增值税 = 0

税前利润 = 10 000 − 8 400 − 0 = 1 600(万元)

{筹划结果}

根据上述情况分析,虽然方案 1 的售价高,但是两个方案的可获利润相差无几,如果考虑到市场竞争力,宁可少获 10 万元利润,也要选择方案 2,因为方案 2 可以保证资金及时回笼,降低市场风险。所以,在进行土地增值税纳税筹划时应合计定价,把握好增值率的节点,降低增值额,达到节约税金的目的。

【例 8-6】

20×2 年 6 月,某房地产公司出售商品房取得不含增值税销售收入 5 000 万元,其中:普通标准住宅销售额为 3 000 万元,豪华住宅销售额为 2 000 万元。扣除项目金额为 3 450 万元,其中:普通标准住宅的扣除项目金额为 2 350 万元,豪华住宅扣除项目金额为 1 100 万元(增值税选择简易计税)。请问该公司该如何进行纳税筹划?

{解析}

(1) 筹划前:

普通住宅:

城建税、教育费附加 = 3 000 × 5% × (7% + 3%) = 15(万元)

合计扣除项目金额 = 2 350 + 15 = 2 365(万元)

增值额 = 3 000 − 2 365 = 635(万元)

增值率 = 635 ÷ 2 365 × 100% = 27%

应缴纳土地增值税 = 635 × 30% = 190.5(万元)

豪华住宅:

城建税、教育费附加 = 2 000 × 5% × (7% + 3%) = 10(万元)

合计扣除项目金额 = 1 100 + 10 = 1 110(万元)

增值额 = 2 000 − 1 110 = 890(万元)

增值率＝890÷1 110×100％＝80％

应缴纳土地增值税＝890×40％－1 110×5％＝300.5(万元)

该公司共需缴纳土地增值税491万元(190.5＋300.5)。

(2) 筹划后：

方案1：销售收入不变，扣除项目金额增加为2 485万元。

普通住宅：

城建税、教育费附加＝3 000×5％×(7％＋3％)＝15(万元)

合计扣除项目金额＝2 485＋15＝2 500(万元)

增值额＝3 000－2 500＝500(万元)

增值率＝500÷2 500×100％＝20％

应缴纳土地增值税＝0

在此方案下，普通标准住宅达到增值率未超过20％的临界点，可以免税，该公司缴纳的土地增值税总额仅为销售豪华住宅应纳税额，即300.5万元。

方案2：扣除项目金额不变，销售收入降低为2 815万元。

普通住宅：

城建税、教育费附加＝2 815×5％×(7％＋3％)＝14.08(万元)

合计扣除项目金额＝2 350＋14.08＝2 364.08(万元)

增值额＝2 815－2 364.08＝450.92(万元)

增值率＝450.92÷2 364.08＝19.07％

应缴纳土地增值税＝0

在此方案下，普通标准住宅可以免税，该公司缴纳的总的土地增值税仍为销售豪华住宅应纳税额，即300.5万元。此时，销售收入减少了185万元(3 000－2 815)，少纳税190.5万元，该公司仍获益5.5万元(190.5－185)。

 注意

在[例8-6]中，无论是增加扣除项目金额，还是减少销售收入，必须是真实的，数据要能被税务机关认可。

提示

房地产企业如果既建造普通标准住宅，又进行其他房地产开发，在分开核算的情况下，筹划的关键就是将普通标准住宅的增值率控制在20％以内，以获得免税待遇。降低增值率的关键是降低增值额。

3. 增加中间销售环节的筹划

在一般情况下，纳税环节越多，产生的总税负将越大。因此，减少纳税环节是常见的纳税筹划思路。但是土地增值税正好相反，其纳税环节越多，总税负可能会越小。土地增值税适用的超率累进税率的特点是：增值率越高的部分适用税率就越高。纳税人在销售不动产或者转让土地使用权时，如果增加一个(或多个)中间环节，则可以将一次高增值分解为两次(或多次)相对较低的增值，从而降低增值率。增加中间环节的筹划方法适用于以下两种情形:一是增值率超过 50% 的情形,增加中间环节后,可减少增值部分适用高税率的金额。二是开发销售普通住宅的情形,增加中间环节后,有可能将房地产开发企业销售给中间商(如自设销售公司)的增值率控制在 20% 以下,从而享受免征土地增值税的优惠。

【例 8-7】

A 集团有限公司(增值税一般纳税人)。20×2 年 5 月,该公司准备向 B 公司出售一块闲置土地。该土地是 A 集团有限公司在 20×1 年 4 月拍卖取得,取得该块土地使用权所支付的金额为 1 000 万元(不含税)。

关于如何出售该块土地,现有两种方案可供选择。

方案 1:直接将该块土地出售给 B 公司,售价为 3 000 万元(不含税)。

方案 2:先将该块土地以 2 000 万元(不含税)的价格销售给子公司 A1 有限公司,然后再由 A1 有限公司以 3 000 万元(不含税)的价格转销给 B 公司。

已知 A 集团有限公司和 A1 有限公司都不是房地产企业,两个公司的城建税都为 7%,教育费附加 3%,地方教育附加 2%。

请问:从节税角度出发,A 集团有限公司应该选择哪种方案?

|筹划思考|

(1) 方案 1 有关计算如下:

A 集团有限公司:

城建税及教育费附加 = 3 000 × 9% × (7% + 3% + 2%) = 32.4(万元)

合计扣除项目金额 = 32.4 + 1 000 = 1 032.4(万元)

增值额 = 3 000 - 1 032.4 = 1 967.6(万元)

增值率 = 1 967.6 ÷ 1 032.4 × 100% = 190.59%

应缴纳土地增值税 = 1 967.6 × 50% - 1 032.4 × 15% = 828.94(万元)

(2) 方案 2 有关计算如下:

A 集团有限公司:

城建税及教育费附加 = 2 000 × 9% × (7% + 3% + 2%) = 21.6(万元)

合计扣除项目金额 = 21.6 + 1 000 = 1 021.6(万元)

增值额 = 2 000 - 1 021.6 = 978.4(万元)

增值率 = 978.4 ÷ 1 021.6 × 100% = 95.77%

应缴纳土地增值税 = 978.4 × 40% - 1 021.6 × 5% = 340.28(万元)

A1 有限公司:

城建税及教育费附加 = 3 000 × 9% × (7% + 3% + 2%) = 32.4(万元)

合计扣除项目金额 = 32.4 + 2 000 = 2 032.4(万元)

增值额 = 3 000 - 2 032.4 = 967.6(万元)

增值率 = 967.6 ÷ 2 032.4 × 100% = 47.61%

应缴纳土地增值税 = 967.6 × 30% = 290.28(万元)

合计应缴纳土地增值税 = 340.28 + 290.28 = 630.56(万元)

|筹划结果|

方案 2 比方案 1 少缴土地增值税 198.38 万元,因此 A 集团有限公司应选择方案 2。

开篇释疑

如果该公司将两幢商业用房合并核算,有关计算如下:

则两幢房产的收入总额＝3 000＋4 000＝7 000(万元);允许扣除的金额＝2 000＋1 000＝3 000(万元);增值率＝(7 000－3 000)÷3 000×100％＝133.3％,适用税率为50％。该公司应缴纳土地增值税为:(7 000－3 000)×50％－3 000×15％＝1 550(万元)。

如果该公司将两幢商业用房分开核算,有关计算如下:

A房产的增值率＝(3 000－2 000)÷2 000×100％＝50％,适用税率为30％,应缴纳土地增值税＝(3 000－2 000)×30％＝300(万元)。

B房产的增值率＝(4 000－1 000)÷1 000×100％＝300％,适用税率为60％,应缴纳土地增值税＝(4 000－1 000)×60％－1 000×35％＝1 450(万元)。

该公司共应缴纳土地增值税1 750万元(300＋1 450)。

同样的销售收入,合并核算比分开核算能节税200万元。这主要是由于土地增值税实行的是从30％到60％的四级超率累进税率,一旦超过增值率的临界点,土地增值税的税率就会增加10％。所以,对于同时进行几处房地产开发业务的企业而言,不同地区的开发成本受各种因素的影响也有所不同,这就导致各类房地产的增值额和增值率有所差别。如果对不同增值率的房地产合并核算,就有可能降低高增值率房产的适用税率,使税负下降。

 注意

需要注意的是,并不是所有的合并核算都可以节税。只有当两类房产增值率相差很大时,房地产开发公司将两处房产安排在一起开发、出售,并将两类房产的收入和扣除项目放在一起核算,一起申报纳税,才可以达到少缴税的目的。所以,为了在法律允许的范围内尽量少缴税,纳税人需要具体测算分开核算与合并核算的相应税额,以选择低税负的核算方法。

课堂笔记

第二节　房产税纳税筹划

开篇设问

> 20×2年6月,某公司将一座原值为1 500万元的库房用于出租,租金为每年300万元(不含增值税)。按照当地政府规定,按原值一次性扣除20%后的余值缴纳房产税,税率为1.2%。则该公司每年应缴纳的税金为:应纳增值税(假定按简易计税)=300×5%=15(万元);应纳房产税=300×12%=36(万元);应纳城建税和教育费附加=15×(3%+7%)=1.5(万元);合计租金收入应纳税额=15+36+1.5=52.5(万元)。可以看出,该公司承担的租赁税负过重,高达17.5%(52.5÷300)。请问:该公司应如何进行纳税筹划,才能降低高额的房产税呢?

知识积累与能力培养

房产税是以城镇中的房产为课税对象。从规模上看,房产税始终是一个小税种,但是随着房地产市场的不断发展,国家对房产税的征管和稽查力度的加大,房产税已成为纳税人的一项重要支出。因此,通过科学的纳税筹划降低企业和个人的税负就显得尤为重要。

一、利用房产税计税依据的纳税筹划

房产税是以房屋为征税对象,按照房屋的计税价值或租金收入,向产权所有人征收的一种财产税。

房产税的计税依据是房产的计税价值或房产的租金。房产税的计税方式有两种,从价计征和从租计征。从价计征的房产税以房产价值为计税依据;从租计征的房产税以房屋出租取得的租金收入为计税依据。

以下将主要通过不同例题,分别介绍如何利用各种方法进行房产税计税依据筹划。

(一)降低房产原值的纳税筹划

【例8-8】

红星公司位于某市市区,除了厂房、办公用房,还拥有厂区围墙、烟囱、水塔、变电塔、游泳池、停车场等建筑物,总计工程造价10亿元,厂房、办公用房以外的建筑设施工程造价为2亿元。假设当地政府规定的扣除比例为30%,请帮助红星公司进行纳税筹划。

[筹划思考]

筹划前:

红星公司将所有建筑物都作为房产计入房产原值。

应纳房产税=100 000×(1-30%)×1.2%=840(万元)

筹划后:

红星公司可将游泳池、停车场等都建成露天的,在会计账簿中单独核算。

应纳房产税=(100 000-20 000)×(1-30%)×1.2%=672(万元)

【筹划结果】

通过改建游泳池、停车场等建筑物并进行独立核算,能够比合并核算少缴房产税168万元(840－672)。

> **小贴士**
>
> 独立于房屋之外的建筑物,如酒窖、菜窖、室外游泳池、玻璃暖房、各种油气罐等不属于房产。如果将厂房、办公用房以外的建筑物建成露天的,并且把这些独立建筑物的造价同厂房、办公用房的造价分开,在会计账簿中单独核算,则这部分建筑物的造价可以不计入房产原值,不缴纳房产税。

(二)降低租金收入的纳税筹划

【例8-9】

B公司对外出租一写字楼,配套设施齐全。全年租金(不含增值税)共3 000万元,其中含代收的物业管理费为300万元,水电费为500万元。该公司与承租方签订租赁合同,租金为3 000万元。请帮助B公司进行纳税筹划。

【筹划思考】

筹划前:

应纳房产税=3 000×12%=360(万元)

筹划后:

假如分别由各相关方签订合同,如物业管理费由承租方与物业公司签订合同,水电费按照承租人实际耗用的数量和规定的价格标准结算、代收代缴。此时:

应纳房产税=(3 000－300－500)×12%=264(万元)

【筹划结果】

B公司筹划后可比筹划前少缴房产税96万元。

(三)计征方式选择的纳税筹划

【例8-10】

C公司现有5栋闲置库房,房产原值为2 000万元,经研究提出以下两种利用方案:一是将闲置库房出租收取租赁费,可获取年不含增值税租金收入200万元。二是配备保管人员将库房改为仓库,为客户提供仓储服务,收取仓储费,年不含增值税仓储收入为200万元,但需每年支付保管人员工资2万元。当地房产原值的扣除比例为30%(假定C公司只取得少量的进项税额,在此忽略不计)。请问:C公司应该选择哪个方案?

【筹划思考】

如果C公司选择方案1,采用出租方案,则:

应纳房产税=200×12%=24(万元)

应纳增值税=200×9%=18(万元)

应纳城建税及教育费附加=18×(7%+3%)=1.8(万元)

C公司总共支出43.8万元(24+18+1.8)。

如果C公司选择方案2,采用仓储方案,则:

应纳房产税=2 000×(1－30%)×1.2%=16.8(万元)

应纳增值税=200×6%=12(万元)

应纳城建税及教育费附加=12×(7%+3%)=1.2(万元)

应支付保管人员2万元工资,C公司共支出32万元(16.8+12+1.2)。

【筹划结果】

由此可见,方案2比方案1少支出11.8万元(43.8－32)。

企业可以根据实际情况选择计征方式,通过比较两种方式税负的大小,选择税负低的计征方式,以达到节税的目的。

(四)房产出租承担风险的筹划

纳税人将房产投资他人或与他人联营,如果投资者承担风险,并分回利润,则实行从价计征房产税;纳税人将房屋租给他人,如果是采用融资租赁的方式,则按从价计征法计税。

纳税人将房产投资他人或与他人联营,如果投资者不承担风险,只收取固定租金,则实行从租计征房产税;纳税人将房屋租给他人,如果采用经营性租赁方式,则按从租计征法计税。

【例8-11】

20×2年年初,DF公司将自己拥有的原值为150万元的厂房与NF公司投资联营,双方在合同中明确规定投资者每月可取得收入3万元。请帮助DF公司进行纳税筹划。

请问:A公司应当如何进行纳税筹划?

【筹划思考】

如果DF公司将厂房用于投资联营,但实行非承担风险的合作,即收取固定收入,不参与投资利润分红、共担风险的,以固定收入按租金计征房产税,应纳房产税为4.32万元(3×12%×12)。

如果DF公司将厂房用于投资联营,但实行承担风险的合作,即参与投资利润分红、共担风险,应按厂房的余值从价计征,应纳房产税为2.52万元[300×(1－30%)×1.2%]。

【筹划结果】

由此可以看出,DF公司若采取承担风险方式与他人合作,就可以每年少缴纳房产税1.8万元(4.32－2.52),当然这种情况会增加不少风险。

(五)房产"出租"改"转租"

【例8-12】

A公司的一处两层楼房位于城市闹市区,专门用于对外出租。因该房屋设施陈旧,每年只能收取租金63万元。20×2年,A公司准备花500万元对房屋进行重新装修改造,预计装修改造后,每年可收取租金210万元。但是,A公司在测算中发现,装修改造后,与租赁相关的税费会加重。以下是A公司税负测算的过程(城建税税率为7%,教育费附加征收率为3%,地方教育附加征收率为2%):

装修前的税负=63÷(1+5%)×5%×(1+7%+3%+2%)+63÷(1+5%)×12%=10.56(万元)

装修后的税负=210÷(1+5%)×5%×(1+7%+3%+2%)+210÷(1+5%)×12%=35.2(万元)

请问:A公司应当如何进行纳税筹划?

【筹划思考】

A公司可以先将装修改造前的房产出租给关联方B公司,并签订一个期限较长的房屋租赁合同(假设为30年),每年收取租金63万元。然后由B公司出资500万元进行装修改造,并对外转租,假设每年仍然收取租金210万元。

筹划后,A公司的税负不变,仍为10.56万元,B公司应负担的增值税税额为12.14万元[(210−63)÷(1＋9%)×9%]，附加税为1.46万元[12.14×(7%＋3%＋2%)]。

[筹划结果]

按此方案实施后，A公司和关联方B公司的税费负担合计为24.16万元(10.56＋12.14＋1.46)，比筹划前可少负担税费11.04万元(35.2−24.16)。

根据规定，房产税由产权所有人缴纳，也就是说，不论是从价计征还是从租计征，其前提是对房产所有人征税。很显然，本例中产权所有人是A公司，B公司是房产转租人，而不是产权所有人，因此不存在房产税纳税义务。

二、厂址选择的纳税筹划

厂址选择的纳税筹划方法可通过[例8-13]进行介绍。

【例8-13】

某公司欲投资建厂，房产原值为10 000万元。现有两种方案可供选择：方案1，建在市区，当地政府规定的扣除比例为30%。方案2，建在农村。假设该厂不论建在哪里都不影响企业生产经营。请问：两种方案下应缴纳的房产税分别是多少？该公司应选择哪个方案？

[解析]

如果选择方案1，将厂房建在市区，则按规定应缴纳的房产税如下：

应纳房产税＝10 000×(1−30%)×1.2%＝84(万元)

如果选择方案2，将厂房建在农村，则按规定应缴纳的房产税如下：

应纳房产税＝0

房产税的征税范围限于城镇的房屋。对建在城市、县城、建制镇和工矿区的房屋征税，对建在农村的房屋不征税。所以，在不影响企业生产经营的情况下，企业可设立在农村，以免缴房产税。

三、利用房产税税收优惠政策的纳税筹划

房产税的税收优惠是根据国家政策需要和纳税人的负担能力制定的。目前，房产税的税收优惠政策主要包括以下方面。

(1)国家机关、人民团体、军队自用的房产免征房产税。但这些免税单位的出租房产以及非自身业务使用的生产、营业用房，不属于免税范围。这里的"人民团体"，是指经国务院授权的政府部门批准设立或登记备案并由国家拨付行政事业费的各种社会团体。这里的"自用的房产"，是指这些单位本身的办公用房和公务用房。

(2)由国家财政部门拨付事业经费的单位，如学校、医疗卫生单位、托儿所、幼儿园、敬老院、文化、体育、艺术这些实行全额或差额预算管理的事业单位所有的，本身业务范围内使用的房产免征房产税。

为了鼓励事业单位经济自立，由国家财政部门拨付事业经费的单位，其经费来源实行自收自支后，从事业单位实行自收自支的年度起，免征房产税3年。事业单位自用的房产，是指这些单位本身的业务用房。

上述单位所属的附属工厂、商店、招待所等不属于单位公务、业务的用房，应照章纳税。

(3)宗教寺庙、公园、名胜古迹自用的房产免征房产税。宗教寺庙自用的房产，是指举行宗教仪式等的房屋和宗教人员使用的生活用房屋。公园、名胜古迹自用的房产，是指供公共参观游览的房屋及其管理单位的办公用房屋。

宗教寺庙、公园、名胜古迹中附设的营业单位，如影剧院、饮食部、茶社、照相馆等所使用的房产及出租的房产，不属于免税范围，应照章纳税。

(4)个人所有非营业用的房产免征房产税。个人所有的非营业用房，主要是指居民住

房,不分面积多少,一律免征房产税。对个人拥有的营业用房或者出租的房产,不属于免税房产,应照章纳税。

(5) 对行使国家行政管理职能的中国人民银行总行(含国家外汇管理局)所属分支机构自用的房产,免征房产税。

(6) 经财政部批准免税的其他房产。

这类免税房产,情况特殊,范围较小,是根据实际情况确定的,主要包括:①损坏不堪使用的房屋和危险房屋,经有关部门鉴定,在停止使用后,可免征房产税。②纳税人因房屋大修导致连续停用半年以上的,在房屋大修期间免征房产税,免征税额由纳税人在申报缴纳房产税时自行计算扣除,并在申报表附表或备注栏中作相应说明。③纳税人房屋大修停用半年以上需要免征房产税的,应在房屋大修前向主管税务机关报送相关的证明材料,包括大修房屋的名称、坐落地点、产权证编号、房产原值、用途、房屋大修的原因、大修合同及大修的起止时间等信息和资料,以备税务机关查验。具体报送材料由各省、自治区、直辖市和计划单列市地方税务局确定。④在基建工地为基建工地服务的各种工棚、材料棚、休息棚和办公室、食堂、茶炉房、汽车房等临时性房屋,在施工期间,一律免征房产税。但工程结束后,施工企业将这种临时性房屋交还或估价转让给基建单位的,应从基建单位接收的次月起,照章纳税。⑤为鼓励利用地下人防设施,暂不征收房产税。⑥对非营利性医疗机构、疾病控制机构和妇幼保健机构等卫生机构自用的房产,免征房产税。⑦老年服务机构自用的房产。老年服务机构是指专门为老年人提供生活照料、文化、护理、健身等多方面服务的福利性、非营利性的机构,主要包括:老年社会福利院、敬老院(养老院)、老年服务中心、老年公寓(含老年护理院、康复中心、托老所)等。⑧对按政府规定价格出租的公有住房和廉租住房,包括企业和自收自支事业单位向职工出租的单位自有住房,房管部门向居民出租的公有住房,落实私房政策中带户发还产权并以政府规定租金标准向居民出租的私有住房等,暂免征收房产税。

向居民供热并向居民收取采暖费的供热企业暂免征收房产税。"供热企业"包括专业供热企业、兼营供热企业、单位自供热及为小区居民供热的物业公司等,不包括从事热力生产但不直接向居民供热的企业。

对于免征房产税的"生产用房",是指上述企业为居民供热所使用的厂房。对既向居民供热,又向非居民供热的企业,可按向居民供热收取的收入占其总供热收入的比例划分征免税界限;对于兼营供热的企业,可按向居民供热收取的收入占其生产经营总收入的比例划分征免税界限。

自2019年1月1日至2023年12月31日,对专门经营农产品的农产品批发市场、农贸市场使用的房产,暂免征收房产税。对同时经营其他产品的农产品批发市场和农贸市场使用的房产,按其他产品与农产品交易场地面积的比例确定征免房产税。

除了上面提到的可以免纳房产税的情况,如纳税人确有困难的,可由省、自治区、直辖市人民政府确定,定期减征或者免征房产税。

寓德于技

以上介绍的房产税不是未来可能开征的房产税。作为地方财政收入的重要来源,未来可能开征的房地产税对于理顺中央与地方政府关系、优化房地产财税体制、减少地方政府对土地财政的依赖和投资冲动、健全我国房地产市场宏观调控长效机制等具有非常重要的意义。房地产税是财产税,征收是为了落实"房住不炒""房住不空",让闲置的房子重返市场,物尽其用。

开篇释疑

由于房产税有两种计税方法：按房产余值或租金收入计算，不同方法计算的结果必然有差异，也必然会导致应纳税额的不同，这就有了纳税筹划的空间。

如果该公司派代表与客户进行友好协商，继续利用库房为客户存放商品，但将租赁合同改为仓储保管合同，增加服务内容，配备保管人员，为客户提供 24 小时服务。假设仓储保管服务的收入不变，仍为 300 万元。则可以采用从价计税，那么，该公司每年应缴纳的税金为：应纳增值税＝300×6％＝18（万元）；应纳房产税＝1 500×(1－20％)×1.2％＝14.4（万元）；应纳城建税和教育费附加＝18×(3％＋7％)＝1.8（万元）；合计应纳税额＝18＋14.4＋1.8＝34.2（万元）。每年该公司可以少纳税 18.3 万元。

对于拥有房产的企业来说，不管是按房产出租收入的 12％征收，还是按房产余值的 1.2％征收，房产税都不是个小数目。但从以上例子的计算结果可以看出，同是 1 500 万元的房产，按不同的基数、按照不同的计税方法计算税金，企业缴纳的房产税税金就不同，相差 50％甚至更多，其中就有纳税筹划的空间。

课堂笔记

第三节 契税纳税筹划

 **开篇设问**

> 李氏公司有一套自有房屋,现欲将该住宅以500万元的价格出售给王氏公司,然后欲从丁氏公司处购入另一套房子,协议价为520万元。买卖双方签订房屋销售与购买合同,该地区规定契税的适用税率为5%。
>
> 则李氏公司出售住房时,王氏公司应缴纳契税25万元(500×5%);李氏公司购入丁氏公司的住宅,李氏公司应缴纳契税26万元(520×5%);买卖三方总共缴纳契税51万元。请问:对于李氏公司、王氏公司和丁氏公司三方而言,应如何进行契税的纳税筹划以达到节税的目的?

知识积累与能力培养

契税是以<u>境内转移土地、房屋权属</u>的行为为征税对象,依据土地使用权、房屋的价格,向<u>承受</u>的单位和个人征收的一种税。在目前的经济生活中,涉及转移土地、房屋权属的契税缴纳行为较多,如何根据契税缴纳的税收政策进行纳税筹划,尽量降低契税支出,日益为各方面纳税人所重视。

一、利用契税计税依据的纳税筹划

契税是在因房屋买卖、典当、赠与或交换而转移土地、房屋权属时,依据当事人双方订立的契约,由承受的单位和个人缴纳的财产税。契税的计税依据是不动产价格,可以此进行筹划。

【例8-14】

NF公司拟出售一块价值3 000万元的土地给BF公司,然后从BF公司购买另一块价值3 000万元的土地。双方签订土地销售与购买合同,已知契税的适用税率为4%,请进行筹划。

[筹划思考]

筹划前:

NF公司应纳契税=3 000×4%=120(万元)

BF公司应纳契税=3 000×4%=120(万元)

筹划后:

假如NF公司与BF公司改变合同订立方式,签订土地使用权交换合同,约定以3 000万元的价格等价交换双方土地。

NF公司应纳契税=0

BF公司应纳契税=0

【筹划结果】

NF公司通过改变合同订立方式可少缴纳契税240万元。

知识链接

土地使用权、房屋出售，以成交价格为计税依据。如果以交换为交易方式，契税的计税依据为所交换的土地使用权、房屋的价格差额，由多交付货币、实物、无形资产或其他经济利益的一方缴纳税款；交换价格相等的土地使用权、房屋交换，不缴纳房产税。当双方当事人进行等价交换时，任何一方都不用缴纳契税，纳税人可以借此政策进行纳税筹划。

【例8-15】

NF公司有一化肥生产车间拟出售给BF公司，该化肥生产车间有一幢生产厂房及其他生产厂房附属物，附属物主要为围墙、烟囱、水塔、变电塔、油池油柜、若干油气罐、挡土墙、蓄水池等，化肥生产车间总占地面积为3 000平方米，整体评估价为600万元（其中生产厂房评估价为160万元，3 000平方米土地评估价为240万元，其他生产厂房附属物评估价为200万元），该地区规定契税的适用税率为4%。请帮助BF公司进行筹划。

【筹划思考】

筹划前：

BF公司应纳契税＝600×4%＝24（万元）

筹划分析：

假如NF公司与BF公司分开签订两份销售合同，第一份合同为销售生产厂房及占地3 000平方米土地使用权的合同，销售合同价款为400万元；第二份合同为销售独立于房屋之外的建筑物、构筑物以及地面附着物，销售合同价款为200万元。此时：

BF公司应纳契税＝400×4%＝16（万元）

【筹划结果】

通过分立合同，BF公司可以节约契税支出8万元。

免征契税的规定中提到，在支付独立于房屋之外的建筑物、构筑物以及地面附着物价款时不征收契税。

对于承受与房屋相关的附属设施（包括停车位、汽车库、自行车库、顶层阁楼以及储藏室，下同）所有权或土地使用权的行为，按照契税法律、法规的规定征收契税；对于不涉及土地使用权和房屋所有权转移变动的，不征收契税。因此，通过分立合同，对于独立于房屋之外的建筑物、构筑物以及地面附着物支付价款时不征收契税，可达到节税的目的。

二、利用契税税收优惠政策的纳税筹划

有下列情形之一的，免征契税：

（1）国家机关、事业单位、社会团体、军事单位承受土地、房屋权属用于办公、教学、医疗、科研、军事设施。

（2）非营利性的学校、医疗机构、社会福利机构承受土地、房屋权属用于办公、教学、医疗、科研、养老、救助。

（3）承受荒山、荒地、荒滩土地使用权用于农、林、牧、渔业生产。

（4）婚姻关系存续期间夫妻之间变更土地、房屋权属。

（5）法定继承人通过继承承受土地、房屋权属。

（6）依照法律规定应当予以免税的外国驻华使馆、领事馆和国际组织驻华代表机构承

受土地、房屋权属。

(7) 省、自治区、直辖市可以决定对下列情形免征或者减征契税：①因土地、房屋被县级以上人民政府征收、征用，重新承受土地、房屋权属；②因不可抗力灭失住房，重新承受住房权属。

注意

根据国民经济和社会发展的需要，国务院对居民住房需求保障、企业改制重组、灾后重建等情形可以规定免征或者减征契税，报全国人民代表大会常务委员会备案。纳税人改变有关土地、房屋的用途，或者有其他不再属于规定的免征、减征契税情形的，应当缴纳已经免征、减征的税款。

开篇释疑

如果李氏公司、王氏公司、丁氏公司三方经协商，改变合同订立方式，签订房屋所有权交换合同，结果就完全不同了。为了缩小价差来实现节税的目的，在房屋交换前，李氏公司可以先按照王氏公司的意思对房屋进行装修，增加房屋的市场价值，最好达到李氏公司和丁氏公司的协商价(520万元)，这样可以免去契税。先由李氏公司和丁氏公司以520万元的价格等价交换双方房屋；再由丁氏公司将房屋以520万元出售给王氏公司。在这种情况下，李氏公司和丁氏公司交换房屋所有权为等价交换，没有价格差额，不用缴纳契税；只有王氏公司在购买房屋时，应缴纳契税26万元(520×5％)；三方总共缴纳契税26万元，节税25万元。

因此，在购买房屋时，将房屋买卖转变成房屋交换，可以省下不少税款。此外，如果交换双方的房屋价差较大，可以通过装修、装潢等方法尽量缩小价差或者将价差减为零，达到等价交换。

课堂笔记

第四节　城镇土地使用税纳税筹划

开篇设问

> A 公司与 B 公司签订的土地使用权转让协议约定,从 B 公司取得一块面积为 5 000 平方米的土地。合同签订时间是 20×2 年 3 月 20 日,但合同里未约定交付土地使用权时间。B 公司最终于 20×2 年 8 月 25 日搬迁后将土地交付给 A 公司使用,当地规定的城镇土地使用税为每平方米 10 元。
>
> 按照此合同规定,A 公司需要自 20×2 年 4 月开始履行城镇土地使用税纳税义务,足足比实际接手土地的时间早了 4 个月,即 A 公司提前承担纳税义务,多缴了城镇土地使用税。请问:A 公司应如何进行纳税筹划?

知识积累与能力培养

城镇土地使用税对于经营者来说,虽然不与经营收入的增减变化相挂钩,但作为一种费用必然是经营纯收益的一个减项。随着中国经济的发展,城镇土地不断地被开发,导致土地使用成本大幅上涨。因此,在不违法的前提下,如何尽可能地减轻税负,合理节约地使用土地,提高土地利用效益,就显得尤为重要。

一、城镇土地使用税征收范围的纳税筹划

城镇土地使用税是以城镇土地为征税对象,对拥有土地使用权的单位和个人征收的税款。城镇土地使用税的征收范围包括在城市、县城、建制镇和工矿区内的国家所有和集体所有的土地。城镇土地使用税以纳税人实际占用的土地面积为计税依据。

(一) 利用土地级别的不同进行纳税筹划

利用土地级别的不同进行纳税筹划可通过[例 8-16]介绍。

【例 8-16】

王某、李某两个人拟投资设立一家新企业,现在有三个地址可供选择:一是设立在 A 地,其适用的城镇土地使用税税率为每平方米 10 元;二是设立在 B 地,其适用的城镇土地使用税税率为每平方米 7 元;三是设立在 C 地,其适用的城镇土地使用税税率为每平方米 4 元。企业需要占地 10 000 平方米。不考虑其他因素,那么该企业应当选择在何地设立?

根据上述资料,分析如下:

如果企业选在 A 地设立:应纳城镇土地使用税=10 000×10=100 000(元)。

如果企业选在 B 地设立:应纳城镇土地使用税=10 000×7=70 000(元)。

如果企业选在 C 地设立:应纳城镇土地使用税=10 000×4=40 000(元)。

显然,选择 C 地最合算。

在不影响经营的情况下,企业可在经营用地的所属区域上考虑节税,如在征税区与非征税区之间选择;在经济发达与经济欠发达的省份之间选择;在同一省份内的大中小城市以及

县城和工矿区之间选择；在同一城市、县城和工矿区之内的不同等级的土地之间选择。

按照规定，城镇土地使用税采用定额税率形式，根据征税范围的不同地区，规定了不同的有幅度的差别税额。纳税人在投资建厂时可以利用不同等级土地的接壤处进行纳税筹划，在不影响经营的情况下选择低税率地区，以达到节约城镇土地使用税的目的。

（二）根据城镇土地使用税计税依据的纳税筹划

由于城镇土地使用税的计税依据是纳税人实际占用的土地面积，如果出现纳税人尚未核发土地使用证书的情况，纳税人可以根据自己申报的土地面积缴纳城镇土地使用税，虽然土地使用证书核发以后还要作调整，但是利用时间差获取纳税金额的时间价值，对企业也是有利无弊的。

【例8-17】

20×1年8月25日，甲公司与乙公司签订土地使用权转让协议约定，取得一块面积为20 000平方米土地。合同约定乙公司交付土地的时间为20×1年12月10日，但实际交付的时间为20×2年8月。当地确定的城镇土地使用税单位税额为每平方米15元。如果按照上述的合同约定甲公司应当自20×2年1月开始计算缴纳城镇土地使用税。请帮助甲公司进行纳税筹划。

【筹划思考】

筹划前：

如果按照合同约定，甲公司应当从20×2年1月起开始计算缴纳城镇土地使用税。

筹划后：

如果在合同中没有确定具体交付时间，而只规定了一个概括的交付时间，甲公司应缴纳的城镇土地使用税就完全不同了。按照规定，在此情况下，甲公司于20×2年9月发生城镇土地使用税纳税义务。

【筹划结果】

综上，甲公司可以少缴纳城镇土地使用税 = 20 000 × 15 × 8 ÷ 12 = 200 000（元）。

由于交付土地的时间与原企业的搬迁直接相关，如果出现实际交付时间晚于合同约定时间时，应在合同中不确定具体时间而规定一个概括交付时间，搬迁企业拆迁完毕后交付。如此，可以推迟企业城镇土地使用税纳税义务的发生时间。

二、利用城镇土地使用税税收优惠政策的纳税筹划

（一）法定免缴城镇土地使用税的优惠政策

我国法定可免缴城镇土地使用税的情形包括以下方面。

（1）国家机关、人民团体、军队自用的土地。这部分土地是指这些单位本身的办公用地和公务用地，如国家机关、人民团体的办公楼用地，军队的训练场用地等。

（2）由国家财政部门拨付事业经费的单位自用的土地。这部分土地是指这些单位本身的业务用地，如学校的教学楼、操场、食堂等占用的土地。

（3）宗教寺庙、公园、名胜古迹自用的土地。宗教寺庙自用的土地，是指举行宗教仪式等的用地和寺庙内的宗教人员生活用地。公园、名胜古迹自用的土地，是指供公共参观游览的用地及其管理单位的办公用地。以上单位的生产、经营用地和其他用地，不属于免税范围，应按规定缴纳城镇土地使用税，如公园、名胜古迹中附设的营业单位如影剧院、饮食部、茶社、照相馆等使用的土地。

（4）市政街道、广场、绿化地带等公共用地。

(5) 直接用于农、林、牧、渔业的生产用地。这部分土地是指直接从事于种植养殖、饲养的专业用地,不包括农副产品加工场地和生活办公用地。

(6) 经批准开山填海整治的土地和改造的废弃土地,从使用的月份起免缴城镇土地使用税5年至10年。具体免税期限由各省、自治区、直辖市地方税务局在《中华人民共和国城镇土地使用税暂行条例》(以下简称《城镇土地使用税暂行条例》)规定的期限内自行确定。

(7) 对非营利性医疗机构、疾病控制机构和妇幼保健机构等卫生机构自用的土地,免征城镇土地使用税。

(8) 企业办的学校、医院、托儿所、幼儿园,其用地能与企业其他用地明确区分的,免征城镇土地使用税。

(9) 免税单位无偿使用纳税单位的土地(如公安、海关等单位使用铁路、民航等单位的土地),免征城镇土地使用税。纳税单位无偿使用免税单位的土地,纳税单位应照章缴纳城镇土地使用税。纳税单位与免税单位共同使用、共有使用权土地上的多层建筑,对纳税单位可按其占用的建筑面积占建筑总面积的比例计征城镇土地使用税。

(10) 对行使国家行政管理职能的中国人民银行总行(含国家外汇管理局)所属分支机构自用的土地,免征城镇土地使用税。

(11) 为了体现国家的产业政策,支持重点产业的发展,对石油、电力、煤炭等资源用地,民用港口、铁路等交通用地和水利设施用地,三线调整企业、盐业、采石场、邮电等一些特殊用地划分了征免税界限和给予政策性减免税照顾。

(二) 省、自治区、直辖市税务局确定减免城镇土地使用税的优惠政策

税务部门确定减免城镇土地使用税的内容包括以下方面。

(1) 个人所有的居住房屋及院落用地。

(2) 房产管理部门在房租调整改革前经租的居民住房用地。

(3) 免税单位职工家属的宿舍用地。

(4) 民政部门举办的安置残疾人占一定比例的福利工厂用地。

(5) 集体和个人办的各类学校、医院、托儿所、幼儿园用地。

(6) 对基建项目在建期间使用的土地,原则上应照章征收城镇土地使用税。

国家支持重点产业发展的城镇土地使用税优惠政策

但对有些基建项目,特别是国家产业政策扶持发展的大型基建项目,其占地面积大,实施周期长,在建期间又没有经营收入,为照顾其实际情况,对纳税人纳税确有困难的,可由各省、自治区、直辖市税务局根据具体情况予以免征或减征城镇土地使用税。

(7) 城镇内的集贸市场(农贸市场)用地,按规定应征收城镇土地使用税。为促进集贸市场的发展及照顾各地的不同情况,各省、自治区、直辖市税务局可根据具体情况自行确定对集贸市场用地征收或者免征城镇土地使用税。

(8) 房地产开发公司建造商品房的用地,原则上应按规定计征城镇土地使用税。但在商品房出售之前纳税确有困难的,其用地是否给予缓征或减征、免征照顾,可由各省、自治区、直辖市税务局根据从严的原则结合具体情况确定。

(9) 原房管部门代管的私房,落实政策后,有些私房产权已归还给房主,但由于各种原因,房屋仍由原住户居住,并且住户仍是按照房管部门在房租调整改革之前确定的租金标准向房主缴纳租金。对这类房屋用地,房主缴纳城镇土地使用税确有困难的,可由各省、自治区、直辖市税务局根据实际情况,给予定期减征或免征城镇土地使用税的照顾。

(10) 对于各类危险品仓库、厂房所需的防火、防爆、防毒等安全防范用地,可各省、自治

区、直辖市税务局确定,暂免征收城镇土地使用税。

(11) 企业搬迁后原场地不使用的、企业范围内荒山等尚未利用的土地,免征城镇土地使用税。免征税额由企业在申报缴纳城镇土地使用税时自行计算扣除,并在申报表附表或备注栏中作相应说明。

对搬迁后原场地不使用的和企业范围内荒山等尚未利用的土地,凡企业申报暂免征收城镇土地使用税的,应事先向土地所在地的主管税务机关报送有关部门的批准文件或认定书等相关证明材料,以备税务机关查验。具体报送材料由各省、自治区、直辖市和计划单列市税务局确定。

企业按上述规定暂免征收城镇土地使用税的土地开始使用时,应从使用的次月起计算和申报缴纳城镇土地使用税。

(12) 经贸仓库、冷库均属于征税范围,因此不宜一律免征城镇土地使用税。对纳税确有困难的企业,可根据《城镇土地使用税暂行条例》第7条的规定,向企业所在地的地方税务机关提出减免税申请,由省、自治区、直辖市税务局审核后,报国家税务总局批准,享受减免城镇土地使用税的照顾。

(13) 对房产管理部门在房租调整改革前经租的居民住房用地,考虑到在房租调整改革前,房产管理部门经租居民住房收取的租金标准一般较低,许多地方纳税确有困难的实际情况而确定的一项临时性照顾措施。房租调整改革后,房产管理部门经租的居民住房用地(不论是何时经租的),都应缴纳城镇土地使用税。至于房租调整改革后,有的房产管理部门按规定缴纳城镇土地使用税确有实际困难的,可按税收管理体制的规定,报经批准后再给予适当的减征或免征城镇土地使用税的照顾。

(14) 考虑到中国物资储运总公司所属物资储运企业的经营状况,对中国物资储运总公司所属的物资储运企业的露天货场、库区道路、铁路专用线等非建筑用地免征城镇土地使用税问题,可由省、自治区、直辖市税务局按照下述原则处理:对经营情况好、有赋税能力的企业,应恢复征收城镇土地使用税;对经营情况差纳税确有困难的企业,可在授权范围内给予适当减免城镇土地使用税的照顾。

(15) 向居民供热并向居民收取采暖费的供热企业暂免征收城镇土地使用税。"供热企业"包括专业供热企业、兼营供热企业、单位自供热及为小区居民供热的物业公司等,不包括从事热力生产但不直接向居民供热的企业。其中,有关条例提到的免征城镇土地使用税的"生产占地",是指上述企业为居民供热所使用的土地。对既向居民供热,又向非居民供热的企业,可按向居民供热收取的收入占其总供热收入的比例划分征免税界限;对于兼营供热的企业,可按向居民供热收取的收入占其生产经营总收入的比例划分征免税界限。

(16) 对在一个纳税年度内月平均实际安置残疾人就业人数占单位在职职工总数的比例高于25%(含25%)且实际安置残疾人人数高于10人(含10人)的单位,可减征免征该年度城镇土地使用税。具体减免税比例及管理办法由省、自治区、直辖市财税主管部门确定。

【例8-18】

甲公司厂区外有一块30 000平方米的空地没有利用。该地在厂区后面远离街道,位置不好,目前的商业开发价值不大,所以一直闲置,现在主要给职工及家属以及周边的居民休闲娱乐用。该地区的年城镇土地使用税为5元/平方米,请问:甲公司应缴纳的城镇土地使用税是多少?有没有办法减免该部分城镇土地使用税?

【解析】

甲公司应纳城镇土地使用税＝30 000×5＝150 000(万元)

如果甲公司把这块空地改造成公共绿化用地,植些绿树、栽些花草,可达到节税的目的。据初步预算,假设改造成绿化用地需投资 80 000 元,且甲公司预计 3 年后开发该地块,则 3 年间甲公司可节省城镇土地使用税 370 000 元(150 000×3－80 000)。

将企业厂区内的绿化用地改造成厂区以外的公共绿化用地和向社会开放的公园用地,不仅仅可以美化环境,造福社会,更可以给企业带来少缴城镇土地使用税的好处。

根据城镇土地使用税优惠政策,市政街道、广场、绿化地带等公共用地免征城镇土地使用税。因此,纳税人可以准确核算用地面积,将享受优惠政策的土地与其他土地区别开来,从而享受免税条款带来的税收优惠。按照城镇土地使用税优惠政策,通过把原绿化地只对内专用改成对外公用,可享受免税的照顾。

 开篇释疑

> 城镇土地使用税的计税依据是纳税人实际占用的土地面积。
>
> 由于交付土地的时间与原企业的搬迁直接相关,因此,A 公司可以要求在合同中约定 B 公司于 20×2 年 8 月搬迁后向 A 公司交付土地,则 A 公司自 20×2 年 9 月产生城镇土地使用税纳税义务。这样,A 公司可以少缴纳城镇土地使用税 20 833.33 元 (5 000×10×5÷12)。

课堂笔记

职业能力训练

一、单项选择题

1. 纳税人建造普通标准住宅出售,增值额超过扣除项目金额20%的,应就其(　　)按规定计算缴纳土地增值税。
   A. 超过部分金额　　　　　　　　B. 扣除项目金额
   C. 取得收入全额　　　　　　　　D. 全部增值额
2. 下列项目中属于房产税征税对象的是(　　)。
   A. 室外游泳池　　　　　　　　　B. 菜窖
   C. 室内游泳池　　　　　　　　　D. 玻璃暖房
3. 周先生将自有的一套单元房按市场价格对外出租,每月租金为2 000元,则本年应纳房产税是(　　)元。
   A. 288　　　　B. 960　　　　C. 1 920　　　　D. 2 880
4. 房产税条例规定:依照房产租金收入计算缴纳房产税的,税率为(　　)。
   A. 1.2%　　　B. 10%　　　　C. 17%　　　　D. 12%
5. 当甲乙双方交换房屋的价格相等时,契税应由(　　)。
   A. 甲方缴纳　　　　　　　　　　B. 乙方缴纳
   C. 甲乙双方各缴纳一半　　　　　D. 甲乙双方均不缴纳
6. 下列各项中,属于《城镇土地使用税暂行条例》直接规定的免税项目的是(　　)。
   A. 个人办的托儿所、幼儿园
   B. 个人所有的居住房
   C. 民政部门安置残疾人所举办的福利工厂用地
   D. 直接用于农、林、牧、渔业的生产用地

二、多项选择题

1. 下列属于土地增值税征税范围的行为有(　　)。
   A. 某单位有偿转让国有土地使用权　　B. 某单位有偿转让一栋办公楼
   C. 某企业建造公寓并出售　　　　　　D. 某人继承单元房一套
2. 包括税收优惠政策在内的房产税税率包括(　　)。
   A. 1.2%　　　B. 4%　　　　C. 7%　　　　D. 12%
3. 契税的征税范围具体包括(　　)。
   A. 房屋交换　　　　　　　　　　B. 房屋赠与
   C. 房屋买卖　　　　　　　　　　D. 国有土地使用权出让

三、判断题

1. 普通标准住宅纳税人的增值额超过扣除项目金额20%的应全额纳税。(　　)
2. 玻璃暖棚、菜窖、酒窖等建筑物均应缴纳房产税。(　　)
3. 房产税有从价计征和从租计征两种方式。(　　)
4. 不办理产权转移手续的房产赠与不用缴纳契税。(　　)

5. 土地使用权交换，其计税依据为成交价格。 （　　）
6. 纳税单位无租使用免税单位的房产免纳房产税。 （　　）

四、案例分析题

1. 某房地产公司从事普通标准住宅开发，2022 年 11 月 15 日，该公司出售一栋 2015 年开工建设的普通住宅楼，总面积为 12 000 平方米，单位平均不含税售价为 2 000 元/平方米，销售收入总额 2 400 万元，该楼支付土地出让金 424 万元，房屋开发成本 1 100 万元，利息支出 100 万元，但不能提供金融机构借款费用证明。城建税税率为 7%，教育费附加征收率为 3%，当地政府规定的房地产开发费用允许扣除比例为 10%。

   假设其他资料不变，该房地产公司把每平方米售价调低到 1 975 元，此时总售价为 2 370 万元。

   要求：计算两种方案下该公司应缴纳土地增值税税额和获利金额并对其进行分析（增值税选择简易计税）。

2. B 公司拥有一幢库房，原值为 1 000 万元。如何运用这幢房产进行经营，有两种选择：一是将其出租，每年可获得租金收入 120 万元；二是为客户提供仓储保管服务，每年收取服务费 120 万元。

   请问：从流转税和房产税筹划看，哪个方案对 B 公司更为有利？（房产税计税扣除率为 30%，城建税税率为 7%，教育费附加征收率为 3%，假定该公司只取得少量的进项税额，在此忽略不计）

3. 甲房地产公司新建一栋商品楼，现已建成并完成竣工验收。该商品楼一层是商务用房，账面价值为 1 000 万元。有三个经营方案：一是对外出租，年租金 120 万元；二是甲公司开办商场；三是以商务用房对外投资。

   请问：哪种方案对甲公司比较有利（增值税按简易计税）？

第九章　个人所得涉税业务纳税筹划

职业能力目标

1. 能够对综合所得进行正确的纳税筹划
2. 能够对资本投资利得进行正确的纳税筹划
3. 能够对财产处置所得进行正确的纳税筹划
4. 能够对经营所得进行正确的纳税筹划

知识目标

1. 熟悉非居民个人综合所得、偶然所得、经营所得纳税筹划知识
2. 掌握工资薪金所得、劳务报酬所得、稿酬所得、特许权使用费所得纳税筹划知识
3. 掌握资本投资利得、财产租赁所得、财产转让所得纳税筹划知识

知识导图

个人所得涉税业务纳税筹划	综合所得纳税筹划	工资、薪金所得纳税筹划
		劳务报酬所得的纳税筹划
		稿酬所得的纳税筹划
		特许权使用费所得的纳税筹划
		非居民个人综合所得的税收筹划
	资本投资利得纳税筹划	资本投资利得的相关规定
		资本投资利得纳税筹划的具体方法
	财产处置所得纳税筹划	财产租赁所得纳税筹划
		财产转让所得纳税筹划
		偶然所得纳税筹划
		捐赠扣除的纳税筹划
	经营所得纳税筹划	经营所得的相关规定
		个体工商户生产经营所得的纳税筹划

第一节　综合所得纳税筹划

开篇设问

> 某企业，李某年终奖为144 000元，江某年终奖为144 001元，假定这两个人当月的工资都超过免征额。经计算李某年终奖应纳个人所得税为14 190元，税后净收入为129 810元(144 000－14 190)。江某年终奖应纳个人所得税为27 390.2元，税后净收入为116 610.8元(144 001－27 390.2)。
>
> 江某与李某年终奖净额差为－13 199.2元(116 610.8－129 810)。江某比李某的年终奖多1元，但最后得到的税后净收入却少了13 199.2元。这是为什么？

知识积累与能力培养

居民个人取得工资、薪金、劳务报酬、稿酬、特许权使用费四项所得，称为综合所得。综合所得以每一纳税年度的收入额减除费用6万元以及专项扣除、专项附加扣除和依法确定的其他扣除后的余额，为应纳税所得额。综合所得适用七级超额累进税率，税率为3%～45%，如表9-1所示。

表9-1　综合所得适用税率表

级数	应纳税所得额		税率	速算扣除数	
	年应纳税所得额	月应纳税所得额		按年	按月
1	不超过36 000元的	不超过3 000元的	3%	0	0
2	超过36 000元至144 000元的部分	超过3 000元至12 000元的部分	10%	2 520	210
3	超过144 000元至300 000元的部分	超过12 000元至25 000元的部分	20%	16 920	1 410
4	超过300 000元至420 000元的部分	超过25 000元至35 000元的部分	25%	31 920	2 660
5	超过420 000元至660 000元的部分	超过35 000元至55 000元的部分	30%	52 920	4 410
6	超过660 000元至960 000元的部分	超过55 000元至80 000元的部分	35%	85 920	7 160
7	超过960 000元的部分	超过80 000元的部分	45%	181 920	15 160

注：(1) 表9-1所称年应纳税所得额是指，居民个人取得综合所得以每一纳税年度收入额减除费用6万元，以及专项扣除、专项附加扣除和依法确定的其他扣除后的余额。
(2) 非居民个人取得工资、薪金所得，劳务报酬所得，稿酬所得和特许权使用费所得，依照表9-1按月换算后计算应纳税额。

一、工资、薪金所得纳税筹划

(一) 工资、薪金所得纳税筹划的基本思路

工资、薪金所得，是指个人因任职或者受雇而取得的工资、薪金、奖金、年终加薪、劳动分红、津贴、补贴，以及与任职或者受雇有关的其他所得。

在合法、合规的前提下，个人工资、薪金所得的纳税筹划应坚持"应扣不漏，应免不扣""综合考虑，免税效应"的基本思路。具体来说，应从以下几方面着手：

(1) 充分考虑影响应纳税额的因素。影响工资、薪金所得的应纳税额的因素有两个，即应纳税所得额和税率。因此，要降低税负，无非是运用合理又合法的方法减少应纳税所得额，或者通过周密的设计和安排，使应纳税所得额适用较低的税率。应纳税所得额是取得的收入减除免征额、专项扣除、专项附加扣除等后的余额，在实行超额累进税率的条件下，减除越多，所适用的税率越低。

(2) 充分利用工资、薪金所得的税收优惠政策。税收优惠是税收制度的基本要素之一，是国家为了实现税收调节功能，在税种设计时有意而为的，纳税人充分利用这些条款，可以达到减轻税负的目的。

(3) 充分进行事前筹划。纳税筹划应坚持事前筹划，要有超前性和目的性，必须在工资、薪金发放之前进行筹划，系统地对各项人工成本的支付行为作出事先安排，以达到减少个人所得税的目的。

(二) 工资、薪金所得纳税筹划的具体方法

1. 通过福利手段减少名义工资

我国对工资、薪金适用的是七级超额累进税率，因而工资数额的提高，也意味着上缴税款的比重增加。怎样使职工的工资实际水平保持不变，同时又使所承担的税收款项最小化，是纳税人所共同关心的。一般可行的做法是由企业提供一些必要的福利，相应地减少职工的税前工资，使税后实际收入水平和以前保持一致。例如：

(1) 企业提供免费膳食或者由企业直接支付搭伙管理费。企业提供的膳食餐饮必须具有不可变现性，即不可转让，不能兑换现金。

(2) 使用企业提供的家具及住宅设备。企业向职工提供住宅或由企业支付租金时，由企业统一配备家具及住宅设备，然后收取低租金。

(3) 企业提供办公用品和设施。某些职业的工作需要专用设备，如广告设计人员需要高档计算机。如果由职工自己购买，则职工会提出加薪的要求，而加薪就要上税。此时由企业购买后配给职工使用，可避免纳税。

(4) 由企业提供车辆供职工使用，但该车辆不可以再租与他人使用。

(5) 使用由企业缔结合约提供给职工的公共设施，如水、电、煤气、电话。

总之，对于缴纳工资、薪金所得税的个人，在前面所述的法律允许条件下，可以申请能福利化的尽量福利化。其节税的主要方法是在保证消费水平提高的前提下，降低所得额，规避高边际税率，达到减轻税负的目的。企业要在遵守税法的前提下，合理地选择职工收入支付方式，以帮助职工提高消费水平。一味地增加职工的名义货币收入，从税收角度考虑可能并不是完全可取的。

【例 9-1】

小李系 A 公司员工，年薪 20 000 元。其中，税法允许税前扣除的专项扣除为 40 000 元，专项附加扣除为 30 000 元。目前，A 公司提供的工资外的职工福利较差。A 公司应怎样为员工小李进行个人所得税纳税筹划？

[筹划思考]

筹划前：

小李应纳个人所得税 = (200 000 − 60 000 − 40 000 − 30 000) × 10% − 2 520 = 4 480(元)。

筹划分析：

建议A公司充分利用有关税法规定的职工福利费、职工教育经费等税前扣除标准，为职工提供上下班交通工具、三顿工作餐、工作手机及相应通信费、工作电脑、职工宿舍、职工培训费、差旅费补贴等福利选项，由每位职工根据自身需求选用。选用公司福利的员工，会适当地被降低工资，以弥补公司提供上述福利的成本。

筹划后：

假设经过选择，小李享受了公司提供的福利10 000元，由此，年薪降低10 000元，此时：则小李应纳个人所得税＝(190 000－60 000－40 000－30 000)×10％－2 520＝3 480(元)。

[筹划结果]

筹划后，小李可节税1 000元(4 480－3 480)。

2. 科研项目费用转化法

科研项目费用转化法适合科研项目较多的高校和研究院。高校、研究院有许多科研项目，假如科研人员利用自筹经费方式开展课题立项及研究，相应地就可以事先与高校、研究院协议在今后该成果计算、发放科研津贴或奖励时，先报销研发过程中发生的审稿、出版、材料等相关科研支出，再按照规定给科研人员发放津贴差额，以降低计税依据。

【例9-2】

林老师从20×2年开始自筹经费研究纳税筹划相关课题，共发表论文5篇，期间支付调研费、版面费、资料费等38 000元。20×2年年末，林老师按照所在学校科研考核和奖励规定，统计其成果应发放科研津贴为40 000元(为计算简便，暂不考虑工资和各类扣除)。请为林老师制定纳税筹划方案。

[解析]

若林老师一次取得40 000元，按规定需交纳个人所得税1 480元(40 000×10％－2 520)，税后收入为38 520元。

若将事先支付的38 000元报销后，取得津贴差额2 000元，则应纳税60元(2 000×3％)，经筹划可节税1 420元(1 480－60)。

3. 将部分工资改为劳务报酬

个人兼职取得的收入应按照劳务报酬所得应税项目缴纳个人所得税。《中华人民共和国个人所得税法》(以下简称《个人所得税法》)第6条第2款规定：劳务报酬所得、稿酬所得、特许权使用费所得以收入减除20％的费用后的余额为收入额。所以，将部分工资筹划为劳务报酬，有利于纳税人节税。当然，将部分工资改为兼职收入应当具备一定的条件，如工资在同一个集团内的不同公司里分别发放，纳税人需有在不同公司任职的相关文件和资料，将一方确定为专职，缴纳社保，另一方确定为兼职，不交社保。

【例9-3】

老王是A公司总经理，月收入为50 000元，A公司在外地设立了一家子公司——B公司，老王兼任B公司的董事长。老王每月在外地工作3天，处理相关业务，B公司不给老王支付工资。为计算简便，不考虑社保和专项附加扣除等。请帮助老王进行个税筹划。

[筹划思考]

老王全年应纳个人所得税＝(50 000×12－60 000)×30％－52 920＝109 080(元)。

经筹划，将老王在A公司的职位设为专职，A公司每月支付老王30 000元；将其在B公司的职位设为兼职，B公司每月支付老王20 000元。筹划后，老王全年应纳个人所得税＝

[(30 000×12)+(20 000×12×80%)−60 000]×30%−52 920=94 680(元)。

根据《营业税改征增值税试点实施办法》规定,由于劳务报酬所得不属于单位聘用的员工为本单位提供取得工资的服务,因此需要缴纳增值税和附加税(假设这里只考虑城建税和教育费附加);老王应交增值税和附加税=20 000×12÷(1+3%)×3%×(1+7%+3%)=7 689.32(元)。

|筹划结果|

筹划后,老王可节税 6 710.68 元[109 080−(94 680+7 689.32)],节税比例可达 6.15%[(6 710.68÷109 080)×100%]。

4. 权衡平时工资与全年一次性奖金发放

居民个人取得全年一次性奖金,符合《国家税务总局关于调整个人取得全年一次性奖金等计算征收个人所得税方法问题的通知》(国税发〔2005〕9 号)第 1 条规定的,在 2023 年 12 月 31 日前,可以不并入当年综合所得,以全年一次性奖金收入除以 12 个月得到的数额,按月换算后的综合所得税率表(简称月度税率表),确定适用税率和速算扣除数,单独计算纳税。计算公式为:

$$应纳税额=全年一次性奖金收入×适用税率-速算扣除数$$

居民个人取得全年一次性奖金,也可以选择并入当年综合所得计算纳税。

【例 9-4】

A 公司 CFO 张某 2023 年度税前年薪为 100 万元,A 公司与张某在合同中约定,平时发放 50 万元,年末一次性发放 50 万元。不考虑专项扣除、专项附加扣除和其他扣除因素,那么张某 2023 度应纳的个人所得税有关计算为:

平时应纳个人所得税=(50−6)×30%−5.292=7.908(万元),年末应纳个人所得税=50×30%−0.441=14.559(万元),合计应纳个人所得税=7.908+14.559=22.467(万元)。

方案一:将张某全年一次性奖金选择并入当年综合所得,则全年应纳个人所得税为 24.308 万元[(100−6)×35%−8.592]。

方案二:将张某工资按平时发放 60 万元,年末发放 40 万元,则平时应纳个人所得税=(60−6)×30%−5.292=10.908(万元),年末应纳个人所得税=40×25%−0.266=9.734(万元),合计=10.908+9.734=20.642(万元)。

 想一想

还有其他更好的金额发放安排吗?

通过以上不同发放方式对比发现,同样的工资薪金,只是简单地将平时发放与年末一次发放进行调节,找到最优平衡点,就能达到完全不同的节税效果。方式二与案例相比节税 1.825 万元(22.467−20.642)。该方法利用了个人所得税超额累进税率的特点,还有全年一次性奖金速算扣除数的特殊规定,只要单位财务和人力资源人员稍加理解就可操作节税,简单易懂。平时工资与年终奖发放计税方式不同,因此必有一个最佳平衡点,达到总体税负最低,而不是某一部分越多越好或越少越好,故企业需要提前筹划,并与员工在签订合同时说明。

5. 掌握好纳税临界点进行筹划

纳税人在对年终奖进行纳税筹划时,一方面要注重降低税率,另一方面应避开纳税禁区。

开篇释疑

李某年终奖为 144 000 元,按照年终奖个人所得税的计算方式,144 000 元除以 12 个月为 12 000 元,对应的税率为 10%,对应的速算扣除数为 210;而江某 144 001 元除以 12 个月约为 12 000.08 元,超过了 12 000 元这个"临界点"。别看虽然只差 0.08 元,但对照表格可以发现,其对应的税率一下从 10% 提高到了 20%,对应的速算扣除数也提升为 1 410 元。实际上,7 个个人所得税纳税区间的起点,均为税率变化的"临界点",容易出现年终奖看似增加,但税后的实际收入不升反降的情况。

因此,用人单位在发放年终奖时,也需要合理安排好金额,尽量避开那些"临界点"数额。除了计算员工税前收入,还要计算税后的收入,防止出现"不升反降"的情况。

年终奖金额发放陷阱

6. 充分利用减免税、可扣除等政策

与个人所得税减免税、可扣除有关税收政策介绍如下。

(1) 免税。个人所得税免税政策包括:①独生子女补贴。②执行公务员工资制度未纳入基本工资总额的补贴、津贴差额和家属成员的副食品补贴。③托儿补助费。④差旅费津贴、误餐补助。⑤省级人民政府、国务院部委和中国人民解放军军以上单位,以及外国组织、国际组织颁发的科学、教育、技术、文化、卫生、体育、环境保护等方面的奖金。⑥按照国家统一规定发给的补贴、津贴。⑦福利费、抚恤金、救济金。⑧保险赔款。⑨军人的转业费、复员费、退役金。⑩按照国家统一规定发给干部、职工的安家费、退职费、基本养老金或者退休费、离休费、离休生活补助费。⑪对国有企业职工,因企业被依法宣告破产,从破产企业取得的一次性安置费收入。⑫对工伤职工及其近亲属按照规定取得的工伤保险待遇。⑬个人与用人单位解除劳动关系取得一次性补偿收入(包括用人单位发放的经济补偿金、生活补助费和其他补助费),在当地上年职工平均工资 3 倍数额以内的部分,免征个人所得税,超过 3 倍数额的部分,不并入当年综合所得,单独适用综合所得税率表,计算纳税。⑭个人因公务用车和通信制度改革而取得的公务用车、通信补贴收入,扣除一定标准的公务费用后,按照"工资、薪金所得"项目计征个人所得税。

误餐补助

(2) 专项扣除。专项扣除,包括居民个人按照国家规定的范围和标准缴纳的基本养老保险、基本医疗保险、失业保险等社会保险费和住房公积金等。

(3) 专项附加扣除。专项附加扣除,是指《个人所得税法》规定的子女教育、继续教育、大病医疗、住房贷款利息、住房租金、赡养老人、3 岁以下婴幼儿照护等专项附加扣除。

浙江省通信费补贴

(4) 其他扣除。其他扣除,包括个人缴付符合国家规定的企业年金、职业年金,个人购买符合国家规定的商业健康保险、税收递延型商业养老保险的支出,以及国务院规定可以扣除的其他项目。

个人购买符合规定的商业健康保险产品的支出允许在当年(月)计算应纳税所得额时予以税前扣除,扣除限额为 2 400 元/年,即 200 元/月。

专项附加扣除的内容

自2022年1月1日起,对个人养老金实施递延纳税优惠政策。在缴费环节,个人向个人养老金资金账户的缴费,按照12 000元/年的限额标准,在综合所得或经营所得中据实扣除;在投资环节,计入个人养老金资金账户的投资收益暂不征收个人所得税;在领取环节,个人领取的个人养老金,不并入综合所得,单独按照3%的税率计算缴纳个人所得税,其缴纳的税款计入"工资、薪金所得"项目。

企业和事业单位为在本单位任职或者受雇的全体职工根据规定标准缴付的企业年金、职业年金,在计入个人账户时,个人暂不缴纳个人所得税。

【例9-5】

张先生和夫人膝下有一儿一女,分别就读小学和初中。2021年度,张先生的应纳税所得额为10万元(尚未考虑子女教育专项附加扣除),张夫人的应纳税所得额为3万元(尚未考虑子女教育附加专项扣除)。现安排了三个方案供选择,请帮助他们进行纳税筹划。

方案1:张夫人申报两个子女教育专项附加扣除2.4万元。

方案2:张先生和夫人各申报一个子女的教育专项附加扣除1.2万元。

方案3:张先生申报两个子女的教育专项附加扣除2.4万元。

【解析】

方案1:

张先生应纳个人所得税=100 000×10%−2 520=7 480(元)

张夫人应纳个人所得税=(30 000−24 000)×3%=180(元)

共应纳个人所得税=7 480+180=7 660(元)

方案2:

张先生应纳个人所得税=(100 000−12 000)×10%−2 520=6 280(元)

张夫人应纳个人所得税=(30 000−12 000)×3%=540(元)

共应纳个人所得税=6 280+540=6 820(元)

方案3:

张先生应纳个人所得税=(100 000−24 000)×10%−2 520=5 080(元)

张夫人应纳个人所得税=30 000×3%=900(元)

共应纳个人所得税=5 080+900=5 980(元)

通过比较,对于张先生一家而言,方案3应纳的个人所得税最少,故应选择方案3。

寓德于技

我国2019年实施的个人所得税改革,提高了个人所得税免征额,增加了子女教育、大病医疗等专项费用扣除,建立综合与分类相结合的税制模式。这不仅符合民众关切,也成为政府的务实之举;这不仅是政府的民生情怀,也是不断提升群众的获得感、幸福感、安全感的一项重要内容。

二、劳务报酬所得的纳税筹划

(一)劳务报酬所得征税范围

劳务报酬所得是指个人从事设计、装潢、安装、制图、化验、测试、医疗、法律、会计、咨询、讲学、新闻、广播、翻译、审稿、书画、雕刻、影视、录音、录像、演出、表演、广告、展览、技术服务、介绍服务、经纪服务、代办服务以及其他劳务报酬的所得。

1. 劳务报酬与工资、薪金的区别

劳务报酬与工资、薪金的区别在于劳务报酬是独立个人从事非雇佣劳动取得的所得,而工资、薪金属于非独立个人劳动所得。即在企事业单位中任职、受雇而得到的报酬,存在雇佣与被雇佣关系。

2. 兼职收入的个人所得税处理

个人兼职取得的收入,应按照"劳务报酬所得"税目缴纳个人所得税。

(二)劳务报酬所得纳税筹划的具体方法

要想减少劳务报酬所得应纳税额,可以通过增加费用开支,尽量减少应纳税所得额,或者通过增加收入次数、平摊收入的方法,将每一次的劳务报酬所得安排在较低税率的范围内。具体而言,劳务报酬所得的节税筹划操作实例有以下几种情况。

针对个人的不同收入,"劳务报酬所得"与"工资、薪金所得"的辨析

1. 将部分劳务报酬费用转移

纳税人外出兼职,必然会增加一些日常费用开支,如差旅、住宿餐饮等费用。这些费用,通常需要由纳税人自己承担,但双方可以经过协商,由兼职企业支付给纳税人这些日常费用,适当降低劳务报酬;这样,虽然会减少名义收入,但由于减少了计税基础,实际收益会增加。

劳务报酬所得纳税筹划

【例 9-6】

林教授应邀为外地某企业做内控辅导,双方签订合同规定,企业一次性支付劳务报酬 30 000 元,其他费用林教授自行承担。根据行程安排,林教授此行大约需发生日常开支 5 000 元。请帮助林教授进行纳税筹划。

{筹划思考}

根据已知资料,林教授应纳税额预缴=30 000×(1-20%)×30%-2 000=5 200(元),林教授此行税后净收益=30 000-5 200-5 000=19 800(元)。

劳务报酬、稿酬、特许权使用费所得应纳税额预扣预缴规定

若双方协商,更改合同中的报酬条款为"企业向林教授支付讲课费 25 000 元,往返交通、食宿费全部由企业负责",则林教授只需就 25 000 元收入纳税,此时:应纳税额预缴=25 000×(1-20%)×20%=4 000(元),税后净收益=25 000-4 000=21 000(元)。

{筹划结果}

林教授筹划后可节税 1 200 元(21 000-19 800)。

2. 将劳务报酬所得转化为经营所得

就个人从事劳务活动而言,是按照劳务报酬所得还是经营所得纳税的主要区别在于是否取得营业执照。劳务报酬所得的个人所得税税基为收入的 80%(即毛利率高达 80%)。而在个体工商户、合伙企业或个人独资企业中,个人所得税税基以每一纳税年度的收入总额减除成本、费用以及损失后的余额为应纳税所得额。一系列扣减下来,最后的应纳税所得额一般都能低于收入的 80%。劳务报酬缴税方式下,最高适用 45% 的税率,但是如果按照经营所得的累进税率,最高税率只有 35%,对那些收入比较高的个人劳务收入,只需由个人成立一家个体工商户或个人独资企业(或合伙企业),就可以将劳务报酬所得转化为经营所得,合理地避开高税率。

【例 9-7】

刘某在业余时间为一家公司提供法律咨询服务,每月获得报酬 50 000 元。为取得这 50 000 元的报酬,刘某每月需要支付往返车费及其他费用合计 30 000 元(暂不考虑其他收入)。请计算刘某全年应缴纳的个人所得税并为他进行纳税筹划。

{筹划思考}

已知:刘某年度收入=50 000×12=600 000(元),年度成本=30 000×12=360 000(元)。

(1) 按照劳务报酬所得计算,刘某全年需要缴纳个人所得税税额为91 080元[600 000×(1−20%)×30%−52 920]。

(2) 假设刘某成立一家个体工商户,则纳税情况如下:

因为每月金额只有50 000元,申请成为小规模纳税人,营业额不到增值税的起征点,因此不涉及流转税税金及附加。个人所得税有关计算为:年应纳税所得额=600 000−360 000=240 000(元),应纳税额=240 000×20%−10 500=37 500(元)。

{筹划结果}

经过筹划,成立一家个体工商户,刘某的收入按经营所得纳税,可少纳税款53 580元(91 080−37 500)。

3. 将劳务报酬收入分次、分项发放

根据税法规定,扣缴义务人向居民个人支付劳务报酬所得时,按次或者按月预扣预缴个人所得税。劳务报酬所得,属于一次性收入的,以取得该项收入为一次;属于同一项目连续性收入的,以一个月内取得的收入为一次。连续性收入集中在某个月发放,会导致当月税负的增加,分散均衡发放可以减轻税负。双方可以设计合同,将一次性收入均衡分摊,或者将连续性收入尽量平均发放,把每一次的劳务报酬所得安排在较低税率区间内收取,先按较低预扣率预缴税款,达到延期纳税目的。

【例9-8】

20×2年,林教授利用业余时间,为某广告公司提供创意设计,依业务完成情况,广告公司年初一次性给予林教授38 000元。请帮助林教授进行纳税筹划。

{筹划思考}

此时:林教授需预缴纳税=38 000×(1−20%)×30%−2 000=7 120(元)。

若双方将合同修改为,林教授分12个月收取报酬,前面11个月每月固定收取3 000元,最后一个月,根据业务完成情况,进行总额清算;在本例中,林教授12月应收取5 000元,此时:需预缴纳税=(3 000−800)×20%×11+5 000×(1−20%)×20%=4 840+800=5 640(元)。

{筹划结果}

此例中,年终时,劳务报酬所得需要进行汇算清缴,最终缴纳的税额是相同的,但通过变更合同,可延缓纳税1 480元(7 120−5 640)。

三、稿酬所得的纳税筹划

稿酬所得是指个人因其作品以图书、报刊等形式出版、发表而取得的所得。有关纳税筹划方法如下。

1. 费用转移筹划法

根据税法规定,个人取得的稿酬所得以收入额的56%作为应纳税所得额。如果能在现有扣除标准下,再多扣除一定的费用,或想办法将应纳税所得额减少,就可以减少应纳税额。通常就是和出版社沟通,由对方提供调研、社会实践等前期的费用。即出版社为纳税人支付前期搜集素材费用;纳税人将完工作品的版权转让给出版社,取得稿费和版权收入。

【例 9-9】

林教授欲创作一本关于民营企业实体经济发展方面的专业书籍,需要到浙江、广东等地区进行实地考察研究,出版社与林教授达成协议,全部稿费为 25 万元,预计到浙江、广东考察费用支出为 8 万元。请帮助林教授进行纳税筹划。

|筹划思考|

如果林教授自己负担费用,则:应预缴纳税=25×56%×20%=2.8(万元),税后净收益=25-2.8-8=14.2(万元)。

如果改由出版社支出这 8 万元费用,则林教授实际获得稿费为 17 万元,应纳税额=17×56%×20%=1.904(万元),税后净收益=17-1.904=15.096(万元)。

|筹划结果|

如果改由出版社支出这 8 万元费用,林教授可节税 0.896 万元(15.096-14.2)。

2. 将稿酬所得转化为经营所得

对那些经常有稿酬所得的作者,可考虑成立个人独资的工作室,把个人稿酬变成企业对外服务。年销售额 500 万元以下,可以按小规模纳税人 3% 征收率缴纳增值税,个人独资企业按照经营所得的累进税率,最高税率为 35%;而在稿酬缴税方式下,最高适用 45% 的税率。因此成立一家个人独资企业,就可以将稿酬所得转化为经营所得,合理地避开高税率。

四、特许权使用费所得的纳税筹划

特许权使用费所得是指个人提供专利权、商标权、著作权、非专利技术,以及其他特许权的使用权取得的所得。

个人可以采取将特许权出售、投资入股等方式提供给企业应用,从而获得收入;通常情况下,提供使用权比转让所有权应纳税额少。

【例 9-10】

林教授申请了一项专利技术,专利权属个人拥有。现在有两个方案供其选择,一是将其转让出售,可获转让收入 100 万元(不含增值税);二是可将该专利折合成股份投资,让其拥有相同价款(100 万元)的股权,预计在 10 年内每年可获取股息收入 10 万元。请问:林教授采取哪种方式比较有利?

|筹划思考|

方案 1:如果将专利技术单纯转让。专利技术属于无形资产,将其转让,需按 6% 缴纳增值税,但根据相关规定,纳税人办理备案手续后,可免征增值税,但需要缴纳个人所得税。应纳税额=100×(1-20%)×35%-8.592=19.408(万元),实际税后所得=100-19.408=80.592(万元)。

方案 2:如果将专利技术折合成股份,拥有股权。按照"营改增"相关规定,也可免征增值税。根据《个人所得税法》规定,作为股东,获取的股息、红利,应按 20% 的比例税率缴纳个人所得税。此时:当年应纳个人所得税=10×20%=2(万元),当年实际税后所得=10-2=8(万元)。

|筹划结果|

通过特许权投资,林教授当年仅需负担 2 万元的税款。如果每年都可以获取股息收入 10 万元,那么经营 10 年,在不考虑货币时间和风险的情况下,就可以收回全部转让收入,而且还可得到 100 万元的股份。

五、非居民个人综合所得的税收筹划

(一) 非居民个人综合所得应纳税额的计算

非居民个人是指在中国境内无住所,且一个纳税年度内在中国境内居住累计不满183天的个人。

1. 应纳税所得额

非居民个人的工资、薪金所得,以每月收入额减除费用5 000元后的余额为应纳税所得额;劳务报酬所得、稿酬所得、特许权使用费所得,以每次收入额为应纳税所得额。

非居民个人取得的劳务报酬所得、稿酬所得、特许权使用费所得,属于一次性收入的,以取得该项收入为一次;属于同一项目连续性收入的,以一个月内取得的收入为一次。

2. 应纳税额

非居民个人个人综合所得应纳税额的计算公式如下:

$$工资、薪金所得应纳税额 = (每月收入额 - 5\,000) \times 税率 - 速算扣除数$$

$$劳务报酬所得、稿酬所得、特许权使用费所得应纳税额 =$$
$$每次(月)收入额 \times 税率 - 速算扣除数$$

其中,税率表为按月换算后的综合所得税率。

(二) 非居民个人综合所得纳税筹划

1. 充分利用短期非居民个人税收优惠

我们以[例9-11]分析如何利用短期非居民个人税收优惠进行纳税筹划。

【例9-11】

20×1年,美国公民汤姆与美国A培训机构签订了一份劳务合同,要求他来中国服务6个月,双方约定,在中国工作期间,每月工资为20 000元。请帮助汤姆进行纳税筹划。

[解析]

此时:汤姆就该工资应纳个人所得税=[(20 000-5 000)×20%-1 410]×6=9 540(元)。根据《中华人民共和国个人所得税法实施条例》第5条规定,在中国境内无住所的个人,在一个纳税年度内在中国境内居住累计不超过90天的,其来源于中国境内的所得,由境外雇主支付并且不由该雇主在中国境内的机构、场所负担的部分,免予缴纳个人所得税。

建议汤姆与A培训机构签订分年度的劳务合同,即20×1年在中国工作3个月,20×2年再在中国工作3个月。则符合"在一个纳税年度内在中国境内居住累计不超过90天的,其来源于中国境内的所得,由境外雇主支付并且不由该雇主在中国境内的机构、场所负担的部分,免予缴纳个人所得税。"的规定,可以节税9 540元。

2. 均衡发放工资

根据规定,工资、薪金所得,适用3%~45%的七级超额累进税率纳税,因此如果职工的月工资不均衡,每月工资忽高忽低则其税负较重,因为工资高的月份可能适用相对较高的税率,而工资低的月份适用的税率也较低,甚至连法定免征额都没有达到,无需纳税。

【例9-12】

某外籍教师,属于中国的非居民个人,因工作需要,20×2年需要在中国某高校工作4个月,根据考核预计,4个月的工资分别为3 000元、6 000元、4 000元和20 000元,总额为33 000元。请帮助该外籍教师进行纳税筹划。

【筹划思考】

根据上述资料,该外籍教师20×2年度在中国应纳个人所得税:应纳税额=(6 000-5 000)×3%+(20 000-5 000)×20%-1 410=1 620(元)。

筹划分析:该外籍教师20×2年预计总共工资为33 000元,前3个月可以先按平均数8 000元发放,最后一个月发放9 000元。

则,该外籍教师20×2年度在中国应纳个人所得税:应纳税额=(8 000-5 000)×3%×3+(9 000-5 000)×10%-210=460(元)。

【筹划结果】

通过筹划,该外籍教师可节税1 160元(1 620-460)。

课堂笔记

第二节 资本投资利得纳税筹划

开篇设问

> 张三、李四两人各投资200万元,成立A公司。A公司经过两年的经营,留存未分配利润300万元。现A公司需增加注册资本,张三无意投入,欲转让股份,经过评估,张三所持股份市值350万元,而王五有意出此价购买。请问:张三何时转让该股份能降低税负?

知识积累与能力培养

一、资本投资利得的相关规定

(一)资本投资利得的征税对象

资本投资利得是指个人拥有债权、股权而取得的利息、股息、红利所得。按税法规定,个人取得的利息所得,除了国债和国家发行的金融债券利息,应当依法缴纳个人所得税。股息、红利所得,除非另有规定,都应当缴纳个人所得税。

(二)资本投资利得的应纳税所得额

按照《个人所得税法》规定,投资者从企业取得的股息、红利所得,应该缴纳个人所得税,以每次分配收入额为应纳税所得额,适用比例税率,税率为20%。如果企业分配股息、红利所得时,不是分配货币性资产,而是分配实物,如企业生产的产品或购买的其他货物、有价证券等,也要根据实物价格或市场价格核定应纳税所得额,据以征税。

(三)有关资本投资利得的具体规定

个人在进行资本投资利得的纳税筹划时,应当了解某些特殊情况下的征税规定,避免产生额外的征税事项。

1. 个人投资者向企业借款长期不归还的征税问题

《财政部 国家税务总局关于规范个人投资者个人所得税征收管理的通知》(财税〔2003〕158号)规定,纳税年度内个人投资者从其投资企业(个人独资企业、合伙企业除外)借款,在该纳税年度终了后既不归还,又未用于企业生产经营的,其未归还的借款可视为企业对个人投资者的红利分配,依照"利息、股息、红利所得"项目计征个人所得税。

【例9-13】

某房地产企业股东之一的王某,自20×1年至今一直和企业之间存在互相借款行为。王某于20×2年3月从企业借款290万元,其间又陆续和企业发生互相借款行为,并已陆续归还,20×3年将290万元归还企业。请问:此笔借款是否需按"股息、红利"缴纳个人所得税?

[解析]

根据上述规定,王某在20×2年3月从企业借款290万元,所借款项未用于生产经营,到20×2年12月31日终了后,王某仍未归还企业。该借款应视为企业对王某的红利分配,应按

"利息、股息、红利所得"项目代扣代缴王某的个人所得税 58 万元(290×20%)。如果王某能提供证据证明所借款项 290 万元是用于企业生产经营的,则不视为企业对王某的红利分配。

2. 用所有者权益项目转增资本的个人所得税的征税问题

根据税法规定,股份制企业用资本公积金转增股本不属于股息、红利性质的分配,对个人取得的转增资本数额,不作为个人所得,不征收个人所得税。

知识链接

"资本公积金"是指股份制企业股票溢价发行收入所形成的资本公积金。而与此不相符合的其他资本公积金分配个人所得部分,应当依法征收个人所得税。

另外,股份制企业用盈余公积金、未分配利润派发红股属于股息、红利性质的分配,对个人取得的红股数额,应作为个人所得征税。

资本公积转增资本征收个人所得税的逻辑

【例 9-14】

A 公司由甲、乙、丙三个自然人投资设立,投资比例为 5∶3∶2。为了扩大资本总额,三人决定用企业盈余公积金和资本公积金转增资本。账务处理如下:

借:盈余公积——法定盈余公积　　　　　　　　600 000
　　资本公积——资本溢价　　　　　　　　　　300 000
　　贷:实收资本——甲　　　　　　　　　　　　　　450 000
　　　　　　　　——乙　　　　　　　　　　　　　　270 000
　　　　　　　　——丙　　　　　　　　　　　　　　180 000

要求:分别计算甲、乙、丙应纳个人所得税。

[解析]

股东甲应纳个人所得税=600 000×50%×20%=60 000(元)

股东乙应纳个人所得税=600 000×30%×20%=36 000(元)

股东丙应纳个人所得税=600 000×20%×20%=24 000(元)

上述税款由派发红股的 A 公司代扣代缴。

 开篇释疑

方案 1:张三直接按 350 万元将其所拥有的股份转让给王五,那么张三应纳个人所得税为 30 万元[(350-200)×20%]。

方案 2:先让王五对 A 公司进行投资 350 万元,A 公司总股本增加到 600 万元,因为 A 公司原有股本的价值除了原始的投资,还要包含未分配利润,所以王五的投资中只能有 200 万元作为股本,占公司股份的 33.33%。余款 150 万元根据财务制度规定计入资本公积,之后再将这 150 万元的资本公积转增为股本。根据规定,以企业的资本公积转增股本,不缴纳个人所得税。A 公司股本共 750 万元,张三、李四、王五各占 250 万元,此时,张三拥有该公司股权 250 万元,未分配利润 100 万元。如果此时再按 350 万元的价格转让其股权,那么张三应纳个人所得税为 20 万元[(350-250)×20%]。

显然,选用方案 2 比方案 1 少缴纳个人所得税 10 万元。不过,使用该方法进行纳税筹划,设计方案时必须认真仔细,而且操作比较复杂。

3. 关于股东因撤资取得债权收入的征税问题

根据《国家税务总局关于个人股东取得公司债权债务形式的股份分红计征个人所得税问题的批复》(国税函〔2008〕267号)规定,个人取得的股份分红所得包括债权、债务形式的应收账款、应付账款相抵后的所得。个人股东取得公司债权、债务形式的股份分红,应以其债权形式应收账款的账面价值减去债务形式应付账款的账面价值的余额,加上实际分红所得为应纳税所得,按照规定缴纳个人所得税。

【例9-15】

B公司要进行改制,张某作为股东要求撤资,公司按规定分给张某股本500万元和红利200万元。由于B公司现金不足,只支付给张某600万元的现金,差额部分用公司的100万元债权补偿其分红。

根据上述资料,张某的应纳税所得额为其取得的股份分红200万元(现金100万元、债权100万元)。B公司应按照"利息、股息、红利"税目为张某代扣代缴个人所得税40万元(200×20%)。

(四)资本投资利得有关的税收优惠

1. 投资国债

购买国债是一种值得考虑的投资方向。根据《个人所得税法》第4条规定,个人取得的国债和国家发行的金融债券,其利息所得免税。这里所说的国债利息是指个人持有中华人民共和国财政部发行的债券而取得的利息所得,金融债券是指个人持有经国务院批准发行的金融债券而取得的利息所得。

> **寓德于技**
>
> 一直以来,各国国债都是资本市场最关注的投资标的,毕竟作为大名鼎鼎的金边债券,国债一直都被当作零风险的投资选择。2021年3月数据表明,外资连续27个月增持中国国债,中国国债成了资本市场的"香饽饽"。

2. 投资股票

根据《关于上市公司股息红利差别化个人所得税政策有关问题的通知》(财税〔2015〕101号)规定:个人从公开发行和转让市场取得的上市公司股票,持股期限在1个月以内(含1个月)的,其股息红利所得全额计入应纳税所得额;持股期限在1个月以上至1年(含1年)的,暂减按50%计入应纳税所得额;持股期限超过1年的,股息红利所得暂免征收个人所得税。上述所得统一适用20%的税率计征个人所得税。

3. 投资保险

我国相关法律规定,居民在购买保险时可享受三大税收优惠:

(1)社保及住房公积金。个人按照国家或地方政府规定的比例提取并缴付的住房公积金、养老保险、医疗保险等,不计入个人当期的工资、薪金收入,免于缴纳个人所得税。

(2)保险赔款。由于保险赔款是赔偿个人遭受意外不幸的损失,不属于个人收入,免缴个人所得税。

(3)个人税收递延型养老保险。个人税收递延型养老保险是指个人缴纳的保费在一定金额之内可以在税前工资中扣除,而在将来退休后领取保险金时再缴纳。

二、资本投资利得纳税筹划的具体方法

(一) 所得再投资

对于个人因持有某公司的股票、债券而取得的股息、红利所得,税法规定予以征收个人所得税。但为了鼓励企业和个人进行投资和再投资,各国都不对企业留存未分配利润征收所得税。如果个人对企业的前景看好,就可以将本该领取的股息、红利所得留在企业,作为对公司的再投资,而企业则可以将这部分所得以股票或债券的形式记在个人名下。这种做法既可以避免缴纳个人所得税,又可以更好地促进企业的发展,使企业的股票价值更加可观。但这种方法要求个人对企业的前景比较乐观,如果个人感觉其他企业的发展前景更为乐观,认为即使缴纳个人所得税后再购买其他企业股票收益也会更大,则另当别论。

【例9-16】

李先生是某机械制造公司的股东,预计20×2年年底的分红可以获得50万元收入。李先生不知道到时获得该项收入投资于何处,涉及哪些税种。请为李先生提供税务咨询。

[解析]

本例涉及个人取得收入如何进行投资的问题,这与人们的日常经济生活息息相关。

个人进行投资选择时,最重要的关注点就是投资的净收益。如果一项投资收益的表面收益率很高,但要缴纳的税收和其他费用同样也很高,则净收益不一定能吸引投资者;相反,虽然某些投资的表面收益率不高,但实际收益效果很好,则这项投资也会吸引众多投资者。

根据《个人所得税法》第2条规定,个人取得的利息、股息、红利所得应缴纳个人所得税。因而如果李先生领取了这笔分红,就要按照20%的税率计征个人所得税,实际只会得到40万元。

如果李先生看好该企业的发展前景,觉得投资于此收益会很好,则会直接将分红留存企业,以合理地免缴税款。如果李先生觉得该企业发展前景不好,则应支取分红,然后进行其他投资。

(二) 转换投资所得形式

《财政部 国家税务总局关于规范个人投资者个人所得税征收管理的通知》(财税〔2003〕158号)规定:个人独资企业、合伙企业以外的其他企业的个人投资者,以企业资金为本人、家庭成员及其相关人员支付与企业生产经营无关的消费性支出及购买汽车、住房等财产性支出,视为企业对个人投资者的红利分配,依照"利息、股息、红利所得"项目计征个人所得税。同时税法对此又作了补充规定,企业购买车辆并将车辆所有权办到股东个人名下,其实质为企业对股东进行了红利性质的实物分配,应按照"利息、股息、红利所得"项目征收个人所得税。考虑到该股东个人名下的车辆同时也为企业经营使用的实际情况,允许合理减除部分所得;减除的具体数额由主管税务机关根据车辆的实际使用情况合理确定。

【例9-17】

A公司是一个由甲、乙两位股东投资组建成立的有限责任公司。20×2年初A公司拟分配税后利润50万元,按照公司章程约定,甲、乙可以分别分得税后红利30万元和20万元。甲、乙从公司和个人需要考虑,决定将分配的红利购置小汽车供公司和个人使用。

如果A公司对税后利润进行分配,无论是分配现金还是购置小汽车分配给股东,都要按照税法规定扣缴甲、乙两人20%的个人所得税合计为10万元(50×20%)。

但是,如果A公司购买车辆并将车辆所有权记在甲、乙股东个人名下,虽然税法还是认定其实质为公司对股东进行了红利性质的实物分配,应按照"利息、股息、红利所得"项目缴纳个人所得税,但不是就车价的全额缴税,而是允许合理减除部分所得,且减除数额要根据车辆的实际使用情况确定。这样相比于直接分配红利能起到节税作用。

(三) 设置双层公司，利用股息所得免税

根据现行的个人所得税有关政策，个人从投资公司获得的股息应缴纳20%的个人所得税。

根据现行的企业所得税有关政策，企业从投资的公司中获得的股息不需要纳税，如果个人投资者从公司取得的股息仍然用于投资，则可考虑成立新公司用于汇总各类股息，此时新公司不需要缴纳企业所得税，从而减轻税收负担。

【例9-18】

刘女士拥有甲公司40%的股份，每年可从甲公司获得500万元的股息。根据我国现行个人所得税制度，刘女士每年需缴纳100万元的个人所得税。刘女士拟将所获得的股息全部投资于股票或者直接投资于其他企业，请问：刘女士应如何进行纳税筹划？

[解析]

刘女士可以用该股权以及部分现金投资设立一家一人有限责任公司——刘氏投资公司，由刘氏投资公司持有甲公司40%的股权，刘氏投资公司每年从甲公司获得的500万元股息就不需要缴纳企业所得税。

刘女士原定的股息投资股票或者其他的投资计划可以由刘氏投资公司来进行。刘氏投资公司投资于其他企业所获的股息同样不需要缴纳企业所得税，这样就免除了刘女士每次获得股息所得需要承担的个人所得税纳税义务。

(四) 股息所得与工资、薪金所得的转换

股东工资与股息分配存在税率差，纳税人可以在工资与股息之间进行调整，合理降低税负。

【例9-19】

甲公司是一家有限责任公司，由5个自然人投资组建，投资比例为每人各占20%。5位股东均在企业任职，并约定平时不领取工资。20×2年甲公司预计将实现税前会计利润100万元，企业所得税适用税率为25%（非小微企业），税后利润全部按投资比例分配，无其他纳税调整项目。请帮助甲公司进行纳税筹划。

[筹划思考]

(1) 纳税筹划前的税负分析。

应纳企业所得税＝100×25%＝25（万元），5位股东股息所得应纳个人所得税＝(100－25)×20%＝15（万元），此时，全年合计应纳税额为40万元(25＋15)。

(2) 纳税筹划方案设计。

有限责任公司的个人投资者获取收益的方式有税前领取工资和税后分配股息、红利两种。在选择领取报酬的方式时，个人投资者可以设法把部分股息所得转化为工资、薪金所得，能降低投资者的整体税收负担。

用公司可以将税前会计利润100万元，全部作为工资、薪金所得发放给5位股东，每人获得20万元。企业所得税方面，纳税人支付给职工的合理工资可以全额在税前扣除；筹划方案实施后，甲公司20×2年企业所得税的应纳税所得额为0(100－100)，即应纳税额为0。

5位股东的工资应纳个人所得税为5.74万元{[(20－6)×10%－0.252]×5}，全年合计应纳税额为5.74万元。

[筹划结果]

通过纳税筹划，5位股东可少缴个人所得税34.26万元(40－5.74)。

第三节 财产处置所得纳税筹划

开篇设问

> 王五于20×4年1月2日通过受赠方式分别取得A、B两套市价均为100万元的住房。A、B两套住房的原价均为50万元,购房时间均为20×1年1月3日。A套住房是通过其他无偿赠与方式取得,B套住房是通过继承、遗嘱等一般赠与方式取得的。如果王五准备在20×5年2月转让其中的一套住房,他该转让哪套住房呢?

知识积累与能力培养

一、财产租赁所得纳税筹划

(一) 财产租赁所得税收规定

财产租赁所得是指个人出租建筑物、土地使用权、机器设备、车船以及其他财产取得的所得。

1. 应纳税所得额

财产租赁所得以1个月内取得的收入为一次,实行按次征税。应纳税所得额在不同情况下的计算公式如下。

(1) 每次(月)收入≤4 000元:

应纳税所得额=每次(月)收入额-财产租赁过程中缴纳的税费-由纳税人负担的租赁财产实际开支的修缮费用(800元为限)-800

(2) 每次(月)收入>4 000元:

应纳税所得额=[每次(月)收入额-财产租赁过程中缴纳的税费-由纳税人负担的租赁财产实际开支的修缮费用(800元为限)]×(1-20%)

2. 应纳税额

财产租赁所得应纳税额的计算公式为:

应纳税额=应纳税所得额×20%(或者10%)

租金个税应税收入含不含增值税

(二) 财产租赁所得纳税筹划的具体方法

1. 维修费用节税

对出租的房屋进行维修是每个房屋出租者都会遇到的问题。在维修时间上,多数房屋出租者都会选择在需要维修的时候就进行维修。此种维修方式虽说很合乎常理,但却忽略了税收因素。依照税法规定,向承租人收取房屋租金,此种行为应该缴纳个人所得税(其他税种在此忽略不计),假如适当地选择房屋

10%税率的适用情况

的维修时间,那么出租者将会节约一笔不小的税款。

【例 9-20】

老王将一间店面出租给他人,租期为 5 个月,在扣除相关费用后老王的月应纳税所得额为 2 000 元。

|筹划思考|

假如在出租后的第二个月里,老王打算对屋顶进行防水处理,预计花费 3 200 元,工期为一周。在此种情况下,整个租期内老王应承担的个人所得税为:

(1) 老王在房屋出租后的第一个月内应纳税款:第一个月应纳税款＝2 000×20％＝400(元)。

(2) 老王对房屋进行维修后第二至第五个月应纳税款:

其花费的 3 200 元维修费用,依照规定可以按每月 800 元在以后 4 个月内扣除(假设老王已取得了合法有效的房屋维修发票)。

其应纳税额具体计算如下:第二至第五个月应纳税款＝[(2 000－800)×20％]×4＝960(元)。

综上,在整个租赁期间老王所负担的个人所得税为 1 360 元(400＋960)。

而假如老王将对屋顶防水处理的时间选择在租赁结束以后,那么在此种情况下,老王应承担的个人所得税为 2 000 元(2 000×20％×5)。

|筹划结果|

老王将修房时间选择在租赁期间与将修房时间选择在租赁结束以后,其税负相差 640 元(2 000－1 360)。

当然,还有一个房屋安全性问题,我们也不能因片面地追求节省税款,在房屋需要维修时不去维修而等到有人租赁时才对房屋进行维修。

2. 租金分期节税

关于租金分期,当每次(月)收入小于 4 000 元时可定额扣除 800 元作为应纳税所得额,在这种情况下扣除的比例大于 20％。因此,当通过租金收入分期,可将每次(月)的收入降低到 4 000 元以下时,可节约个人所得税税额。

【例 9-21】

黄先生在某写字楼拥有两间办公室,20×2 年 1 月起出租给丙公司办公,租期 1 年,租金为 30 000 元。黄先生希望丙公司于进驻前一次性付清房租,而丙公司则希望能按月支付房租。请从纳税筹划的角度为黄先生房租收入的取得方式提出建议。

|筹划思考|

方案 1:如果黄先生一次性取得房租,则应纳个人所得税税额为 4 800 元[30 000×(1－20％)×20％]。

方案 2:如果黄先生分月取得房租,则:

每月应纳个人所得税＝(30 000÷12－800)×20％＝340(元)

全年应纳个人所得税＝340×12＝4 080(元)

|筹划结果|

分月取得房租相比一次性取得房租,黄先生税负减轻 720 元(4 800－4 080),所以黄先生应采取分月的方式取得房租。

二、财产转让所得纳税筹划

(一)财产转让所得税收规定

财产转让所得,是指个人转让有价证券、股权、建筑物、土地使用权、机器设备、车船以及其他财产取得的所得。

1. 应纳税所得额

财产转让所得按照一次转让财产的收入额减除财产原值和合理费用后的余额,为应纳税所得额。

> **知识链接**
>
> 纳税义务人未提供完整、准确的财产原值凭证,不能正确计算财产原值的,由主管税务机关核定其财产原值。
>
> 合理费用,是指卖出财产时按照规定支付的有关税费。

2. 应纳税额

财产转让所得的应纳税额计算公式如下:

应纳税额=应纳税所得额×20%=(收入总额-财产原值-合理费用)×20%

(二)个人股权转让的纳税筹划

根据《国家税务总局关于加强股权转让所得征收个人所得税管理的通知》(国税函〔2009〕285号)文件规定:①个人股权交易各方在签订股权转让协议并完成股权转让交易以后至企业变更股权登记之前,负有纳税义务或代扣代缴义务的转让方或受让方,应到主管税务机关办理纳税(扣缴)申报。②对申报的计税依据明显偏低(如平价和低价转让等)且无正当理由的,主管税务机关可参照每股净资产或个人股东享有的股权比例所对应的净资产份额核定。

【例9-22】

张三向A公司投资100万元,取得A公司100%的股权。两年后,张三将股份转让给关联人李四,转让价格仍为100万元,转让之时,A公司的净资产为150万元。按照国税函〔2009〕285号文件规定,对于平价或低价转让且无正当理由的,税务部门可参照投资企业的净资产核定转让价格,即转让价格应不低于转让时A公司的净资产150万元,则张三应缴纳个人所得税10万元[(150-100)×20%]。如转让给李四后,A公司分配股利50万元,则李四还需要缴纳红利有关个人所得税10万元(50×20%)。以上合计缴纳个人所得税为20万元(10+10)。

为规避这一政策规定,建议在转让个人股权时,应采取先分配后转让的策略,仍以本例说明:

张三在准备转让A公司股权时,可考虑让A公司先分配股利50万元,张三取得股利应缴纳个人所得税10万元(50×20%)。分配股利后A公司的净资产降至100万元,这时候张三再转让股权,则符合国税函〔2009〕285号文件的规定,转让价格等于净资产的份额,无需再补缴税款。则本次转让行为加股利分配只需缴纳个人所得税10万元,比直接转让的做法减少10万元个人所得税。

(三)个人转让住房纳税筹划

1. 个人转让住房涉税税种及税率

在实务中,个人住房转让最常见的形式是买卖,买卖双方(承受方、出让方)涉及的税种如表9-2、表9-3所示。

表 9-2 承受方应缴纳的税种及税率

税种	计税金额	房屋类型		税率
契税	成交价格	非住宅		3%
		非普通住宅		3%
		普通住宅	非首次购买	3%
			144平方米以下(首次购买)	1.5%
			90平方米及以下(首次购买)	1%
印花税	成交价格	住宅		免征
		非住宅		0.05%

表 9-3 出让方应缴纳的税费

税种	房屋类型		
	非住房	住房	
		普通住房	非普通住房
增值税、城建税、教育费附加	(成交价格－购入原价)×5.5%	不足2年的,按5.5%征收率全额缴纳增值税、城建税、教育费附加;2年以上(含2年)的,免征增值税	
个人所得税	个人能够提供完整、准确的房屋原值凭证,按(转让收入－住房原值－转让过程中缴纳的税金－合理费用)×20%计征 未能提供完整、准确的房屋原值凭证,按纳税人住房转让收入的1%核定其应纳个人所得税税额 转让5年唯一生活用房的,免征个人所得税		
土地增值税	实行四级超率累进税率计算征收。 无法获取相关数据的按转让收入的0.5%征收率征收土地增值税	免征	免征
印花税	0.05%	免征	免征

提示:将购买2年(含2年)以上、位于北京、上海、广州、深圳的非普通住房对外销售按差额征税(2020年以来,上海市、广州市、深圳市、杭州市、成都市、无锡市等城市陆续发布公告,个人住房转让增值税免征由2年调整到5年)。

2. 个人转让住房纳税筹划的注意事项

买卖双方需要充分利用税收规定,最大限度地利用税收优惠政策,减少涉税成本。

(1) 要严格对照规定正确确认房产原值。根据"应纳税所得额＝房产转让收入额－房产原值－合理费用",为此,正确确认房产原值对于个人转让住房缴纳个人所得税至关重要。

(2) 要尽最大可能地扣除所有合理费用。在确认合理费用时要注意两方面的问题:一是纳税人在转让住房时实际缴纳的城建税、教育费附加、土地增值税、印花税等税金可扣除;二是纳税人按照规定实际支付的住房装修费用、住房贷款利息、手续费、公证费等费用可扣除。当然,有关合理费用的扣除是有严格限定条件的。

【例 9-23】

假设王五于20×1年2月以400 000元的总价(含购买时所缴税金)在某省会城市购买了一套100平方米的商品房,住房装修费用50 000元,支付住房按揭贷款利息20 000元(公证费和有关手续费除外),均有相应规范的票据。20×3年1月,他决定将房屋以1 050 000元的总价售出。请计算王五应缴纳的税费金额。

〖解析〗

由于王五取得产权证或完税发票的时间不满2年,所需缴纳的税费计算如下:

(1) 增值税及附加税。增值税=1 050 000÷(1+5%)×5.5%=50 000(元),城建税及教育费附加=50 000×(7%+3%)=5 000(元)。

(2) 印花税、土地增值税。根据规定:对居民个人拥有的普通住宅,在其转让时暂免征收印花税、土地增值税。

(3) 个人所得税。根据"应纳个人所得税=个人所得税应纳税所得额×20%=(转让收入－房屋原值－转让过程中缴纳的税金－合理费用)×20%",其中,房屋原值为400 000元,转让住房过程中缴纳的税金为5 000元;合理费用=住房装修费用+住房贷款利息等费用=400 000×10%+20 000=60 000(元)(住房装修费用5万元只能扣除4万元)。则:个人所得税应纳税所得额=1 050 000÷(1+5%)－400 000－5 000－60 000=535 000(元);应纳个人所得税=个人所得税应纳税所得额×20%=535 000×20%=107 000(元)。

(3) 要充分用好、用足相关税收优惠政策。对个人转让自用5年以上,并且是家庭唯一生活用房取得的所得,免征个人所得税。以下情形的房屋产权无偿赠与,对当事双方不征收个人所得税:①房屋产权所有人将房屋产权无偿赠与配偶、父母、子女、祖父母、外祖父母、孙子女、外孙子女、兄弟姐妹。②房屋产权所有人将房屋产权无偿赠与对其承担直接抚养或者赡养义务的抚养人或者赡养人。③房屋产权所有人死亡,依法取得房屋产权的法定继承人、遗嘱继承人或者受遗赠人。

受赠人转让受赠房屋的,以其转让受赠房屋的收入减除原捐赠人取得该房屋的实际购置成本以及赠与和转让过程中受赠人支付的相关税费后的余额,为受赠人的应纳税所得额,依法计征个人所得税。受赠人转让受赠房屋价格明显偏低且无正当理由的,税务机关可以依据该房屋的市场评估价格或其他合理方式确定的价格核定其转让收入。

对照这些政策法规规定,纳税人对即将自用满5年的家庭唯一生活用房,尽量使用到5年期满后再转让。

(4) 要适当选择核定征税的特殊规定。根据《国家税务总局关于个人住房转让所得征收个人所得税的有关问题的通知》(国税发〔2006〕108号)规定,纳税人未提供完整、准确的房屋原值凭证,不能正确计算房屋原值和应纳税额的,税务机关可根据《税收征收管理法》第35条的规定,对其实行核定征税,即按纳税人住房转让收入的一定比例核定应纳个人所得税税额。具体比例由省级税务局或者省级税务局授权的地市级税务局根据纳税人出售住房的所处区域、地理位置、建造时间、房屋类型、住房平均价格水平等因素,在住房转让收入1%~3%的幅度内确定。这无疑为人们进行有关纳税筹划提供了新空间。

【例9-24】

承[例9-23],假设王五所在的省份规定普通住房转让的个人所得税征收比例为2%,且王五未提供完整、准确的房屋原值凭证,不能正确计算房屋原值和应纳税额,则根据规定,王五应纳个人所得税为20 000元[1 050 000÷(1+5%)×2%],能比筹划前节税87 000元(107 000－20 000)。

【例 9-25】

张 A 将一套面积为 120 平方米的住房赠与直接赡养义务人李 B，这也是李 B 的唯一住房。该房产市场价值为 105 万元，张 A 不能提供取得该房产完整、准确的房屋原值凭证，当地个人所得税核定税率为 1％，假定 1 年后李 B 以 147 万元出售该住房，税务机关确定可以扣除的有关合理费用为 5 万元。请问：本例中，最初张 A 和李 B 是选择赠与还是买卖好？

【筹划思考】

本例中应分析张 A 所购房产的不同时间，分别计算各自的应纳税额。

(1) 假设 1：张 A 的房产购买时间超过 5 年（含 5 年）。

方案 1，采用赠与。

赠与时：张 A 不用缴税。李 B 应纳契税=105÷(1+5％)×3％=3（万元）。

李 B 转让时：不用缴税。

方案 2，采用购买。

购买时：张 A 不用缴税。李 B 应纳契税=105÷(1+5％)×1.5％=1.5（万元）。

李 B 转让时：不用缴税。

假设 1 中，方案 2 比方案 1 节税 1.5 万元(3－1.5)。

(2) 假设 2：张 A 所赠房产购买时间不足 2 年。

方案 1，采用赠与。

赠与时：张 A 不用缴税。李 B 应纳契税=105÷(1+5％)×3％=3（万元）。

李 B 转让时：李 B 应纳增值税=147÷(1+5％)×5％=140×5％=7（万元），应纳城建税及教育费附加=7×10％=0.7（万元），应纳个人所得税=(140－3－5－0.7)×20％=26.26（万元）。双方合计应纳税额=3+7.7+26.26=36.96（万元）。

方案 2，采用购买。

购买时：张 A 应纳增值税=105÷(1+5％)×5％=5（万元），应纳城建税及教育费附加=5×10％=0.5（万元），应纳个人所得税=105÷(1+5％)×1％=1（万元）；李 B 应纳契税=105÷(1+5％)×1.5％=1.5（万元）。

李 B 转让时：李 B 应纳增值税=147÷(1+5％)×5％=140×5％=7（万元），应纳城建税及教育费附加=7×10％=0.7（万元），应纳个人所得税=(140－105－5－1.5－0.7)×20％=5.56（万元）。双方合计应纳税=5.5+1+1.5+7.7+5.56=21.26（万元）。

假设 2 中，方案 2 比方案 1 节税 15.7 万元(36.96－21.26)。

【筹划结果】

如果赠与的房产购置时间在 2 年以内，选择赠与方式可以节税；如果赠与的房产购置时间超过 5 年，则采用买卖方式节税。

想一想

推算一下，假设张 A 所赠房产购买时间已满 2 年，不足 5 年，上述结论是否正确？

三、偶然所得纳税筹划

(一) 偶然所得税收规定

偶然所得，是指个人得奖、中奖、中彩以及其他偶然性质的所得。现行适用"偶然所得"

征税的应税所得大致有以下几类事项。

1. 累积消费抽奖所得

企业对累积消费达到一定额度的顾客,给予额外抽奖机会,个人的获奖所得,按照"偶然所得"项目,全额适用20%的税率缴纳个人所得税。

2. 不竞争款项所得

对于资产购买方企业与资产出售方企业自然人股东之间在资产购买交易中,通过签订保密和不竞争协议等方式,约定资产出售方企业自然人股东在交易完成后一定期限内,承诺不从事有市场竞争的相关业务,并负有相关技术资料的保密义务,资产购买方企业则在约定期限内,按一定方式向资产出售方企业自然人股东所支付的不竞争款项,属于个人因偶然因素取得的一次性所得,按照"偶然所得"项目计算缴纳个人所得税。

3. 有奖发票奖金所得

个人取得单张有奖发票奖金所得不超过800元(含800元)的,暂免征收个人所得税;个人取得单张有奖发票奖金所得超过800元的,应全额按照《个人所得税法》规定的"偶然所得"项目征收个人所得税。

4. 使用权奖项所得

消费者在购物有奖活动中,取得的住房、汽车等实物的使用权,实质上是实物形态所得的表现形式,应按照"偶然所得"项目缴纳个人所得税。

5. 彩票中奖所得

个人购买彩票的中奖收入属于偶然所得,应全额依20%的税率征收个人所得税。

6. 提供担保获得收入

个人为单位或他人提供担保获得收入,按照"偶然所得"项目计算缴纳个人所得税。

7. 无偿受赠房产

房屋产权所有人将房屋产权无偿赠送他人的,受赠人因无偿受赠取得的受赠收入,按照"偶然所得"项目计算缴纳个人所得税。符合《财政部 国家税务总局关于个人无偿受赠房屋有关个人所得税问题的通知》(财税〔2009〕78号)规定的赠与直系亲属、直接抚养或者赡养义务人、依法继承或遗赠的,对当事双方均不征收个人所得税。

中奖所得的个税起征点

8. 其他单位赠送礼品所得

企业在业务宣传、广告等活动中,随机向本单位以外的个人赠送礼品,以及企业在年会、座谈会、庆典以及其他活动中向本单位以外的个人赠送礼品,个人取得的礼品收入,按照"偶然所得"项目计算缴纳个人所得税。企业赠送的具有价格折扣或折让性质的消费券、代金券、抵用券、优惠券等礼品除外。

(二) 偶然所得纳税筹划举例

根据"临界点"税负差异原理,可以对特殊项目的偶然所得进行纳税筹划。

【例9-26】

李先生于20×2年2月因购买体育彩票而中奖,获得奖金11 000元,此时:应纳个人所得税=11 000×20%=2 200(元),实际获得税后收入=11 000-2 200=8 800(元)。

〔解析〕

如果其获得的奖金不是11 000元,而是10 000元,那么李先生就无需纳税,后者比前者反而多收益1 200元。只有当奖金超出10 000元达到一定数额时,获奖者才不会感到"吃亏"。

下面通过设立方程式求解临界点:

令奖金为 X,则有:$(1-20\%)X \geqslant 10\,000$。解之得,$X \geqslant 12\,500$(元),换言之,如果奖金落在区间(10 000,12 500),那么,税后收益反而会低于10 000元。

因此,发行体育彩票和社会福利有奖募捐的单位在设立奖项时,应当考虑税收政策的规定,要么低于10 000元,要么超过12 500元。

四、捐赠扣除的纳税筹划

(一)合理安排捐赠对象和捐赠机构

个人将其所得通过中国境内的社会团体、国家机关向教育和其他社会公益事业以及遭受严重自然灾害地区、贫困地区的捐赠,捐赠额未超过纳税人申报的应纳税所得额30%的部分,可以从应纳税所得额中扣除,超过部分不得扣除。而个人通过非营利性的社会团体和国家机关向红十字事业的捐赠,向福利性、非营利性的老年服务机构的捐赠,向农村义务教育的捐赠,对公益性青少年活动场所(其中包括新建)的捐赠,准予在所得额中全额扣除。

【例9-27】

甲参加抽奖,中奖所得共计100万元。如果甲将其所得中90万元通过民政局捐赠欠发达地区,那么其个人所得税应纳税额该如何计算?

|解析|

(1)根据《个人所得税法》的有关规定,某甲的捐赠额可以从应纳税所得额中扣除为30万元(100×30%)。

(2)应纳税所得额=偶然所得-捐赠额可以扣除额=100-30=70(万元)。

(3)应纳税额=应纳税所得额×适用税率=70×20%=14(万元)。

其应纳税额14万元超过了其实际所得10万元。

如果甲将其所得90万元捐赠给红十字会,那么其个人所得税应纳税额为2万元[(100-90)×20%],还实际可得8万元。

(二)尽量用高税负的所得扣除捐赠

根据《财政部 税务总局关于公益慈善事业捐赠个人所得税政策的公告》(财政部 税务总局公告2019年第99号)规定,居民个人根据各项所得的收入、公益捐赠支出、适用税率等情况,自行决定在综合所得、分类所得、经营所得中扣除的公益捐赠支出的顺序。

对收入项目较多、捐赠支出频繁、捐赠数额较大的个人来说,要保证精准扣除,就需要根据各项所得的收入、公益捐赠支出、适用税率等情况,自行决定在综合所得、分类所得、经营所得中扣除的公益捐赠支出的顺序和数额。实务中,纳税人应当注意税率变化,个人捐赠支出要优先在本人适用边际税率较高的所得项目中扣除。

【例9-28】

20×2年4月,李某股权转让应纳税所得额为30万元、偶然所得为20万元。李某预计20×2全年工资收入为35万元,个人负担社保支出4万元、专项附加扣除2.4万元。李某4月捐赠20万元。请问:这笔捐赠如何扣除可以更好地享受优惠?

|解析|

李某的综合所得应纳税额=(35-6-4-2.4)×20%-1.692=2.828(万元)

李某 4 月分类所得应纳税额＝(30＋20)×20％＝10(万元)

两者税率相同,但综合所得可以减去速算扣除数,分类所得税负略高于综合所得,因此优先在分类所得中扣除捐赠"不会吃亏"。

李某分类所得捐赠扣除限额为 15 万元[(30＋20)×30％],李某可以先在股权转让所得中扣除 9 万元,再在偶然所得中扣除 6 万元,剩余 5 万元在综合所得中扣除。计算发现,其综合所得的捐赠扣除限额为 6.78 万元[(35－6－4－2.4)×30％],高于 5 万元,因此足够抵扣。这样,李某就可以充分享受优惠。

根据政策规定,个人捐赠当月有多项分类所得的,可以在当月多项分类所得中扣除捐赠支出。实务中,为减少操作麻烦,也可以先在其中一项分类所得中扣除捐赠支出,扣除不完的部分,再用其他分类所得依次扣除。对于分类所得不能扣除完毕的余额,还可以在经营所得、综合所得中扣除。当然,如果个人经营所得、综合所得的税率高于 20％,且捐赠支出能够扣除完毕,也可以放弃在分类所得中扣除。但要注意,个人不论在当月分类所得中扣除与否,在 90 日后,均不得再行调整。

开篇释疑

> 如果转让 A 套住房,根据规定,以其他无偿赠与方式取得的住房,其购房时间确定为发生受赠行为后新的房屋产权证或契税完税证明上注明的时间。王五是通过其他无偿赠与方式取得该住房,并于 20×4 年 1 月 2 日缴纳契税和办妥赠与产权转移登记手续的,其购房时间即为 20×4 年 1 月 2 日。所以王五在 20×5 年 2 月转让 A 套住房,远远没有达到 2 年免征增值税的要求,要缴纳增值税。
>
> 如果转让 B 套住房,根据规定,购房时间按发生受赠、继承、离婚财产分割行为前的购房时间确定。王五是通过一般赠与方式取得 B 套住房的,其购房时间被认定为 20×1 年 1 月 3 日,所以在 20×5 年 2 月转让 B 套住房,符合 2 年免征增值税的要求。所以,王五应该转让 B 套住房。

课堂笔记

第四节　经营所得纳税筹划

开篇设问

> 某个体户 A 和个体户 B 是俩亲兄弟，分别经营着五金店和杂货店。今年预计 A 经营的五金店效益较好，年应纳税所得额为 100 000 元，而 B 经营的杂货店预计生意很差，年应纳税所得额为 5 000 元。请问：采用何种方法可以降低这两兄弟的税负？

知识积累与能力培养

一、经营所得的相关规定

（一）经营所得征税范围

经营所得征税范围包括：①个体工商户从事生产、经营活动取得的所得，个人独资企业投资人、合伙企业的个人合伙人来源于境内注册的个人独资企业、合伙企业生产、经营的所得。②个人依法从事办学、医疗、咨询以及其他有偿服务活动取得的所得。③个人对企业、事业单位承包经营、承租经营以及转包、转租取得的所得。④个人从事其他生产、经营活动取得的所得。

经营所得适用税目总结

（二）经营所得适用税率

个体工商户、个人独资企业和合伙企业经营所得适用 5%～35% 的五级超额累进税率，具体请参见表 2-4。

（三）经营所得应纳税额的计算

经营所得以每一纳税年度的收入总额减除成本、费用以及损失后的余额，为应纳税所得额。

取得经营所得的个人，没有综合所得的，计算其每一纳税年度的应纳税所得额时，应当减除费用 6 万元、专项扣除、专项附加扣除以及依法确定的其他扣除。专项附加扣除在办理汇算清缴时减除。经营所得应纳税额的计算公式如下：

应纳税额＝（全年收入总额－成本、费用及损失）×适用税率－速算扣除数

> **小贴士**
> 根据《国家税务总局关于落实小型微利企业所得税优惠政策征答问题的公告》（国家税务总局公告 2023 年第 6 号）文件，2023 年 1 月 1 日至 2024 年 12 月 31 日，对个体工商户年应纳税所得额不超过 100 万元的部分，在现行优惠政策基础上，减半征收个人所得税。

二、个体工商户生产经营所得的纳税筹划

（一）个体工商户生产经营所得的纳税筹划的基本思路

根据个体工商户的会计核算健全程度不同，个体工商户应纳税额征收方式包括核定征收与查账征收。哪种征收方式更好呢？对于这个问题我们必须根据不同个体工商户的利润情况而定。如果个体工商户每年的利润较高且稳定，采用核定征收方式比较好；若利润不稳定，则采用查账征收方式比较好。另外，纳税人实行核定征收方式的，不得享受企业所得税的各项税收优惠，同时投资者个人也无法享受个人所得税的优惠政策。所以，个体工商户在考虑享受某项企业所得税的优惠政策时，便不宜采取核定征收方式。

> **小贴士**
>
> 从事生产、经营活动的企业，未提供完整、准确的纳税资料，不能正确计算应纳税所得额的，由主管税务机关核定其应纳税所得额。但对年收入超过国务院税务主管部门规定数额的个体工商户、个人独资企业、合伙企业，税务机关不得采取定期定额、事先核定应税所得率等方式征收个人所得税。

个体工商户采用查账征收方式下，应纳税额的多少，直接受收入、成本费用、筹资时的税率等方面的影响。因此，个体工商户的纳税筹划主要在收入、成本费用、筹资时的税率这三个方面，即在保证纳税筹划行为合法的前提下，着重筹划如何使应税收入最小化，如何使与取得收入有关的成本费用最大化，如何使自己的应纳税所得额适用低档次的税率。

（二）个体工商户生产经营所得的纳税筹划的基本方法

个体工商户的经营者是生产经营的实体，其纳税与企业的生产经营活动密不可分。因此，个体工商户生产经营所得不同于工资薪金、劳务报酬、稿酬等其他所得，其纳税筹划方法与企业所得税的纳税筹划方法类似，但也有自己的特点。以下就个体工商户的收入、成本费用、筹资三个环节介绍其纳税筹划方法。

1. 收入环节

（1）递延收入实现的时间。个体工商户缴纳个人所得税，采取的是每月预缴、年终汇算清缴的管理模式。如果个体工商户某一纳税年度的应纳税所得额过高，就要按较高的税率纳税，此时，个体工商户可以通过采取递延收入的方式来起到延期纳税的作用或使纳税人当期适用较低的税率的作用。一般递延收入的方式包括：一是让客户暂缓支付货款和劳务费用；二是改一次性收款销售为分期收款销售。

（2）分散收入。个体工商户通过分散收入，可以使其适用较低的税率，从而达到节税的目的。常用的方法有：①区分收入的性质，不同性质的收入分别适用不同的税目。②借助与分支机构和关联机构的交易将收入分散。③由于我国个人所得税实行的是"先分后税"的原则，将一人投资变更为多人投资，便可以将全年实现的应纳税所得额分散到多个投资人的名下。④借助信托公司，将集中的收入分散到信托公司的名下。

【例9-29】

陈某开了一家小饭馆，由于经营不善，只得缩小经营规模，空出一间房准备另行出租。现有两种方案：方案1是以小饭馆为出租人进行出租；方案2是把这个空房产权归到陈某名下，以陈某为出租人。假设陈某的饭馆年经营净收益（已扣除业主工资）为80 000元，房屋出租一次性取得净收益30 000元。请帮助陈某进行纳税筹划。

|筹划思考|

方案1：应纳个人所得税＝(80 000＋30 000)×20％－10 500＝11 500(元)。

方案2：饭馆经营应纳个人所得税＝80 000×10％－1 500＝6 500(元)；出租房屋应纳个人所得税＝30 000×(1－20％)×20％＝4 800(元)；应纳个人所得税合计＝6 500＋4 800＝11 300(元)。

|筹划结果|

方案2比方案1减轻税负200元(11 500－11 300)，本例中就是通过出租的方式分散收入，达到节税的目的。

2. 成本费用环节

合理扩大成本费用的列支范围，是个体工商户减少应纳税所得额进而实现节税目的的有效手段。需要注意的是，在税务机关的纳税检查过程中，很多纳税人申报的成本费用被剔除，不允许在税前扣除，究其原因，是因为纳税人不能提供合法的凭证，所以纳税人平时应注意保管好原始凭证，发生的损失必须报告备案。成本费用环节的纳税筹划有关方法如下：

(1) 尽量把一些收入转换成费用开支。因为个人收入主要用于家庭的日常开支，而家庭的很多日常开支事实上很难与其经营支出区分开。公私不分会使个体工商户的实际支出超过规定的扣除标准，所以，电话费、水电费、交通费等合理支出也应计入个体工商户经营成本中。这样，个体工商户就可以把本来应由其收入支付的家庭开支转换成其经营开支，从而既能满足家庭开支的正常需要，又可减少应纳税所得额。

(2) 尽可能地将资本性支出合法地转化为收益性支出。对于符合税法规定的收益性支出，可以将其作为一次性的成本费用在税前扣除。

 注意

个体工商户可以以零星采购的方式购进生产经营所需的物品，将一次性购买改为零星购买等。

(3) 如果使用自己的房产进行经营，则可以采用收取租金的方法扩大经营支出范围。

虽然收取租金会增加个人的应纳税所得额，但租金作为一项经营费用可以冲减个人的应纳税所得额，减少个人经营所得的纳税额。同时自己的房产维修费用也可列入经营支出，这样既可以扩大经营支出范围，又可以实现自己房产的保值甚至增值。

(4) 使用家庭成员或雇用临时工，扩大工资等费用支出范围。这些人员的开支具有较大的灵活性，既能增加个人家庭收入，又能扩大一些与之相关的人员费用支出范围，增加了税前列支费用，从而降低了应纳税所得额。按税法规定，个体工商户工作人员的工资及规定的津贴可以计入成本费用，这样就达到了"个人有所得，商户少缴税"的目的。

【例9-30】

个体工商户牛哥拥有一家饭店，每月销售额为10万元，按税法规定允许扣除的各项费用为2万元。牛哥的妻子牛嫂也在饭店帮忙，但考虑是一家人，就没有给妻子发工资。请帮助该饭店进行纳税筹划。

|筹划思考|

现有情况下，牛哥经营所得应纳税所得额＝(10－2)×12＝96(万元)，

应纳个人所得税＝96×35％－6.55＝27.05(万元)。

建议牛嫂每月领取工资5 000元,则：

牛嫂工资收入没有超过免征额5 000元,不用纳税,此时：

牛哥经营所得应纳税所得额＝(10－2－0.5)×12＝90(万元)

应纳个人所得税＝90×35％－6.55＝24.95(万元)

【筹划结果】

通过筹划,该饭店可节税2.1万元(27.05－24.95)。

3. 筹资环节

个体工商户由于自身资金的限制,往往需要通过筹措资金来开发新项目、购买新设备。个体工商户筹集资金的方法主要有相互拆借、融资租赁、金融机构贷款、自我积累四种方式。一般来说,从纳税筹划的角度来讲,相互拆借的减税效果最好,金融机构贷款次之,融资租赁排在第三,自我积累效果最差。

(1) 相互拆借。个体工商户与其他经济组织之间的资金拆借可以为纳税筹划提供极其便利的条件,他们之间可以通过互相借款来解决资金问题。与向金融机构贷款不同的是,相互拆借的利率不是固定的,可以由双方协定后自由调节。而且,相互拆借的利息在归还时间和归还方式上还有很大的弹性。高利率不仅给贷款人带来高收益,也给借款人带来更多的可抵税费用。当然,关于利息的支付标准国家有一定的规定,应控制在国家规定的范围之内,否则,超过规定标准部分的利息将不予扣除。

(2) 融资租赁。融资租赁也称金融租赁或购买性租赁。租赁公司根据个体工商户的请求及提供的规格,与第三方(供货商)订立一项供货合同,根据此合同,租赁公司取得生产设备。并且,租赁公司与个体工商户订立一项租赁合同,以个体工商户支付租金为条件授予其使用生产设备的权利。融资租赁把"融资"与"融物"很好地结合起来。对于个体工商户来说,融资租赁可获得双重好处：一是可以避免因自购设备而占用资金并承担风险；二是可以在经营活动中以支付租金的方式冲减个体工商户的利润,减少个人所得税税基,从而减少个人所得税税额。

【例9-31】

个体工商户王某准备购买一台生产用的固定资产来拓宽其业务范围。据调查,此固定资产售价为200 000元,另需支付手续费2 000元,预计使用10年,无残值,采用直线法计提折旧。王某现面临两种选择,即直接购入或融资租赁设备。租赁合同规定：设备价款为300 000元；租赁费按年支付,租赁期为10年；市场利率为5％；未确认融资费用采用直线法分摊。请帮助王某进行纳税筹划。

【筹划思考】

(1) 若直接购买设备,则购买时固定资产入账价值为202 000元(200 000＋2 000)；每年折旧为20 200元(202 000÷10)。假设当年生产的产品全部销售,则每年可抵税的费用为20 200元。

(2) 若采用融资租赁设备,则手续费2 000元直接计入当期损益,固定资产入账价值为200 000元。有关计算如下：

每年偿还额＝300 000÷10＝30 000(元)

最低租赁付款额现值＝30 000×(P/A,5％,10)＝30 000×7.721 7＝231 651(元)

未确认融资费用＝231 651－200 000＝31 651(元)

假设当年生产的产品全部销售,除了每年可抵税的折旧费用 20 000 元(200 000÷10),每年还有 3 165.1 元(31 651÷10)可供抵税。

[筹划结果]

采用融资租赁设备,第一年共计可用来抵税的费用 25 165.1 元(2 000＋20 000＋3 165.1),比直接购入多了 4 965.1 元(25 165.1－20 200)的可抵扣费用。

以后 9 年每年可抵税的费用为 23 165.1 元(20 000＋3 165.1),比直接购入多了 2 965.1 元(23 165.1－20 200)的可抵扣费用。

从本案例可以看出,采用融资租赁固定资产,不但在短期内缓解了个体工商户流动资金的压力,而且从长远来看,比直接购入设备多支付的金额也可以为其带来节税的好处。

(3) 金融机构贷款。个体工商户向银行或其他金融机构贷款,不仅可以在较短的时间内完成资金的筹措,而且归还的利息部分可以用作抵税,因此实际税负也减轻了。所以,个体工商户利用金融机构贷款从事生产经营活动是减轻税负、合理避税的一个很好的方法。

(4) 自我积累。从税负和经营的效益关系看,如果个体工商户采用自我积累的筹资方法,则需要很长时间才能完成资金的筹措,容易错过最佳的投资时机,不利于其自身的发展。另外,个体工商户采用自我积累的筹资方法,其资金的所有者和使用者是一致的,无法带来抵税的好处,投入生产经营活动之后,产生的全部税负由个体工商户自己承担。

开篇释疑

> 如果这兄弟俩不进行筹划,则:
> A 应纳税额＝100 000×20％－10 500＝9 500(元)
> B 应纳税额＝5 000×5％＝250(元)
> 共应纳税额＝9 500＋250＝9 750(元)
> 如果 A 和 B 签订一个租赁合同,B 将多余的店面租给 A,年租金共计 40 000 元,则:
> A 应纳税额＝60 000×10％－1 500＝4 500(元)
> B 应纳税额＝45 000×10％－1 500＝3 000(元)
> 共应纳税额＝4 500＋3 000＝7 500(元)
> 签订租赁合同后,兄弟俩可以共少缴税款 2 250 元(9 750－7 500)。

课堂笔记

职业能力训练

一、单项选择题

1. 根据税法规定,居民个人的下列各项所得中,按次计征个人所得税的是( )。
   A. 特许权使用费所得   B. 财产租赁所得
   C. 稿酬所得   D. 劳务报酬所得
2. 目前应征个人所得税的项目是( )。
   A. 国债利息   B. 股票红利   C. 储蓄利息   D. 保险赔款
3. 根据个人所得税法律制度的规定,在中国境内有住所,或者无住所而一个纳税年度内在中国境内居住累计满( )天的个人,为居民个人。
   A. 90   B. 183   C. 210   D. 365
4. 20×2年10月,中国公民王某将持有的限售股全部转让,取得收入50万元,该限售股的原值为30万元,转让过程中发生的合理税费为1万元。根据个人所得税法律制度的规定,王某应缴纳个人所得税为( )万元。
   A. 5   B. 4   C. 3.8   D. 2.8
5. 下列适用个人所得税5%~35%的五级超额累进税率的是( )。
   A. 劳务报酬   B. 工资、薪金   C. 稿酬所得   D. 个体工商户所得
6. 以下不属于工资、薪金项目所得的是( )。
   A. 津贴   B. 补贴
   C. 差旅费津贴、误餐补助   D. 年终加薪
7. 王经理本月发生的下列收入中,只按总收入20%的比例税率计算缴纳个人所得税的项目是( )。
   A. 本月工资收入1.5万元   B. 体育彩票中奖收入5万元
   C. 承包商场经营收入30万元   D. 兼职工资和奖金收入2万元
8. 根据税法规定,个人转让自用达( )年以上,并且是家庭唯一居住用房所取得的所得,暂免征收个人所得税。
   A. 1   B. 3   C. 5   D. 10
9. 个体工商户进行公益救济性捐赠时,捐赠额不得超过其应纳税所得额的( )。
   A. 3%   B. 10%   C. 15%   D. 30%
10. 按规定,在计算应纳个人所得税时允许在税前扣除一部分费用的是( )。
    A. 股息所得   B. 财产租赁所得
    C. 彩票中奖所得   D. 红利所得

二、多项选择题

1. 根据个人所得税法律制度的规定,下列各项中,属于我国居民个人的有( )。
   A. 在中国境内有住所的个人
   B. 在中国境内无住所且不在我国境内居住的个人
   C. 在中国境内无住所而一个纳税年度内在中国境内居住累计满183天的个人

D. 在中国境内无住所而一个纳税年度内在中国境内居住累计不满 183 天的个人
2. 以下可以免征个人所得税的有（　　）。
   A. 购物抽奖　　　　　　　　　B. 领取住房公积金
   C. 省级见义勇为奖金　　　　　　D. 教育储蓄利息
3. 根据税法规定，下列选项中，应按照"劳务报酬所得"项目预缴个人所得税的有（　　）。
   A. 审稿收入　　　　　　　　　B. 出版书画作品收入
   C. 技术服务收入　　　　　　　D. 设计服务收入
4. 下列个人所得采取超额累进税率形式的有（　　）。
   A. 利息所得　　　　　　　　　B. 个体工商户的生产、经营所得
   C. 工资、薪金所得　　　　　　D. 个人承包、承租所得
5. 对个人按市场价格出租居民住房取得的所得，以下说法成立的有（　　）。
   A. 对于该租金收入按 1.5％计算缴纳增值税
   B. 对于该租金收入按 4％计算缴纳房产税
   C. 对于该租金收入按 10％计算缴纳个人所得税
   D. 该租金收入属于服务业中的租赁项目应按 5％计算缴纳增值税

三、判断题

1. 个人所得税的居民纳税人承担有限纳税义务。　　　　　　　　　　　　（　　）
2. 个人所得税的非居民纳税人承担无限纳税义务。　　　　　　　　　　　（　　）
3. 每月均衡发工资可以最大限度地降低个人所得税负担。　　　　　　　　（　　）
4. 对年终奖计征个人所得税时，先除以 12 个月再确定适用税率，然后扣除 12 个月的速算扣除数。　　　　　　　　　　　　　　　　　　　　　　　　　　　　（　　）
5. 工资、薪金所得适用 5％～45％的九级超额累进税率。　　　　　　　　（　　）
6. 当个人所得税应纳税所得额较低时，工资、薪金所得适用税率低于劳务所得适用税率。
   　　　　　　　　　　　　　　　　　　　　　　　　　　　　　　　　（　　）
7. 将所得向允许一定费用扣除的税目转换，会增加税收负担。　　　　　　（　　）
8. 在任何情况下，设立公司都是高收入者进行税收筹划的最佳选择。　　　（　　）
9. 计算财产租赁所得的个人所得税应纳税额时，每次可扣除 800 元的修缮费。（　　）
10. 个人将其应纳税所得额全部用于公益救济性捐赠的，将不承担缴纳个人所得税义务。
    　　　　　　　　　　　　　　　　　　　　　　　　　　　　　　　　（　　）

四、案例分析题

1. 王 A 系自由职业者，现在长期为甲、乙两公司工作，每月可以从甲公司获得收入 12 000 元，从乙公司获得收入 4 000 元。
   请问：他应怎样进行筹划才能使税负最轻？
2. 某设计院工程师陈明利用业余时间为某工程（其他单位委托）作设计，花费了 10 个月的时间，获得了劳务报酬 35 000 元。
   请问：对于这笔劳务报酬，应一次取得还是分次取得更划算？
3. 王某开设了一个经营水暖器材的企业，由其妻子负责经营管理。王某同时也承接一些安装维修工程，预计其每年销售水暖器材的应纳税所得额为 4 万元，承接安装维修工程的应纳税所得额为 2 万元。
   请问：他们应如何进行纳税筹划？

4. 某知名作家打算写作一部反映改革开放的长篇小说,需要到沿海和内地进行考察。出版社预计小说出版后销路会很好,于是和作家签订出版协议,支付稿酬20万元。该作家预计赴各地的考察费用为6万元。

请问:他应该怎样筹划才能使税负最小?

第十章 企业重组业务纳税筹划

职业能力目标

1. 能够对企业并购业务进行正确的纳税筹划
2. 能够对企业分立业务进行正确的纳税筹划

知识目标

1. 了解企业分立的原因
2. 熟悉企业合并所涉税种
3. 掌握并购支付方式的纳税筹划、合并消费税纳税人筹划
4. 掌握分立以减轻增值税税负的纳税筹划、分设独立核算的销售公司以减轻消费税税负的纳税筹划、分立企业以享受企业所得税优惠政策的纳税筹划

知识导图

```
                            ┌ 企业合并所涉税种
              企业并购纳税筹划 ┤ 并购支付方式的纳税筹划
              │             └ 合并消费税纳税人
企业重组业务   ┤
纳税筹划       │             ┌ 企业分立的原因
              │             │ 分立企业以减轻增值税税负的纳税筹划
              │             │ 分设独立核算的销售公司以减轻消费税
              企业分立、清算纳税筹划 ┤   税负的纳税筹划
                            │ 分立企业以享受企业所得税优惠政策的
                            │   纳税筹划
                            └ 企业清算的纳税筹划
```

第一节　企业并购纳税筹划

 **开篇设问**

> A企业是一家大型纺织品生产企业。为扩大生产经营规模，A企业决定收购位于同城的B企业。由于B企业已经负债累累，A企业为避免整体合并B企业后承担过高债务的风险，决定仅收购B企业从事纺织品生产的所有资产。20×2年5月1日，双方达成如下收购协议，A企业收购B企业从事纺织品生产的所有资产，具体业务事项如下：
>
> 20×2年4月15日，B企业所有资产经评估后的资产总额为1 750万元。
>
> A企业以20×2年4月15日B企业经评估后的资产总价值1 730万元为准，向B企业支付了以下两项对价：
>
> （1）支付现金130万元。
>
> （2）A企业将其持有的其全资子公司20%的股权合计800万股，支付给B公司。该项长期股权投资的公允价值为1 600万元，计税基础为800万元。
>
> 我们假设，A企业的资产收购是为了扩大生产经营，具有合理的商业目的，且A企业承诺收购B企业从事纺织品生产的所有资产后，除了进行必要的设备更新，在连续12个月内仍用该批资产从事纺织品生产。请问：该项资产收购是否符合《财政部　国家税务总局关于公司重组业务企业所得税处理若干问题的通知》（财税〔2009〕59号）第5条关于特殊性税务处理的规定？

知识积累与能力培养

企业合并是指两个或两个以上的企业依照法定程序变为一个企业的行为。我国《公司法》规定，企业合并可以采取吸收合并和新设合并两种形式。吸收合并是指接纳一个或一个以上的企业加入本企业，加入方解散并取消原法人资格，接纳方存续，也就是所谓企业兼并。新设合并是指企业与一个或一个以上的企业合并成立一个新企业，原合并各方解散，取消原法人资格。由于纳税筹划是以纳税人生产经营过程的连续进行为前提的，所以在此只讨论吸收合并的纳税筹划。至于新设合并的纳税筹划，其原理也基本相同，不详细展开。

一、企业合并所涉税种

企业进行资产合并重组，往往是经过一段时间的生产和经营以后才进行的，在具体操作过程中，基本上涉及所有形式资产的处理，也必须涉及各税种的政策处理。

1. 企业所得税

对于企业合并，根据《财政部　国家税务总局关于公司重组业务企业所得税处理若干问题的通知》（财税〔2009〕59号）的规定，按企业合并满足的条件不同，分别适用一般税务处理和特别税务处理规定,具体如表 10-1 所示。适用特殊性税务处理规定需符合的条件:具有合理的商业目的,且不以减少、免除或者推迟缴纳税款为主要目的;股权(资产)收购,收购(受让)企业购买的股权(资产)不低于被收购企业全部股权(资产)的 75%,且收购(受让)企业在该股权(资产)收购发生时的股权支付金额不低于其交易支付总额的 85%;企业重组后的连续 12 个月内不改变重组资产原来的实质性经营活动;企业重组中取得股权支付的原主要股东,在重组后连续 12 个月内,不得转让所取得的股权。

表 10-1 满足不同条件的企业合并的税务处理

项目	一般税务处理	特殊税务处理
合并企业确定接受被合并企业资产、负债的计税基础	公允价值	被合并企业的原有计税基础
被合并企业合并前的所得税处理	按清算进行	由合并企业承继
被合并企业亏损的处理	不得在合并企业结转弥补	在限额内可由合并企业弥补
被合并企业股东取得合并企业股权的计税基础		以其原持有的被合并股权的计税基础确定

2. 增值税

根据《国家税务总局关于纳税人资产重组有关增值税问题的公告》(国家税务总局公告 2011 年第 13 号)的规定,纳税人在资产重组过程中,通过合并、分立、出售、置换等方式,将全部或者部分实物资产以及与其相关联的债权、负债和劳动力一并转让给其他单位和个人,不属于增值税的征税范围,其中涉及的货物转让,不征收增值税。否则需要对并购过程中涉及的货物转让缴纳增值税,同时还应缴纳城建税等附加税费。

3. 契税

根据《财政部 国家税务总局关于企业事业单位改制重组契税政策的通知》(财税〔2012〕4 号)的规定,在股权(股份)转让中,单位、个人承受公司股权(股份),公司土地、房屋权属不发生转移的,不征收契税。两个或两个以上的公司,依据法律规定、合同约定,合并为一个公司,且原投资主体存续的,对其合并后的公司承受原合并各方的土地、房屋权属,免征契税。

4. 印花税

根据《财政部 国家税务总局关于企业改制过程中有关印花税政策的通知》(财税〔2003〕183 号)的规定,以合并方式成立的新企业,其新启用的资金账簿记载的资金原已贴花的部分可不再贴花,未贴花的部分和以后新增加的资金按规定贴花。

二、并购支付方式的纳税筹划

企业并购的主要支付方式包括现金支付、股权置换和承担债务三种方式。支付方式的不同,对企业的纳税影响也不同。

1. 现金支付式收购

合并企业以支付现金方式取得被合并企业全部或部分股权,被合并企业不需要经过法律清算程序而解散。计税时首先要求对被合并企业计算财产转让所得,缴纳企业所得税,被合并企业股东取得合并收购价款后,再依法计算其股权转让所得或损失。被合并企业以前年度的亏损,不得结转到合并企业弥补。合并企业接受被合并企业的有关资产,计税时可按资产评估确认的价值确定成本,但对于商誉价值,以后不得摊销扣除。

2. 股权置换式收购

股权置换式收购是指企业以股权,或股权加现金或其他资产等非股权资产为支付对价收购被合并企业,股权支付额不低于其交易支付总额的85%,可申请采用特殊税务处理。这种税务处理方式对合并企业和被合并企业均有好处,合并企业不确认全部资产的转让所得或损失,不计算缴纳企业所得税。被合并企业合并以前的全部企业所得税纳税事项由合并企业承担,以前年度的亏损在限额内可按规定在以后年度弥补。如果被合并企业净资产较大,合并企业股东用以支付收购款的股权不足则不具备享受以上政策的条件。合并企业股东可以与被合并企业股东协商,在合并前分配以前年度积累的未分配利润,减少净资产额度,以达到适用特殊税务处理的条件。

3. 承担债务式收购

承担债务式收购是指合并企业以承担被合并企业的债务为代价完成合并,由于无须支付非股权支付额,故不需缴纳资产转让所得税。企业在合并时,应尽可能地选择支付的非股权价款不超过支付价款的15%或采用承担债务式合并,但前者会带来控制权分散、日后多付股利等问题;而承担债务式合并又会带来债务负担和人员安置问题。

【例10-1】

B公司是国家大型二级企业。截至20×2年年底,财务报表账面资产数总计5 000万元,其中固定资产账面净值为2 000万元,固定资产评估价值为2 100万元;负债合计为5 200万元。B公司的资产评估结果如表10-2所示。

表10-2　B公司的资产评估结果　　　　　　　　　　　　　　　　单位:万元

资产项目	流动资产	长期投资	在建工程	房屋建筑物	机器设备	土地使用权	其他资产	资产总计
账面价值	1 900	200	500	1 200	800	—	400	5 000
评估价值	2 200	201	408	1 250	850	200	—	5 109

A公司是一家高新技术公司,于20×1年6月在上交所上市,注册资本为10 000万元。A公司欲并购B公司。现有三种并购方案可供选择:

方案1:A公司以970万股和150万元现金购买B公司的房屋建筑物和生产设备等资产,B公司宣布破产。并购时A公司股票市价为5元/股,并购后股票市价为5.2元/股,面值为1元/股,共有50 000万股。

方案2:A公司以5 000万元现金购买B公司的房屋建筑物和生产设备等资产,B公司宣布破产。假设增值后资产的平均折旧年限为5年,行业平均利润率为10%,贴现率为8%。

方案3:A公司以承担全部债务的方式并购B公司(假设不动产、土地使用权转让所涉增值税选择简易计税)。

请从纳税筹划的角度出发为A公司选择一种最优的并购方案。

[筹划思考]

方案1:

已知方案1属于股权置换资产行为。根据税法规定,B公司需要缴纳以下税费。

(1)增值税。

B公司在转让房屋建筑物及转让土地使用权时应按销售不动产及转让无形资产缴纳5%的增值税;应纳增值税=(1 250+200)÷(1+5%)×5%=69.05(万元)。

B公司转让机器设备时,机器设备发生了增值,B公司应就转让固定资产行为缴纳13%的增值税;应纳增值税=850×13%=110.5(万元)。

(2) 城建税及教育费附加。

应交城建税及教育费附加=(69.05+110.5)×(7%+3%)=17.955(万元)。

(3) 企业所得税。

根据规定:合并企业支付给被合并企业的价款中,合并企业股权以外的现金、有价证券和其他资产(非股权支付额)不高于所支付的股票票面价值(或支付的股本的账面价值)20%的,被合并企业不确认全部资产的转让所得或损失,不计算缴纳企业所得税。A公司支付给B公司的合并价款中,非股权支付额占股权支付额的比例为15.46%(150÷970),小于20%,符合税法规定的免税条件,B公司可以不用缴纳企业所得税。

根据上述分析,B公司需缴纳的税费合计为197.505万元(69.05+110.5+17.955),由于B公司负债较重,无力承担并购中发生的税费,这笔费用最终由A公司承担。

通过并购,B公司的股东持有A公司的股票,成为A公司的股东,A公司还应考虑到今后几年可能将支付给B公司股东的股利。现假设A公司的净利润在今后5年按10%的速度逐步增长,A公司近5年的净利润分别为5 000万元、5 500万元、6 050万元、6 655万元、7 320.5万元。假设合并后A公司的股利支付率为40%,且按25%的比率提取盈余公积和公益金。则近5年A公司每年需支付的股利计算如下:

第1年:5 000×(1-25%)×40%×970÷50 000=29.10(万元)

第2年:5 500×(1-25%)×40%×970÷50 000=32.01(万元)

第3年:6 050×(1-25%)×40%×970÷50 000=35.21(万元)

第4年:6 655×(1-25%)×40%×970÷50 000=38.73(万元)

第5年:7 320.5×(1-25%)×40%×970÷50 000=42.61(万元)

将A公司未来5年支付给B公司股东的股利折算为现值是139.80万元(计算过程略)。

同时,由于A公司的支付方式中非股权支付额小于股权支付额20%,根据现行税收政策,B公司以前年度的亏损可以由A公司以后年度获得的利润来弥补亏损。B公司在合并时尚有亏损150万元还未弥补,其税前弥补期尚有4年。假设A公司的税前利润按行业平均利润率10%的速度增长,为6 000万元,则第1年可抵扣的限额=6 000×5 109÷10 000=3 065.4(万元),所以A公司获得的弥亏税收抵免额现值=150×25%×(P/S,8%,1)=34.72(万元)。

经过上述分析,A公司采用方案1的最终并购成本为302.585万元(197.505+139.80-34.72)。

方案2:

已知方案2属于以货币性资产购买非货币性资产的行为。

B公司应纳增值税、城建税、教育费附加、企业所得税。增值税和城建税及教育费附加的计算同方案1。B公司应纳企业所得税=(1 250+850-1 200-800)×25%=25(万元)。由于B公司合并后就会解散,实际上这笔222.505万元(69.05+110.5+17.955+25)的税金将由A公司缴纳。

B公司资产评估增值,可以使A公司获得折旧税收挡板的效果。此时,折旧税收抵免额=[(1 250＋850－1 200－800)÷5]×25%×5＝25(万元),将折旧税收抵免额折算为现值:折旧抵免额现值＝[5×(P/A,8%,5)]＝19.96(万元)。

综合上面分析,A公司采用方案2的税收成本为202.545万元。

方案3:

已知方案3属于产权交易行为。相关税负如下:

(1)企业所得税。该并购业务中,B公司的资产总额为5 000万元,负债总额为5 200万元,负债大于资产,B公司已处于资不抵债的境地。A公司如采取承担B公司全部债务的方式并购B公司,则B公司不用缴纳企业所得税。

(2)增值税。按照税法的相关规定,企业的产权交易行为不用缴纳增值税。A公司并购B公司如果采用方案3,根据现行的税收政策,该方案的实际税负为0。

【筹划结果】

从A公司承担税负的角度出发,方案3的税收成本最低,为0;方案2的税负较轻,为202.545万元;税负最重的是方案1,税负金额为302.585万元。

但是,企业并购是一项复杂的经济活动,作并购决策需要综合考虑多方面的因素。虽然方案3的税收成本最低,但是A公司需要承担B公司数额巨大的债务,甚至包括B公司或有负债的风险。不过,由于兼并B公司的行为得到了当地政府的大力支持,对B公司所欠债务给予了"停息挂账,7年还本"的优惠政策,这相当于给A公司提供了一笔无息贷款。所以,A公司最终应采用的是方案3。

三、合并消费税纳税人

根据消费税相关规定,纳税人自产自用的应税消费品,用于连续生产应税消费品的,不纳税。**合并会使原来企业间的购销环节转变为企业内部的原材料继续加工环节,从而递延部分消费税税款。**如果两个合并企业之间存在着原材料供应的关系,则在合并前,这笔原材料的转让关系为购销关系,应该按照正常的购销价格缴纳消费税税款。而在合并后,企业之间的原材料供应关系转变为企业内部的原材料继续加工关系,因此,这一环节不用缴纳消费税,而是递延到销售环节再缴纳。

合并消费税纳税人

如果后一环节的消费税税率较前一环节的低,则可直接减轻企业的消费税税负。这是因为前一环节应该缴纳的税款延迟到后一环节再缴纳,而后一环节税率较低,则合并前企业间的销售额,在合并后因适用了较低的税率而减轻税负。

【例10-2】

某地有两家大型酒厂A企业和B企业,它们都是独立核算的法人企业。A企业主要经营粮食类白酒,以当地生产的玉米为原料进行酿造,粮食白酒的税率为20%,定额税率为0.5元/0.5千克。B企业以A企业生产的粮食白酒为原料,生产系列药酒,假定药酒的销售额为25 000万元,适用10%的税率。A企业每年要向B企业提供价值15 000万元,计50 000 000千克的粮食白酒。经营过程中,B企业由于缺乏资金和技术,无法经营下去,准备破产。此时B企业欠A企业货款5 000万元。经评估,B企业的资产恰好为5 000万元。请问:A、B企业合并能否减轻税收负担,可以少缴纳的税款是多少?

根据上述资料,分析如下:

(1)合并前A、B企业应纳消费税:

A企业应纳消费税＝15 000×20%＋5 000×2×0.5＝8 000(万元)

B企业应纳消费税＝25 000×10%＝2 500(万元)

合计应纳消费税＝8 000＋2 500＝10 500（万元）

（2）A企业领导人经过研究，决定对B企业进行并购，其决策的主要依据如下：

一是两家企业之间的行为属于产权交易行为，按税法规定，不用缴纳增值税。

二是并购可以递延部分税款。并购前，A企业向B企业提供的粮食白酒，每年应缴纳消费税和增值税情况如下：

每年应纳消费税＝15 000×20％＋5 000×2×0.5＝8 000（万元）

每年应纳增值税销项税额＝15 000×13％＝1 950（万元）

筹划后，这笔税款可以递延到药酒销售环节，获得递延纳税的好处。

三是B企业生产的药酒市场前景很好，企业合并后可以将经营的主要方向转向药酒生产，这样做就能减少粮食白酒这一中间纳税环节，并且药酒的消费税税率低于粮食白酒，企业应缴纳的消费税税款将减少。假定药酒的销售额为25 000万元，销售数量为50 000 000千克。

合并后应纳消费税＝25 000×10％＝2 500（万元）

合并后少纳消费税＝10 500－2 500＝8 000（万元）

实际上，A、B企业合并后少缴纳的消费税税款，即为A企业所生产的粮食白酒应缴纳的消费税税款。

寓德于技

2016年后，中国对"一带一路"沿线并购投资逆势增长，2019年沿线区域并购量已占中国跨境并购总量的56％。这一变化有助于推动沿线各国发展战略的对接与耦合，增进沿线各国人民的人文交流与文明互鉴，让各国人民相逢相知、互信互敬，共享和谐、安宁、富裕的生活。

开篇释疑

通过案例提供的信息，该项资产并购是符合财税〔2009〕59号文第5条关于特殊税务处理的五个条件的。

分析收购资产比例和股权支付比例这两个指标：A企业收购B企业的资产总额为1 730万元，B企业全部资产总额经评估为1 750万元，A企业收购B企业的资产占B企业总资产的比例为98.9％（1 730÷1 750×100％），超过75％。A企业在资产收购中，股权支付金额为1 600万元，非股权支付金额为130万元，股权支付金额占交易总额的92.5％（1 600÷1 730×100％），超过85％。因此，A企业对B企业的这项资产收购交易可以适用特殊税务处理。

（1）转让方B企业的税务处理。

转让企业取得受让企业股权的计税基础，以被转让资产的原有计税基础确定。

由于转让方B企业转让资产，不仅收到股权，还收到了130万元现金的非股权支付。根据财税〔2009〕59号文第6条第四款规定，应确认非股权支付对应的资产转让所得或损失。公式如下：

非股权支付对应的资产转让所得或损失＝（被转让资产的公允价值－被转让资产

的计税基础)×(非股权支付金额÷被转让资产的公允价值)

因此,转让方 B 企业非股权支付对应的资产转让所得或损失为 19.54 万元[(1 730－1 470)×130÷1 730]。

B 企业需要就其非股权支付对应的资产转让所得 19.54 万元缴纳企业所得税。

B 企业取得现金的计税基础为 130 万元,B 企业取得 A 企业给予的其持有的全资子公司 800 万股股份的计税基础为 1 359.54 万元(1 470＋19.54－130)。

(2) 受让方 A 企业的税务处理。

受让企业取得转让企业资产的计税基础,以被转让资产的原有计税基础确定。

受让方 A 企业被转让资产两项,一项是其持有的子公司 800 万股的股权,计税基础为 800 万元,现金的计税基础为 130 万元,合计 930 万元。我们必须将被转让资产的计税基础 930 万元在 A 企业取得的四项资产中按公允价值进行分配。分配过程如下:

设备的计税基础＝930×560÷1 730＝301.04(万元)

生产厂房的计税基础＝930×800÷1 730＝430.06(万元)

存货的计税基础＝930×220÷1 730＝118.27(万元)

应收账款的计税基础＝930－301.04－430.06－118.27＝80.63(万元)

课堂笔记

第二节 企业分立、清算纳税筹划

开篇设问

> 某建筑安装公司主要经营建筑、安装和装饰劳务,20×2年度共实现应纳税所得额2 000万元,其中建筑、安装和装饰劳务的年度应纳税所得额分别为1 450万元、300万元、250万元。该公司职工人数为1 000人,资产总额为12 000万元,则20×2年度,该建筑安装公司的企业所得税为多少?应如何进行纳税筹划?

知识积累与能力培养

企业分立是指一个企业依照法律规定、合同约定将部分或全部业务分离出来,分化成两个或两个以上新企业的法律行为。企业分立一般分为续存分立和新设分立。续存分立是指企业只将其中部分子公司、部门、产品生产线、资产等剥离出去,组成一个或几个新企业,而原企业在法律上仍然存在。新设分立是指原企业解散,分离出的各方组成两个或两个以上新企业。

一、企业分立的原因

企业分立是企业产权重组的一种重要类型。企业分立的原因有很多,提高管理效率、提高资源利用效率、突出企业的主营业务,以及获取税收方面的利益等都是企业分立的动因。从本质上来讲,企业分立后企业并没有消失,只是同原企业相比,有了新的变化,也正是由于这种实质上的企业续存或新设,为纳税筹划提供了相应的筹划空间。

二、分立企业以减轻增值税税负的纳税筹划

(一)分立减免税项目

我国《增值税暂行条例》中规定增值税的免税项目包括:①农业生产者销售自产的属于税法规定范围的农业产品;②避孕药品和用具;③古旧图书;④直接用于科学研究、科学试验和教学的进口仪器、设备;⑤外国政府、国际组织无偿援助的进口物资和设备;⑥对符合国家产业政策要求的国内投资项目,在投资总额内进口自用设备(特殊规定不予免税的少数商品除外);⑦个人(不包括个体经营者)销售自己使用过的游艇、摩托车、汽车以外的货物;⑧由残疾人组织直接进口供残疾人专用的物品。也就是说,增值税纳税人除了经营应税产品,还可能经营作为免税项目的产品。如果企业将这两个项目分立,就可以降低总体税收,否则就会按应税项目的税率征税。

【例10-3】

CZ药业公司既生产避孕药品和用具,又生产其他需要缴纳增值税的产品。20×2年10月,该企业避孕药品和用具的销售额为60万元,企业全部产品销售额为200万元,而当月全部进项税额为13万元(100×13%),其中为生产避孕药品和用具发生的进项税额为

2.6万元(20×13%),其他产品进项税额为10.4万元(80×13%)。请问:CZ药业公司如何进行纳税筹划?

[筹划思考]

企业在合并经营时,应纳增值税=140×13%－100×(1－60÷200)×13%=9.1(万元)。

企业将避孕药品和用具生产业务单独分立出来组建一个企业后,应纳增值税=140×13%－(100－20)×13%=7.8(万元)。

[筹划结果]

可见,若企业将避孕药品与用具的经营分立出来,可以节税1.3万元(9.1－7.8)。

一般来说,当免税产品的增值税进项税额占全部产品增值税进项税额的比例小于免税产品销售收入占全部产品销售收入的比例时,分立经营比较有利,而且,免税产品的增值税进项税额占全部产品增值税进项税额的比例越小,分立经营越有利;反之,合并经营越有利。

(二)分立农业生产部门

根据我国增值税有关税法规定:直接从事植物的种植、收割和动物的饲养、捕捞的单位和个人销售的自产农业产品,免征增值税;同时,一般纳税人向农业生产者购买的免税农产品,或者向小规模纳税人购买的农产品,用于生产13%税率的商品,对应的农产品货物准予按照购买价格和10%的扣除率计算进项税额,从当期销项税额中扣除。因此,对于有农产品加工成工业产品再对外销售的一条龙加工方式的经营模式的企业,为了减轻税收负担,就有必要分立其农产品生产部门。这样分立的好处,一是农业生产部门自产自销,可以获得增值税的免税待遇;二是后续的加工环节又可以因为取得相应的扣税票据而享受到增值税扣税的政策。

【例10-4】

某食品厂为增值税一般纳税人,适用13%的增值税税率。根据市场需求,该食品厂开发种植猕猴桃,并将猕猴桃加工成果脯、饮料等(以下简称加工品)对外销售。5月,该食品厂共销售猕猴桃加工品100万元(不含增值税价格),产生13万元的销项税额。但经核算,发现与该项业务有关的进项税额数量很少,只有化肥等项目产生了1万元的进项税额。因此,该食品厂需要就该项业务缴纳12万元的增值税。为了降低增值税税负,该企业在购进可抵扣项目时,十分注重取得合格的增值税专用发票,但收效不大。请为该食品厂提出增值税纳税筹划建议。

[筹划思考]

该食品厂可以考虑将猕猴桃的开发种植业务分离出来,将猕猴桃的种植业务分立为一个独立的企业,并使其具有独立的法人资格,实行独立核算,也就是使之成为一个独立的纳税人。

按此方案,该食品厂分立后的税收负担及有关变化体现在以下几个方面:

(1)分立后的食品厂,销项税额不变,仍为13万元。

(2)分立后的食品厂增加了进项税额。假设按照市场正常的交易价格,该食品厂5月用于生产猕猴桃加工品的原料价值为60万元,那么分立后的食品厂就可以按照60万元的买价和10%的扣除率计算进项税额,即6万元(如果企业进行转移定价操作,还可以计算更多的进项税额)。

(3)种植企业享受增值税免税优惠,但同时有关的增值税进项税额也不能够再抵扣。根据资料介绍,购买化肥等项目的进项税额为1万元,不得抵扣。

【筹划结果】

筹划后应纳增值税＝13－6＝7（万元）

与筹划前相比，增值税税负降低了5万元（12－7），相当于新增加的进项税额与企业原有的进项税额之差。

三、分设独立核算的销售公司以减轻消费税税负的纳税筹划

根据规定，消费税征税环节为生产销售环节（包括生产、委托加工和进口环节），而在以后的批发、零售环节是不征消费税的（金银首饰、钻石等除外）。从2009年8月1日起，白酒生产企业消费税计税价格低于销售单位对外销售价格70％以下的，消费税最低计税价格由税务机关根据生产规模、白酒品牌、利润水平等情况在销售单位对外销售价格的50％～70％范围内自行核定。其中，生产规模较大、利润水平较高的企业生产的需要核定消费税最低计税价格的白酒，税务机关核价幅度原则上应选择在销售单位对外销售价格60％～70％范围内。纳税人往往采取通过成立独立核算的经营部或者销售公司，生产企业以较低但不违反公平交易的销售价格将应税消费品销售给经营部或者销售公司，再由经营部或销售公司对外进行销售，从而降低消费税的计税依据，以达到少缴消费税的目的。而独立核算的经营部或者销售公司，在销售环节只缴纳增值税，不缴纳消费税，可使集团的整体消费税税负下降。

【例10-5】

某酒厂主要生产白酒，产品主要销售给各地的批发商。20×2年1月，销售白酒50吨，批发单价为每吨3.5万元（不含税价），零售单价为每吨5万元（不含税价）。白酒的消费税比例税率为20％，定额税率为0.5元/500克。请对该酒厂进行纳税筹划。

【筹划思考】

方案1：直接销售给消费者。此时，应纳消费税＝50×2 000×0.000 05＋50×5×20％＝55（万元）。

方案2：先将白酒以每吨3.5万元的价格出售给独立核算的销售公司，再由销售公司以每吨5万元的价格销售给消费者。

由于该酒厂消费税计税价格不低于销售单位对外销售价格的70％，所以无须核定计税价格。此时，应纳消费税＝50×2 000×0.000 05＋50×3.5×20％＝40（万元）。

【筹划结果】

该酒厂在设立独立核算的销售公司后，可少缴消费税15万元（55－40）。

应注意的是，对于存在关联关系的企业之间的价格确定，按照《税收征收管理法》第24条的规定：企业或者外国企业在中国境内设立的从事生产、经营的机构、场所与其关联企业之间的业务往来，应当按照独立企业之间的业务往来收取或者支付价款、费用；不按照独立企业之间的业务往来收取或者支付价款、费用，而减少其应纳税收入或者所得额的，税务机关有权进行合理调整。因此，企业销售给下属经销部的价格应当参照销售给其他商家当期的平均价格确定，如果销售价格"明显偏低"，主管税务机关将会对价格重新进行调整。

本例中，该酒厂销售给销售公司的价格不应当低于销售单位对外销售价格的70％。

【例10-6】

某卷烟厂每标准条卷烟的成本为34元，对外调拨价为68元，由于产品供不应求，厂家

决定将每标准条卷烟价格提高至76元。企业所得税税率为25%,城建税和教育费附加忽略不计。甲类卷烟,即每标准条(200支)对外调拨价在70元(含70元,不含增值税)以上的,比例税率为56%;乙类卷烟,即每标准条(200支)对外调拨价在70元(不含增值税)以下的,比例税率为36%(不考虑定额税率)。请问:这个调价合适吗?该如何筹划?

【解析】

筹划前:分别计算不同价格下,各自的应纳税额。

(1) 对外调拨价为68元时:

应纳消费税=68×36%=24.48(元)

税后利润=(68−34−24.48)×(1−25%)=7.14(元)

(2) 对外调拨价为76元时:

应纳消费税=76×56%=42.56(元)

税后利润=(76−34−42.56)=−0.56(元)

在此例中,每标准条卷烟的价格从68元提高至76元后,从表面上看销售收入每标准条增加了8元(76−68),但由于提升后的价格超过了临界点(70元),计算消费税时的税率也随着计税依据的提高而相应地提高,使得卷烟整体税后利润不仅没有上升,反而下降,以致达到了负值。

筹划思路:设置独立销售机构。

该卷烟厂以每标准条卷烟68元的价格出售给其依法设立的独立销售机构,然后销售机构再以每标准条76元的价格出售,这样就可以降低税负了。

由[例10-6]可知,纳税临界点问题只出现在价格与税率同时变化时。如果价格变动后税率不变,就不需要考虑纳税临界点的问题了。

四、分立企业以享受企业所得税优惠政策的纳税筹划

《企业所得税法》第28条规定,符合条件的小型微利企业,减按20%的税率征收企业所得税。符合条件的小型微利企业,是指从事国家非限制和禁止行业,且同时符合年度应纳税所得额不超过300万元、从业人数不超过300人、资产总额不超过5 000万元这三个条件的企业。

自2023年起,对小型微利企业年应纳税所得额不超过100万元的部分,减按25%计入应纳税所得额,按20%的税率缴纳企业所得税;对年应纳税所得额超过100万元但不超过300万元的部分,减按25%计入应纳税所得额,按20%的税率缴纳企业所得税。

例如,某公司符合小微企业条件,年应纳税所得额为250万元,则:企业所得税应纳税额=[100×25%+(250−100)×25%]×20%=12.5(万元)。如果企业的规模超过了小型微利企业的认定标准,但企业各个机构之间可以相对独立地开展业务,则可以考虑采取分立企业的方式来享受小型微利企业的税收优惠政策,从而减轻企业所得税税收负担。

【例10-7】

甲企业主营生产业务只有一种产品,从业人数和资产总额都满足小型微利企业标准。假设该产品的生产过程为:原材料→半成品→产成品。由原材料加工成为半成品和由半成品加工成为产成品的过程是两个独立的生产过程,可以分开核算,且两部分业务的利润相

当。假设该企业预计20×2年企业所得税应纳税所得额为500万元。在正常情况下,该企业应缴纳企业所得税125万元(500×25%)。

若甲企业将自身分立为A、B两个企业,A企业负责将原材料加工成半成品,并将其销售给B公司。B公司负责将半成品加工成成品销售,则其应纳税所得额均为250万元。

此时,A、B公司满足小型微利企业税收优惠的条件,则两个企业共应缴纳企业所得税为25万元[(100×25%+150×25%)×20%+(100×25%+150×25%)×20%]。

在本例中,企业通过分立成功地享受到了企业所得税关于小型微利企业的税收优惠政策。

五、企业清算的纳税筹划

企业清算是指企业宣告终止以后,除了因合并与分立事由,了结、终止企业法律关系,消灭其法人资格的法律行为。企业清算中的纳税筹划主要包括两方面:一是通过推迟或提前企业清算开始日期,合理调整清算所得和正常经营所得,降低企业整体税收负担;二是将原有减免税到期的企业注销后,重新设立新的企业继续享受有关优惠政策。

清算所得是指纳税人清算时的全部资产可变现价格或交易价格,减除资产的计税基础、清算费用、相关税费,加上债务清偿损益等后的余额。有关计算公式如下:

纳税人全部清算财产变现损益=存货变现损益+非存货变现损益±清算财产损益

纳税人的净资产或剩余财产=全部资产的可变现价值或交易价格-清算费用-职工工资、社保、法定补偿金-清算所得税、以前年度欠税等税款+税务清偿损益

纳税人的清算所得=全部资产可变现价格或交易价格-资产的计税基础-清算费用±债务清偿损益

通过改变企业清算日期,企业可以减少清算期间的应纳税所得额,实现纳税筹划的目的。

【例10-8】

甲公司董事会于20×2年8月18日向股东会提交了公司解散申请书,股东会于8月20日通过决议,决定公司于8月31日宣布解散,并于9月1日开始正常清算。甲公司在成立清算组前进行的内部清算中发现,20×2年1至8月公司预计盈利100万元(公司适用税率为25%)。于是在尚未公告和进行税务申报的前提下,股东会再次通过决议将公司解散日期推迟至9月25日,并于9月26日开始清算。甲公司在9月1日至9月25日共发生费用160万元。请对甲公司进行纳税筹划。

[解析]

按照税法有关规定,企业清算期间应单独作为一个纳税年度,即这160万元费用本应属于清算期间费用,但因清算日期的改变,甲公司经营年度由盈利100万元变为亏损60万元。清算日期变更后,假设该公司清算所得为90万元,不同清算期间的纳税情况如下:

(1)若清算开始日为9月1日,则2020年1月至8月应纳所得税为25万元(100×25%),清算所得为亏损70万元,不纳税。

(2)若清算开始日为10月1日,则2020年1月至9月亏损60万元,本期不纳企业所得税。清算所得为90万元,应先抵减上期60万元亏损后,再纳税。

清算所得税＝(90－60)×25％＝7.5(万元)

两个方案比较,通过纳税筹划,后者减轻税收负担17.5万元(25－7.5)。

 开篇释疑

筹划前:

根据案例中的情况,该公司20×2年度的企业所得税为500万元(2 000×25％)。

筹划思路:

将该公司分立为甲、乙、丙三个独立的公司,其中甲公司对乙公司和丙公司实行100％控股,三者分别经营建筑、安装和装饰业务。其中,甲、乙和丙三个公司的年职工人数分别为500人、300人、200人,资产总额各为4 000万元。

筹划后:

根据筹划方案,乙和丙符合小型微利企业的标准,可以享受20％的企业所得税税率优惠。基于此,20×2年度甲、乙、丙的应纳企业所得税分别为:

甲应纳企业所得税＝1 450×25％＝362.5(万元)

乙应纳企业所得税＝[100×25％＋(300－100)×25％]×20％＝15(万元)

丙应纳企业所得税＝[100×25％＋(250－100)×25％]×20％＝12.5(万元)

综上,甲、乙、丙总体应纳企业所得税＝362.5＋15＋12.5＝390(万元),比筹划前节省了110万元(500－390)。

课堂笔记

职业能力训练

一、单项选择题

1. 分立企业支付给被分立企业的非股权支付额不高于支付的股权票面价值(或股本账面价值)的(　　)时,可以不确认分离资产的转让所得,不缴纳资产转让所得税。
   A. 10%　　　　B. 20%　　　　C. 30%　　　　D. 50%

2. 小型微利企业减按(　　)的所得税税率征收企业所得税。
   A. 5%　　　　B. 10%　　　　C. 15%　　　　D. 20%

3. 下列行为中不用交增值税的是(　　)。
   A. 企业销售不动产　　　　　　B. 企业销售货物
   C. 企业转让无形资产　　　　　D. 企业转让产权

4. 某商业企业在20×2年年均职工人数为75人,年均资产总额为960万元,当年经营收入为1 240万元,税前准予扣除项目金额为1 200万元。该企业20×2年应缴纳企业所得税(　　)万元。
   A. 1　　　　　B. 2　　　　　C. 3　　　　　D. 4

二、多项选择题

1. 企业实施合并重组,适用企业所得税一般性税务处理方法时,下列处理正确的有(　　)。
   A. 被合并企业的亏损不得在合并企业结转弥补
   B. 合并企业应按账面价值确定接受被合并企业负债的计税基础
   C. 被合并企业及其股东都应按清算进行所得税处理
   D. 合并企业应按公允价值确定接受被合并企业各项资产的计税基础

2. 符合条件的小型微利企业,是指从事国家非限制和禁止行业,且应同时符合的条件有(　　)。
   A. 年度应纳税所得额不超过300万元　　B. 从业人数不超过300人
   C. 资产总额不超过5 000万元　　　　　D. 资产总额不超过3 000万元

三、判断题

1. 两个或两个以上的公司,依照法律规定、合同约定,合并为一个公司,且原投资主体存续的,对合并后公司承受原合并各方土地、房屋权属,免征契税。(　　)
2. 以合并方式成立的新企业,其新启用的资金账簿记载的资金原已贴花的部分需再贴花缴纳印花税。(　　)
3. 纳税人在资产重组过程中,通过合并、分立、出售、置换等方式,将全部或者部分实物资产以及与其相关联的债权、负债和劳动力一并转让给其他单位和个人,不征收增值税。(　　)
4. 纳税人自产自用的应税消费品,用于连续生产非应税消费品的,不纳税。(　　)
5. 当免税产品的增值税进项税额占全部产品增值税进项税额的比例小于免税产品销售收入占全部产品销售收入的比例时,分立经营比较有利。(　　)

四、案例分析题

1. 20×2年3月,上市公司A发布重大重组预案公告称,公司将通过定向增发股票,向该公司的实际控制人中国海外控股公司 B 公司(B 公司注册地在英属维尔京群岛)发行 36 809 万股 A 股股票,收购 B 公司持有中国境内的水泥有限公司 C 公司的 50% 的股权。股权增发价为 7.61 元/股。收购完成后,C 公司将成为 A 公司的控股子公司。C 公司成立时的注册资本为 856 839 300 元,其中建工建材总公司 D 公司的出资金额为 214 242 370 元,出资比例为 25%;B 公司的出资金额为 642 596 930 元,出资比例为 75%。根据法律法规,B 公司本次认购的股票自发行结束之日起 36 个月内不上市交易或转让。

请问:此项企业重组业务该如何筹划?

2. 温职图书公司主要从事图书的批发与零售业务,适用 9% 的增值税税率,同时兼营古旧图书等免征增值税的产品,但未对古旧图书经营进行独立核算。该公司 20×2 年共获得销售收入 120 万元,其中古旧图书销售取得收入为 24 万元,进项税额为 10 万元,其中古旧图书分摊到的进项税额为 2 万元。此时,全年应纳增值税=120×9%−10=0.8(万元)。

请问:有何方法可降低该公司的税负?